한국의 전통마을을 찾아서

한국의 전통마을을 찾아서
오래된 지혜의 공간에서 새로운 건축 패러다임을 읽다

한필원 지음

Humanist

저자의 글

시대를 초월하는 가치, 전통마을

1985년 여름, 그때 나는 대학원생으로 서울의 한옥마을인 북촌의 실측조사에 참여했다. 장차 지어질 공간을 도면으로 만드는 건축설계와 달리 실측조사는 사람들이 실제로 살고 있는 공간을 도면으로 옮기는 작업이다. 실측은 몸은 좀 고달프지만 건축과 인간을 함께 포착하는 매우 흥미로운 일이었다. 그것을 통해 공간과 삶이 만나는 구체적인 방식들을 발견하는 일은 건축학도에게 예상치 못한 즐거움을 주었다. 이런 매력에 이끌려 나와 오래된 마을들의 인연은 깊어만 갔다. 깊은 산간과 외딴섬을 마다않고 전국 방방곡곡의 마을들을 찾아 헤맨 지 벌써 26년이라니 스스로도 잘 믿기지 않는다.

내가 대학생활을 한 1980년대 전반, 당시 많은 학문 분야가 그랬지만 건축공부란 우리 건축이 아닌 서양건축을 배우는 것이었다. 건축가의 꿈을 안고 건축설계를 열심히 배웠는데 그 자료나 기준은 온통 서유럽에 뿌리를 둔 것이었다. 그때 내가 실 공간, 우리 사회가 사용할 건축을 한번도 가본 적 없는 지역의 선례를 바탕으로 디자인한다는 사실을 좀처럼 받아들이기 힘들었다. 그리고 우리는 어디서 어떻게 살아왔는지 알고 싶어졌다. 결국 이런 의문에 답을 얻을 수 있는 곳은 우리 전통마을뿐이라고 생각했다. 그러나 내가 그 많은 시간을 전통마을에서 보낸 것이 그런 이성적 문제의식 때문만은 아니다. 지루한 것을 싫어하는 내가 전통마을을 제 집 드나들듯 하며 긴 시간 연구에 매달려온 것은 마을에서 뭔가 편안함과 깊은 매력을 느꼈기 때문이리라.

나는 건축을 배우고 가르치면서 건축과 도시가 오히려 인간을 소외시키고 있음을 깨달았다. 크고 화려한 현대의 건축물들은 땅에서 우리를 떼어놓고 한없이 작아지게 만들고 있었다. 그에 비해 전통마을에 들어서면 집과 나무들이 나를 반기고 존중하는 듯하다. 마을을 다니면서 오랫동안 잊고 있었던 땅과 건축, 그리고 인간의 진정한 관계를 비로소 발견할 수 있었다. 마을에는 사람과 사람이 만나 조화롭게 어울려 사는 공동체의 모습, 그리고 사람이 자연과 더불어 건강하게 사는 환경친화적 지혜가 숨어 있었다. 21세기에 더욱 중요하게 부각되는 삶의 가치들이 먼 서유럽의 건축이 아니라 바로 내가 사는 이 땅의 수백 년 된 마을공간에 녹아 있다는 사실은 나를 전율케 했다. 자연과 건축, 그리고 사람이 하나된 모습에 놀라움과 감동을 느끼며 나의 전통마을 순례는 계속되었다.

그간 마을을 답사하고 조사하면서 현장에서 기록한 내용에 근거해 책을 쓰겠다는 생각을 한 것은 2002년이었다. 그 결과로 2004년 말에 두 권의 책을 펴냈다. 사상·문화·사회·환경 등 네 개의 주제를 설정하고, 그에 맞는 마을을 각각 세 개씩 골라서 모두 열두 마을을 대상으로 우리 전통마을에 숨어 있는 논리와 질서, 그리고 시대를 초월하는 가치를 밝히려 했다. 그 이후로 마을 연구에서 얻은 지식들을 적용해 실무작업을 하고 다양한 청중에게 강연할 기회가 부쩍 늘었다. 또한 많은 분들의 요청으로 책에 소개한 마을들을 찾아가 현장 강의도 여러 번 했다.

그런 과정에서 나는 책의 내용을 보완할 필요성을 느꼈다. 먼저, 마을들을 개별적으로 설명하는 것을 넘어서 한국 전통마을의 본질을 정리해주는 '총론'이 있다면 전통마을을 종합적으로 이해하는 데 도움이 되리라는 생각이 들었다. 그리고 독자들이 전통마을을 답사하는 것을 전제로 쓴 책이므로 답사 요령을 정리해서 제시하는 것도 좋겠다는 생각을 했다. 무엇보다도 책을 쓴 지 10년 가까이 지나면서 전통마을에 여러 가지 변화가 일어났음을 발견했다. 역시 마을은 살아 있었다. 그래서 도면을 추가하거나 새로 그리고, 내용도 적잖게 고쳐야만 했다. 이런 보완작업을 거쳐 7년 만에 새롭게 책을 펴내게 되었다.

나이 드신 어른들과의 대화에서 삶의 교훈을 많이 얻는 것처럼, 수백 년 동안 지속된 우리의 삶터에 배인 정신과 지혜에 귀 기울이면 현재와 미래의 주거공간에 대한 훌륭한 지침을 얻을 수 있다. 독자들이 아름다운 전통마을에서 시간의 간극을 넘어 조상들과 무언의 대화를 나누는 데 이 책이 작은 도움이 된다면 저자로서 그보다 큰 보람은 없겠다.

지난 반세기 동안 주거공간을 효율성과 경제적 가치로만 판단해온 우리 사회에도 변화의 조짐이 나타나고 있다. 양적인 사회에서 질적인 사회로 이행하면서 획일적인 아파트 일변도의 주거공간에 대한 문제의식과 함께 좀 더 인간적인 삶을 누릴 수 있는 주거공간의 필요성을 인식하게 된 것이다. 그리고 바람직한 주거공간의 본보기를 전통마을에서 찾는 이들이 늘고 있다. 특히 2010년 8월 1일, 하회와 양동마을이 유네스코 세계유산에 등재되면서 전통마을이 갖는 보편적이고 전 인류적 가치에 대한 인식이 높아지고 있다.

한편, 정부의 여러 부처에서는 농촌지역의 삶의 질을 향상시키기 위해 다양한 마을 지원사업을 벌이고 있다. 그러나 전통마을에 대한 이런 사회적 관심과 지원이 오히려 전통마을 고유의 특성과 장점을 훼손하는 계기가 되고 있어 참으로 안타깝다. 이미 존재하는 것의 가치를 충분히 인식하기도 전에 새로운 것을 성급하고 거칠게 만들기 때문이다. 우리 사회가 먼저 할 일은 그간 잊고 있었던 전통마을의 가치와 의미를 온전히 이해하고, 전통마을에서 지켜가야 하는 귀중한 특성과 요소들을 발견하는 것이다. 그러한 전통마을의 재발견에 이 책이 기여할 수 있기를 바란다.

나는 '고건축-현대건축', '한국건축-서양건축'이라는 형식적 이분법이 우리 건축계에 드리운 큰 문제 중 하나라고 본다. 세계 어느 지역에서도 전통과 명백히 단절한 채 근대로 이행한 사례는 없다. 하나의 규범으로 엄연히 존재하는 전통이 근대성을 특징짓는 중요한 요인으로 작용하기 때문이다. 그러므로 근대와 현대를 이해하고 밝은 앞날을 모색하기 위해서는 반드시 자신의 전통을 탐구해야 한다. 이런 신념에 따라 나는 이 책을 시작으로 동아시아의 전통 주거지를 해석하는 일을 필생의 사업으로 삼으려 한다.

이 책은 기본적으로 내가 오랫동안 여러 마을의 자연, 건축공간, 그리고 주민들과 나눈 대화와 사색의 기록이다. 그러나 이 책의 여러 부분에 다른 연구자들의 피땀 어린 연구결과가 인용되어 있으며, 지금 나의 것으로 믿고 있는 많은 생각들도 실은 선행 연구들을 바탕으로 전개된 것이다. 이에 대해 선학들께 경의를 표하며, 특히 소중한 연구자료의 인용을 흔쾌히 허락해주신 김성우·김홍식·전봉희 교수 등 여러 연구자께 감사드린다.

지인들과 함께 마을을 둘러보는 즐거움과는 대조적으로 마을에 대한 경험과 지식을 글과 도면, 그리고 사진으로 옮기는 것은 만만치 않은 작업이었다. 이주옥 박사를 비롯해 정지우, 구본환, 이종빈, 전재영, 정금희, 서호석, 이명래, 이미경 등 ATA(아시아건축연구실)의 여러 연구원이 그 어려움을 덜어주었다. 이들은 기초 자료를 조사해주었으며, 현장에서 마을과 집들을 실측조사하고 정확하고 보기 좋은 도면으로 만드는 일을 전담해주었다. 사진작업은 김철현 교수와 전재홍 박사, 권태균·김성철 사진작가의 도움을 받았다. 그들의 헌신적인 노력에 대해 마음 깊이 고맙게 생각한다.

이 책의 글이 읽을 만한 문장으로 만들어진 것은 전적으로 휴머니스트의 김수영, 최세정 두 편집장 덕분이다. 이 책을 쓰는 것은 좋은 선생을 모시고 글쓰기 공부를 하는 과정이기도 했다. 두 분의 친절함과 인내에 감사드린다.

돌이켜보면 이 책을 쓰는 일은 무엇보다도 아내 강서혜와 정윤, 경우의 이해가 있었기에 가능했다. 아내는 책의 모든 글을 읽고 조언을 아끼지 않았으며, 동행자를 찾기 어려운 답사에는 늘 함께했다. 한 인간으로서 또 연구자로서 나의 한계를 누구보다도 잘 아는 가족들이 언제나 따스한 미소로 답삿길을 배웅해준 것은 이 책으로도 끝나지 않는 마음의 빚으로 남아 있다. 이 책이 가장의 잦은 부재에 대한 작은 변명이 되어주길 바랄 뿐이다.

2011년 5월
봄 햇살이 벽을 타고 소리 없이 퍼지는 '소리결'에서
한필원

차례

■ 저자의 글 — 시대를 초월하는 가치, 전통마을 5

총론 **전통마을을 보는 네 가지 시선** 16

1 마을공간에 깃든 정신 20 | 2 마을에서 읽는 우리 문화 27 | 3 자연과 사람이 어우러진 공동체 31 | 4 마을에 담긴 환경친화성의 지혜 37

1 **옻골마을** 자연에서 찾은 공간 만들기의 단서 46

대도시에 살아남은 오래된 삶터 50 | 광역 경영의 베이스캠프 51 | 광역 경영자, 백불암 54 | 산 사람 죽은 사람이 모두 옻골에 모이다 58 | 정려각을 기준으로 나뉜 개인과 공동체 60 | 같은 이름으로 연결된 계곡과 정자 63 | 마을은 뒷산의 혹으로 통한다 66 | 축이 만든 질서 68 | 옻골의 상징, 백불고택 73 | 동기가 다르면 결과도 다르다 80

2 **한개마을** 선비정신이 살아 있는 공간미학 84

감응사에서 내려다본 한개마을 87 | 한개마을은 한 개가 아니었나 90 | 벼슬보다 이름을 중시한 선비의 마을 93 | 제사와 공부를 한곳에서 96 | 마을과 집을 이어주는 길 100 | 여성이 드러나지 않게 103 | 그러나 당당한 여성공간 106 | 담과 건물의 이중주 109 | 겸손한 마을의 기준, 한주종택 113 | 집 속의 집 117 | 새로운 세기의 도전인가, 자본주의의 산물인가 124

3 **낙안읍성** 조상들이 생각한 지방도시의 원형 130

낙안읍성은 도시인가? 133 | 폭넓은 시각에서 본 도시 137 | 성벽으로 둘러싸인 도시 142 | 권위의 상징, 객사와 동헌 146 | 의례와 생활의 중심축 151 | 공과 사의 조화로운 공존 154 | 시장은 성안에, 향교는 성 밖에 156 | 뜻밖의 장소에 자리 잡은 옥 159 | 샘과 미나리꽝 161 | 읍성 대 향촌 163 | 옛 도시의 주거 디자인 165 | 과거의 도시가 현재의 시골로 169 | 정신은 떠나고 물질만 남은 현대 도시 171

4 **성읍마을** 토속 주거에 깃든 평등한 삶   174

물이 있는 곳에 마을도 있다 177 | 행정 중심지가 된 중산간마을 180 | 육지 마을과 다른 공간의 얼개 183 | 특이한 이름들 187 | 고리형 길과 올레 192 | 행정 중심지의 집들은 다르다 194 | 돌과 바람이 빚어낸 토속 주거지 197 | 마을에 자리한 토속신앙의 장소 199 | 평등한 주거공간 205 | 고부간의 갈등이 없다 209

5 **하회마을** 양반과 평민이 공존하는 문화공간   212

강이 만들고 사람으로 유명해진 마을 216 | 쉽게 파악되지 않는 마을 221 | 하회마을을 보는 세 단계 223 | 겸암과 그의 공간 231 | 서애와 그의 공간 234 | 형제 건축의 미묘한 차이 239 | 마을 사람 모두의 공간, 삼신당 243 | 자면서도 먹으면서도 배운다 249

6 **강골마을** 근대와 한옥의 오래된 만남   252

근대의 추억 257 | 보성, 차 그리고 수입된 근대 260 | 근대 주거건축이 싹트다 262 | 전통마을에서 근대 마을로 264 | 근대 한옥의 탄생, 부농의 집 269 | 안채와 안마당의 변신 272 | 새로운 아이디어를 담은 한옥의 유형들 277 | 장식은 죄악이다? 282 | 열화정은 왜 마을 뒤로 갔을까? 284 | 꺼져가는 마을 288

7   **양동마을** 경쟁과 조화가 만들어온 아름다운 전통건축   290

지형과 리듬 293 | 두 줄기의 사람들 294 | 마을의 기본 얼개: 지형과 길 296 | 큰길: 슬픈 일제의 축 299 | 뒷길: 양동을 입체적으로 보는 길 305 | 변증법적 사회학 하나: 신분 차이와 마을 경관 306 | 변증법적 사회학 둘: 안골과 물봉의 대립과 공존 309 | 가문의 공동성: 안대와 정자 311 | 두 문중의 갈등과 생산적 경쟁 313 | 보물이 된 양동의 한옥들 315 | 마을 주변 이야기들 320

8   **도래마을** 사회관계와 자연조건의 결합   326

지형 조건: 마을 공간구조의 출발점 329 | 동성과 타성 332 | 마을의 네트워크: 일상적·비일상적 관계 맺기 333 | 자연조건과 사회관계: 파(派)-지형-조경 336 | 안길: 정자-마을마당-종가(주산)를 잇는 축 341 | 남녀노소가 이용하는 도래의 정자들 345 | 양벽정과 계은정: 마을과 지역의 연결고리 348 | 사라진 종가와 남은 한옥들 353 | 주택 사이의 분리와 통합 358

9   **닭실마을** 공동체를 위한 자기 조절과 그 속에 숨은 질서   360

개인과 공동, 경쟁과 조화 364 | 자연 속 조화의 비밀, 황금비 367 | 가장 불합리한 수의 합리성 370 | 하늘이 내린 삶터 372 | 지형에 맞춰 노래하는 집들 375 | 서로 양보하여 조망과 일조를 골고루 얻다 376 | 자연스러움 속에 숨겨진 놀라운 질서 381 | 등각나선을 이용한 닭실마을 읽기 386 | 자연과 조화를 이루는 두 가지 방식 390 | 미래를 위한 조화의 질서 397

10 **원터마을** 역사에서 얻은 환경친화적 해법들   400

역사의 소용돌이를 견뎌온 마을의 뼈대 404 | 환경친화적 해법 하나: 자연조건에 대한 적응 능력 413 | 환경친화적 해법 둘: 자원의 순환 420 | 환경친화적 해법 셋: 에너지 절감 시스템 426

11 **외암마을** 부족함을 극복하는 지혜   430

외암마을의 과거와 현재 434 | 자연환경: 산과 물 436 | 마을의 공간구조: 길과 집 440 | 부족함을 극복하는 지혜 하나: 상징성과 실용성을 갖춘 물길 443 | 부족함을 극복하는 지혜 둘: 아늑한 주거지를 만드는 녹지체계 447 | 자연친화적인 건축공간과 재료 450

12 **왕곡마을** 지속 가능한 거주공간을 찾아서   454

예상하기 힘든 곳에 자리 잡은 은거지 457 | 분단과 전쟁으로 시작된 위협 459 | 새로운 위협, 산불 460 | 위기를 넘기고 지속하는 마을 462 | 다섯 영역으로 겹겹이 둘러싸인 마을 463 | 바람을 가두고 물을 얻다 468 | 한 몸을 이룬 채와 비밀스런 뒷마당 469 | 대대로 이어져온 겹집 475 | 특색 있는 마구의 디자인 478 | 사회적 지속가능성: 두 성씨의 공존 480 | 두 아웃사이더의 삶 483 | 경제적 지속성의 표지들 486 | 전통마을에서 만난 근대와 탈근대 491 | 보존에서 보전으로 493

- ■ 키워드로 읽는 마을 답사 노하우 496
- ■ 본문의 주 502
- ■ 찾아보기 506

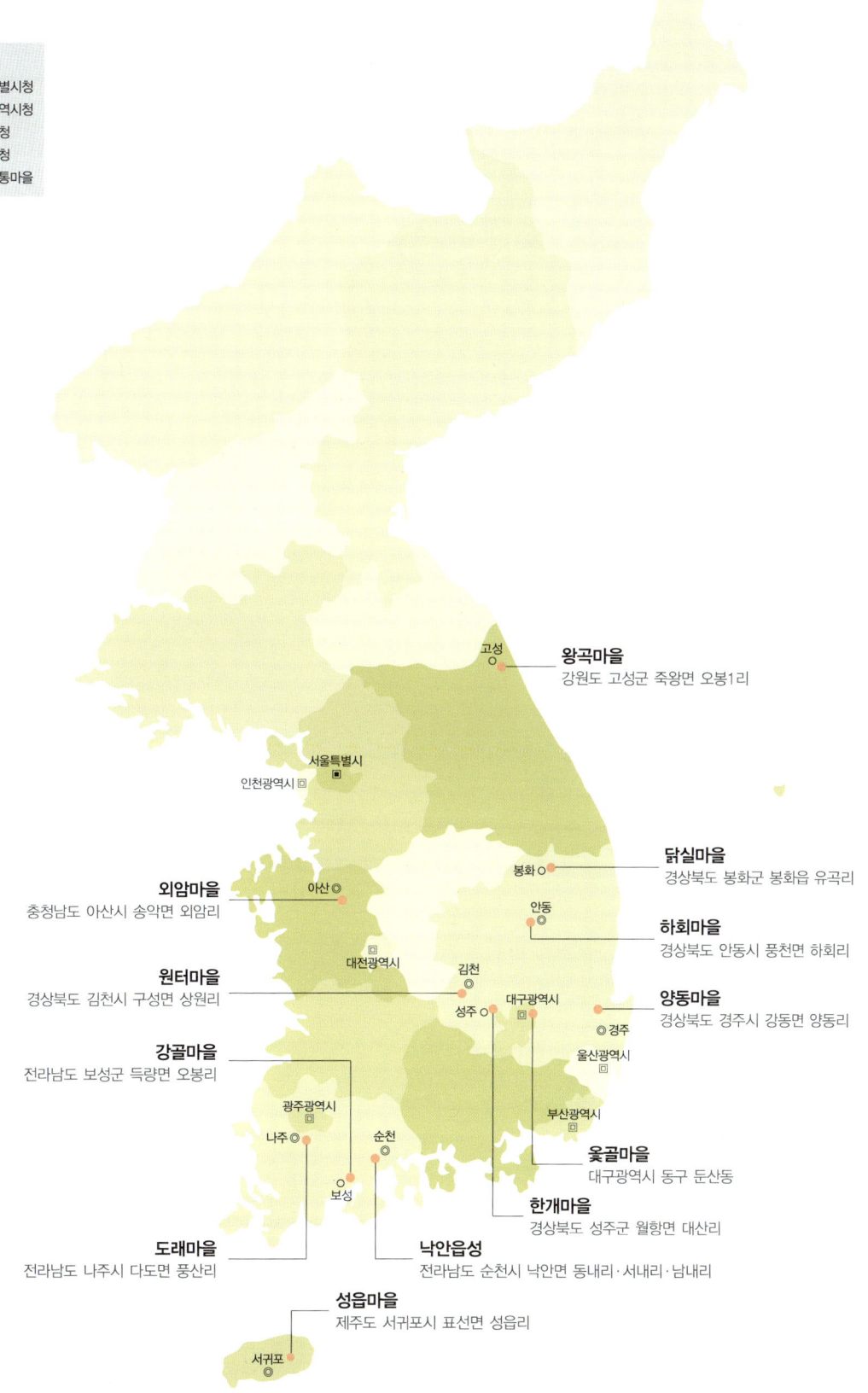

총론

전통마을을 보는 네 가지 시선

하회마을의 동수 마을의 북서쪽 경계 부분에 선적(線的)으로 나무를 빼곡히 심어서 강 쪽으로 허한 지세의 약점을 보완하고 방풍 효과를 얻고 있다.

2010년 8월 1일, 일요일 이른 아침에 한국의 역사마을, '하회와 양동'이 유네스코 세계유산에 등재되었다는 소식이 전해졌다. 5, 6백 년의 역사를 가진 우리 전통마을이 21세기에 세계인의 주목을 받고 전 세계적으로 그 가치를 인정받은 것이다. 그러면 시대를 초월해 빛을 발하는 전통마을의 가치는 과연 무엇인가? 우리가 전통마을을 답사하고 탐구하는 최종 목적은 바로 이 질문에 답하기 위해서라고 할 수 있다.

먼저 마을이란 무엇인가부터 시작해보자. '마을'이라는 말은 집회의 뜻인 '모을' 혹은 '모들'에서 유래했다고 한다. 사람들이 모여 집단으로 거주하며 상부상조의 공동생활을 하는 공간 단위를 예로부터 마을이라 불러왔다. 한국사회에서 사람들이 모여 살아온 모습은 마을공간 곳곳에 스며들어 있고, 마을공간은 한국인들에게 삶의 틀이 되어왔다. 그러나 근대화 과정에서 대부분의 마을이 급속히 변화·해체되어 본래의 모습과 정신을 잃고 말았다.

그러면 우리는 전통마을에서 무엇을 보고, 또 어떻게 보아야 할 것인가? 이는 보는 이의 관심사에 따라 대답이 달라질 수 있는 문제다. 오랜 세월 우리의 생활을 담아온 그릇인 전통마을은 수많은 측면들이 서로 연결되고 중첩되어 이루어진 다면체와도 같다. 물론 그 면면이 서로 긴밀히 연결되어 있지만 보는 각도에 따라 한 마을도 충분히 달리 보일 수 있다. 그렇기에 전통마을의 본질을 몇 가지 개념으로 일목요연하게 정리해내기는 쉽지 않으며 언제나 일정한 한계를 갖는다.

하지만 복잡한 대상일수록 명료한 이해나 해석의 틀이 필요하듯이 전통마을에 다가가는 어떠한 틀 역시 필요하다고 생각한다. 그것을 통해 우리는 다면적인 전통마을의 특성을 좀 더 체계적으로 이해하고, 그로부터 시대를 초월하는 가치와 현대적인 교훈을 얻을 수 있다. 여기서는 '사상, 문화, 사회, 환경'이라는 매우 포괄적이고 보편적인 네 가지 시선으로 전통마을을 정리해보고자 한다. 물론 마을을 이해하고 해석하는 데 이 시선들을 모두 균등하게 동원할 필요는 없다. 경우에 따라서는 어느 한두 개의 단순한 렌즈를 통해 들여다볼 때 마을 속에 숨겨진 비밀의 열쇠를 더 쉽게 찾아내기도 한다.

1. 마을공간에 깃든 정신

> 사람은 땅을 본받고 땅은 하늘을 본받으며, 하늘은 도(道)를 본받고 도는 자연을 본받는다.(人法地, 地法天, 天法道, 道法自然)
>
> — 노자(老子), 《도덕경(道德經)》 25장

사상, 개념, 그리고 마을

아파트 1층에 사는 나는 아파트와 나의 사상에 어떤 관련이 있으리라는 생각을 해본 적이 없다. 지금 내 위에 일정한 간격으로 누워 있을 14명이 나와 어떤 생각을 공유하고 있다고 볼 수도 없다. 나나 그들이나 현실 여건을 고려해서 이 아파트를 선택했을 뿐, 진짜 살고 싶은 집은 마음속에 따로 있을지도 모른다.

오늘 우리가 살고 있는 집, 그리고 현대의 마을이라 할 수 있는 아파트단지는 공급자가 불특정한 수요자를 대상으로 만들어놓은 것일 뿐, 그 과정에 주거공간에 대한 우리 마음속의 바람은 조금도 반영되지 않는다. 그 집을 만든 사람들은 심지어 그곳에 살 사람들이 누구인지도 모른다. 말하자면 요즘 우리는 주관식으로 사는 게 아니라 선택형으로 살고 있는 셈이다. 그렇게 선택된 주거단지의 이면에 도사리고 있는 것은 우리의 신념이나 사상이 아니라, 공급자인 건설회사 또는 부동산 개발자의 생각, 곧 이윤을 극대화하겠다는 자본의 논리다. 그래서 우리는 살던 곳을 너무도 쉽게 떠난다. 그럼으로써 부동산 차익은 얻을지 모르나 오래 마음 붙이고 살 곳은 좀처럼 찾지 못한다.

이와 달리 전통마을은 어느 날, 어느 건설회사가 지어준 것이 아니다. 물론 지관(地官)이나 목수의 도움이 있었지만, 기본적으로는 그곳에 산 사람들이 오랜 세월 스스로 만들어온 것이다. 자신의 삶터를 직접 만들어가며 살아왔다면 그 공간에는 자연스레 거주자의 정신이 담겨 있지 않을까? 그래서 우리는 전통마을을 답사하면서 어떤 정신성을 만나기를 기대한다. 그 정신성이란, 공간과 장소에 깃든, 그것을 만든 이들의 사상이다.

그러면 사상과 공간은 단순한 인과관계를 맺고 있을까? 비슷한 시기에 지어진 많은 전통마을들이 서로 다른 모습을 하고 있는 것을 보면 꼭 그렇지만은 않다. 사상이 곧바로 마을길과 집들의 구체적인 모습을 결정하는 것은 아니라는 말이다.

예를 들어보자. 옻골마을의 입향조(入鄕祖: 일족을 데리고 마을에 처음 들어온 조상)인 대암(臺巖) 최동집(崔東集, 1586~1661)과 한개마을을 실질적으로 일으킨 월봉(月峯) 이정현(李廷賢, 1587~1612)은 같은 시기에 한강(寒岡) 정구(鄭逑, 1543~1620)의 문하에서 공부했다. 절대적인 영향을 주고받았던 성리학자들의 사제관계를 생각할 때, 한강의 가르침은 마을을 본거지로 학문을 실천하고자 했던 두 사람의 사상적 기반이 되었을 것이다. 그러나 두 사람이 각기 그 틀을 만든 두 마을의 모습은 서로 대조적이다. 옻골마을의 안길이 직선형인 데 비해 한개마을의 그것은 곡선형이다. 옻골의 집에서는 안채와 사랑채가 앞뒤로 놓인 데 비해 한개의 집에서는 그것들이 좌우로 놓인다. 이렇듯 같은 사상을 바탕으로 하더라도 마을을 이루는 공간이나 장소는 다양하게 구현된다.

그러면 사상과 마을은 어떻게 관련되는 것일까? 나는 사상과 마을 사이에 그것들을 이어주는 다리가 있다고 생각한다. 학계에서는 그 다리를 아이디어·구조·유형·인지 쉐마(cognitive schema)·양식 등 여러 가지로 부르는데, 여기서는 편의상 '개념'이라고 하자. 개념은 사상이 형체를 띠기 시작한 것으로, 식물의 씨앗처럼 단순하고 추상적인 것이다. 이 씨앗이 지형이나 기후, 거주자의 특성과 같은 현실 토양과 어우러져 마을이라는 꽃나무가 자라나고 공간과 장소라는 꽃들을 피운다.

그러므로 마을 답사는 마을이라는 꽃나무와 그것에 달린 공간과 장소라는 꽃들을 감상하는 것이겠다. 나는 이 책에서 아름다운 꽃을 피운 꽃나무 열두 그루와 그 꽃송이들을 하나하나 소개하고자 한다. 그리고 가능하면 그 꽃나무를 키워낸 씨앗들, 곧 개념에까지 생각을 뻗어보도록 안내하고 싶다. 그러나 그 씨앗의 유래인 정신, 곧 사상을 깊게 따져보는 것은 여기서 우리가 주로 할 일은 아닌 것 같다. 그래서 이 책에서는 사상 자체가 아니라 사상이 어떤 개념들을 낳았는지, 그리고 그것들이 어떻게 마을의 공간과 장소로 구체화되었는지 주로 옻골마을, 한개마을, 낙안읍성을 답사하며 생각해보려 한다. 그럼 먼저, 우리 전통마을을 만들어낸 주요 개념들을 알아보자.

위계성 : 질서를 담다

여러 가족이 모여 사는 마을을 만드는 것은 일종의 사회적 행위였으므로, 당시 사회를 주도한 사상들의 영향에서 벗어날 수 없었다. 역사적으로 훑어보면, 우리의 마을 만들기는 자연에 바탕을 둔 애니미즘과 샤머니즘, 다음으로는 체계화된 사상인 불교와 유교의 영향을 받았다. 이어서 실학사상, 개화기의 계몽사상, 그리고 기독교사상 같은 근대 이후 서구사상의 흐름 또한 마을 만들기에 어떤 식으로든 영향을 미쳤다.

흔히 전통마을이라고 부르는 오래된 마을들은 대개 16세기를 전후해서 조성되었는데, 오늘날 우리가 보는 마을의 모습은 그 당시의 틀을 바탕으로 변화되고 변형된 것이다. 한편, 고려 말에 우리나라에 전래된 성리학은 16세기에 이르러 조선사회의 지배이념이자 일상생활의 원리로 정착한다. 16세기는 사림들이 향촌사회를 무대로 성리학에 바탕을 둔 유교적 이상사회를 꿈꾸었던 시기다. 따라서 역사적으로 우리 사회를 풍미한 여러 사상들 중에서 전통마을에 가장 강력한 영향을 미친 것은, 마을이 조성될 당시의 지배이념이자 마을 건설자들이 신봉했던 사상인 성리학이라고 볼 수 있다. 이와 함께 또 하나를 꼽는다면, 성리학이 우리 사회에 도입되기 이전부터 우리의 주거공간 만들기에 큰 영향을 미친 풍수지리를 들 수 있다. 풍수에 대해서는 이 글의 뒤에서 다시 설명하므로, 여기서는 성리학을 중심으로 사상, 개념, 그리고 마을의 관계를 살펴보려 한다.

성리학이 추구한 것은 한마디로 '질서 있는 사회'다. 따라서 성리학을 지배이념으로 삼은 조선시대에는 위계질서를 추구하는 여러 사회제도들이 정비된다. 그런 제도 가운데 하나가 사람들을 양반, 중인, 상민, 천민으로 나누는 신분제도다. 우리가 흔히 전통마을을 양반마을인 반촌(班村)과 일반 농촌마을로 나누고, 전통주택을 양반주택인 반가(班家)와 서민주택인 민가(民家)로 나누는 것도 마을과 주택 거주자의 신분에 따른 구분이다.

이런 성리학의 위계성은 마을의 형태, 공간, 위치 등에서 여러 위계적 개념을 낳았다. 대표적인 것이, 마을공간에서 앞뒤의 상대적 위치에 따라 위계를 달리 부여하는 '전후(前後) 개념'이다. 이 개념에 따르면 위계가 높은 것일수록 마을공간의 뒤에 위치한다. 전통마을을 답사한 경험이 있는 사람들은 누구에게 묻지 않고도 종가의 위치를 찾아낼 수 있다. 마을에 종가와 유사한 모양의 집들이 여럿 있는 경우에도 그것이 그리 어렵지 않다. 종가는 안길의 맨 끝, 곧 주거지의 맨 뒤쪽에 있기 때문이다.

서양의 마을이나 도시에서는 이런 전후 개념을 찾아보기 힘들다. 대신 그곳에는 '중심과 주변'이라는 또 다른 위계적 개념이 있으며, 이에 따라 물리적 중심을 중요시한다. 이 개념의 사상적 뿌리는 신을 중심으로 세계를 중심과 주변으로 파악하는 기독교사상이다. 여기서 우리는 서로 다른 사상으로 인해 마을에 전혀 다른 위계적 개념이 형성되는 것을 본다.

확장성 : 먼 곳을 바라보다

풍수에서는 하나의 산이 있다면, 비록 그 자리에서 보이지는 않으나 아주 멀리서 시작되어 죽 이어져온 산맥을 생각한다. 성리학에서는 인간을 소우주로 보고 그것을 주변 자연과 대우주로까지 확장시켜 인간의 본성을 파악하고자 한다. 또한 풍수나 성리학에서는 자연을 생명을 가진 유기체로 보며, 흔히 천인합일(天人合一)로 표현되듯이 자연과 인간의 합일을 추구한다. 이렇듯 풍수와 성리학의 자연관은 모두 광역적이고 유기적인 것이 특징이다. 그럼 그것들은 우리 마을에 어떤 영향을 미쳤을까?

풍수와 성리학의 자연관은 매우 넓은 시각에서 마을을 구성하는 확장성의 개념을 낳았다. 그래서 조상들은 마을을 독립되고 자족적인 정주(定住) 단위로 보지 않고, 주변 지역과 유기적이고 구조적으로 연계되는 것으로 보았다. 이에 따라 마을의 공간 범위는 시각적으로 또 관념적으로 확대되었고, 마을의 구성요소들은 주변 경관과 관계를 맺으며 만들어졌다. 확장성의 개념이 극적으로 구현된 예가 이 책에서 소개하는 옻골마을과 낙안읍성이다. 옻골에서 마을은 넓은 주변 지역을 경영하기 위한 베이스캠프로 간주되었으며, 그 결과 마을 영역이 최소화되었다. 한편, 낙안읍성에서 마주 보는 산의 기운에 대응하기 위해 동문 앞에 개의 조각을 둔 것은, 주변 자연에 대한 해석을 통해 주거공간을 조성한 사례다. 그리고 많은 전통마을에서 볼 수 있는 정자(亭子) 또한 이런 확장성의 개념이 만들어낸 요소다. 마을 밖을 멀리 바라볼 수 있는 지점에 세워진 정자는 마을 영역을 주변 경관까지 시각적으로 확장시키는 매개물의 의미를 갖는다.

마을을 조성하는 데 사용된 많은 개념들이 이런 확장성을 갖는다. 그런데 확장의 중심인 시작점은 바로 나 자신, 곧 주체이다. 건물을 배치하는 데도 이런 생각이 적용되었다. 따라서 건물이 밖에서 어떻게 보일까 하는 문제보다 건물 안에서 무엇이 내다보이는지가 중요했다. 보통은 건물 앞 먼 곳에 잘생긴 산봉우리가 보이는데, 그것을 안대(案帶)라고 한다. 조상들은 안대를 기준으로 건물을 배치했다. 안대의 존재는 관찰자인 남이 아니라 거주자인 나를 중심으로 건물을 지었음을 의미한다. 이런 확장의 시각은 건축의 주체성과 직결된다.

나는 늘 답사를 하면서 짧은 시간이나마 거주자가 되어보려 한다. 밖에서 집을 바라보며 잘 관찰하는 것도 의미가 있지만, 대청마루에 걸터앉아 앞을 살핌으로써 주거공간 디자인의 비밀을 푸는 실마리를 발견할 수도 있다. 그러나 아쉽게도 마을에는 문이 잠겨서 안으로 들어갈 수 없는 집들이 많다. 그래서 답사를 떠나기 전에 거주자나 관리자에게 연락하여 미리 양해를 구해두는 것이 좋다.

그런데 이런 광역적 사고 또는 확장성의 개념 때문에 혹시 주거공간 자체를 세밀히 만드는 일을 소홀히 하지는 않았을까? 결과적으로 그렇지는 않다. 작은 척도의 문제가 큰 척도의 문제와 결부됨으로써 세세한 부분이 좀 더 복합적인 의미를 갖게 되었을 뿐이다. 말하자면 마을 밖의 요소들이 마을 내부의 세세한 구성과 디자인에까지 영향을 미친 것이다. 그래서 우리가 마을을 온전히 이해하기 위해서는 마을 자체뿐 아니라 주변을 널리 살필 필요가 있다. 마을 내부에서 주변 자연을 살피고, 반대로 주변 산에 올라 마을을 포함한 넓은 지역을 둘러보면 마을을 이해하는 폭이 훨씬 넓어진다. 이래저래 마을 답사에서는 다리품을 팔게 되는데, 마을을 감상함으로써 지적 호기심을 충족시키고 동시에 운동까지 하게 되니 일거양득이 아닐 수 없다.

다양성 : 사상은 같으나 마을은 다르다

전통마을은 그 모양만큼이나 그것이 주는 교훈이나 아이디어도 다양하다. 내가 지난 26년 동안 전국의 많은 마을을 답사했어도 여전히 지루함을 느끼지 않고 마을을 찾는 것도 바로 이 다양성 때문이다. 마을의 밑바탕을 이루는 사상은 같았어도 마을마다 서로 다른 재미있는 공간과 장소가 조성된 것을 볼 때면 기이하기까지 하다. 그러면 중국이나 일본에 비해 작은 국토를 가진 우리나라에 같은 모양의 마을이 없는 이유는 무엇일까?

그것은 무엇보다도 마을이 처한 현실 조건을 충실히 따랐기 때문이다. 마을이 자리 잡은 땅의 조건, 그리고 그 안에서 삶을 영위하는 사람들의 조건에 따라 서로 다른 독특한 공간과 장소가 구상되었다. 같은 씨앗이라도 토양에 따라 조금씩 다른 '특정한' 꽃나무와 꽃들을 만들어낸 것이다.

조선시대에는 마을을 만드는 개념을 제시한 교범들이 있었다. 주거학 교과서라 할 이중환(李重煥, 1690~1752)의 《택리지(擇里志)》와 서유구(徐有榘, 1764~1845)의 《임원경제지(林園經濟志)》, 1485년(성종 16)부터 본격적으로 시행된 법전인 《경국대전(經國大典)》, 주자가 중국 고대의 예제(禮制)를 재해석하여 새로운 윤리체계로 제시한 《주자가례(朱子家禮)》 등이 그것이다. 그러나 이미 만들어진 개념을 그대로 구현하기 힘들 때에는 과감히 현실 조건에 맞게 변형시켰다. 그래서 우리 마을과 그 안의 집들은 교조적이지 않으며, 예측하기 힘든 다양한 모습을 띠게 되었다. 이런 사례는 안채의 동쪽에 사당을 두도록 한 《주자가례》의 규정을 과감히 어기고, 남성 영역인 사랑채에서 여성 영역인 안채를 거치는 일이 없도록 사당을 안채의 서쪽에 둔 한개마을의 집들에서 단적으로 나타난다.

이런 사례에서 조상들이 얼마나 현실을 민감하게 파악했는지, 또 그것을 어떻게 건축에 반영했는지를 보게 된다. 이 대목에서 안타까운 것은, 요즘 건축을 공부하는 학생들 심지어 건축가들조차도 현실보다는 유행에 민감하다는 사실이다. 해마다 열리는 건축계 최대의 공모전인 '대한민국건축대전'에 가보면 최근의 유행을 쉽게 파악할 수 있다. 그 근원을 쉽게 짐작할 수 있을 정도로 공통점을 가진 입상작들이 많기 때문이다. 서양이나 일본 건축가들이 무엇을 하는지가 아니

한개마을 한주종택의 사랑채 '주리세가(主理世家)'라는 현판의 글귀가 주리론의 대가가 살았던 집으로서 성리학의 본류를 잇고 있음을 당당하게 드러낸다. 주거공간에도 그런 사상이 고스란히 반영되었다.

라 우리 사회가 어디를 향해 움직이고 있는가에 민감할 때, 우리 시대에도 전통마을 같은 다양하고 아름다운 꽃나무들을 키워낼 수 있을 것이다.

2. 마을에서 읽는 우리 문화

> 내가 논할 '진정한' 동양은 없다고 다시 말할 수밖에 없다. 그러나 나는, 자신들의 정체성과 소망을 향해 노력하는 그 지역 사람들의 능력과 재능에 대해 깊은 존경심을 가지고 있다.
>
> ― 에드워드 사이드(Edward W. Said), 《오리엔탈리즘(Orientalism)》 중에서 [1]

마을의 문화를 어떻게 볼 것인가?

도시문화, 대학문화, 심지어 음주문화까지, 이렇게 '문화'는 인간활동의 거의 모든 영역에 적용되는 용어다. 문화처럼 사람들이 여기저기 갖다 붙이기 좋아하는 말도 없을 것이다. 그래서 그것이 함축하는 의미 또한 말하는 사람에 따라 달라진다. 이렇게 문화라는 용어를 선호하는 자체가 오늘 우리의 문화이기도 하다. 그에 따라 우리 시대에는 문화에 대한 오해와 오류 또한 많이 생기고 있다.

일상적으로 쓰는 말이지만 막상 정의를 내리기는 쉽지 않은 것이 또한 문화다. 미국의 인류학자인 크로버(A. Kroeber)와 클러크혼(C. Kluckhohn)이 150가지에 이르는 문화에 대한 정의를 모아 하나의 책으로 펴낼 정도로[2] 그 정의는 다양하며, 문화를 연구하는 학자들 사이에서도 견해가 분분하다. 그렇지만 그것을 '어떤 집단의 삶의 방식이며, 물리적 환경을 토대로 형성되고 또 물리적 환경을 인위적으로 구성하는 데 영향을 주는 것'이라고 좀 느슨하게 본다면 여기에 이의를 달 사람은 별로 없을 듯하다.

마을은 자연환경과 인공환경이 잘 결합된 물리적 환경으로서, 문화를 형성하는 중요한 조건이다. 한편, 마을은 사람들이 특정한 자연환경을 선택해 주거지를 조성하고 그 안에 인공환경을 구축한 결과물이므로, 마을이라는 물리적 환경에는 사람들의 문화가 고스란히 반영되어 있다. 이렇게 볼 때 마을은 문화의 토양이자 산물이라고 할 수 있다. 따라서 우리가 마을을 잘 분석한다면 그 마을의 문화가 형성된 배경뿐만 아니라 마을을 만들어낸 사람들이 가진 문화의 속성까지도 읽어낼 수 있다. 이런 면에서 나는 전통마을을 우리 문화의 컨텍스트(context)이자 텍스트라고 말하고 싶다.

사람의 집단, 문화, 그리고 물리적 환경은 서로 밀접히 관련되어 하나의 사회 시스템을 이룬다.[3] 그래서 그것들 중 어느 하나를 따로 떼어낸다면 온전히 이해하기는 힘들다. 단편적이 아니라 총체적으로 문화를 파악해야 하는 이유가 여기에 있다. 따라서 문화의 총체성을 이해하지 못하고 탈춤이나 민속놀이 같은 문화적 행위를 마을이라는 환경에서 끄집어내는 것은 옳지 않다. 문화적 행위란 장소의 맥락에서 의미를 갖기 때문에 자동차 부품처럼 분리하여 이곳저곳에 갖다 붙일 수 있는 대상이 아니다. 그러므로 문화적 요소 혹은 현상은 그것의 공간적·장소적 맥락인 마을과 함께 탐구되고 재현되어야 한다. 그 공간적·장소적 맥락이 변경된다면 문화적 요소나 현상 또한 사라지거나 의미를 상실하게 된다.

한 가지 예를 들어보자. 전통마을에서 주민들은 성별·연령별로 서로 다른 장소에서 일상적인 만남을 갖는다. 이런 만남은 마을의 문화를 형성하고 지속시키는 데 중요한 활동이다. 이 책에서 소개하는 원터마을의 경우, 성인 남자들은 정자에서, 여자들은 주택의 문간채에서, 어린이들은 길이나 수로에서 주로 만나 대화를 나누고 놀이를 한다. 마을의 적당한 곳에 위치하는 정자, 문간채, 그리고 길과 수로는 원터마을에서 전통문화가 지속될 수 있는 하나의 맥락이다. 그런데 1998년에 다시 조사해보니 원터마을의 수로 일부가 복개되면서 어린이들이 여름철에 수로에서 하던 다슬기 잡기 등의 놀이가 사라져가고 있었다.

원터마을의 정자, 문간채, 길과 수로는 다른 마을의 그것들과는 모습이 다르다. 그래서 그곳에서 할 수 있는 일도 다르다. 이런 맥락에서 원터마을 고유의 만남과 문화가 형성된다. 요즘 아파트단지는 어떤가? 노인들은 다 똑같은 노인정에서, 어린이들은 다 똑같은 놀이터에서 만나고 놀이한다. 만남의 추억과 놀이까지 표준화해버리는 그런 아파트단지에서 어떻게 고유한 문화를 기대할 수 있을까?

마을에 굳이 문화라는 말을 적용한 사업이 있었다. 과거 농업기반공사(현재의 한국농어촌공사)가 1992년부터 시행한 '문화마을 조성사업'이 그것이다. 나는 이 사업 초기에 문화마을에 세워질 주택의 설계안 공모에 응모한 적이 있어 이후에도 계속 관심을 가져왔다. 그 결과, 이 사업이 이름과는 달리 우리 마을의 전통과 문화를 오히려 훼손하고 있음을 알게 되었다.

분양된 108개 문화마을 중 당시 농업기반공사 홈페이지에 마을 배치도가 제시된 83개 마을을 살펴보니, 95%에 달하는 79개 마을이 강원도에서 제주도에 있는 마을까지 천편일률적으로 격자형 가로(街路)의 기본 틀에 격자형 필지 분할 방식을 채택하고 있었다. 격자형이 무조건 나쁘다는 것은 아니다. 어느 전통마을이나 나름의 독특한 공간구성을 자랑하는데, 왜 문화마을들은 대부분 비슷하거나 같은 공간을 가져야 할까? 특히 우리 전통마을에서는 마을길이 열십자로 교차됨으로써 마을공간이 휑하니 뚫려 허해지는 것을 의도적으로 피해왔다. 그런데도 십자형 교차로가 가장 많이 생기는 격자형 방식을 택한 것은 오로지 사업의 경제성과 편의성을 추구했기 때문으로 보인다.

21세기의 총아로 떠오른 '문화'는 사업성 또는 경제성으로만 접근할 수 있는 것이 아니다. 또한 문화를 그것이 놓인 공간적·시간적 맥락에서 분리하여 추상화하고 일반화하면 '문화마을 조성사업'처럼 오류를 범하기 쉽다. 진정한 문화마을이 되려면, 모범답안식의 추상적인 모델이 아니라 그 장소에 가장 고유하고 적합한 것이 무엇인지를 찾아내려는 '문화적' 노력이 필요하다.

우리의 전통마을은 산업사회 이전에 성립되어 근대를 거쳐 현대에 이르기까지 그 생명을 이어왔다. 따라서 전통마을에 축적된 문화는 일정 시기의 정체된 문화가 아니라 시간에 따라 끊임없이 변모해온 살아 있는 문화다. 이런 면에서 마을이 형성된 시점을 지칭하는 '전통'이라는 용어는 그리 적절치 않다. 마을은 전통만이 아니라 근대와 현대가 복합되고 중첩된 우리 삶과 문화의 현장이다. 따라서 우리가 마을의 어느 장소에 서 있다면 그 장소를 이루는 요소들을 눈으로 확인하고 감상하는 데 그치지 말고 땅 밑에, 그리고 지상에 스며 있는 시간의 의미를 통찰해야 한다. 장구한 시간을 넘어 존속해온 요소들은 물론 사라진 요소들이 남긴 의미도 존중할 줄 아는 겸손한 태도 또한 필요하리라.

그런 통찰은 시대를 넘나드는 지적(知的) 상상력이 있을 때 비로소 가능하다. 여기서 '지적'이라는 토를 단 것은, 마을 답사와 이해에 요구되는 것은 이른바 소설을 쓰는 상상력이 아니라 역사적 지식에 바탕을 둔 실증적인 상상력이어야 한다는 뜻에서다. 지적 상상력은 땅 속으로, 공기 속으로 사라진 사실들을 볼 수 있는 눈을 뜨게 해주고, 그렇게 사라진 것들이 남긴 이야기를 들을 수 있는 귀를 열어줄 것이다.

마을은 다양한 문화의 현장

세계 속에서, 좁게는 동아시아에서 한국은 문화적 독자성을 갖는다. 그런데 이런 사실이 한국의 문화가 단일한 실체임을 의미하는 것은 아니다. 한국의 문화에는 서로 동일시하기 어려운 다양한 세부 문화들이 존재해왔다. 나는 이러한 사실을 마을 답사를 통해 비로소 발견할 수 있었다. 한국의 전통마을 나아가 한국의 문화는 어디나 다 비슷하다고 생각하는 사람에게는 이 책에서 소개하는 성읍마을, 하회마을, 강골마을 중 어느 두 마을을 비교해보라고 권하고 싶다. 성읍의 안할망당과 하회의 삼신당은 무엇을 기원하는 신당(神堂)이라는 점에서는 같지만 그 공간 구성은 서로 얼마나 다른가? 안할망당은 마당을 거느린 아담한 건물이고, 삼신당은 커다란 느티나무를 중심에 둔 너른 마당이다. 이렇듯 문화에 대한 속단과 오해는 많은 경우 현장에서 구체적인 현실들과 마주할 때 자연히 풀리게 된다.

이 책에서는 특히 위의 세 마을들을 통해 우리 마을과 문화의 다양한 측면들을 드러내고자 했다. 성읍마을에서는 토속적인 공간 속에 부모·자녀세대가 평등한 삶을 영위할 수 있는 논리가 숨어 있음을 밝힌다. 하회마을에서는 양반과 평민 계층이 서로를 용인하고 지지하면서 공존해온 공동체의 모습과 그 공간을 읽는다. 그리고 강골마을에서는 전통마을이 근대기에 변모해간 양상을 다양한 한옥의 출현을 통해 살펴본다.

물론 여러 마을들에서 공통적으로 발견되는 문화의 속성도 있다. 그런 전통 문화의 공통성은 조선 중기 이후 줄곧 유교적 가치관을 토대로 우리 사회가 유지되어왔다는 사실에서 비롯되었다. 유교사회에서 마을은 일상생활을 영위하는 장소일 뿐 아니라 사회적 유대를 확인하고 자신을 수련하며 예를 행하는 장소이기도 했다. 마을마다 있는 무슨무슨 정(亭) 혹은 정사(精舍)는 바로 그런 장소였다. 그래서 거의 모든 전통마을에서는 어른을 공경하고 공동체를 중시하는 통합지향적인 가치가 전해 내려오고 있다.

그러나 문화의 진정한 의미는 '무엇'보다 '어떻게'에, 일반성이나 보편성보다는 구체성 혹은 특수성에서 발견된다. 문화에 대한 시각이 거시적이기만 하다면 앞서 '문화마을 조성사업'을 비판하며 지적한 일반화와 추상화의 오류에 빠지기 쉽다. 우리 마을이 갖는 문화적 공통성의 근저를 이루는 유교적 가치관도 실제 생활에 적용될 때는 현실 조건에 따라 다양하게 해석되었다. 따라서 마을에서 보이는 문화의 구체적인 양상들, 그 복합적이고 미묘한 측면들을 하나씩 드러내어 이해한다면 우리 전통문화의 총체에 한 걸음 더 다가갈 수 있을 것이다.

오늘날 우리에게 전해지는 고유한 유형·무형의 요소들을 풍부하게 담고 있는 전통마을은 그 하나하나가 문화의 보물창고와도 같다. 많은 전란으로 유형의 문물이 얼마 남지 않은 우리의 상황에서, 전통마을은 살아 숨 쉬는 고유한 문화를 접할 수 있는 귀중한 장소이다. 이제 문화에 대한 해답을 전통마을에서 찾아보자.

3. 자연과 사람이 어우러진 공동체

> 서구사회에서는 사람들이 대개 한 장소에서 다른 장소로 옮겨다닌다. 때로는 부모와 조상의 집에서 먼 장소로 가 있게 된다. 그들은 가계(家系)가 시작된 지점이나 옛날 조상들의 선산(先山)에 더 이상 연관되지 않는다. 이것은 인류사에서 새로운 사실이다.
> ― 린다 쉬니클로스(L. H. Schneekloth) 외, 《공간의 유형학(Ordering Space)》중에서[4]

씨족마을 : 거주공간의 사회학

미국의 건축학자가 쓴 위의 글은 서구에서 당연하게 여기는 거주지의 빈번한 이동이 실은 역사가 그리 오래되지 않은 새로운 사실임을 지적하고 있다. 그들도 과거에는 가계가 시작된 지점이나 선산 부근, 다시 말하면 우리의 씨족마을 같은 곳에서 대대로 살았던 모양이다. 그들 또한 근대 이후로 거주 방식에 큰 변화를 겪어 온 것으로 보인다.

오늘날 우리의 거주 방식 혹은 주거관은 어떤 변화를 겪고 있는가? 우리 주거관의 현주소를 알기 위해 우리들의 대화에 자주 등장하는 단어들을 떠올려본다. "아파트단지, 프리미엄, 평수, 철거, 재건축……" 자신의 숨결이 배어 있는 집이 하루빨리 철거되어 재건축되기를 바라는 참으로 이상한 세상에 우리는 살고 있다. 그러면 이런 현대의 주거관이 갖는 한계와 문제점을 극복할 수 있는 방안은 무엇인가? 여기서는 씨족마을에서 그 단서를 찾아보려 한다.

하나 또는 몇 개의 씨족집단이 일정한 지역에 모여 살 때 이를 씨족마을이라고 한다. 씨족은 동성동본을 가진 사람들의 집단인 문중(門中)에 의해 조직된다. 문중이란 부계의 종족이 조상 제사를 같이 모시고 분묘를 보존하며 종원(宗員)의 친목과 복지를 위해 조직한 집단으로, 주로 5대조 이상의 조상 제사인 시제(時祭)를 같이 모시는 집단을 일컫는다.[5]

혈연집단이자 지연집단인 문중이 태동시킨 씨족마을은 조선 후기에 와서 향촌사회의 기본 구성단위가 되었다. 그러니까 어떤 면에서는 우리 사회의 고질병인 혈연과 지연의 연원이 씨족마을이라고 할 수 있다. 그러면 씨족마을이란 이른바 구시대의 산물이며 우리 기억의 컴퓨터에서 지워야 할 파일인가? 물론 씨족마을에는 없어져야 할 것도 있다. 그러나 그 안에는 자연과 조화를 이루며 삶의 터전을 이룬 조상들의 지혜와 묘안들이 있으며, 공동생활의 아름다운 모습이 있다. 문제는 살아남아야 할 이런 소중한 것들까지 잊히고 있는 데 있다.

조선 전기까지는 균분상속이라 하여 상속이 아들과 딸, 맏아들과 막내 간에 균등하게 이루어졌으며, 제사 또한 윤회봉사라 하여 자녀들이 돌아가며 모셨다. 그러나 임진왜란 이후 조선 후기에 와서는 재산 상속제도가 자손균분에서 장자상속으로 바뀐다. 결국 재산 상속이 장남에게 치중되면서 제사도 장자의 일로 바뀌게 된다. 이런 사회 변화의 이념적 토대가 된 것은 고려 말에 중국에서 수입되어 조선 중기에 사회의 지배 이데올로기이자 생활규범으로 정착한 성리학이다. 그리고 이런 사회 변화로 인해 씨족마을이라는 새로운 거주 유형이 널리 확산되기 시작한다.

그때나 지금이나 경제는 인간사회의 매우 중요한 문제다. 조선 후기에는 사회 변화와 함께 경제적으로도 커다란 변화가 일어났다. 새로운 농업기술인 이앙법이 보급되면서 농업생산력이 획기적으로 증대된 것이다. 이앙법이란 논에 볍씨를 직접 뿌리는 직파법과 달리, 오늘날 농촌에서 보듯이 모판에서 모를 키워 모내기를 하는 농법이다. 그런데 모내기는 일시에 해야 하므로 이앙법으로 대규모 농지를 경영하려면 일가는 물론 소작농과 노비들까지 모두 한곳에 모여 살아야만 했다. 씨족마을은 이러한 경제 변화에 맞는 마을 형태였다.

씨족마을들이 자리 잡은 곳은 대체로 전면을 제외한 삼면이 산이나 언덕으로 둘러싸인 배산임수(背山臨水)의 입지다. 그래서 나는 전통마을을 답사할 때 먼저 산과 물을 살피기를 권한다. 단순히 풍수적으로 명당인지를 판단하기 위해서가 아니라, 산과 물이 마을공간의 기초적인 틀을 만들어주기 때문이다. 편리한 교통과 좋은 학군이 최상의 아파트단지를 만드는 조건이라면, 포근하게 감싸는 산과 맑고 시원한 물은 씨족마을이 자리 잡을 터전의 조건이다.

사회가 늘 안정되었다면 새로운 유형의 마을이 발생하지 않았을지도 모른다. 전란은 전통사회에서 대대적인 주거지 이동이 일어나는 계기로 작용했다. 많은 씨족마을들이 1592년(선조 25) 발발한 임진왜란과 1597년의 정유재란 이후 다시 사회가 안정되는 과정에서 본격적으로 형성되었다.

씨족마을은 온전히 새로운 장소에 개척되기도 하지만, 이미 마을이 조성된 곳에 새로운 일파가 들어가 점차 자기들의 주거지로 변모시키는 경우가 더 많다. 기존 마을을 새로운 씨족마을로 만들어가는 방식에는 두 가지가 있다. 양동마을처럼 새로운 성씨(월성 손씨)가 처가가 있는 곳으로 들어가 정착하는 방식, 그리고 하회마을처럼 새로운 성씨(풍산 류씨)가 이미 다른 성씨가 살고 있는, 연고가 없는 마을에 자리 잡는 방식이 그것이다. 류씨들이 이미 허씨와 안씨가 거주하던 하회마을에 들어가기 이전에 삼대 동안 적선을 베풀며 공을 들였다는 이야기는, 후자의 정착 방식이 만만치 않았음을 말해준다. 조선 후기에 오면 이런 어려움이 있어도 기존 마을에 들어가 새로운 씨족마을을 이루는 경우가 많아진다. 이미 17세기부터는 좋은 조건을 갖춘 미개발지가 그만큼 부족했기 때문에 그것은 불가피한 선택이었을 것이다.

어떤 방식으로 조성되었든, 씨족마을의 중심이 되는 집은 종가다. 입향조가 지은 집인 종가는 장손이 대를 이어 거주하면서 문중의 구심점이 된다. 그것은 전통사회에서 마을의 상징이자 중심이다. 여기서 중심이란 물리적인 의미가 아니라 정신적인 의미의 중심이다. 사물을 일단 물리적·감각적으로 파악하려는 것은 현대 서구의 사고방식이 가져온 폐해 중 하나다. 전통마을의 본질은 정신적·심리적인 데 있기에 그것은 마음의 눈을 열어야만 읽힌다. 물리적으로 따진다면 종가는 마을 주거지의 맨 뒤쪽 가장자리에 위치한다.

요즘 사람들에게 '종가' 하면 떠오르는 것이 무어냐 물으면, 대개 며느리의 고생을 말한다. 특히 젊은이들이나 여성들은 종가에서 전근대사회의 보수성과 정체(停滯), 그리고 여성에 대한 억압 등을 떠올린다. 오늘도 양동마을의 월성 손씨 대종가인 서백당(書百堂) 안대청에서는 두 줄로 빼곡히 매달린 윤기 나는 소반들이 다음 제삿날을 기다리고 있는데, 현대인들 특히 여자들에게 이보다 더 살벌한 광경이 있을까?

한편, 종가에서 차남 이하의 자식들이 분가하여 점차 종가 아래쪽으로 집을 지어 나가면서 씨족마을이 형성되었다. 이때 입향조를 이어 높은 관직에 오르거나 관직이 낮아도 학문이 높은 선조가 등장하면 씨족마을은 더욱 공고하게 뿌리를 내린다. 그러한 선조는 문중의 정신적 지주이며 마을 사람들에게 늘 자랑거리다. 그래서 씨족마을을 찾아가면 먼저 인내심을 가지고 마을 사람들의 조상 자랑을 들어야 한다. 그런 뒤에야 답사든 무엇이든 다음 일을 할 수 있다.

근대 이전의 씨족마을에서는 가족들이 분가하면서 사람과 집이 함께 증가하는 경우가 많았으나 간혹 그것들이 줄기도 했다. 한 문중의 일족이 모여 살면서 마을은 유기체와 같이 성장하고 또 쇠퇴하기도 하는 것이다. 그런데 우리 시대의 주거지는 어떤가? 그것은 한꺼번에 지어지고 한꺼번에 철거된다. 그곳에서 시간적 변화란 곧 노후화일 뿐이다. 집들과 그것들로 이루어진 단지는 확장이나 수축을 하지 못하고 굳어 있다. 어찌 보면 굳은 것은 이미 죽은 것이니, 우리는 죽은 장소에서 서서히 죽어가고 있는 셈이다. 이보다 끔찍한 일이 또 있을까?

조선의 사람들은 너나없이 씨족마을에서 출생하고 마을 서당에서 학습하며, 그중 일부는 과거에 급제하여 중앙관직에 진출한다. 그리고 언젠가는 낙향을 하여 마을에 은거하며 제자를 양성한다. 죽어서는 대개 마을 뒤쪽 선산에 묻히고 영혼은 사당에 모셔진다. 그가 훌륭한 학자이면 마을이나 인근 서원에 모셔져 사후까지도 문중의 홍보사절 역할을 한다. 씨족마을 공간들은 이런 성리학자의 전형적인 삶의 방식과 대응하며 구성되었다. 그래서 우리는 마을공간에서 당시의 사회상을 발견할 수 있다. 요컨대 씨족마을은 조선 후기 사회학의 좋은 참고서이다.

관계가 만드는 유기적 질서

전통사회에서 거주지의 기본 단위였던 마을을 언뜻 보면 어떠한 질서도 갖지 못한 것처럼 느껴진다. 아파트단지의 '앞으로 나란히, 좌우로 정렬'에 익숙한 우리에게 전통마을은 무질서해 보이기까지 한다. 옻골마을처럼 비교적 기하학적인 구성을 가진 마을도 있지만, 대개의 전통마을은 한눈에 쉽게 파악되는 좁은 의미의 기하학이 아닌, 유기적이고 위상기하학적인 질서를 가지고 있기 때문이다.

위상기하학은 도형의 크기, 모양 등이 아니라 도형을 이루는 점, 선, 면들이 서로 이어져 있는 관계를 보고 같은 상태인지 아닌지를 살피는 일이다. 곧, 위상기하학은 도형의 변하지 않는 거리나 각도, 면적에 관심을 두는 것이 아니라 근접(proximity), 분리(separation), 계속(succession), 폐합(closure : 내부/외부관계), 연속(continuity)이라는 관계에 기초를 두고 있다. 따라서 기하학적인 절대 위치가 일정한 원칙에 따라 변형되어도 그것이 갖는 위상기하학적인 의미는 변함이 없게 된다.[6]

사실 직선·원·육면체·구 등의 유클리드(Euclid) 기하 형태에서만 질서를 느끼는 것은 아름다움을 너무 형식적으로, 좁고 굳은 시각으로 보기 때문이다. 이런 태도는 우리의 경험이 자연과 멀어질수록 심해진다. 물론 많은 자연현상의 이면에 기하학적인 질서가 있지만, 대체로 우리는 유기적인 모습에서 자연스런 아름다움을 느낀다. 우리가 인공보다는 자연 쪽으로 두 눈을 돌려 기하학이라는 경직된 올가미를 벗고 유연한 안목을 가질 때, 씨족마을 안에 숨어 있는 사회적·공간적 질서와 더불어 마을공간의 진정한 아름다움도 느낄 수 있을 것이다.

여기서 '유연한 안목'이란 무엇인가? 그것은 유기적인 모습이 감추고 있는 질서가 관계에서 발생함을 인식하고, 개개의 현상이 아니라 관계에 눈을 돌리는 것을 말한다. 1, 1, 2, 3, 5, 8, 13, 21,……. 이것들을 개개로 보면 아무 의미 없는 숫자의 나열에 불과하다. 그러나 그것을 관계의 관점에서 파악하면 인접한 두 항의 합이 다음 항이 됨을 발견할 수 있다. 곧, 이 숫자들은 '피보나치수열'이라는 질서를 가진다. 그 안에는 인접항과의 비율이 1.618…이라는 황금비를 향해 접근해가는 질서가 있다. 이렇게 복잡해 보이는 현상들의 이면에 때로는 단순하고 정연한 질서가 숨어 있다. 그래서 나는 언뜻 복잡해 보이는 마을공간에 숨겨진 질서의 법칙이 예리한 분석을 기다리고 있을지도 모른다는 생각을 하면서 마을을 답사하곤 한다.

볼 만한 전통마을의 대부분을 차지하는 씨족마을에는 거주자들의 사회관계가 마을 공간구조에 구현되어 있다. 여기서 사회관계란 주로 문중의 종법(宗法) 질서에 바탕을 둔 것이다. 그리고 공간구조란 마을을 이루는 여러 요소들, 곧 길·주택·공동시설 같은 인공요소와 산과 물·나무 같은 자연요소들이 맺고 있는 상호관계를 말한다. 그러한 요소들의 의미는 각각을 살피는 것에서 나아가 그것들 사이의 관계를 바라볼 때 비로소 온전히 파악될 수 있기에 '구조'라는 말을 사용한다. 이 책에서는 주로 양동마을, 도래마을, 닭실마을을 답사하며 마을 공간구조에 담긴 인간관계의 질서를 살펴보려 한다.

나는 씨족마을을 볼 때마다 공간구조가 그곳에 사는 사람들의 사회관계, 그리고 주변 자연과 대응하면서 자연스럽고 조화로운 분위기를 만들어내고 있음에 감탄한다. '집은 집이고 사회는 사회고 자연은 자연인' 그런 아파트단지에 살고 있는 한 주민에게 이런 모습은 또 다른 감동이다.

4. 마을에 담긴 환경친화성의 지혜

> 성인(聖人)이 말한 군자의 도리로 산다면, 앞에서 [이중환이] 말한 살 수 없는 곳이라도 모두 살 수 있는 곳으로 변할 것이다. 그렇다면 동쪽에서도 살 수 있고 서쪽에서도 살 수 있으며 남쪽이나 북쪽에서도 살 수 있는 것이니, 어찌 [살 만한 곳이] 없다 할 것인가.
>
> — 이봉환(李鳳煥), 《택리지》 '발문(跋文)' 중에서[7]

전통마을의 환경친화성

우리나라를 비롯한 동아시아에는 인간을 자연의 일부로 받아들이는 전통이 있었다. 이렇게 인간과 자연을 통합적으로 인식하는 사회에서 '자연과 조화를 이루는 삶'이란 너무나 당연한 것이었다. 산업화 이전에 조성된 한국의 전통마을도 그러한 사고와 가치관을 바탕으로 형성·발전되었다. 그러므로 우리는 전통마을에 자연과 조화롭게 공존하는 지혜가 깃들어 있으리라 기대하는 것이다.

오늘날에 비해 전통사회에서는 자원과 에너지, 그리고 기술이 현저히 제한되었기 때문에 인위적으로 자연환경을 극복하는 것은 매우 어려운 일이었다. 따라서 전통사회는 자연환경에 순응하고 그것을 조절하면서 거주공간을 형성했고, 에너지와 기술을 매우 제한적으로 사용하면서도 유지·관리할 수 있는 거주지를 만드는 방안을 끊임없이 궁리했다. 전통마을은 바로 이러한 모색의 산물이었다. 따라서 그곳에는 환경생태적인 합리성이 자연스레 내포되어 있다.

전통마을의 환경친화성을 논하기에 앞서 환경친화적인 거주지가 무엇을 뜻하는지 좀 더 명확히 규정할 필요가 있겠다. 이미 환경친화성이라는 말이 마케팅에 광범위하게 쓰이고 있으며, 심지어 산을 깎아 없애는 공사현장에도 '환경친화적 기업'이라는 간판이 버젓이 세워져 있으니 그 뜻을 짚고 넘어가지 않을 수 없다.

과연 어떤 곳을 '환경친화적 거주지'라고 말할 수 있을까? 풍수지리와 환경생태학 같은 동서양의 이론들, 그리고 현대 여러 나라에서 적용되는 환경친화적 계획 요소들을 두루 살펴본 결과, 환경친화적 거주지는 기본적으로 자연조건에 대한 적응 능력, 자원의 순환, 에너지 절감 시스템 등 세 가지 요건을 갖추어야 함을 알 수 있었다. 여기서 이들 요건을 좀 더 살펴보기로 한다.

먼저, '자연조건에 대한 적응 능력'이란 기존 자연생태계를 최대한 유지하고 그에 적응하는 건설과정을 거침으로써, 거주지의 건설과 유지·관리가 주변 생태계에 미치는 영향을 최소화하는 것을 의미한다. 어떤 거주지가 겉보기에 훌륭한 자연조건을 갖추었다 해도 기존 생태계를 파괴하는 개발과정을 거쳤다면 그 거주지는 환경친화적이라고 볼 수 없다. 반대로 토지, 수공간, 녹지 등 자연생태계를 구성하는 여러 요소들을 풍부하고도 유기적으로 결합해 거주지를 조성한다면 그것은 환경친화적 거주지가 될 수 있다. 이런 측면에서 볼 때 전통마을의 환경친화성을 이해하기 위해서는 마을의 토지 이용 방식, 그리고 마을공간에 녹지와 수공간 등 자연요소를 도입한 방식이 주어진 자연조건에 어떻게 적응했는가를 살피는 일이 필요하다.

다음으로, '자원의 순환'이란 거주생활에서 자원의 소모를 최소화하고, 거주지가 자체 순환기능을 통해 일정한 재생기능을 갖는 것을 의미한다. 거주지 내부에서 생활에 필요한 자원을 공급받고 대지와 건축이 자체 순환기능을 잘 갖출수록 거주지가 자연환경에 미치는 부정적 영향은 줄어든다. 이런 측면에서, 마을에서 사용된 수자원, 그리고 마을에서 발생한 유기성 쓰레기와 농업생산 부산물이 순환되고 재활용되는 방식을 관찰하는 것도 마을의 환경친화성을 이해하는 데 필요하다.

마지막 요건은 거주지를 하나의 에너지 시스템으로 보는 것이다. 전통마을은 대개 남쪽 전면을 제외한 삼면이 산으로 둘러싸이는 완만한 경사지에 위치한다. 이럴 경우 여름에는 남쪽에서 불어오는 시원한 바람을 맞으므로 비교적 서늘하다. 대개 마을 앞에는 시내가 흐르고 연못까지 있어 불어오는 바람에 청량감이 더해진다. 그래서 예전에는 에어컨이 없어도 시원하게 여름을 날 수 있었다. 겨울에도 마을공간은 비교적 온난하다. 낮에 일조를 많이 받고 밤에는 복사열을 받으며, 차가운 북서계절풍은 지형과 조경으로 차단되기 때문이다. 이같이 전형적인 전통마을은 에너지가 절감되는 시스템을 갖추었다.

외암마을 앞으로 흐르는 시내 전통마을 앞에는 대개 이렇게 시내가 흐르고 연못까지 있어 불어오는 바람에 청량감이 더해진다.

그런데 이 세 항목들은 서로 밀접하게 관련되고 의존적이다. 예컨대, 자원이 순환되면 새로운 자원의 사용을 최소화할 수 있고, 이에 따라 자원을 획득하고 생산하는 데 드는 에너지가 절감된다. 또한 거주생활에 필요한 에너지를 절감하기 위해서는 거주지가 자연조건에 잘 순응해야 한다. 거주지를 조성하고 유지·관리하는 데 많은 에너지를 사용하여 자연조건을 극복하는 현대의 방식과 달리, 전통마을에서는 자연조건에 순응하고 미기후(微氣候)를 조절함으로써 에너지를 절감하는 방식들을 활용해왔다. 특히 여러 사회경제적 요인들로 인해 불가피하게 환경적으로 불리한 입지에 자리 잡은 마을에서는 미기후를 조절하여 냉난방의 부하를 줄이는 다양한 방식들이 발견된다. 이렇듯 이 세 요건은 서로 밀접하게 맞물려서 마을의 환경친화성을 형성하는 바탕을 이룬다. 그럼 이제 전통마을에 깃든 환경친화적 방식과 아이디어들을 좀 더 구체적으로 살펴보자.

풍수와 비보 : 환경계획의 전통

전통마을의 환경친화성을 형성한 가장 중요한 이론이자 방법론은 풍수지리다. 그것은 동양적 사유의 근간인 음양오행론(陰陽五行論)을 바탕으로 형성된 환경 해석방법이며 환경계획 이론이다. 널리 알려진 대로, 음양오행론은 음양과 오행으로 자연의 섭리를 설명하는 동양의 철학이다. 음양은 태극(太極)에서 분파된 상대적 개념이고, 오행은 금목수화토(金木水火土)의 다섯 가지 물체로 자연의 현상과 이치를 상징적으로 해석하는 개념이다. 그런데 전통사회에서 이 음양오행론은 철학의 범위를 넘어 의학, 수학, 풍수지리, 예술 등 광범위한 분야의 이론을 구성하는 데 큰 영향을 미쳤다.

풍수지리는 적용 대상에 따라 죽은 사람의 집, 곧 묘지를 다루는 음택론(陰宅論)과 산 사람의 집을 다루는 양택론(陽宅論)으로 나뉜다. 흔히 통일신라시대 승려 도선(道詵, 827~898)이 중국에서 풍수사상을 도입했다고 알려져 있으나, 이미 그 이전에 우리나라에 도입된 것으로 추정된다.[8] 아무튼 풍수지리는 우리나라에 소개된 뒤로 도시와 마을의 구성과 택지 선정, 실(室)의 배치뿐만 아니라 대문 위치를 정하는 데 이르기까지 거주지와 주택을 조성하는 행위 전반에 매우 큰 영향

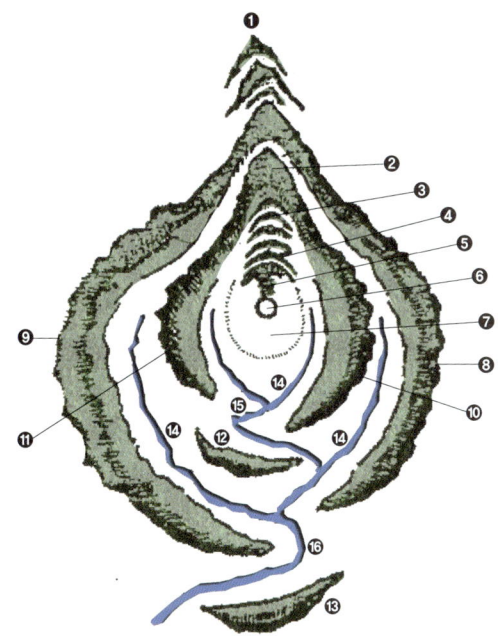

〈그림 1〉 풍수지리의 이상적 국면(局面)
1. 조산(祖山), 종산(宗山) : 혈의 뒤쪽으로 멀리 떨어진 산들
2. 주산(主山) : 혈 뒤의 높은 산
3. 입수(入首) : 주산에서 혈로 들어가는 지점
4. 두뇌(頭腦) : 입수와 혈의 접합 지점
5. 미사(眉砂) : 혈 바로 뒤의 약간 솟아오른 부분
6. 혈(穴) : 지맥 중 기(氣)와 정(精)이 가장 잘 모인 곳
7. 명당(明堂) : 혈의 바로 앞, 청룡·백호가 감싸고 있는 곳
8. 좌청룡(左靑龍) : 앞을 바라볼 때 왼쪽의 산
9. 우백호(右白虎) : 앞을 바라볼 때 오른쪽의 산
10. 내좌청룡(內左靑龍)
11. 내우백호(內右白虎)
12. 안산(案山) : 명당 앞에 가까이 있는 낮은 산
13. 조산(朝山) : 안산 너머 멀리 있는 높고 큰 산
14. 수(水)
15. 내수구(內水口) : 국(局)의 안쪽에서 물길이 합류하여 밖으로 나가는 지점
16. 외수구(外水口)

을 미쳤다.

　한마디로 풍수를 정의하기는 어려우나 대체로 이상적인 환경조건을 설정하고 그것을 추구하는 것이라고 할 수 있다. 그런 이상적인 땅을 풍수지리에서는 명당이라고 한다. 명당은 지맥(地脈) 중 기(氣)와 정(精)이 가장 잘 모인 곳인 혈(穴)의 바로 앞에 있는 곳으로, 모든 건축 행위에서 혈과 명당은 가장 중요한 장소이다. 주택으로 보자면, 혈에 본채를 놓고 명당에 안마당을 만드는 것이 가장 바람직하다. 풍수의 주요한 구성요소는 산(山)·수(水)·방위인데, 이것들로 이루어지는 명당의 조건과 관련 용어는 〈그림 1〉과 같다.

　풍수지리에서 말하는 이상적인 대지와, 현대의 환경심리학에서 제시하는 바람직한 거주 장소를 비교하면 유사한 면이 발견된다. 한마디로 이 두 이론이 공통적으로 추구하는 것은 편안하게 둘러싸여 영역성이 뚜렷한 장소이다. 〈그림 1〉에서 보듯이 명당은 전후 방향의 축(軸)을 가지고 산으로 잘 둘러싸여 아늑한 영역이 만들어지는 장소로서, 심리적으로 편안함을 느낄 수 있는 자연조건을 갖춘 곳이다. 영어에서 '집에 있다(at home)'는 말이 동시에 편안함을 의미하듯, 집과 편안한 느낌은 불가분의 관계이며, 주거에서 안락함을 찾는 것은 인간의 공통적 심리다. 명당은 바로 자연요소들에 의해 편안한 소속감을 느끼는 장소인 것이다.

풍수지리의 또 다른 특징은, 그것이 거주공간과 주변 환경의 관계를 중시하며 주변 환경에 대해 상징적인 해석을 한다는 점이다. 풍수를 따른 전통사회 거주자들은 거주지와 주변 경관에 대한 풍수적인 해석을 서로 공유했다. 예를 들면, 낙안읍성·하회마을·왕곡마을 등에서는 행주형(行舟形)이라 하여 마을의 형상을 배에 비유하는데, 그런 마을들에서는 마을공간에 우물을 파는 것을 금지한다. 배에 구멍이 나면 큰일이기 때문이다. 이렇게 마을 경관에 대한 해석을 공유하는 것은 마을의 공간질서를 일정하게 유지하는 데 큰 도움이 되었다.

한편, 우리나라에서는 중국의 풍수와 달리 비보(裨補) 풍수의 개념이 발달했다. 풍수연구가 최창조 선생은 비보 풍수를 중국 풍수와 구별되는 한국 풍수의 독자적 특성으로 본다. 비보란 부족하고 문제가 있는 곳을 보완한다는 뜻이다. 실제로 이상적인 장소는 많지 않으므로, 비보 풍수는 풍수적으로 부족한 부분을 보완함으로써 주어진 환경을 바람직한 방향으로 개선하여 활용하려는 것이다. 이렇게 적극적인 개념이 담겨 있는 비보 풍수로부터 풍수지리가 갖는 환경계획적 측면들을 발견할 수 있다.

전통마을에서는 안산이 취약할 때 동수(洞藪)라고 불리는 수목군을 마을 전면에 조성해놓은 예가 많다. 또한 겨울철 주된 바람 방향에 동수를 조성하여 방풍 효과를 얻기도 한다. 이는 풍수적인 약점을 보완하는 비보 풍수의 대표 사례인데, 여기서 우리는 자연요소로 자연을 순화함으로써 인간의 삶에 보탬이 되도록 하는 조상들의 지혜를 엿볼 수 있다.

많은 사람들이 염려하듯, 풍수지리는 오늘날 주술적으로 이용됨으로써 오히려 거주환경에 대한 가치관을 혼돈시키는 원인이 되기도 한다. 그러나 풍수지리의 본질적 내용을 잘 살펴보면 현대적인 교훈을 충분히 얻을 수 있다. 거기에는 자연과 조화로운 공존을 추구하는 동아시아의 자연관이 응축되어 있으며, 환경심리학적 고려를 바탕으로 한 합리적인 환경계획의 요소들이 잘 제시되어 있다. 그러므로 풍수지리를 현대 환경계획의 관점에서 재조명하는 것은 오늘날에도 충분히 가치 있는 일이다.

지속 가능한 마을

환경친화성과 깊은 관련을 맺으며 최근 많이 사용되는 용어가 '지속가능성'이다. 말 그대로 오늘날의 거주지가 미래에도 지속되어야 한다는 뜻이다. 이것은 영어의 'sustainability'를 번역한 말인데, 널리 쓰이기 시작한 지 10년도 채 안 되어 이미 현학적인 전문용어이자 일상생활의 유행어가 되었다.

에너지가 비교적 저렴하게 공급되고 설비체계가 발달하면서 사람들은 점차 환경적인 면보다는 경제적 논리로 거주공간을 만들고 사용하기 시작했다. 그 결과, 지구 온난화 등의 환경문제가 전 세계적으로 대두되었으며, 그에 따라 개발과 환경보존의 관계를 새롭게 정립해야 한다는 요구가 일어났다. 이러한 상황에서 1992년 브라질의 리우데자네이루에서 '환경과 개발에 관한 유엔회의'가 열렸고, 그때 개발과 환경보존을 대립적으로 여기던 관념을 대신하여 '지속 가능한 발전(sustainable development)'이라는 개념이 제시되었다.

거주지가 지속 가능하려면 그 안에서 이루어지는 삶이 환경적으로, 사회적으로, 그리고 경제적으로 지속 가능해야 한다. 따라서 환경친화성은 지속가능성을 이루는 하나의 중요한 부문이며, 앞서 말한 풍수는 환경적으로 지속 가능한 장소를 찾는 이론이라고 할 수 있다. 경우에 따라서는 지속가능성을 이루는 부문들이 서로 배치되는 일도 있다. 예컨대, 환경적으로는 지속 가능하나 경제적으로는 지속 가능하지 않을 수도 있다. 따라서 지속가능성이란 그것을 이루는 여러 요소들을 서로 조절하여 최적의 선택을 해나가는 것이라고 할 수 있다.

최신의 개념으로서 지속가능성이 전 세계적으로 주목받고 있지만, 실은 우리에게는 전혀 새로운 이야기가 아니다. 놀랍게도 250여 년 전에 발표된 이중환의 《택리지》에는 최근의 개념과 거의 일치하는 거주지의 지속가능성에 대한 내용이 일목요연하게 정리되어 있다. 이중환은 두 차례 귀양을 가고 떠도는 생활을 하면서 누구보다도 지속 가능한 거주지에 대해 많은 생각을 했던 것으로 보인다. 그 결과, 그는 지리(地理)·생리(生利)·인심(人心)·산수(山水)를 지속가능성의 요건으로 들었으며 그것들을 조화롭게 구비해야 한다고 강조했는데, 이는 지금 전 세계적으로 각광받는 지속가능성의 개념 그대로다. 그러면 이중환이 제시한 지속가능성의 요건들을 하나씩 살펴보자.

먼저, 땅의 흐름을 말하는 '지리'는 앞서 소개한 풍수지리적 입지 조건을 말한다. 요즘 이야기로 하면 환경적 지속성을 뜻한다.

다음으로, '생리'란 이로움을 얻는 것이니 경제적 지속성을 말한다. 이중환은 사람이 바람과 이슬을 먹고살 수 없으며 재물이 하늘에서 떨어지거나 땅에서 솟는 것이 아니니, 농업과 상업에 편리한 곳을 거주지로 택하라고 권한다. 그는 또한 유통을 위해 교통의 중요성도 강조한다. 일반적인 인식과 달리, 전통사회의 주거관에서 실용적인 측면을 결코 경시하지 않았음을 보여준다.

그 다음으로, '인심'이란 사회생활의 측면 곧 사회적 지속성을 말한다. 여기서 이중환은 집터를 선택할 때는 풍속과 인심을 살펴야 한다고 지적한다. 처음에 맹모삼천지교(孟母三遷之敎)를 예로 들면서 부드럽게 논지를 펴던 그는, 붕당의 갈등으로 사대부 마을의 인심이 사나워진 것을 자세하고도 신랄하게 꼬집으면서 '인심' 부분을 마무리한다.

마지막으로 '산수'는 환경심리적인 측면을 말한다. 그는 집 근처에 정서 함양을 위한 자연환경이 있어야 바람직하다고 했다. 그러나 산수 좋은 곳은 생리가 박한 곳이 많음을 지적하면서, 우선 기름진 땅이 있는 곳을 고르고 일정한 거리에 산수 좋은 곳을 마련하는 방안을 제시했다. 경치 좋은 곳은 거주지에서 어느 정도 거리가 있어도 때때로 찾아가 휴식을 취할 수 있지만, 경제활동은 일상적으로 일어나므로 이를 더 중시한 것이다.

언제부턴가 우리 주거는 《택리지》의 전통에서 멀어져 지속가능성의 반대 방향으로 가고 있다. 20년이면 당당하게 자신의 집을 철거하고 재개발할 수 있는 아파트단지는 지속 가능하지 않은 거주지의 가장 대표적인 예다. 그리고 경제적 이로움을 얻을 수 있는 곳에 삶의 터전을 마련하는 것이 아니라, 삶터 자체를 수시로 매매함으로써 이익을 내려는 이상한 풍조가 만연하게 되었다. 농경민족으로 한곳에 정착하여 마을을 만들고 편안한 삶을 추구하던 우리 민족이, 부동산 가격의 풍향계가 지시하는 대로 언제든지 보따리를 쌀 수 있는 도시의 유목민이 되어 버린 것이다.

이와 달리 수백 년 동안 지속되어온 우리의 전통마을은 지속가능성이 매우 큰 거주지였다. 그렇다면 전통마을에 깃든 지속가능성의 비결은 무엇인가? 이 책에서는 주로 원터마을, 외암마을, 왕곡마을 등 세 마을을 답사하면서 그 비결을 찾아보고자 한다.

전통마을의 물리적 현상들을 개별적으로 바라보기보다 유기적으로 연결해 파악하면, 전통마을은 물리적 공간과 정신적 내용이 결합된 의미 있는 하나의 체계로 다가온다. 사상·문화·사회·환경 등 네 가지 시선으로 그 의미 체계를 해석하면, 우리는 놀랍게도 전통마을에 이 시대가 가장 필요로 하는 가치들이 숨어 있음을 발견하게 된다. 전통마을에는 공동체의 소통과 결속을 뒷받침하며, 소수의 사람들이 최상을 차지하기보다 모두가 최적을 누릴 수 있는 해법이 담겨 있다. 그리고 인간이 자연과 하나되어 건강하게 공존하는 다양한 논리들이 숨어 있다. 독자들이 이 책에 소개한 열두 마을을 하나씩 찾아서 이 글을 바탕으로 마을공간을 읽어 나간다면, 바람직한 주거공간에 담긴 소중한 가치들을 발견할 수 있으리라.

최근 우리 사회에서는 지난 반세기의 획일적인 아파트 문화에서 벗어나 주거공간에 대한 새로운 요구가 일어나고 있다. 한옥에 대한 뜨거운 관심이 그것을 말해준다. 앞으로 사회적으로 정당하고 환경적으로 건전하며, 좀 더 인간적인 삶을 지지해주는 주거공간을 만드는 데 전통마을에서 발견한 가치들이 커다란 참조가 될 것이다.

1

자연에서 찾은 공간 만들기의 단서

옻골마을

검덕봉 기슭에서 바라본 옻골마을 우리 전통마을에서는 보기 드물게 집들이 남향으로 일정하게 배치되었다. 사진을 찍은 주거지 동쪽 산에는 낙엽수가, 건너편 서쪽 산에는 상록수가 많아 가을철에는 양쪽 풍경이 대비를 이룬다.

도시의 큰 도로를 빠져나오면 복숭아 과수원 사이로 좁은 길이 한동안 이어지는데, 이 길이 끝나는 지점에 옻골마을이 있다. 마을 남쪽 개울가에 옻나무가 많아서 '옻골'이라는 특이한 이름이 붙여졌다고 한다.

언젠가 옻골마을 입구의 공터 한편에 차를 세워두고 주거지 안쪽 동계정(東溪亭)을 향하는 우리 답사팀을 바라본 적이 있다. 맨 뒤에서 바라보니 답사팀의 행렬이 가관이었다. 이주옥 선생이 자료가 든 커다란 파일을 옆구리에 끼고 앞장을 섰고, 이어서 5명의 학생들이 각각 사진기 삼각대, 은색 사다리, 여러 가지 줄자와 나침반이 든 종이가방, 실측용지를 붙인 화판, 그리고 점심용 김밥상자를 들고 일직선으로 늘어서서 안길의 궤적을 그려내고 있었다. 그들이 길을 묻지 않는 것을 보니 무엇인가가 외지인의 발길을 이끌고 있는 모양이다.

내가 그 뒤를 따르고 우리 일행은 정려각(旌閭閣) 앞을 거쳐 동계정에 이르렀다. 그때 남쪽 햇살로 말끔히 씻긴 세살문 밖으로 심상치 않은 이야기 소리가 새어 나왔다.

"이렇게 하면 되겠습니껴?"

"가만있어, 우예 되노…… 여기는 '역병 있는 곳에 있어서'라 케야겠네."

알고 보니, 당시 91세인 최인식 옹을 비롯한 동네 원로 대여섯 분이 옻골마을 종가에서 살다간 백불암(百弗庵) 최흥원(崔興遠, 1705~1786)의 《역중일기(曆中日記)》를 우리말로 옮기는 중이었다. 백불암은 조선 후기 영남 유림을 대표하는 학자였다.

동계정 앞마당에서 동쪽을 보니 검덕봉 기슭이 아직 겨울티를 벗지 못해 꺼칠했다. 어느 해 늦가을, 낙엽에 미끄러지면서 그 산기슭에 올라 마을을 한눈에 바라본 적이 있었다. 그때 나는 마을 주거지를 내려다보면서 놀라움을 감출 수 없었다. 지형에 따라 집들이 유기적인 모양을 그려내는 그간의 마을들과는 달리, 이 마을의 집들은 모두 일정한 좌향(坐向)을 취한 채 앞뒤로 나란히 배치되어 있었다. 집도, 길도, 담도 모두 직선적이었다. '오늘날의 주거단지에서나 볼 수 있는 저 일정한 직선적 배치는 어디에서 온 것일까?' '마을이 독특한 만큼 마을을 만들어낸 개념 또한 특별하지 않을까?' 그리고 이 가정을 입증하는 단서가 그때 마을 분들이 번역하던 《역중일기》나 《백불암선생문집(百弗庵先生文集)》 같은 문헌자료에 적혀 있을지도 모른다는 생각에 이르렀다. 하지만 마을의 공간과 장소 자체에서 그것을 유추해낼 수 있다면 그보다 더 큰 답사의 보람은 없으리라.

대도시에 살아남은 오래된 삶터

우리는 어려서부터 민족의 장구한 역사를 자랑스럽게 배웠다. 그런 우리가 어리둥절해지는 것은, 박물관에 가지 않는 한 그 긴 역사를 확인할 길이 없기 때문이다. 끊임없는 전란과 전쟁 못지않은 파괴력을 가졌던 근대화 과정을 겪으며 민족의 역사를 입증할 장소들은 대부분 알아볼 수 없게 변모했다. 그래서 우리의 역사 도시들은 역사가 일천한 미국의 도시보다도 젊어 보인다. 이런 면에서 볼 때 대도시 근교에 남아 있는 옻골마을은 긴 역사를 자랑해온 우리의 체면을 세워주는 참으로 고마운 존재다.

1930년대까지만 해도 현재의 대구시역에는 60여 개의 씨족마을이 있었다 하나,[1] 지금은 옻골마을만이 오래된 삶터의 모습을 보여주고 있다. 동성로가 뿜어내는 현대 도시의 열기가 구멍가게 하나 없는 옻골의 묵직한 역사와 함께 동시대에 존재한다는 사실은 역사도시 대구의 큰 매력이다. 박물관에서 많은 유물들을 아무리 잘 배열한다 해도 이 마을에서 느껴지는 역사적 장소의 혼을 불러올 수는 없을 것이다.

옻골마을은 대구광역시 동구 둔산동에 위치하는 경주 최씨의 마을이다. 옻골이 본래의 모습을 크게 잃지 않고 용케 살아남은 것은 경주 최씨의 고집 때문만은 아니다. 오히려 그것은, 동촌비행장이라는 군사시설이 가까이에 있고, 더 이상 갈 수 없는 막다른 곳에 위치하는 개발제한구역이어서 마을의 개발 잠재력이 작기 때문이겠다. 결국 마을 입지의 현실적 불리함 때문에 귀중한 문화자산이 유지되고 있으니 아이러니가 아닐 수 없다.

옻골마을은, 대암(臺巖) 최동집(崔東集, 1586~1661)이 서른한 살 되던 1616년경(광해군 8) 일족을 이끌고 들어옴으로써 경주 최씨 광정공파(匡正公派)의 씨족마을로 조성된다. 대암은 임진왜란 때 의병장으로 활약한 최계(崔誡)의 둘째 아들로 인조(仁祖) 때의 학자다. 대암이 옻골에 입향한 때는 임진왜란의 전화에서 벗어나 사회가 어느 정도 안정을 찾아가던 시기였다. 당시 전란을 겪은 일부 사족들은 좀 더 안전하게 뿌리를 내릴 수 있는 거주지를 찾았는데, 대암은 옻골을 선택한 것이다. 그후 현재까지 옻골에는 경주 최씨들이 14대에 걸쳐 살고 있다.

입향조 대암은 한강 정구의 문하에서 공부했다. 퇴계(退溪) 이황(李滉)과 남명(南冥) 조식(曺植)에게서 학문을 익힌 한강은 경북 성주군 수륜면에 있는, 사후에 그가 배향된 회연서원(檜淵書院) 뒤편의 '갓말'에서 주로 후학들을 지도했다. 그는 그밖에도 현재의 대구시 사수동에 사양서당(泗陽書堂)을, 지묘동과 연경동 중간쯤에 연경서원(研經書院)을 조성하고 수시로 거처하며 후학들을 지도했다. 그래서 대암은 옻골마을에서 그리 멀지 않은 이 두 곳을 오가며 공부했다.

1640년(인조 18) 학행으로 인해 대군(大君: 왕자)을 가르치는 대군사부(大君師傅)에 천거되어 중앙에 있던 대암은, 1644년에 명나라가 망하자 명의 마지막 연호인 숭정을 따시 '숭정처사(崇禎處士)'를 자처하고 팔공산 기슭, 지금의 대구시 동구 용수동에 농연정(聾淵亭)이라는 정자를 짓고 은거에 들어갔다. 문제는 여기서부터 시작된다. 대암이 자신의 본가가 있는 옻골마을로 돌아오지 않고 그곳에서 북쪽으로 30여 리 떨어진 용수동으로 간 까닭은 무엇인가?

광역 경영의 베이스캠프

우리가 한 마을을 여러 차례 답사하는 것은, 갈 때마다 새로운 것이 보이고 새롭게 깨닫는 것이 있기 때문이다. '독서백편의자현(讀書百遍義自見)'이라는 말이 있듯이, 마을에서도 처음 읽을 때는 무슨 소리인지 모르던 부분이 몇 차례 반복해서 읽고 나면 이해가 되기도 한다.

내가 옻골마을을 몇 차례 답사하면서 갖게 된 또 한 가지 의문은 종가인 백불고택(百弗古宅) 뒤에 너무 너른 평지가 있다는 점이다. 산기슭에 기대어 자리 잡은 종가의 모습에 익숙한 나에게 그것은 퍽 이상해 보였다. 종가 뒤에는 집을 짓거나 산소를 쓰지 말라는 문중의 불문율에 따라 이곳은 주거지로 개발되지 않았고, 현재는 복숭아 과수원으로 조성되어 있다. 그럼, 가뜩이나 마을 터가 좁은데 종가가 골짜기 맨 끝에 자리 잡지 않은 것은 왜일까?

종가가 뒷산 기슭으로 바짝 다가가지 않은 것에서 애초부터 마을 터를 넓게 차지하려는 의도가 없었음을 짐작할 수 있다. 그럼 왜 최대한 넓은 터를 차지하여 큰 마을을 만들려고 하지 않았을까? 일족의 세력을 확장하는 것이 당시 명문세가들이 가진 속성 아닌가?

그런데 답사 중에 동계정에서 마을 원로들이 들려준 입향조의 행적에서 이 의문을 푸는 실마리를 찾을 수 있었다. 네 아들을 둔 입향조 대암은 맏아들만 옻골에 남기고 나머지 자식을 모두 외지로 분가해 내보냈다는 것이다. 한 마을에서 일족 모두를 거느릴 생각을 하지 않았음을 분명히 보여주는 이야기다. 그럼, 그는 커다란 하나의 씨족마을을 만들려 하기보다 마을의 차원을 넘는 좀 더 큰 규모의 '광역 경영'을 꿈꾸었던 것일까?

입향조의 그런 생각은 후손들에게 이어져서 마을에는 종가만 남고 다른 자손들은 점차 마을 전면 동쪽에 있는 상동과 서쪽에 있는 중동 등지로 계속 분가해 나갔다. 심지어 묘지도 마을 주변에 널린 산에 쓰지 않고 멀리 둠으로써 광역 경영의 의지를 더욱 굳건히 하였다. 그 결과, 구한말까지만 해도 옻골마을은 종가와 그에 딸린 노비들이 거주하는 가랍집들만 있는 특이한 마을이었다. 하회의 풍산 류씨를 비롯한 조선시대의 유력한 가문들은 공통적으로 가문의 거주 영역을 확장하고자 했으며, 대체로 본거지인 한 마을에서 시작해 주변으로 세력 범위를 넓혀가는 방식을 취했다. 그러나 옻골마을에서는 마을을 최소화하여 베이스캠프로 삼고 그곳과 멀리 떨어진 여러 지역에 자손들을 배치하여 영향력을 확대하는 매우 독특한 전략을 전개했다. 이것을 면적 영역의 확장이 아닌 네트워크형 영역의 확장이라고 부를 수 있다.

동수와 연못 일렬로 서 있는 느티나무가 연못을 감싸고 있다. 이 숲은 여전히 마을의 경계로 인식된다.

입향조가 품은 이런 광역 경영의 의지는 3대째에 와서 좀 더 확고하게 드러난다. 광양현감을 지낸 뒤 귀향한, 대암의 증손자 최수학은 마을 입구에 연못을 파고, 그 앞에 둔덕을 만들어서 회화나무와 느티나무를 한 줄로 심어 동수를 조성했다. 그는 그밖에도 주거지 입구에 두 그루의 회화나무를 심는 등 의미심장한 조경사업을 벌였다.

이렇게 조성된 연못과 동수는 풍수의 의미를 가지고 있다. 연못은 마을 뒷산의 혹같이 생긴 바위와 관련된다. 대암이라고 불리는 이 바위의 형태가 거북이를 닮았다고 하는데, 거북이는 물이 있어야 살 수 있으므로 마을 입구에 물을 가두어 못을 만들었다는 것이다.[2] 그리고 마을 전면에 안산이 없거나 취약할 때 조성하는 숲인 동수는 비보(裨補)의 의미를 갖는다. 종가 뒤에 있는 과수원에서 앞을 내다보면 형제봉(표고 196m)까지 거리낌 없이 시선이 뻗는 데서 알 수 있듯이, 옻골 마을 앞에는 안산이 없어서 멀리 있는 금호강 너머까지 시야가 트일 정도로 허하므로 이런 인위적인 조경을 한 것이다.

그런데 이 연못은 골짜기 폭의 대부분을 차지하고 있다. 거북이에게 물이 필요해서 만든 상징적인 연못이라기에는 너무 크고 깊다. 마을 경계를 뚜렷이 하려는 의지가 그만큼 강했다는 말일까? 뜻밖에도 최수학은 이런 의지에 대한 대가를 톡톡히 치른다. 당시 직위에 비해 큰 권세를 행사하던 이조정랑(吏曹正郎: 인사를 담당하는 정5품 벼슬)이 연못의 크기를 트집 잡아, 퇴직한 최수학을 요즘으로 치면 호화생활을 하는 비리 공무원으로 고발했기 때문이다. 그는 결국 자신이 현감으로 있던 광양으로 귀양을 가게 되고 죽어서야 옻골로 돌아온다. 후손들은 그가 중앙권력과 갈등을 빚고 있었기 때문에 벌어진 일이라고 하지만, 이 이야기는 조선 후기에 권력형 부정축재가 매우 엄격히 징계되었음을 암시한다.

아무튼 연못과 동수로 마을의 경계가 분명해졌다. 마을 사람들이 동수에서 종가까지를 '숲안'이라고 부르는 데서 여전히 동수가 마을의 경계로 인식되고 있음을 확인할 수 있다. 이렇게 마을 앞에 바짝 붙여 연못과 동수를 조성한 것은, 일족을 거느리는 넓은 터전으로 마을을 확장시켜나갈 의지가 없었음을 천명하는 것이다. 결과적으로 옻골은 광역 경영의 거점으로서 최소한의 영역을 차지하는 매우 단출한 마을이 되었다.

광역 경영자, 백불암

옻골의 최씨 문중은 입향조인 대암의 5대손에 이르러 백불암 최흥원이라는 큰 인물을 배출한다. 우리가 여기서 그에게 관심을 기울이는 것은, 그에 이르러 비로소 가문의 광역 경영이 전성기를 맞기 때문이다. 《역중일기》라는 장장 56년에 걸친 일기를 남긴 것에서도 그의 장기적이고 치밀한 면모를 엿볼 수 있지만, 실제로 그는 80여 년의 긴 생애 동안 옻골 안팎에 많은 건물들을 건축하며 옻골마을의 광역 경영을 본궤도에 올려놓았다.

만일 그가 과거를 통해 중앙 관계에 진출하여 오랫동안 고향을 떠나 있었다면 이런 가문의 사업을 일으키기는 어려웠을 것이다. 그는 과거를 포기하는 대신 가문의 광역 경영을 향촌 백성들에 대한 계몽사업과 연계시켜 조직적으로 전개한다. 《백불암선생문집》에 따르면, 그가 과거를 포기한 동기는 인본주의적 신념에서 비롯한 것으로 보인다. 그는 18세 때 부모의 명으로 초시(初試)에 응시해 합격하나, 25세 때 동생 최흥점과 같이 과거시험장에 갔다가 동생이 갑자기 아파 도움을 구했으나 친지들조차 시험 치르기에 급급해 도와주지 않는 것을 보고 출세에 회의를 느꼈다고 한다. 과거를 포기한 그는 팔공산 자락에 있는 보재사, 동화사 등지를 돌며 공부를 하고 수양을 쌓는다. 말년에 그에게 여러 차례 관직 제의가 오지만 이미 문중의 거대한 프로젝트에 몰입한 그의 마음을 돌릴 수는 없었다.

30대부터 가문의 광역 경영사업에 박차를 가하기 시작한 백불암은 불천위(不遷位: 학문이 뛰어나거나 국가에 큰 공헌을 한 인물에 대해 옮기지 않고 영구히 모시도록 국가나 유림이 지정한 신위)를 모시는 별묘(別廟)와 재실(齋室)인 보본당(報本堂)을 종가 살림채 동쪽에 건축하여 종가인 백불고택 영역을 완성한다. 그 결과로 종가는 주거지 맨 뒤쪽을 거의 다 차지하게 된다. 중심점을 공고히 하는 것이 밖을 널리 경영하는 데 우선 과제임을 인식한 그의 행적에서 광역 경영자의 면모를 다시금 확인하게 된다. 그후 종가에서 정기적으로 행하는 제사를 연결고리로, 옻골에서 경영하는 넓은 지역과 베이스캠프인 옻골은 긴밀히 연결되었다.

중심점을 확고히 한 백불암은 옻골마을과 주변 지역을 수시로 왕래하며 독서와 강론을 하는 한편으로 건축사업을 지속적으로 벌인다. 그는 34세 때 5대조 대암이 만년에 은거하던 팔공산 자락의 부인동 지역(현재의 신무동과 용수동)을 둘러보며 문중의 사업을 구상한 이래로 67세까지 33년간 지속적으로 다양한 건축사업을 수행했다.

　부인동에 향약을 실천하는 데 필요한 창고인 선공고(先公庫)와 휼빈고(恤貧庫)를 비롯해 동민들을 위한 교육시설인 부인동강사(夫仁洞講舍)를 지었고, 옻골의 종가 뒤편 깊숙한 계곡에는 개인 서재인 북계정사(北溪精舍)를 지었다. 또한 현재의 용수동 가루뱅이마을에는 농연서당(聾淵書堂)과 대암을 기리는 숭정처사유허비(崇禎處士遺墟碑), 공전(公田) 마련을 기념하는 공전비를 건립했고, 경주 최씨가 대대로 살아온 지묘동의 문중 교육시설인 효제당(孝悌堂)을 정비하는 등 폭넓은 건축활동을 했다. 이렇게 백불암의 건축활동은 입향조 대암이 은거했던 부인동에서 집중적으로 이루어지는데, 부인동강사부터 유허비에 이르는 지역에 구곡(九曲)을 지정하고 이름을 붙이는 것으로 그의 건축활동은 일단 완성된다.

　주변의 경치 좋은 곳 아홉 곳을 선정하고 필요에 따라 손을 좀 본 다음 각각에 이름을 붙이고 시를 지어 음미하는 전통은 주자의 무이구곡(武夷九曲)에서 비롯되었다. 퇴계가 자신이 말년에 거처한 도산서당 주변에 곡구암(谷口巖)·탁영담(濯纓潭)·천연대(天淵臺) 등의 장소를 조성한 것이나, 한강이 자신의 집 주변에 무흘구곡(武屹九曲)을 지정한 것에서 보듯이, 구곡은 조선시대 유학자들이 즐겨 사용한 경관 구성 방식이다. 구곡은 주변 자연을 자신의 실존과 관련되는 장소로 의미를 부여하는 방식인데, 이를 통해 조선시대 유학자들은 거주공간을 자신의 집이나 마을로 한정하지 않고 주변 경관으로 확대해나갔다. 종손인 최진돈 씨에 따르면, 근래에 최씨 문중에서 부인동 구곡의 소재를 파악해보려 했으나 1925년 '을축 대홍수' 때 이곳 지형이 크게 변형되어 육곡만 확인했다고 한다.

　백불암이 벌인 일련의 사업은 경제적 뒷받침이 없이는 불가능한 일이었다. 종손인 그는 문중의 토지를 바탕으로 한 경제력을 토대로 여러 사업들을 벌였던 것으로 보인다. 70세가 되던 1774년, 백불암은 132명에 이르는 노비를 거느렸는데, 19명만 집 안에 두고 나머지 노비들은 옻골에서 멀리 떨어진 성주·경주·동래·의성 등 경상도 곳곳에 두었다.[3] 노비는 당시 사족들에게 중요한 세습 재산이었다. 여러 곳의 농지에서 농사를 짓는 노비들은 병작반수(竝作半收)라 하여 수확의 절반을 주인에게 바쳤으니, 노비는 문중의 경제력 유지에 없어서는 안 될 존재

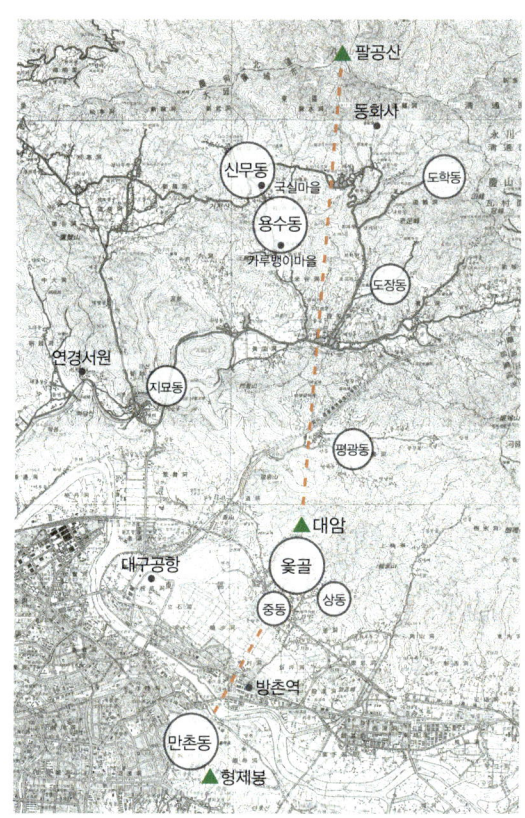

옻골마을과 관계있는 지역 옻골은 종산인 팔공산에서 조산인 형제봉에 이르는 축을 중심으로 광범위한 지역을 경영하는 베이스캠프였다.

였다. 백불암도 흠모해 마지않았던 퇴계 부부가 자녀에게 남긴 노비가 367명이었다고 하니,[4] 백불암 곧 옻골 종가의 경제력이 그렇게 막강한 것은 아니었다. 그러나 노비들의 분포를 볼 때 그가 힘을 뻗친 지역의 범위가 대단히 넓었음은 틀림없다.

사실 옻골마을은 좌우로 지형의 폭이 좁아서 주거지 주변에 충분한 농토를 갖추기 어렵다. 따라서 옻골에서 경영하던 농토는 마을 입구에서 방촌역 사이에 넓게 펼쳐지는 농토를 중심으로 마을의 서쪽, 현재의 대구공항에 이르는 지역에 널리 분포했다. 개리들, 가산들, 신평들, 유광리들 등 해안평야의 상당 부분을 옻골에서 소유했던 것이다. 좀 더 멀리는 백불암이 향약을 실천했던 부인동 일대의 많은 농지가 옻골 소유였다. 이와 함께 노비들이 가 있던 다른 여러 지역에도 농토가 상당히 있었을 것으로 보인다.

백불암은 1786년 82세를 일기로 당시로서는 긴 생애를 마치고 옻골마을 동쪽 검덕산에 묻힌다. 그러나 1808년 그의 묘는 옻골의 조산(朝山)인 형제봉 아래 부인의 묘소가 있는 곳으로 이장된다. 그리고 1919년 그의 묘 아래에는 대원군의 서원철폐령으로 1871년 옻골에서 철거된 뒤 수성구 만촌3동 산기슭에 지어졌던 동천서원(東川書院)이 다시 옮겨온다. 이 서원에는 본래부터 백불암이 배향되어 있었다.

백불암 사후에 진행된 이런 일들은 그의 사후에도 광역 경영사업이 중단 없이 추진되었음을 보여준다. 그러나 백불암 이후에는 사업의 대상지가 점차 이동되었다. 생전에 백불암은 부인동을 중심으로, 옻골에서 종산(宗山)인 팔공산에 이르는 북쪽 지역을 주로 개척했다. 그는 도학동에 대암 부인(회재 이언적의 증손녀)의 묘소, 도장동에 모친의 묘소, 평광동에 대암 및 맏아들인 동계(東溪) 최주진(崔周鎭)의 묘소를 쓰는 등 가족들의 묘지도 모두 옻골에서 북쪽으로 한참 떨어진 곳에 조성했다. 그러나 그의 사후에 후손들은 그 반대 방향, 곧 옻골에서 조산인 형제봉에 이르는 남쪽 지역으로 경영 대상지를 옮긴 것이다. 결과적으로 베이스캠프인 옻골을 중심으로 종산에서 조산에 이르는 넓은 지역이 광역 경영의 힘이 미치는 지역으로 점차 탈바꿈되었다.

산 사람 죽은 사람이 모두 옻골에 모이다

세상일에 영원한 것이 없듯이, 광역 경영이라는 문중사업도 언제까지나 계속될 수는 없었다. 대대로 내려오던 광역 경영의 방침은 1853년에 백불암의 손자며느리 묘를 마을의 서쪽 산인 새갓에 씀으로써 흔들리기 시작한다. 그 이유는 소상히 알 수 없으나, 이는 모친과 아들의 묘까지도 마을 멀리에 쓴 백불암의 태도와 어긋나는 것이다. 그러던 중 입향조 대암의 10대손인 최시교(현 종손의 고조부) 때에 와서 광역 경영의 방침은 공공연하게 포기된다. 10대에 걸친 관례를 깨고 자손들이 '숲안'에 분가하기 시작한 것이다.

한학자인 최시교는 1907년 대구국채보상운동에 참여했던 인물이다. 그는 조선이 식민지가 되자 문중의 프로젝트를 지속하기가 사실상 불가능하며 앞으로는 가문의 안위도 보장받기 힘들 것이라고 느꼈던 것 같다. 1910년대에 일제가 진행한 토지조사사업 등으로 당시 지주층은 큰 위기의식을 느끼고 있었다.

최시교는 가장 먼저 종가 바깥마당에 살림집(안채)을 지어 자신의 동생을 분가시켰다. 그렇게 조성된 집이 현재의 최병용가옥인데, 이 집의 아래채(사랑채)는 본래 외지에서 종가를 찾아오는 손님들의 거처로 사용되던 건물이다. 백불암의 연보에 많은 내방객들의 이름이 나오는 데서 종가로 찾아오는 손님들이 끊이지 않았음을 알 수 있다. 교통이 불편했던 당시에 손님의 숙소는 종가의 중요한 구성요소였다. 그러나 이제는 손님이 아니라 가족이 살 집이 필요해 그 건물을 사랑채로 삼았다.

그후 대암과 백불암 등 옻골의 윗대 조상들이 가졌던 당초 의도와 달리 후대의 자손들은 더 이상 옻골을 떠나지 않았고, 심지어 떠나갔던 자손들 중 일부는 마을로 역류하기도 했다. 죽은 사람들도 마찬가지여서 마을의 서쪽 산인 새갓에는 묘지가 늘어나 문중의 선산이 되었다. 1996년에는 형제봉 아래에 있던 백불암 부부의 묘소까지도 옻골마을 뒷산으로 이장되었다. 묘지 부근에 고층아파트가 들어서는 바람에 생긴 일이지만, 묘지가 마을 부근으로 이전된 것에서 광역 경영의 철수작업이 오늘날까지도 이어진다는 생각을 하게 된다.

산 사람, 죽은 사람이 모두 옻골로 모임에 따라 옻골은 뜻하지 않게 복잡한 마을로 변모해갔다. 이런 고밀도화는 옻골이 광영 경영의 거점에서 평범한 씨족마을로 위상이 바뀌면서 나타난 변화다. 해방 후 지금까지 숲안에서 60여 채가 철거되었다고 하니, 한 집이 두세 채로 구성되었다고 하면 25호 정도가 준 것이다. 근래에 경주 최씨가 아닌 타성(他姓)들이 주로 마을을 떠났다. 6·25전쟁 때 많은 사람들이 마을을 떠나 피난을 갔는데 전쟁이 끝난 뒤에도 돌아오지 않은 집들이 있었다고 한다. 돌아오지 않은 이들은 대체로 주거지 앞쪽 가랍집 영역에서 살던 사람들, 곧 과거 노비들의 자손이었을 것으로 추정된다. 현재 숲안에는 22호가 사는데 그중 3호만 타성이다. 사람들이 떠난 빈집들은 모두 철거되어 터만 남아 있다. 지금 비어 있는 땅에 모두 집들이 있다고 생각하면 농촌마을로는 이례적으로 밀도가 높았던 옻골의 옛 모습을 그려볼 수 있다.

이렇게 과거 옻골은 지금의 배 이상 밀도가 높은 고밀도 마을이었다. 지금 보아도 옻골마을의 주거지는 온통 집터로 구성되어 큰 나무 하나 심을 빈 땅도 없다. 비교적 일정한 크기로 빈틈없이 분할된 필지는 그런 고밀도 주거지의 흔적이다. 마을에서 유일하게 ㅁ자형 배치를 한 종가를 제외하면, 집터는 안채와 사랑채가 앞뒤로 나란히 놓이면 꽉 찰 정도로 여유가 없다. 곳곳에 있는 비슷한 키의 감나무들과 담을 따라 피어 있는 개나리, 진달래, 홍매화, 국화 등 예쁜 꽃들만이 이런 고밀도 마을의 분위기를 누그러뜨려주고 있다.

정려각을 기준으로 나뉜 개인과 공동체

옻골의 고밀도 주거지에는 어떤 질서가 숨어 있는 것일까? 주거지 중간쯤에 있는 정려각에서 그 실마리를 풀어보자. 이 정려각은 백불암의 효행을 기리기 위해 1789년(정조 13)에 정조가 내린 것이다. 백불암 연보에 따르면, 그는 두 살 때 어머니가 젖앓이로 통증을 느끼자 다시는 젖을 빨지 않았으며, 서른한 살 때에는 부친의 병세를 살피려고 대변을 맛보기도 한 효자였다고 한다. 효성으로 정려(旌閭)를 받은 사연에 가장 많이 등장하는 이야기가 부모의 대변을 맛보는 상분(嘗糞)과 손가락을 잘라 절명하려는 부모의 입에 피를 넣어드리는 단지주혈(斷指注血)인데, 백불암은 전자를 실천했다.

정려란 정문(旌門)이라고도 하는데, 충신·효자·열녀에 대한 표창으로 왕이 마을에 세우도록 내린 홍살문을 말한다. 옻골마을에는 정문은 없고 정려각만 있다. 그런데 정려각이 비각처럼 생겨서 그 안에 비석이 있으리라 예상하지만, '효자(孝子)'로 시작하는 교지를 붉은색 바탕에 흰색으로 새긴 현판만 걸려 있을 뿐 비석은 없다. 물론 정려각과 정려비가 같이 있는 마을도 있다.

정려각은 안길에 면하여 서향을 하고 있다. 한결같이 남향을 한 집들과 직각 방향으로 앉아 있는 것이다. 남향의 주거지가 뒤에서 앞으로 낮아질 경우, 건물을 경사와 직각이 되는 방향, 곧 동서로 길게 놓아야 땅을 고르는 일이 적어진다. 그러나 정려각은 길을 가는 사람들에게 모습을 드러내기 위해 지형의 경사 방향으로 건물의 길이방향을 맞추는 비경제적인 선택을 하였다.

정려와 같이 씨족이 내세우는 건물들이 보통 마을의 주거지 입구에 있음을 생각할 때, 정려각이 있는 지점이 과거에는 실질적인 주거지 입구였을 것으로 여겨진다. 주거지의 폭은 정려각을 기점으로 갑자기 넓어진다. 현재의 주거지 입구

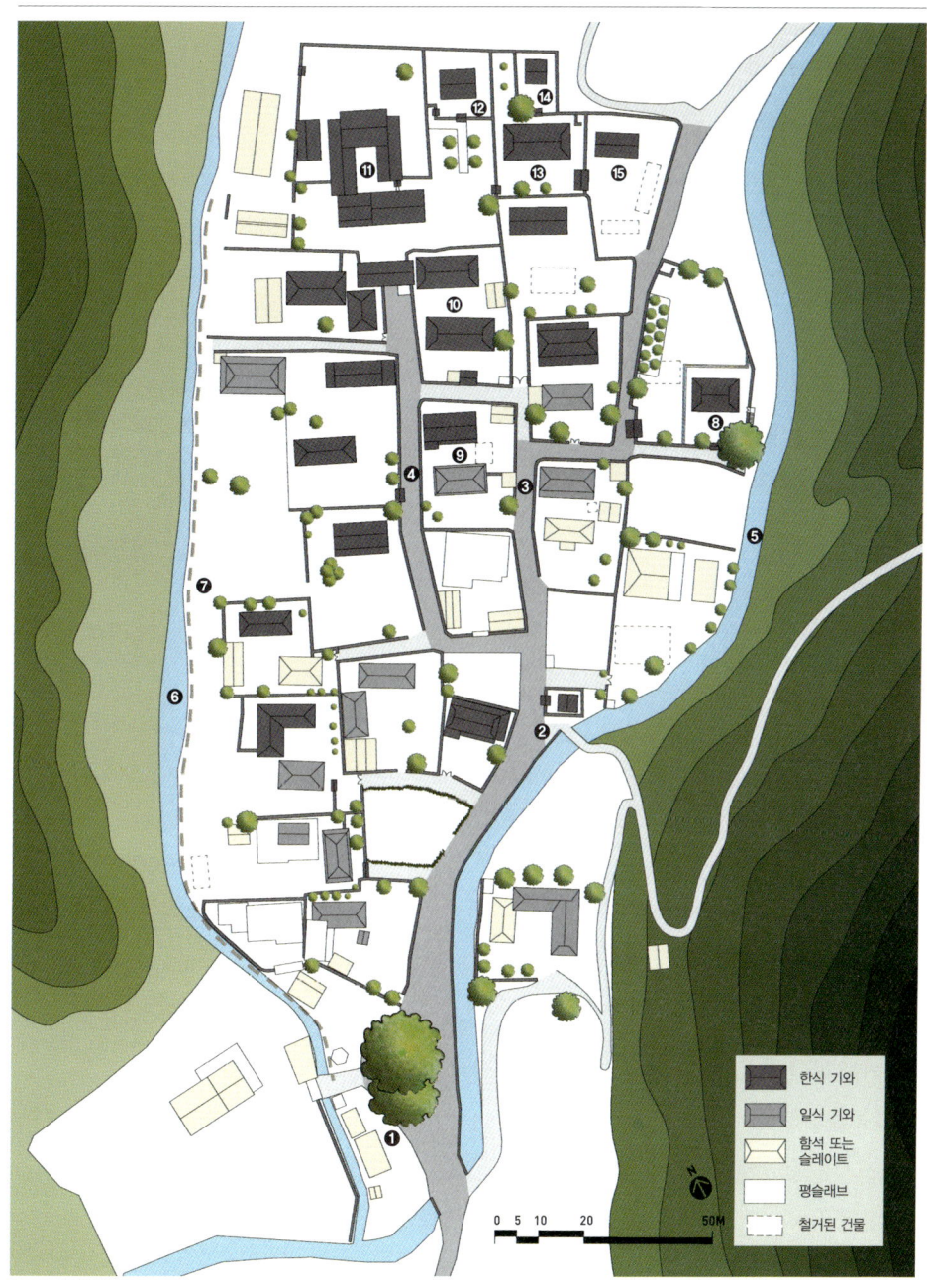

옻골마을 배치도

① 회화나무
② 정려각
③ 동쪽 안길
④ 서쪽 안길
⑤ 동계
⑥ 서계
⑦ 오솔길
⑧ 동계정
⑨ 최인식가옥
⑩ 최병용가옥
⑪ 백불고택(종가)
⑫ 가묘
⑬ 보본당
⑭ 별묘
⑮ 포사

진한 회색의 길이 안길이다.

정려각 백불암의 효행을 기리는 왕의 교지가 모셔진 건물이다. 작은 규모지만 겹처마, 화려한 화반(花盤)과 단청, 박공면에 설치한 풍판이 이 건물의 중요성과 상징성을 암시한다. 높이가 다른 좌우의 담이 주거지의 경사를 드러낸다.

에서 정려각에 이르는 터가 좁은 부분은 과거 가랍집으로 이루어진 부수적 영역이었고, 정려각에서 시작되는 터가 넓은 부분은 최씨의 집들이 있는 주된 영역이었다. 오늘날 정려각 남쪽에 있는 집들은 대개 후대에 다시 지은 것들이며, 과거에는 그 자리에 소박한 초가지붕의 가랍집들이 있었다.

    정려각을 중심으로 옻골마을 주거지는 동서 두 영역으로 미묘하게 나뉜다. 그 하나는 정려각에서 서쪽으로 일단 꺾였다가 다시 북쪽으로 올라가 종가로 이어지는 안길의 서쪽 영역이다. 서쪽 영역에는 주택들만 자리 잡고 있으니 이를 개인 영역이라고 할 수 있겠다. 그리고 다른 하나는 정려각에서 북쪽으로 곧게 뻗어 동계정 옆을 거쳐 보본당 옆의 포사(庖舍: 음식을 준비하는 건물)로 이어지는 안길의 동쪽 영역이다. 동쪽 영역의 동계정과 정려각 사이에는 과거에 동천서원이 있었으므로 이곳은 공동 영역 또는 사회적 영역이라고 할 수 있다. 현재 공동 영역에는 동천서원이 철거된 뒤 그 재목으로 건립한 동계정과 후대에 지은 두 집이 자리 잡고 있다.

동쪽의 공동 영역은 생왕한 기운이 있는 곳으로 음양 중 양(陽)에 해당한다. 그곳을 사용하는 사람들도 주로 남성이었다. 반면, 서쪽의 개인 영역은 차분한 기운이 있는 곳으로 음(陰)에 해당한다. 마을 입구부터 동쪽 산기슭은 트여 있고 활엽수가 많아 가을부터 초봄 사이에는 더욱 허허로운 데 비해, 서쪽 산기슭에는 소나무가 집중적으로 심겨서 좀 더 아늑한 분위기가 조성된 것도 음양의 성질에 맞게 조경한 결과이다. 가을에 옻골에 오면 이런 음양의 대비가 초록과 갈색의 나뭇잎에서도 극명하게 드러난다.

그런데 동계정 앞에 최근 특이한 집이 한 채 등장했다. 하도 요상한 모습을 하고 있어 '이보다 더 대담할 수는 없다'는 탄성을 자아낸다. 이 집을 보면 전원주택, 퓨전 등의 말들이 생각나기도 하지만 실제로는 전원과 어울리지 않는 튀는 외관, 그리고 자연재료인 돌과 인공재료인 플라스틱의 어색한 결합이 이 집의 특색이라면 특색이다. 이 집을 보면 음의 공간인 개인 영역에 있어야 할 집이 양의 공간인 공동 영역에 자리 잡아서 양기가 너무 뻗쳐 그 꼴이 된 건 아닌가 하는 생각이 든다.

같은 이름으로 연결된 계곡과 정자

현재 공동 영역의 중심시설은 동계정이다. 이 정자는 백불암의 맏아들인 동계 최주진을 기리기 위해 마을에서 계를 하여 지은 문중 정자다. 동계는 학문이 출중하여 많은 기대를 모았으나 40세의 젊은 나이에 작고했다. 동네 어른들은 나에게 그의 문집 두 권을 소개하면서, 문중에서 동계의 문장이 가장 탁월하다며 그의 요절을 어제 일인 양 안타까워했다. 동계정은 동네 서당으로 사용되었는데, 훈장이 상주하면서 아동들을 가르쳤다고 한다. 현재 70대 이상의 노인들은 대개 동계정에

동쪽 계곡에서 본 동계정 일곽 정자와 계곡이 긴밀히 연계되도록 두 곳에 계단을 두었다. 특히 계곡에 면하는 동쪽의 담을 낮게 처리하여 정자에서 계곡 쪽이 시각적으로도 잘 연결된다.

서 공부한 경험이 있는데, 그때 다진 한문 실력이 오늘날 《역중일기》를 옮기는 바탕이 되었다.

  동계정은 전면 3칸의 아담한 건물로 팔작지붕을 이어서 더욱 단아해 보인다. 동쪽 개울 쪽으로 1칸은 마루로 만들고 나머지 2칸에는 온돌방을 들였다. 동계정 주위로는 담을 둘렀는데, 서쪽 안길, 남쪽 샛길, 그리고 동쪽 계곡 쪽으로 각각 문을 내어 주변에서 쉽게 드나들 수 있도록 하였다. 그런데 주의 깊게 보면, 이들 세 면의 담 높이가 모두 다르다. 안길 쪽을 가장 높이 쌓았고 계곡 쪽을 가장 낮게 쌓았다. 건물은 지세의 흐름을 따라 남향을 하고 있으나 계곡 쪽 담을 낮추어 대청에서 계곡으로 시선이 이르도록 함으로써 정자를 계곡과 긴밀히 연결시키고 있는 것이다. 동계정 서쪽에는 3칸짜리 관리사가 있었으나 철거되었고, 지금은 뒷집의 빈터까지 흡수하여 널따란 뒤뜰이 생겼다.

  옻골마을을 답사할 때는 늘 김밥을 준비해서 동계정 마루에서 먹는다. 전라

동계정의 편액 꿈틀거리는 글씨가 쉼 없이 흐르는 동계를 상징하는 듯하다.(왼쪽)
닭실마을 청암정의 편액 단정하고 정제된 글씨가 고요한 연못을 상징하는 듯하다.(오른쪽)

도 지역을 답사할 때와 달리 경상도 지역에 오면 먹는 일이 그리 만만치 않아서 되도록 도시락을 준비한다. 하루는 동계정 마루에서 점심을 먹는데 머리 위에 있는 편액이 전에 없이 관심을 끌었다. 한 마을을 답사하는 횟수가 늘어나면서 점차 작은 물건들이 눈에 들어오기 시작한 것이다.

동계정의 편액은 전체(篆體)로 양각(陽刻)되어 있는데, 미수(眉叟) 허목(許穆, 1595~1682)의 글씨를 집자(集字)한 것이다. 굳이 미수의 전체를 집자한 것은 당시 그것이 인기가 있어서이기도 하겠지만, 미수가 입향조 대암과 함께 한강의 문하에서 공부한 인연을 후손들이 잊지 않아서일 것이다. 그래서 용수동 농연서당에도 미수가 전체로 쓴 '溪亭幽棲(계정유서)'라는 편액이 걸려 있다.

미수는 남인의 영수로서 우의정까지 지냈는데, 그림과 글씨에도 뛰어났다. 그는 특히 전서(篆書)에 통달하여 전서의 동방 일인자로 불린다. 미수의 글씨를 경기도박물관에 있는 서첩에서도 보긴 했지만, 내가 그것을 찬찬히 본 것은 이곳 동계정과 닭실마을의 정자인 청암정(靑巖亭)에서다. 그런데 이 두 정자에 걸린 편액의 글씨는 한 사람의 글씨로 보기 어려울 만큼 차이가 있다. 청암정의 '靑巖水石(청암수석)'은 간결하고 힘이 있는 반면, '東谿亭(동계정)'은 매우 유기적이고 장식적이나 기운이 없다.

이렇게 달라 보이는 것이 서체에 둔한 나의 눈 탓인지, 미수 전체의 시기적 변화 때문인지(미수는 청암정 편액을 쓴 해인 1682년에 죽었다), 아니면 '동계정'의 집자과정에 문제가 있었던 것인지, 나로서는 판단할 능력이 없다. 그 순간, 청암정은 고인 연못 속에 있는 정자이니 그렇게 정적인 글씨가 어울리고, 동계정은 흐르는 시내에 면한 정자이니 꿈틀거리는 동적인 글씨가 더 어울린다는 생각이 스쳤으나 좀 장난스런 생각 같아 입 밖에 내지는 않았다.

마을은 뒷산의 혹으로 통한다

옻골마을은 양쪽에 높은 산이 나란히 있는 아늑한 골짜기에 위치한다. 마을 뒤의 주산은 능천산(표고 357m) 서쪽 옆으로 솟은 이름 없는 산이다. 주산은 대구 지역의 지형체계에서 시발점이 되는 종산인 팔공산(표고 1,193m)에서 내려와 지맥이 맺혀 이루어졌다. 동쪽으로는 검덕봉과 황사골이 있고 서쪽으로는 새갓이 있어서 마을의 세 면은 결코 낮지 않은 산들로 막혀 있다.

앞쪽으로 낮아지는 주거지는 양옆으로도 조금 낮아지고, 주거지와 양쪽 산 사이에는 개울이 흐른다. 서쪽의 개울, 곧 서계(西溪)는 건천이나, 동계는 언제나 제법 많은 물이 흐른다. 종가의 동쪽 뒤, 과거 북계정사가 있던 골짜기가 매우 깊기 때문이다. 주거지의 측면을 따라 흘러내려온 두 개울은 마을 입구 연못 부근에서 만난다.

주산의 봉우리에는 이마에 난 혹 같은 바위가 있다. 산은 이름이 없으나 이 바위는 이름을 가지고 있다. 본래 살아 있는 거북 같다 하여 생구바우(生龜巖)라고 불렀는데, 최씨들이 입향한 이후 입향조의 호를 따서 대암이라고 불렀다.

대암을 가장 극적으로 볼 수 있는 곳은 종가인 백불고택의 재실 보본당이다. 보본당은 전면 5칸인데, 가운데 칸에 있는 대청의 뒤쪽 판문을 열고 앉아서 바라보면 별묘와 산봉우리의 혹이 정확히 일직선에 놓인다. 대암의 불천위를 모시는 별묘와 보본당은 모두 백불암이 건축했는데, 그것들이 일렬로 놓인 것은 우연이 아닌 듯하다.

　백불암은 5대조인 대암과 대암이라 불리는 바위를 동일시하며 조상의 신체(神體)를 모시는 듯한 마음으로 두 건물을 하나의 축선에 놓았을 것이다. 대암에서 시작된 이 축은 주거지를 관통하고 주거지 입구의 회화나무 두 그루를 거쳐 마을 앞 동수와 연못까지 이어진다. 이렇게 대암은 마을 배치의 축을 만들어냄으로써 마을 공간구성의 시작이자 기준이 되었다. 안길이나 샛길, 마당, 뒤뜰 등 주거지 어느 곳에서도 대암은 눈에 들어온다.

　그런데 불현듯 대암을 보며, 저 바위는 주변 지역 어디서나 잘 보이는데 공연히 내가 옻골의 주거지에 갖다 붙이는 것은 아닐까 하는 의심이 은근히 들었다. 견강부회(牽強附會)야말로 잘못된 해석으로 가는 지름길이기 때문에 '혹시 내가' 하는 경계심이 발동한 것이다. 나는 대암과 옻골 주거지의 관련성을 스스로에게 입증해 보이기 위해 주거지에서 서쪽으로 좀 벗어나 가시덤불이 있는 곳으로 향했다. 그곳에서 대암 쪽을 바라보자 주거지에서는 눈에 들어오지 않던 대암 바로 뒤의 산봉우리만 부각될 뿐 대암은 유심히 살피지 않는 한 눈에 띄지 않았다. 주거지에서는 톡 솟아오른 혹처럼 보이던 것이 신기하게도 그곳에서는 이미 붓기가 가라앉아 평평해진 것처럼 보였다. 이렇게 가시덤불을 헤치는 잠시의 수고를 통해, 옻골의 주거지는 대암이 잘 인식되는 범위로 한정되었음을 확인할 수 있었다.

　이같이 옻골과 대암은 떼려야 뗄 수 없는 관계였다. 자연요소인 바위의 이름이자 마을 역사의 중심인물인 대암이 마을공간의 구성에만 작용한 것은 아니리라. 생각이 여기에 이르자 문득 중학교 때 교과서에서 읽었던, 미국의 소설가 너대니얼 호손(Nathaniel Hawthorne)의 〈큰 바위 얼굴〉이 떠올랐다. 큰 바위 얼굴이 어니스트에게 그랬듯이, 대암은 옻골마을 사람들에게 정신적인 의지처였을 것이다.

> 어니스트에게는 선생님이 계시지 않았다. 다만 하나의 선생님이 있다면, 그것은 바로 저 큰 바위 얼굴이었다. 어니스트는 하루의 일이 끝나면, 몇 시간이고 그 바위를 쳐다보는 것이었다. 그러면 그 큰 얼굴이 자기를 알아보고, 자기를 격려하는 친절한 미소를 보내준다고 생각하는 것이었다. …… 사람들은, 그 큰 바위 얼굴이 그의 선생

님이라는 것과, 큰 바위 얼굴에 나타난 높은 감정이, 이 젊은이의 가슴을, 다른 사람의 그것보다 더 넓고 깊고 인정미가 가득 차게 만든다는 것은 몰랐다.

— 너대니얼 호손, 〈큰 바위 얼굴〉 중에서

축이 만든 질서

축이란 2개의 점을 잇는 가상의 선인데, 옻골에서는 대암에서 시작된 축이 종가, 정려각, 주거지 입구의 당목, 마을 입구의 숲과 연못까지 이어진다. 이것은 개념적으로 하나의 축이지만, 다섯 요소를 잇는 4개의 선분은 모두 조금씩 꺾여 있다. 축을 구성하는 요소들 중 두 그루의 회화나무, 곧 당목과 종가는 주거지를 조직하는 중심축의 두 꼭짓점이 되며, 그 사이를 안길이 잇고 있다. 주거지 양쪽으로 높은 산이 솟아 있어서 주거지는 중심축을 향해 집중력을 갖는다.

주거지 중심축의 중간에는 백불암을 기리는 정려각이 있다. 백불암은 죽어서 그가 흠모하던 5대조 대암을 상징하는 바위와 짝을 이루어 마을 구성의 중심점이 되었다. 이렇게 대암과 백불암은 마을공간에서 바위와 정려각으로 재현되어 마을 사람들에게 언제나 조상의 기운을 전하고 있다.

옻골마을에서는 축을 정의하는 두 지점이 모두 자연요소다. 현대건축에서는 건물이나 탑 같은 구조물로 축이 설정되지만, 옻골마을에서는 자연요소가 만들어내는 축으로 건축에 질서가 부여되었다. 자연과 건축이 통합하는 모습이다.

옻골에서는 마을 구성의 축, 시야의 축, 지세의 흐름 축, 절대향의 축이 모두 일치한다. 마을에서 이렇게 여러 가지 축들이 중첩되는 것은 드문 일인데, 이로 인해 옻골은 특이하게도 직선적인 일정한 배치 형태를 갖게 되었다. 이런 축들이 서로 방향을 달리할 경우, 지세를 따르다 향이 나빠진 집이 나오는가 하면 좋은 향을 취하다 마을공간의 흐름을 따르지 않는 집이 생긴다. 이렇듯 집들이 제각기 나름의 축을 따라 배치되면 마을 전체를 특징짓는 기하학적인 질서를 얻을 수 없다. 이런 면에서 옻골은 기하학적인 마을공간 구성을 위한 절묘한 조건을 갖추었다.

대암과 정려각 대암과 정려각의 망와(望瓦)가 같은 축선에 놓여 있다.

옻골마을로 진입하려면 두 곳의 문턱을 넘어야 한다. 그것은 집의 바깥 대문에 비유할 만한 마을 입구와 안대문에 비유할 만한 주거지 입구다. 마을 입구에는 커다란 느티나무가 있고, 그 서쪽 옆으로 일렬로 늘어선 느티나무가 호위하는 연못이 있다. 그리고 마을 서쪽 산인 새갓 기슭에는 밀집된 소나무군이 있어서 특별한 영역으로 진입하는 느낌을 준다. 여기에 심긴 소나무는 부정한 기운이 마을로 접근하는 것을 막아 마을을 수호하는 의미를 갖는다.[5] 현재의 소나무군은 1959년의 전설적인 사라호 태풍으로 많이 유실되고 남은 것이라 하니, 그 이전에는 마을 입구가 더욱 강한 인상을 주었을 것이다.

마을 입구에서 조금 더 진행하면, 동계를 지나는 작은 다리를 건너 주거지 입구에 도달한다. 그곳에는 350여 년 된 두 그루의 회화나무가 가운데에 버티고 있어 주거지가 본격적으로 시작함을 알려준다. 1970년대까지만 해도 이들 나무 아래, 곧 지금의 버스정류장 한복판에 공동우물이 있었다. 과거에는 노비들이 이곳에서 물을 퍼서 주거지 안쪽으로 날랐을 것이다. 그러나 이 우물은 너무 노출되어 있어서 다른 마을 우물가처럼 여성들의 사교공간이 되기는 어려웠을 것 같다. 근래에는 집집마다 우물을 파기 시작했고, 마을로 버스가 들어오면서 이 공동우물을 메워버려 지금은 흔적만 남아 있다.

안길을 따라 주거지로 들어가보자. 안길을 통해 백불고택에 이르려면 여러 번 방향이 꺾인다. 홍만선(洪萬選, 1643~1715)은 《산림경제(山林經濟)》에서, "집으로 똑바로 오는 길을 충파(衝破)라 하는데 이는 좋지 않으니, 접근로는 반드시 굴곡을 주어야 한다(當面直來之路謂之衝破, 必須盤於曲轉)"라고 하였다. 조상들은 길을 이동로일 뿐 아니라 기(氣)의 통로로 보았기에, 기가 면전으로 직접 들이닥치는 것은 바람직하지 않다고 여겼다. 그래서 종가로 이르는 안길을 자세히 보면, 정려각을 지나서 두 번 거의 직각으로 꺾인 뒤 다시 두 번 조금씩 방향을 튼다. 그래서 안길에서는 대문간이 드러나지 않는다.

과거에 여자들은 안길로는 잘 다니지 않았다. 안길은 주거지 한가운데를 관통하여 뭇 시선에 노출되므로 다니기가 부담스러웠던 모양이다. 여성들이 배꼽티를 입고 대로를 활보하는 요즘과 대조적으로, 내가 어렸을 적인 1960년대만 해도 어머니나 누님들은 고개를 숙이고 길을 걸었다. 이런 까닭으로 남성들의 영역인 동쪽의 공동 영역에서 가장 멀리 있는 서쪽 개울을 따라 조금 한적한 오솔길이 조성되어 여성들의 통로로 사용되었다. 지금도 서계 안쪽으로 개울을 따라 탱자울이 남아 있는데, 이것이 과거 오솔길과 집들 사이의 경계였다.

종가 사랑채의 서쪽 담이 뚫려 있는 것도, 담이 허물어진 것이 아니라 오솔길로 온 여자들이 그곳을 통해 중문간을 거쳐 안채로 들어갈 수 있도록 일부러 개구부를 남긴 것이다. 이 개구부를 이용할 경우, 사랑채 정면에 있는 대문채를 통하지 않고도 안채와 마을공간을 오갈 수 있다. 또한, 종가를 비롯해 서쪽 오솔길에 면한 집들 대부분이 부엌을 서쪽에 두고 있기 때문에 여성들의 통로와 부엌이 잘 연결되었다. 마을 사람들은 이 길을 복원할 계획을 가지고 있다고 하는데, 길이 복원된다 해도 이 시대에 그 길로 다닐 여자들이 있을까 싶다.

한편, 샛길들은 안길과 T자형으로 만난다. 마을 양쪽에 산이 있어서 주거지의 폭이 좁게 제한되므로 집의 진입 골목 역할을 하는 샛길은 막다른 골목형으로 짧게 형성되었다. 그러나 양쪽 개울에 이르는 샛길은 상당히 길게 뻗어 있다. 모든 샛길은 직선이고 안길과 거의 직각으로 만남으로써 전통마을에서는 예외적으로 매우 기하학적인 주거지 공간이 만들어졌다.

주도로인 안길과 보조도로인 샛길이 모두 직선형이고 안길의 폭이 그다지 넓지 않기 때문에 그것들이 명료하게 구분되어 보이지는 않는다. 따라서 여기서 안길과 샛길로 나누는 것은 다소 주관적인 판단일 수 있다. 그러나 답사에서 돌아와 슬라이드를 정리하면서, 내가 현장에서 길의 위계를 판단한 것이 주민들의 인식과 일치함을 보여주는 단서를 발견했다. 주민들이 안길과 샛길을 달리 포장한 것이 사진을 통해 드러났다. 현장에서 안길이라고 본 길은 콘크리트로 포장된 반면, 샛길로 본 길은 깬자갈로 포장되거나 흙바닥 그대로였다. 이동이 많은 주도로인 안길만을 견고하게 콘크리트로 포장한 것이다.

안길 끝에 있는 백불고택은 전면에서 진입한다. 안길에서 집의 옆구리로 진입할 수밖에 없는 불가피한 경우를 제외하면, 대부분 집의 앞쪽에 진입로인 샛길을 두어 전면에서 진입하는 방식을 취했다. 주택이 놓인 필지의 모양은 옆으로 좁고 앞뒤로 긴데, 이는 주거지 전체 형상과 비슷한 비례이다. 집들은 주로 안채와 바깥채(사랑채)를 앞뒤로 나란히 놓는 방식으로 구성되었다. 이때 채(건물)는 동서방향으로 길게 놓이는데, 주거지가 남북으로 경사져 있으므로 동서방향은 채가 놓일 터를 평평히 고르는 데 가장 적은 노력이 드는 합리적인 배치 방향이다. 또한 집의 전면으로 진입하기 때문에 안채는 진입로에서 꽤 멀리 떨어져 있으며 사랑채에 가려서 진입로 쪽으로 모습이 드러나지 않는다.

옻골의 상징, 백불고택

대암 최동집이 옻골마을로 들어와 조성하기 시작한 백불고택은 대구지방에서 가장 오래된 한옥이다. 현재의 건물군 중 가장 먼저 지어진 안채와 가묘(家廟)는

안길에서 본 종가의 대문채 안길에서 대문간이 드러나지 않도록 길을 굴절시켰다. 안길은 뒷산 태암을 기준으로 조성되었다.

백불고택 배치 평면도
① 대문채
② 사랑마당
③ 사랑채
④ 안마당
⑤ 안채
⑥ 고방채
⑦ 가묘
⑧ 보본당
⑨ 별묘
⑩ 포사

1694년 대암의 손자 최경함이 처음 지었다고 한다. 안채는 그후 몇 차례에 걸쳐 크게 수리되었다. 가장 늦게 지어진 건물은 사랑채로, 철거된 동천서원의 재목을 일부 활용하여 1905년에 지은 것이다. 212년이라는 긴 세월에 걸쳐 종가의 건축이 이루어졌음을 알 수 있다. 현재 이 종가에는 대암의 14대손 가족이 거주하고 있다.

　백불고택은 산 사람들의 생활 영역과 조상들을 모시는 영역으로 구성되는데, 후자는 다시 가묘 영역과 별묘 영역으로 이루어진다. 이 세 영역은 담과 대문으로 구분되어 동서로 나란히 배열되어 있다. 가묘 영역을 가운데 두고 사적인 생활 영역은 서쪽에, 공적인 별묘 영역은 동쪽에 배치했다. 생활 영역이 집 전체의 절반에도 못 미친다는 점에서 과거 주거공간의 구성에서 조상숭배가 얼마나 큰 비중을 차지했는지 알 수 있다. 또한 뒤의 건물이 앞의 건물보다 위계가 높은 '전후 개념'을 염두에 둘 때, 생활 영역의 안채보다 가묘가, 다시 가묘보다는 별묘가 위계가 높음을 알 수 있다.

　생활 영역은 대문채, 안채, 사랑채, 고방채 등 4채로 이루어진다. 안채와 사랑채 모두 물매(기울기)가 완만한 지붕에 간결한 삼량구조로 되어 있다. 삼량구조는

백불고택의 사랑채와 보본당 사랑채를 향해 징검돌들이 일직선으로 놓여 있다. 사랑마당에서 시선은 보본당이 있는 대각선 쪽으로 향한다.

서까래를 받치는 부재인 도리를 지붕 가운데와 앞뒤 양 끝 등 세 군데에 둔, 한옥의 가장 간단한 구조 방식이다. 옻골의 다른 집들이 거의 일자형이거나 ㄱ자형인 것과 달리, 백불고택은 ㄷ자 모양의 안채와 일자 모양의 사랑채가 결합되어 튼ㅁ자형의 짜임새 있는 구성을 이룬다. 안채를 기준으로 할 때, 사랑채 동쪽으로 누마루가 튀어나와 완전한 ㅁ자는 아니지만, 창문을 모두 열면 누마루의 기둥만 남고 벽이 모두 사라지기 때문에 닫힌 공간만을 보면 ㅁ자로 볼 수 있다.

대문간은 7칸 사랑채의 가운데 칸을 향해 열려 있다. 대문간을 통해 사랑마당으로 들어가면 징검돌들이 사랑채 가운데 칸을 향해 일직선으로 놓여 있지만 시선은 오른쪽 대각선 방향으로 이끌린다. 뒷걸음질하듯 지그재그로 물러나는 담이 눈을 이끄는 곳에 가묘와 별묘 영역이 전개된다. 고개를 조금 높이 들어 바라보면 검덕봉이 가까이 다가오는 듯하다. 소나무가 많아 사시사철 푸른 서쪽의 새갓과 달리 낙엽수가 많은 동쪽의 검덕봉은 계절에 따라 다른 색깔의 옷을 입는다. 겨울철의 검덕봉은 황량하나 가을에는 단풍으로 불탄다. 이전에는 사랑채가 지금보다 더 길었다고 하니 사랑마당 또한 옆으로 더 길어서 시선을 검덕봉 쪽으로 더욱 극적으로 이끌었을 것이다.

현재의 사랑채는 2개의 건물을 붙여 만든 것이다. 4칸의 사랑채와 그 서쪽에 인접한 3칸의 행랑채를 툇마루로 연결했다. 두 부분의 지붕 높이가 다른 데서 이들이 본래 한 건물이 아니었음을 확인할 수 있다. 한옥은 칸을 기본 단위로 하므로 그것을 덧붙여 확장하거나 기존 칸을 없애 축소할 수도 있어 건축의 융통성이 크다. 사랑채와 행랑채의 지붕이 팔작지붕이 아닌 맞배지붕이어서 채의 연결이 가능했다. 일반적으로 좀 더 격식을 갖춘 건물에 많이 쓰이는 팔작지붕은 마구리가 삼각형 모양의 합각으로 완결되어 확장하기 어려운 데 비해 맞배지붕은 양쪽으로 덧붙여 확장시킬 수 있기 때문이다.

일자의 사랑채와 ㄷ자의 안채가 만나는 두 지점에 안채로 통하는 문이 설치되었다. 서쪽 문은 마을 오솔길에서 연결되는데, 안채에서 집 안팎을 드나들 때 사용하는 중문이다. 반대쪽에 있는 문은 집 안의 두 사당 영역과 연결되는 샛문이다. 샛문을 열고 밖을 보면 보본당으로 들어가는 대문이 눈에 들어온다. 누군가가 보본당 대문을 열어놓았다면 포사로 가는 대문도 보일 것이다. 이렇게 3개의 문을 거의 일직선 위에 놓은 것에서 종가를 이루는 세 영역을 긴밀히 연결하려는 의도를 읽을 수 있다.

한편, 중문과 샛문을 걸어 잠그면 안마당을 중심으로 한 안채 영역은 외부와 완전히 단절된다. 또한 안채 건물 뒤로 담이 둘려 있고 뒤뜰은 안채 건물을 통해서만 접근할 수 있다. 안채 영역은 집에서 가장 내밀한 곳이기에 이렇게 의도적으로 접근을 어렵게 한 것이다.

사랑마당에 있다가 중문을 통해 안마당으로 들어서니 마당이 매우 좁게 느껴진다. 좌우로 길고 개방적인 사랑마당과 대조적으로, 안마당은 앞뒤로 길고 폐쇄

백불고택 안채와 안마당 마당에 드리운 그림자 방향을 보고 사진 찍은 시간대를 추정할 수 있다. 한낮 잠깐 동안만 이렇게 마당 가득히 햇볕이 들어온다.

적이기 때문에 이런 대비감이 생기는 것이다. 그런데, 이렇게 안마당이 좁아진 것은 주거지의 좁은 폭을 고려하여 안마당 폭을 최소화했기 때문이다. 그 결과, 생활·가묘·별묘의 세 영역을 동서로 나란히 배열할 수 있었다. 여기서 마을의 지형 조건이 집의 구성에까지 영향을 미치는 것을 볼 수 있다. 그렇다고 안채가 답답하게 닫힌 공간은 아니다. 안마당 폭과 동일한 대청이 안마당과 연결되어 깊은 공간을 만들어내고 있으며, 대청 뒤의 판문을 열면 이 공간이 넓은 뒤뜰까지 이어져서 앞뒤로 공간이 연속되기 때문이다. 안마당 자체도 앞뒤로 긴 모양이어서 이런 방향성에 부합한다.

안마당은 네 면이 모두 막혀 있으나 남쪽 지붕이 좀 낮아서 한낮에는 마당 깊

안마당에서 본 안채의 서쪽 날개채 왼쪽에 백불고택의 표지인 가새가 설치된 중문간이 있다. 부엌은 2칸인데 왼쪽 칸에는 두 짝 여닫이문이, 오른쪽 칸에는 살창이 가지런히 설치되었다. 부엌의 앞뒤 문을 열면 뒤뜰의 장독대가 보인다. 부엌 위쪽에는 안방에서 연결되는 다락이 있어서 칸마다 창문이 하나씩 설치되었다.

숙이 햇볕이 들어온다. 그러나 햇볕이 마당 가득히 담기는 것은 잠깐이며, 대부분의 시간에는 크든 작든 그림자가 드리운다. 그래서 안마당은 해시계처럼 지구의 자전을 드러내준다.

　안마당은 좁지만 깨끗이 비어 있어서 안채의 실들과 연계하여 생활공간으로 쓰기에 적당하다. 사실 한옥의 안마당은 조경공간이거나 안채의 부속공간이 아니라 그 자체가 지붕 없는 하나의 큰 방이다. 이런 면에서 한때 백불고택 안마당에 조성했던 정원을 없앤 것은 잘한 일이다. 지금 마당 한쪽에 설치된 수돗가까지 안마당 밖으로 옮긴다면 안마당의 성격은 더욱 잘 살아날 것이다. 다른 한옥들에서 안마당 한편에 놓이기도 하는 장독대가 백불고택에서는 뒤뜰, 부엌의 뒷문 앞에 배치되었다. 그리고 그 옆에는 고방채가 놓였다. 지금 욕실이 꾸며진 고방채의 1칸에는 본래 방아가 설치되어 있었다.

백불고택의 별묘 영역 옻골마을 주거지의 맨 뒤쪽에 있는 의식 영역으로, 별묘·보본당·포사로 이루어졌다.

　백불고택에는 입향조인 대암과 문중 사업을 흥성시킨 백불암의 불천위가 모셔져 있다. 백불암은 가묘에 4대의 신위들과 함께 모셔졌는데, 백불암 신위는 가묘 앞에서 보아 가장 왼쪽에 놓여 있다. 가묘는 기둥머리와 보 사이에 익공(翼工)이라는 부재를 하나씩 끼워넣은 초익공집으로서 높은 위계를 나타내고 있다. 가묘 영역의 공간은 폭이 좁고 앞뒤로 깊어서 자못 그윽한 공간감을 자아낸다. 특히 가묘의 대문으로 이끄는 길을 두 단 높여 도드라지게 하고 그 양쪽에 나무를 심어, 신성한 공간으로 이르는 길에 차분하고 엄숙한 분위기를 더해주었다. 여기서 한 가지 주의할 것은, 가묘 앞에 대문이 있다고 이곳으로 불쑥불쑥 드나들면 실례가 된다. 정면에 있는 대문은 신이 드나드는 곳이기 때문에 신위가 이동할 때만 쓰이고, 서쪽에 있는 옆문이 산 사람들이 평상시에 드나드는 문이다.

　별묘 영역은 대암의 불천위를 모신 별묘와 재실인 보본당, 그리고 부속 건물인 포사로 이루어진다. 가장 동쪽에 있는 포사에서 제수를 조리하고 보본당에서 제상을 준비해 별묘에서 불천위 제사를 지낸다. 별묘는 백불암이 38세 때인 1742년에 지었다. 단칸 건물이지만 기둥머리에 익공을 2개씩 끼워넣은 이익공집으로 가묘보다 위계가 한 단계 위인 건물이다. 별묘의 앞 벽 출입문 위에는 태극문양을 새긴 화반(花盤: 수평부재를 받치는 넓적한 부재)이 있는데, 이것 또한 이 작은 건물의 중요성을 드러낸다. 별묘는 비록 작지만 종가는 물론 옻골 전체, 아니 옻골을 중심으로 펼쳐진 광역 경영 지역의 핵심이 되는 건물이다.

별묘가 지어진 지 10여 년이 지난 1753년에 별묘 앞에 지어진 보본당 역시 백불암의 작품이다. 대암에 대한 제사 준비뿐만 아니라 문중회의도 여기서 열린다. 그래서 보본당 가운데에는 안채의 대청과 같은 크기의 넓은 대청이 있다. 보본당은 전면 5칸의 팔작지붕 건물인데, 길게 돌출된 처마의 네 모서리에 호리호리한 기둥인 활주를 두어 추녀를 받치고 있다. 민가에서 잘 쓰이지 않는 다듬은 원추형 주추와 그 위에 놓인 원기둥이 이 건물의 중요성을 말해준다.

백불고택에서 특히 눈에 띄는 디자인은 모퉁이를 깎아서 만든 팔각형 모양의 기둥과 건물 측벽에 대각선 방향으로 댄 부재다. 이렇게 대각선으로 댄 부재를 가새라고 하는데, 안채는 물론 별묘와 고방에도 설치된 가새는 백불고택 특유의 표지가 되었다. 구조적으로 볼 때 가새는 바람이나 지진에 의한 횡력을 받는 데 유리한 부재인데, 이렇게 힘을 받는 구조재를 외부에 그대로 노출하여 미적인 요소로 삼는 것 또한 한옥의 큰 특징이다. 그런데 왜 백불고택에서 가새를 집중적으로 사용했는지는 잘 모르겠다. 다만 근래에 중수하면서 가새를 설치한 것이 아니고 본래부터 있었다는 사실만 확인했다.

동기가 다르면 결과도 다르다

2004년 4월 3일 오후 6시, 산이 주거지에서 멀리 있는 하회마을 같으면 아직 마을에 햇볕이 가득 남아 있을 시간인데 옻골에서는 그림자가 서쪽의 개인 영역을 모두 덮고 동쪽의 공동 영역으로 밀려오고 있다. 나는 답사 후 집결지로 약속된 동계정에 미리 도착해 아직 실측이 끝나지 않은 학생들을 기다리고 있었다. 동계정 툇마루에 걸터앉으니 시원한 나무의 감촉과 함께 피로가 기분 좋게 몰려온다. 그러나 아직 긴장을 늦출 때가 아니므로, 언젠가 검덕봉 아래에서 가졌던 '오늘날의 주거단지와 비슷해 보이는 옻골마을의 배치'에 대한 생각을 되새겨본다. 그리고

옻골마을의 길이 만나는 방식 모든 길들이 T자형으로 만남으로써 휑하니 뚫린 곳 없이 아늑한 공간감을 자아낸다.(왼쪽)
일산 단독주택단지 23블록의 도로 끝없이 펼쳐진 도로가 주거지의 느낌을 황량하게 만든다.(오른쪽)

비교를 위해 현대에 조성한 대표적인 단독주택지인 일산 단독주택단지를 마음에 그려본다. 1988년에서 1996년에 걸쳐 많은 유명 건축가들이 참여하여 조성한 이 고급 주택단지는 결혼식을 앞둔 예비부부들이 기념촬영 장소로 즐겨 찾는 곳이기도 하다.

오늘날 우리의 주거단지 배치에서 가장 흔히 보는 것은 집들이 일률적으로 남향을 한 일자형 배치다. 크게 보면 옻골마을도 일산 단지도 그런 부류에 속한다. 그러나 이 두 주거지 사이에는 여러 가지 차이가 있다. 한 예로, 오늘날 일자형 배치를 취한 주거지에서는 십중팔구 도로가 격자체계로 되어 있다. 그러나 옻골마을에서는 길들이 모두 T자로 만나며 열십자로 만나는 곳은 한 곳도 없다. 또한 길 자체도 계속 굴절됨으로써 직선 구간이 매우 짧다.

그럼, 이런 차이는 어디에서 비롯된 것일까? 차이의 출발점은 주거지를 만드는 데 작용한 동기와 그에 따른 원칙이라고 생각한다. 우리는 언젠가부터 입지 조건이라면 교통이 편리한지 생활 편익시설은 잘되어 있는지만 따진다. 주변 지형 조건이 어떤지 땅의 모양은 어떤지에 대해서는 큰 관심을 기울이지 않는다. 그러니 일산 단지의 뒷산인 정발산에 옻골의 대암과 같은 혹이 있다 해도 그것이 단지를 설계한 사람의 눈에 들어왔을지는 의문이다.

옻골마을에서는 입지 조건 자체가 일정한 배치를 요구하고 있다. 그리고 필지 분할과 주택 형식이 그 요구를 충실히 따르고 있다. 필지는 주거지 전체의 형상을 반영하여 앞뒤로 긴 직사각형 모양이다. 또한 정려각 안쪽, 최씨 문중이 거주하는 집터의 면적은 150평 전후로, 안마당을 중심으로 안채와 사랑채를 앞뒤로 배열하기에 적절한 규모다. 그에 따라 안채와 사랑채를 앞뒤로 나란히 배치하여 채들은 모두 남향이 되었다. 옻골에서는 이처럼 필지의 형상과 규모, 그리고 주거 배치 방식이 마을의 입지 조건과 부합한다.

옻골마을에서 정려각 안쪽 주거지와 각 필지의 모양은 모두 비례(세로/가로)가 1.3인 직사각형에 가깝다. 이렇게 부분과 전체의 모양이 서로 유사한 도형의 성질을 '자기유사성(self-similarity)'이라 하고, 그런 도형을 '프랙탈(fractal)'이라고 한다. 프랙탈이라는 이름은 1975년 프랑스의 수학자 브누아 망델브로(Benoit B. Mandelbrot)가 만든 용어인데, '부서진'·'조각난'이라는 뜻을 가진 라틴어 '프랙투스(fractus)'에서 나온 말이다.

프랙탈은 우리가 근래에 자주 먹는 브로콜리에서 볼 수 있다. 브로콜리를 하나씩 떼어보면 그 크기는 작아지지만 본래의 모양은 유지된다. 프랙탈은 눈송이·번개·구름·강 등 많은 자연물의 구조에서 쉽게 발견되는데, 그것들은 자기유사성으로 인해 부분과 전체가 모두 안정적이면서도 아름다운 모양으로 공존한다. 그렇다면, 옻골마을에서도 '필지와 주거지의 자기유사성'이 부분과 전체가 조화를 이룬 아름다운 마을을 만드는 데 기여한 것은 아닐까?

우리의 현대 주거지에서 나타나는 가장 큰 문제점 가운데 하나는 단지, 필지, 그리고 주택이 서로 부합되지 않고 따로 노는 것이다. 일산 단지도 마찬가지의 문제를 안고 있다. 몇 년 전 그곳의 집들을 조사해보니 집마다 안마당을 갖추고 있었다. 그 의도는 좋았으나 문제는 마당이 생활공간으로 제대로 쓰이지 않고 방치되거나, 잘해야 자전거나 큰 장난감 등을 두는 공간으로 사용되고 있다는 점이다. 일산 단독주택단지의 필지 면적은 70~92평인데, 이는 옻골마을 필지의 절반에 해당한다. 이 정도의 필지에 쓸모 있는 마당을 만들기는 어려웠던 것이다.

최근에 사람들이 아파트를 떠나 단독주택으로 향하는 한 가지 이유는 자기만의 마당을 갖고자 하는 것이다. 그러나 필지 규모가 그런 요구를 반영하지 못했기에 어정쩡한 외부공간만 만들어졌을 뿐, 옻골의 백불고택이나 최인식가옥 같은 아담한 안마당이 만들어지지는 못했다. 필지 분할과 주택 설계를 한 사람이 서로 달랐을 뿐 아니라, 그들이 상대방이 하는 일을 충분히 생각하지 않은 결과다. 가운데에 마당을 두는 중정형으로 주택을 만들려면 필지 면적을 늘려야 했고, 필지 규모가 그 정도라면 주택 형식을 달리했어야 했다.

이 간단한 비교에서 주택·필지·마을 등 작은 규모부터 큰 규모에 이르는 여러 단계들이 서로 부합될 때 조화로운 주거지가 만들어짐을 깨닫는다. 그리고 그런 단계들을 조정해주는 어떠한 기준이 있어야 하며, 그것을 주민들이 인정하고 받아들여야 한다. 옻골마을에서 그것은 바위의 이름이자 흠모하는 조상의 이름이기도 한 '대암'이었다.

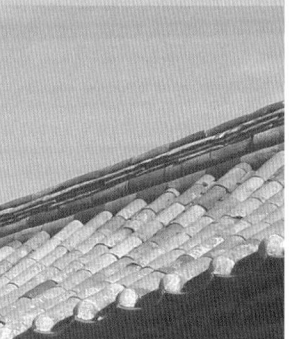

2

선비정신이 살아 있는 공간미학

한개마을

영취산과 한개마을 집들의 담을 따라 안길이 영취산 쪽으로 휘어 올라간다. 마을 뒤의 영취산은 이름 그대로 날개를 편 독수리처럼 위엄이 있다.

처음 한개마을에 갔을 때, 한주종택(寒洲宗宅) 사랑채에 걸린 '주리세가(主理世家)'라는 현판이 유독 나의 눈길을 끌었다. '대대로 주리론자가 사는 집.' 당시 겨우 몸을 가누며 그 집을 지키고 계신 할아버지를 보며 나는 꼬장꼬장한 조선시대 선비의 모습을 떠올렸다. 선비들의 마을은 무엇이 다를까?

그 뒤로 한개마을에서 선비의 후손들을 만났다. 특히 이덕주, 이수학 선생과는 많은 대화를 나누었다. 내게 마을과 문중의 역사를 소상하게 설명해준 그분들의 모습은 언제나 당당하고 꼿꼿했다. 무엇보다도 조상들의 강직함을 자랑스럽게 생각하고 있었다. 그리고 새로운 시대에 조상들의 선비정신을 어떻게 이어나갈지 고민할 정도로, 복고적이기보다는 미래지향적이었다. 2007년 말, 한개마을이 국가지정문화재인 중요민속자료로 지정되었다는 반가운 소식이 들렸다. 이로써 전국에서 일곱 마을이 국가의 문화재가 되었다. 그런데 이른바 민속마을이 되면 마을이 상업화되고 진정성을 잃기 쉽다. 주민들 사이에 반목과 갈등이 생기기도 한다. 결국은 모두 돈 때문이다. 한개마을은 돈보다 이름을 중시한 조상을 두었으니 좀 다르지 않을까?

한개마을을 찾을 때면 언제나 처음 한주종택에서 떠올랐던 생각이 나의 머리를 맴돈다. 선비들의 마을공간에서 진정한 선비정신을 읽어낼 수 있을까? 또다시 한개마을로 향하며 사람들이 살아온 공간에는 그들의 정신과 삶의 모습이 어떤 식으로든 반영되어 있다는 평소의 믿음을 다시 한번 확인하고 싶어진다.

감응사에서 내려다본 한개마을

언젠가는 한개마을로 직접 가지 않고 마을의 주산인 영취산(靈鷲山, 표고 325m)에 있는 감응사(感應寺)로 가서 먼저 마을을 뒤에서 조망해보았다. 뒷모습을 보는 것, 그것은 사람이나 사물을 새롭게 이해하는 좋은 방식이다.

한개마을은 경상북도 성주군 월항면 대산리, 성주읍에서 북동쪽으로 약 5km

거리에 있다. 월항면 소재지에서 구불구불한 길을 따라 한개마을 쪽으로 가다 왼쪽을 보면 감응사로 오르는 좁은 산길이 나타난다. 이 길은 절 아래 400m 지점에서 널따란 주차장으로 끝난다.

우리가 한개마을을 내려다보기 위해 감응사 마당에 들어섰을 때 커다란 벚나무가 봄바람에 꽃비를 뿌리고 있었다. 그 꽃비 사이로 스님의 당부 말씀이 전해진다. "약수 많이 퍼가지 마이소! 오는 사람마다 말로 퍼가니 물이 달립니데이." 감응사 약수에 효험이 있다고 소문이 나서인지 약수 푸러 오는 사람이 많은 모양이다.

감응사 약수가 효험이 있다는 소문의 배경에는 다음과 같은 '전설 따라 삼천리'가 있다. 신라 애장왕이 늦게 아들을 얻었으나 왕자는 날 때부터 눈병이 심해 앞을 보지 못했다. 온갖 좋은 약을 다 썼지만 백약이 무효라 왕비가 명산을 찾아 기도를 하였다. 그런데 어느 날 왕비의 꿈에 도인이 나타나 "내일 아침 문 앞에 독수리가 나타날 것인데 그 독수리를 따라가면 약수가 있을 것이다. 그 약수로 왕자의 눈을 씻고 마시게 하면 눈병이 나을 것이다" 하는 것이 아닌가. 이튿날 과연 독수리가 나타나니 날랜 군사를 시켜 따르게 했는데 독수리가 멈춰 앉은 곳에 약수가 솟고 있었다. 군사가 그 약수를 떠다 왕자께 드려 눈을 씻고 마시게 하니 감쪽같이 눈병이 나았다. 그래서 애장왕은 약수터 앞에 절을 창건하게 했는데 그것이 감응사다.

감응사 마당에 있는 커다란 벚나무 가지를 피해 마을을 내려다보니, 나지막한 산의 양 팔이 마을의 좌우를 감싸고 있다. 두 줄기로 갈라진 산은 마을 남서쪽을 열어둔 채 마을 앞쪽에서 긴장감 있게 오므라들어 맺혔다. 마을 앞으로는 지방도가 지나가고 그에 이어서 비닐하우스로 덮인 들판이 펼쳐진다. 그 너머로, 오른쪽에서 들어온 마포천과 이천이 합쳐져서 수구(水口: 마을공간을 흐른 물길이 마을 밖으로 나가는 지점)를 이루고 왼쪽으로 휘어 돌아 빠져나간다. 하천 다음으로 안산이 있으며, 그 너머로는 다시 경작지가 펼쳐지고 아주 멀리에 '성산(星山)'이 높이 솟아 있다. 본래 마을 앞 하천에 면해 큰 물가라는 뜻의 대포(大浦)나루가 있었다고 한다. 조선시대에 이 나루는 성주와 김천·칠곡을 잇는 물목이었으며, 부

감응사에서 본 한개마을 뒤와 옆은 산으로 둘러싸이고 앞은 적당한 크기의 안산이 가려주는 아늑한 곳에 마을이 자리 잡았다.

근에 대구와 칠곡을 거쳐 김천·서울로 올라가는 역촌(驛村)이 들어서서 더욱 활기가 있었다고 한다.[1] 여전히 삶의 터전으로 사용되는 한개마을과 달리, 나루와 역촌은 사라지고 지금은 흔적조차 남아 있지 않다.

마을을 내려다보면서 안산의 길이가 마치 재단을 한 듯 마을의 폭과 정확히 일치하는 것에 놀라지 않을 수 없었다. 안산까지도 마치 디자인된 듯, 딱 맞는 길이에 나지막한 높이로 마을 앞을 포근하게 막아주고 있는 것이다. 지금부터 560여 년 전, 이곳에 삶의 터를 정한 성산 이씨의 조상들이 이 영취산에 올라 손뼉을 치며 '바로 여기'라고 외치지 않았을까.

한개마을은 번창했을 때는 100호가 넘었다고 하나, 현재는 69호의 집이 있다. 그중에는 전통한옥도 여럿 남아 있는데, 문화재로 지정된 집만도 한주종택·월곡댁(月谷宅)·북비고택(北扉故宅)·교리댁(校理宅)·하회댁(河回宅)·극와고택(極窩古宅)·진사댁(進士宅) 등 일곱 집이다. 하회댁은 1750년경에 지어졌으며, 교리댁·북비고택·한주종택은 1700년대 후반에, 그리고 다른 큰 한옥들은 대개 1800년대에 건축되었다. 우리의 많은 마을들이 그렇지만, 한개마을 또한 안타깝게도 6·25전쟁 때 큰 피해를 입어 여러 채의 한옥이 파손되거나 완전히 소실되었다. 그래서 휑하니 너른 터에 팔작지붕의 대문채만 남아 있는 집도 있다. 6·25전쟁 중 낙동강에 전선이 형성되었을 때 한개마을이 있는 성주 지역은 전선의 배후지에 해당하여 특히 피해가 컸던 것으로 보인다. 그러나 마을 어른들의 이야기를 들어보고 남아 있는 건물들을 잘 살펴보면, 한개마을에서 선비들의 주거공간을 이해하는 일이 아직은 그리 어렵지 않다.

한개마을은 한 개가 아니었다

마을을 앞쪽에서 볼 때는 주거지의 가운데가 불룩하여 전체적으로 간파하기 어려웠으나 뒷산에 올라 바라보니 비로소 마을의 전모가 눈에 들어온다. 그런데 마을의 주도로인 네 갈래의 안길이 활 모양으로 하얀 속살을 드러낸 모습을 바라보자니, 하나의 마을치고는 안길의 갈래가 너무 많다는 생각이 든다. '본디 하나의 마을이 아니었으리라.' 이런 심증은 지방도에서 마을로 들어가는 입구가 두 곳임을 생각할 때 더욱 굳어진다.

마을의 역사를 훑어보면 공간구성을 좀 더 잘 이해할 수 있다. 한개마을은 1450년경에 진주목사 이우(李友)가 정착하여 개척했다. 그는 성산 이씨의 시조 이능일(李能一)의 15세손으로 현재 북비고택을 지키는 이수학 씨의 18대조다. 한개가 성산 이씨의 씨족마을로 온전히 자리 잡는 것은 21세손인 월봉(月峯) 이정현(李廷賢, 1587~1612)에 와서다. 성산 이씨 정언공파(正言公派)에 속하는 월봉은, 퇴계의 직계 제자로 당시 많은 선비들을 양성한 한강 정구의 문하에서 공부하고, 1612년(광해군 4) 문과식년시(文科式年試: 3년마다 보는 정기 과거시험)에 합격하여 장래가 촉망되었으나, 과거에 합격한 바로 그해에 26세의 나이로 요절한다. 월봉에게는 외아들 이수성(李壽星, 1610~1672)이 있었는데, 수성은 달천·달우·달한·달운 등 네 아들을 두었다. 그들은 모두 마을에 정착하여 각각 백파(伯派)·중파(仲派)·숙파(叔派)·계파(季派)의 파시조가 되고, 각 파의 자손들이 마을공간을 본격적으로 일군다. 따라서 한개가 성산 이씨의 씨족마을로 번성한 것은 이수성 때인 17세기 중엽부터라고 할 수 있다.

성산 이씨의 네 파 중 계파는 한때 가장 부를 이루었으나 그것을 오래 유지하지 못하고 쇠퇴하고 만다. 예안댁이 본래 계파에 속했으나 숙파로 넘어가고, 숙파에 속하는 교리댁에서 이국희(교리校理를 지낸 이귀상의 셋째 아들)가 그리로 분가했다. 이국희는 조선왕조에서 마지막으로 실시한 소과에 합격해 진사가 되고 그 뒤로 예안댁은 진사댁이라 불렸다.

한편 숙파는 후손들이 번성하여 출중한 인물을 여럿 배출하고 점차 마을을 주도해나간다. 현재 문화재로 지정된 교리댁, 북비고택, 한주종택, 하회댁은 모두 숙파의 작품이다. 그중 한주종택을 제외한 세 집이 담을 서로 공유하면서 바람개비 모양으로 모여 있는 것도 바로 이런 혈연관계 때문이다.

한개마을 배치도를 보면, 2개의 고리 모양으로 생긴 안길이 주거지의 뼈대를 이루고 있어서 주거지 모습이 꼭 콩팥 같다. 과거에는 대체로 안길을 기준으로 마을이 다섯 부분으로 나뉘었다. 주거지의 뒤쪽 중앙부를 한개 또는 윗마라고 부르고, 그 동쪽과 서쪽을 각각 동녘과 서녘이라 했다. 그리고 진사댁 앞의 동서방향 길 주변은 도촌, 그 아래는 아랫막 또는 아랫마라 불렸다. 한개마을에 뿌리를 내린 성산 이씨의 네 파는 모두 자손을 두었고 차남 이하의 자식들은 분가를 해나갔다. 그런데 네 파의 자손들은 뒤섞여 살지 않고 대체로 같은 파에 속하는 집끼리 모여 살았다. 윗마와 서녘에는 백파와 숙파의 자손들이, 동녘·도촌·아랫막에는 계파의 자손들이 무리를 이루었다. 그 결과, 네 파 중 가장 번성하여 학문적으로 또 사회경제적으로 우월한 사람들이 산 윗마와 서녘에는 격식을 갖춘 한옥들이 많이 지

한개마을 배치도
❶ 한주종택
❷ 월곡댁
❸ 북비고택
❹ 교리댁
❺ 하회댁
❻ 극와고택
❼ 진사댁
❽ 첨경재
❾ 월봉정
❿ 돈재 이공 신도비
⓫ 서륜재

변형이 심한 아랫막 부분은 배치도에 포함시키지 않았다.

어졌다. 반면, 그밖의 공간에는 일반 민가들이 큰 비중을 차지한다.

5개의 작은 마을들이 하나의 큰 마을을 이루는 한개마을에서 마을이란 성장하고 또 쇠퇴하기도 하는 유기체임을 알 수 있다. 마을공간을 구성하는 방식은 마을에 사는 사람들의 사회적 관계와 밀접히 관련된다. 그래서 마을에 산 사람들이 누구였는지, 그들이 어떤 관계를 이루고 살았는지 파악하는 것은 마을공간을 온전히 이해하는 데 꼭 필요한 일이다.

벼슬보다 이름을 중시한 선비의 마을

전통적으로 집에는 택호(宅號)라 하여 이름을 붙인다. 특별한 경우가 아니면 택호는 안주인의 출신 마을이나 그 마을이 속한 면의 이름을 따서 정해진다. 그리고 택호는 동시에 안주인의 호칭이 된다. 그러나 집안에 내놓을 만한 벼슬을 한 사람이 있으면 벼슬 이름을 택호로 하기도 한다. 요즘 식으로 하면 장관댁, 교장선생댁 등이 될 것이다.

한개마을에서 벼슬 이름을 집에 붙인 것은 교리댁밖에 없다. 진사댁이 있으나 진사는 과거에 합격한 이를 부르는 칭호일 뿐 벼슬은 아니다. 교리댁이라는 택호는 그 집에 산 이귀상이 홍문관(弘文館) 교리(校理: 궁중의 문헌자료를 관리하는 정5품 벼슬)를 지냈기 때문에 붙여졌다. 한개가 막강한 학자들을 배출한 마을임을 생각할 때, 한 집에서만 벼슬 이름을 택호로 한 것은 의외였다. 외암마을에는 참판댁, 하다못해 군수댁에 교수댁까지 있지 않은가. 그렇다고 한개마을에 높은 벼슬을 한 사람이 없었던 것은 아니다. 응와(凝窩) 이원조(李源祚, 1792~1871)는 지금의 국토해양부장관에 해당하는 공조판서라는 높은 벼슬을 지냈다. 하지만 그가 거주했던 집도 판서댁이라 부르지 않고 응와의 증조부 호를 따서 북비고택이라 부른다. 다른 집들은 주인의 호를 따서 한주종택·극와고택·북비고택·월봉종택 등으로 불리거나, 안주인의 출신지를 따서 하회댁·월곡댁 등으로 불린다. 다른 어느 마을을 보아도 주인의 호를 택호로 한 집들이 한개마을만큼 많지는 않다. 여기서 우리는 한개마을 사람들이 벼슬보다 이름, 곧 명예를 중시해왔음을 엿볼 수 있다.

국어사전에서 '선비'를 찾으니, "지난날, 학식은 있으나 벼슬하지 않은 사람"이라고 나온다. 또 다른 사전을 찾으니, 선비라는 낱말의 용례로 "요즘 세상은 선비 같은 남자들이 살아가기 힘든 세상이다"라는 문장이 나온다. 실소를 자아내는 문장이지만, 그렇게도 '사(士)'를 좋아하는 사회이건만 선비정신이라고는 찾아볼 수 없고, 선비 같다는 말이 칭찬인지 비난인지 잘 구분되지 않는 현실에 매우 적절한 용례라고 생각한다. 아무튼 나는 선비정신을 조선시대의 긍정적인 면으로 바라보고 있으며, 개인적으로 그리고 특히 사회적으로 원칙을 지키는 도덕성을 의미하는 것으로 이해한다.

내가 한개마을을 선비마을로 부르는 것은 여기서 살다간 여러 조상들에게서 그런 선비정신을 발견했기 때문이다. 무엇보다도 그들은 단지 벼슬길에 나가기 위해 공부를 하지는 않았다. 탐나는 자리가 생겼다 하면 너나없이 시도 때도 가리지 않고 돌진하는 현대의 지식인들과는 달랐던 것이다. 사실 언제 세상(관직)에 나가는가 하는 문제야말로 선비정신의 결정적 시험대다. 이 문제보다 한 인간의 내면에서 욕망과 원칙이 첨예하게 대립하는 경우는 없을 것이다. 한개마을에서 광해조(재위 1608~1623년) 이후 9명의 대과 급제자와 24명의 소과 합격자를 배출했지만 벼슬에 오른 이가 많지 않음은, 그들이 앞뒤 가리지 않는 출세욕으로 과거 공부에 몰두한 것이 아님을 보여준다.

강직한 한개마을 선비들의 이야기를 한두 가지 소개하려 한다. 한개마을에는 2002년에 새롭게 단장한 비각이 하나 있다. 그 안의 비석은 1909년에 세워진 것인데, 마을 사람들이 자랑스럽게 생각하는 이 비석의 주인공은 돈재(遯齋) 이석문(李碩文, 1713~1773)이다. 돈재는 1762년(영조 38) 그의 나이 50세에 무겸(武兼: 조선시대 선전관청宣傳官廳에 속한 무관)으로 봉직하던 중, 사도세자가 갇혀 있는 뒤주에 돌을 올려놓으라는 어명을 끝내 거절하고 직언을 하다가 곤장을 맞고 파직되었다.

한개마을의 선비 가운데 우리 유학사의 큰 인물이 있는데, 그가 바로 한주종

돈재 이공 신도비 주거지 서쪽 안길가에 있는 이 비석은 한개마을 사람들이 자랑스레 생각하는 선비정신의 상징이다.

택을 중건하고 거기서 살다간 한주(寒洲) 이진상(李震相, 1818~1886)이다. 그는 화서(華西) 이항로(李恒老), 노사(蘆沙) 기정진(奇正鎭)과 함께 근세 유학 3대가로 불리는 대학자다. 한주는 작은아버지인 응와 이원조의 영향으로 학문을 시작하는데, 소과에 합격하여 성균관 생원이 되었으나 대과는 포기하고 오직 학문에 전념한다. 당시는 한주가 벼슬에 나가기에는 너무 혼탁한 세상이었다. 벼슬을 하는 대신 그는, 삼정문란(三政紊亂)과 그로 인해 급기야 임술민란(1862년 삼남지방에서 일어난 농민항쟁)이 일어나는 난국을 타개하려는 염원에서 1866년 《묘충록(畝忠錄)》을 저술하고 국가제도의 개혁안을 아주 구체적으로 제시한다. 그의 명성이 높아지자 67세 때에는 나라에서 유일(遺逸: 학행과 덕성이 높은 재야의 선비를 천거하는 인재 등용책)이라는 천거 방식으로 의금부(義禁府) 도사(都事)를 내렸으나 한주는 그것을 거절하고 학문에 몰두한다. 결국 그는 퇴계의 주리론을 발전시켜 심즉리설(心卽理說)이라는 자신의 학설을 정립하고 많은 제자들을 양성해 한주학파라는 유학의 큰 맥을 이루게 된다.

곽종석(郭鍾錫), 이승희(李承熙), 그리고 김창숙(金昌淑)으로 이어지는 한주학파의 문인들은 한주의 이론적 토대 위에서 계몽운동과 민족운동을 활발히 전개한다. 그중 평생을 독립운동에 바친 한주의 아들 대계(大溪) 이승희, 망국 후 소복을 입고 세면을 거부했으며 성묘 외에는 문밖에 나서지 않았다는[2] 극와(極窩) 이주희(李澍熙) 등은 한개마을에서 태어나고 자란 선비들이다.

이렇게 한개는, 정당성이 없는 사회현실에서 벼슬길에 나가지 않았거나 벼슬을 헌신짝처럼 버린 선비들이 살다간 마을이다. 출셋길을 빤히 보았을 과거 급제자들이 벼슬을 멀리하고 더욱이 도중에 그만두기란 쉽지 않았을 것이다. 그러나 한개의 선비들은 명예와 권력을 동시에 추구하는 것이 쉽지도 바람직하지도 않음을 알고 있었던 것 같다. 예나 지금이나 명예는 원칙의 소산이고 벼슬은 타협의 소산이 아니던가. 그래서 그들은 이름이 더렵혀질라치면 바로 벼슬자리를 박차고 나왔던 것이다. 그렇게 벼슬보다 이름을 중시한 그들을 선비, 그들의 마을을 선비마을이라 부르는 것은 너무도 당연하리라.

그런데 대쪽 같은 선비정신을 지키고 학문을 중시한 그들은 조금도 타협이 없는 철저한 원칙주의자였을까? 그렇다면 그들이 살았던 공간도 그렇게 원칙적으로 만들어졌을까? 그들은 정말 예외를 인정하지 않는 유교 원리주의자들이었을까? 이런 질문에 답하기 위해 이제는 역사책이 아닌 마을의 공간을 꼼꼼히 읽어보고자 한다. 그것은 그곳에 살다간 선비들의 의식구조를 더듬는 좋은 방법이 될 수 있으리라.

제사와 공부를 한곳에서

효는 유학에서 가장 중요시하는 도덕규범이다. 특히 조상의 사후에 이루어지는 효의 실천인 제례(祭禮)가 조선의 유교사회에서 얼마나 중요했는지는 더 말할 필요가 없겠다. 효와 함께, 인간의 완성을 추구하는 유학에서는 군자(君子)로 표현되는 완전한 인간상에 이르기 위한 자기 수양방법으로 공부를 매우 중요시했다. 따라서 강한 유교의 전통을 가지고 있는 한개마을에 선조숭배와 공부를 위한 공간이 유독 많은 것은 지극히 당연한 일이다.

한 가족이 선조를 숭배하는 공간이 사당이며, 문중에서 공동으로 모시는 제사인 시제를 위한 공간이 재실 또는 재사(齋舍)다. 전자는 개인 주택에, 후자는 마을공간 또는 선산 부근에 마련된다. 가정에서는 사당에 있는 신위를 안채의 대청으로 모셔와서 제사를 지낸다. 예외적으로, 북비고택에서 지내는 응와 이원조에 대한 불천위 제사의 경우, 사당에 있는 영정사진을 모셔 내와 사랑채 마루에서 지낸다. 안채에서 제사를 지내지 않는 것은 외부 손님들이 많기 때문이라고 한다. 한개마을에서 모시는 불천위는 응와의 신위 하나다. 한개마을에는 한주종택, 북비고택, 교리댁, 월곡댁에 사당이 있다. 그런데 이 집들의 사당은 대지를 그리 많이 차지하지 않는다. 양동마을 서백당에서 대지의 거의 절반을 사당에 할애하고 있는 것과는 대비된다. 그 대신에 한개마을에는 문중 공동의 제례시설인 재실이 잘 갖추어져 있다.

한개마을에는 첨경재(瞻敬齋), 월봉정(月峯亭, 한천서당寒川書堂), 서륜재(敍倫齋), 일관정(一貫亭), 여동서당(餘洞書堂, 귀락정歸洛亭) 등 다섯 동의 재실이 있다. 한 건물에 무슨 정, 무슨 서당이라는 이름의 현판이 같이 걸려 있는 데서도 알 수 있듯이 이 재실들은 서당을 겸했다. 마을이나 문중 혹은 개개의 집 안에서 자제들을 교육하는 공간이 서당이다. 서당은 관의 개입을 배제하고 문중이나 마을 공동체가 자율적으로 설립·운영한 교육기관으로서, 교육의 장소일 뿐 아니라 향촌사회에 성리학적 질서를 부여하는 통로이기도 했다. 한개마을의 재실들에 서당의 기능이 결합된 것은 이런 맥락에서 쉽게 이해된다. 효는 인간됨의 표시이고 공부는 인간됨을 위한 것이며 이 두 가지 모두 마을(문중)공동체 유지에 필수적인 것이었으니, 제사와 공부의 공간이 결합된 것은 자연스런 일이다. 또한 재실에서 교육을 함으로써, 학동들에게 수시로 훌륭한 조상을 상기시켜 공부를 독려할 수 있을 뿐 아니라, 시제와 문중의 회합 때만 간헐적으로 사용하던 재실의 활용도를 높일 수도 있으니 일석이조가 아닐 수 없다. 이렇게 서당이 제사의 기능을 겸하게 된 것은 당시 한개마을뿐만 아니라 19세기 향촌 서당들에 확산된 새로운 경향이었다.[3]

서당은 근대 시기까지 존속했다. 일제강점기인 1920년의 조사를 보면 전국에 2만 4천여 개의 서당이 있었고, 1960년대까지도 웬만한 마을에는 서당이 다 있었다. 내가 살던 충청도의 외진 마을에도 1970년대 초반까지 서당이 있었다. 아직도 생각나는 것은, 동네의 유명한 악동들이 어느 날 갑자기 마음을 잡고 나타나 "신체발부는 수지부모(身體髮膚, 受之父母)"라는 《효경(孝經)》 구절을 읊조려서 주위를 어리둥절하게 했던 장면이다. 알고 보니, 그들이 그렇게 극적으로 심경의 변화를 보인 배경에 서당이 있었다. 그들이 서당에 다닌 지 며칠 만에 몰라보게 달라진 것을 보면, 학교의 젊은 교사들을 쩔쩔매게 했던 애송이 건달들도 서당의 노련한 훈장 앞에서는 꼼짝 못했던 것 같다.

한개의 재실들은 19세기부터 마을의 좌우 외곽부에 지어졌다. 이 시기에 효와 공부의 공간인 재실이 집중적으로 지어진 것은 우연이 아니다. 19세기는 전통사회에서 근대사회로 전환이 시작된 시기였다. 한개마을의 성산 이씨 문중은 이때 재실 겸 서당을 집중적으로 지어 효를 강조하고 전통적 가치체계를 교육함으로써, 18세기 말부터 흔들리기 시작한 신분제와 그로 인한 마을의 동요를 바로잡으려 했던 것으로 보인다.

마을의 서쪽 가장자리에 있는 서륜재는 1819년(순조 19)에 이달운(李達雲)을 기리는 재사로 지어졌다. 그는 한개마을을 실질적으로 개척한 월봉 이정현의 손자로, 성산 이씨 '계파'의 시조다. 마을의 동쪽 가장자리에 있는 월봉정은, 뛰어난 재주를 가졌으나 요절한 월봉을 기려 1835년(헌종 원년)에 건립된 재실로, 현재까지 잘 관리되고 있다. 옻골마을에서도 일찍 죽은 동계 최주진을 기리기 위해 동계정을 지었듯이, 당시 문중에서는 오래 살면서 이름을 떨친 조상보다 오히려 요절한 인재에게 건물을 지어 바치는 일이 많았다. 또한 월봉정과 같은 시기에 마을 동쪽 높은 곳에 조상의 묘제를 지낼 때 사용하기 위해 첨경재를 건립했다. 20세기에 와서도 재실이 계속 지어졌다. 1910년대에는 마을의 동쪽, 월봉정 위로 한참 올라간 장소에 일관정을 세웠다. 그리고 1936년에는 한주 이진상의 동생인 이운상(李雲相)의 학행을 추모하여 마을 서쪽에 여동서당을 세웠다. 전면 5칸, 측면 1칸 반 규모의 여동서당은 격식을 갖추어 잘 지은 집이다.

교육을 중시하는 전통은 근대기까지 이어져서 일제 초기에는 대성학원(大成學園)이라는 신식 교육기관이 교리댁 서당에 개설되었다. 물론, 여기서 교육이란 남성만을 위한 것이었다. 여성들에게는 세상으로 나가는 통로인 교육이 허용되지 않았다.

한개마을에는 서당이나 서재, 서실을 갖춘 집들이 많다. 북비고택 사랑채의

교리댁 배치 평면도
❶ 안채
❷ 부엌
❸ 중문채 자리
❹ 사랑채
❺ 사당
❻ 대문채
❼ 서당

작은 사랑방도 과거에는 서실로 사용되었다. 북비댁 동쪽에는 장판각(藏板閣)이 있었는데 뒤에 철거되었고, 그곳에 보관했던 서적은 작은 사랑방에 부속된 누마루 형식의 서고에 옮겨졌다. 서재나 서실 중의 일부는 서당의 기능을 가졌던 것으로 보인다. 또한 주택의 한 공간이 서당으로 사용되기도 했다. 과거 아이들의 공부방으로 쓰인 북비고택 안채의 건넌방이 그런 예이다. 그곳은 마을 단위로 공부하는 공간인 재실 겸 서당과는 별도로, 한 가족이 운영한 이른바 사교육 공간이다.

한옥에 딸린 서당의 모습은 어땠을까? 교리댁은 그것을 잘 보여주는 드문 예이다. 방 1칸이 서당으로 쓰인 예는 다른 마을에도 많으나 이렇게 번듯한 서당 영역을 별도로 갖춘 한옥은 찾아보기 힘들다. 교리댁은 1760년(영조 36)에 사간원(司諫院) 사간(司諫), 사헌부(司憲府) 집의(執義) 등을 지낸 이석구(李碩九)가 건축했다. 당호(堂號)는 이석구의 현손(玄孫: 증손자의 아들)인 이귀상이 홍문관 교리를 역임한 데서 비롯되었다. 교리댁은 안채, 사랑채, 대문간채, 중문간채, 서당, 사당 등 여섯 동의 건물로 이루어졌다. 서당은 대문채와 나란히 앉히고 그 앞, 안길 쪽으로 터를 돌출시켜 제법 너른 전용 마당을 조성했다. 이 마당에서 학동들은 간간이 바깥바람을 쐬며 호흡을 가다듬곤 했을 것이다. 서당은 사랑채·안채와 직각으로 배치되어 서향을 하고 있는데, 이렇게 주거 용도의 건물들과 향을 달리한 것은 그것들과 성격이 서로 달랐음을 암시한다. 서당 영역은 아이들이 사용했던 곳답게 건물의 부재나 공간이 상대적으로 작고 마당을 둘러싸는 담도 낮아서 아기자기한 느낌을 자아낸다. 사용자의 몸에 적합한, 이른바 인간적 척도(human scale)가 적용된 것이다. 그러나 특이하게도 서당 건물을 받치고 있는 기단만은 상당히 높이 처리하여 서당의 높이가 대문채보다 높아졌다. 결과적으로 작지만 깡총해진 서당 건물은 공부하는 이의 상승하는 기개를 느끼게 해준다.

선비들의 평생 필수품인 책이나 목판·문구를 보관하는 광, 골방, 다락, 벽장 등의 수납공간이 매우 잘 갖추어진 것도 한개마을 집들의 특징이다. 한개의 한옥들에서는 그런 공간이 전체 주거공간에서 상당한 비중을 차지한다. 특히, 방의 뒤쪽으로 조성된 툇간이 수납공간으로 요긴하게 쓰이는 예가 많다. 칸의 반쪽 크기인 퇴는 조선 후기에 들어와 활발히 만들어지는데, 퇴가 실(칸)에 딸린 부속공간이 됨으로써 한옥의 공간은 더욱 다양해졌다.

마을과 집을 이어주는 길

한개마을의 북서쪽 주거지에는 주로 큰 집들이 있는데, 그곳을 관찰해보면 마을과 집이 일정한 체계로 연결됨을 알 수 있다. 북서쪽 주거지 양쪽을 두 갈래의 안길이 감싸고 있는데, 그중 서쪽 갈래는 활처럼 휘어 올라간다. 이 길을 따라가며 오른쪽으로 시선을 돌리면 집 밖을 두른 담장이 마치 성벽처럼 보이고, 높이 솟아 있는 한옥의 지붕은 더없이 웅장해 보인다. 지형의 높이에 담과 집의 높이가 더해져 집을 우러러보게 만드는 것이다.

이 안길에서 오른쪽 직각으로 몸을 틀면 짧은 샛길로 접어들어 대문간을 향해 올라가게 된다. 안길에서 동쪽으로 갈린 가파른 샛길을 올라야만 교리댁, 북비고택, 월곡댁 같은 큰 한옥에 들어갈 수 있다. 이렇게 마을공간과 주택을 이어주

교리댁 대문채로 이어지는 샛길의 풍경 대문채만 보일 뿐 집 안은 드러나지 않는다. 이렇듯 한개의 샛길은 집을 숨기는 신비로운 경사로다.

는 통로인 샛길은 여러 집이 아닌 오직 한 집의 진입에만 사용되는 막다른 골목이나. 샛길에 접어들면 높은 담이 대문간으로 발길을 이끈다. 대문간 앞에는 집과 나이가 비슷해 보이는 거목이 버티고 있다. 그것은 높은 담 그리고 대문간과 함께 그윽한 샛길의 풍경을 자아낸다. 샛길을 따라 오르다 다시 고개를 들어 집 쪽을 보면 어느 새 장면이 바뀌어 대문채만 보일 뿐 그 웅장한 건물들은 눈에 들어오지 않는다. 이렇듯 한개의 샛길은 집을 숨기는 신비로운 경사로다.

주거지의 중앙부를 관통하는 안길로 올라가도 마찬가지로 샛길을 거쳐 집으로 진입한다. 지금은 안길에서 직접 들어가는 하회댁도 본래는 집 앞에 있던 샛길을 통해 진입했다. 대문간도 지금처럼 안길에 면해 있지 않고 서쪽으로 난 샛길을 따라 들어온 지점, 곧 안행랑채 앞쪽에 있었다. 그래서 지금처럼 사랑채를 거치지 않고도 안채 영역에 들어갈 수 있었다.

하회댁 디딤돌을 따라 사랑마당을 대각선으로 가로질러 안채로 들어가는 것은 변형된 진입 방식이다.

지금 한주종택을 향해 안길을 올라가다 보면 하회댁의 대문채가 왼쪽으로 바짝 다가와 부담스럽게 느껴진다. 내 경험으로 볼 때 우리 전통마을에서 어떤 부담이 느껴지는 부분이 있다면 그것은 대개 뒤에 변경된 것이다. 그만큼 본래 우리 마을의 요소들은 인간의 몸에 부담을 주지 않고 자연스러웠다. 하회댁 대문채의 부담스러움은 나중에 대지 앞쪽 부분을 다른 사람에게 매각함으로써 과거의 샛길이 사라지고 대문간이 안길 쪽으로 바짝 옮겨왔기 때문에 생긴 것이다. 본래는 안채로 들어갈 때 샛길에서 대문간을 거치고 다시 중문간을 거쳤다. 그러나 현재는 대문간으로 들어가 사랑마당을 가로질러 안채와 사랑채 사이의 담에 설치된 일각대문(一角大門: 대문간 없이 양쪽에 기둥을 하나씩 세워서 문짝을 단 대문)을 통하도록 되어 있다. 이런 진입 동선은 안길에서 샛길로 이어지는 길체계가 파괴된 결과로 나타난 것인데, 그것을 따라 비스듬히 안마당으로 들어가다 보면 왠지 부자연스럽고 어색하다. 그리고 비로소 샛길이 왜 필요했는지 느끼게 된다. 이렇게 어떤 존재의 소중함은 그것이 없을 때 비로소 인식되는가 보다.

여성이 드러나지 않게

꼬장꼬장한 선비의 마을인 한개에서 여성들은 세상에 나설 수 없었다. 선비정신으로 스스로를 무장하고 세상(관직)에 나가는 것을 엄격히 한 남성들이 여성들에게는 말 그대로 세상(집 밖)에 나가기를 신중히 하도록 요구했다. '여성공간의 은닉', 그것은 마을공간을 조성하는 하나의 원칙이었다. 여성들을 집 안에 가둬두려한 당시 의도가 요즘 우리에게는 도통 이해되지 않지만, 그것이 어떻게 마을의 주거공간을 구성하는 원칙이 되었는지 살펴보는 것은 자못 흥미롭다.

나는 답사 중에 이런 원칙을 뒷받침하는 마을 어른들의 이야기를 많이 들었다. 하회댁에서 안대청 옆에 작은방을 별도로 두어 며느리가 낮잠 자는 공간으로 쓰도록 배려할 만큼 며느리를 예뻐한 시아버지도 며느리가 책 보는 것만은 싫어했다는 이야기도 있다.

한개마을에서 여성공간은 마을공간에서 가장 멀리, 그리고 가장 깊숙이 숨겨진다. 한개의 집들은 지형이 점점 낮아지는 남서쪽을 향하고 있으며, 집 안에서 보아 왼쪽이나 오른쪽으로 진입한다. 어느 경우든 안길, 샛길, 사랑채, 안채의 배열 순서는 틀림없이 지켜진다. 다만, 주거지 끝에 있는 한주종택과 월곡댁에서는 샛길이 생략되었다. 이러한 공간의 연계과정에서 가장 안쪽에 놓이는 것은 안채다. 그리고 안채 중에서도 가장 깊숙이 숨겨진 곳이 여성의 활동공간인 부엌이다. 따라서 부엌의 위치는 동쪽이나 서쪽으로 고정되는 것이 아니라, 집으로 진입하는 샛길이 어느 쪽에 있느냐에 따라 달라진다. 변함없는 원칙은 부엌을 마을공간(진입로)에서 가장 먼 곳에 둔다는 것이다.

이런 원칙에 따라 진입로인 샛길이 서쪽에 있는 교리댁·북비고택·월곡댁에서는 안채의 부엌이 모두 동쪽 끝부분에 있고, 동쪽에 진입로(안길)가 있는 하회댁·한주종택에서는 부엌이 진입로에서 가장 먼 서쪽에 위치한다. 하회댁의 경우

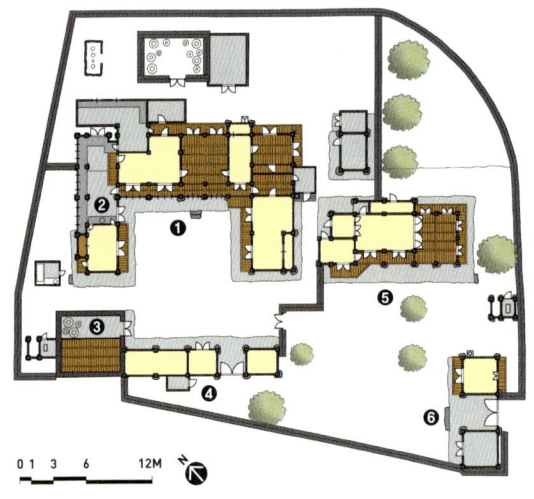

하회댁 배치 평면도
❶ 안채
❷ 부엌
❸ 곳간
❹ 중문채
❺ 사랑채
❻ 대문채

진입로에서 가장 먼 지점은 ㄷ자형 안채에서 서쪽의 꺾인 부분이다.

여성의 공간을 숨기려는 의도는 안채를 구성하는 데도 반영되었다. 교리댁과 월곡댁의 안채는 ㄱ자형이다. 반면 하회댁은 ㄷ자, 한주종택과 북비고택은 일자형이다. ㄱ자형이나 ㄷ자형 집에서는 대청이 있는 부분을 몸채로 보고, 그것과 직각을 이루는 부분을 몸채에 더해진 날개채로 본다. 한개마을의 ㄱ자형 안채에서 날개 부분, 곧 대청이 없는 부분은 모두 사랑채 쪽을 막고 있다. 또한 한주종택과 북비고택에서는 별도의 채를 추가해 사랑채 쪽을 막았다. 하회댁에서는 ㄱ자형에 다시 날개를 붙임으로써 ㄷ자형이 되었는데, 그 추가된 날개가 사랑채 쪽을 막고 있다. 이같이 일자형이든 ㄱ자형이든 ㄷ자형이든 안채의 형태에 관계없이 안채와 사랑채 영역 사이에 채가 놓임으로써 밖에서 볼 때 안채와 사랑채는 명확히 분리된다. 반면 내부적으로는 사랑채 쪽에 놓인 날개채에서 사랑채 뒷부분으로 쉽게 갈 수 있어서 안채와 사랑채가 드러나지 않게 소통한다. 사랑채 뒷부분에 있는 동굴같이 은밀하고 좁은 툇마루가 바로 안채 영역의 날개채와 이어지는 통로다.

연결 통로를 궁색하게 처리한 것을 보면 당시로서는 두 곳의 왕래가 좀 떳떳지 못한 것이었나 보다. 어쨌든 이렇게 날개채는 두 영역을 나누면서 동시에 연결하는 양면적인 성격을 갖는다.

이처럼 공간 배열의 원칙을 철저히 지킨 것을 보면서 한개마을이 엄격한 원칙에 따라 조성되었음을 다시 깨닫는다. 또한 그 원칙이 여성을 숨기려는 다분히 봉건적인 의도에서 비롯되었다는 점에서 유교 원리주의자들의 마을답다. 그런데 이 원칙을 따르려면 어떤 공간이든 절대적 위치에 고정시킬 수 없다. 공간의 위치는 그 공간의 성격, 그리고 집이 놓이는 구조적 맥락에 따라 상대적으로 정해지기 때문이다. 한개마을 집들에서 사당의 위치는 이런 상대성을 단적으로 보여준다.

집에 사당을 두는 가묘제(家廟制)는 고려 말에 정몽주가 향교를 신설하고 《주자가례》에 따라 가묘를 세우게 한 데서 비롯되었다. 선비들이 지켜야 할 새로운 윤리체계를 설정한 《주자가례》에서는 특히 제례를 중요시했다. 《주자가례》는 일찍부터 조선의 선비사회에 알려졌지만 초기에는 우리의 주거건축에 그 내용을 그대로 반영하지는 않았다. 그러나 17세기 중반에 들어 《주자가례》의 내용이 절대적인 권위를 갖게 되면서 우리의 전통 주거문화는 그로부터 많은 영향을 받았다.[4]

《주자가례》에서는 가묘를 정침(正寢)의 동쪽에 두어야 한다고 명시했다. 이에 따라 조선 후기 중인 이상 계층의 주택에서는 사당을 정침의 동쪽에 별동으로 두는 것이 관례가 되었다. 문제는 《주자가례》가 중국에서 수입된 교과서라는 데 있었다. 중국의 집을 염두에 두고 기술된 《주자가례》를 조선의 주택에 적용하는 데는 해석이 필요했다. 특히 중국의 주택에서야 정침, 곧 정방(正房)이 분명하지만 우리 한옥에서는 안채와 사랑채가 대등하게 쌍을 이루고 있으니 어느 채를 정침으로 보아야 하는지 애매했다. 결과적으로는 안채를 정침으로 보고 가묘를 안채의 동쪽에 두는 예가 많았다.[5]

그러나 놀랍게도, 다른 곳도 아니고 주자의 학문을 잇는 학자들의 마을인 한개에서 사당의 위치에 대한 《주자가례》의 지침이 지켜지지 않았다. 집의 동쪽에 있는 진입로로 들어가는 한주종택에서는 사당이 정침 곧 안채의 동쪽에 위치하지만, 서쪽 진입로로 들어가는 교리댁·북비고택·월곡댁에서는 사당이 사랑채 뒤쪽이나 안채와 사랑채 사이의 뒤쪽에 놓임으로써, 결국 사당이 안채의 서쪽에 오게 되었다. 왜 이런 일이 벌어진 것일까?

그 이유를 앞서 이야기한 남녀 공간의 분리라는 관점에서 설명할 수 있겠다. 당시 남자 주인은 사당에 모셔진 조상의 신주에 아침저녁으로 인사를 드렸기 때문에, 사당을 남성 영역인 사랑채 가까이에 둔 것이다. 그렇게 하지 않았다면 남성이 여성 영역인 안채를 거쳐 사당으로 가야 하는 모순이 생겼을 것이다. 한개의 선비들은 교과서의 원칙이 실제 지형 조건이나 길체계와 괴리가 있음을 고민했을 터이나, 결국은 교과서가 아니라 현실에 맞는 선택을 했다. 그 결과 《주자가례》의 지침을 어긴 집이 여럿 나오게 되었다.

그러나 당당한 여성공간

여성공간을 드러내지 않으려는 의도 때문에 여성공간을 소홀히 했을 것으로 지레 짐작할 수도 있는데, 실은 그렇지 않다. 한개마을의 집들에서 여성공간인 안채 영역은 뜻밖에도 매우 당당하게 조성되었다. 먼저 그런 당당함을 안채 영역의 진입 방식에서 찾아볼 수 있다. 현재는 한주종택과 월곡댁에서만 안채 앞에 있는 중문채를 통해 진입하나, 과거에는 교리댁·하회댁·북비고택도 마찬가지로 중문채를 통한 진입 방식을 가지고 있었다. 북비고택에는 안채 앞에 6칸의 중문채가 있었다. 지금처럼 안채 영역의 옆구리로 들어가게 된 것은 중문채가 소실되거나 파손된 6·25전쟁 이후의 일이다.

그럼, 안채 영역 앞쪽에서 중문채를 거쳐 들어가는 것과 옆으로 들어가는 것에는 어떤 차이가 있을까? 앞쪽에서 들어가면 안채가 정면에 나타난다. 곧, 안채는 정면성을 획득한다. 그런데 정면성은 권위와 위엄의 표시이다. 최근에는 이에 대한 반성이 있지만, 얼마 전까지만 해도 관공서 건물은 무조건 앞쪽 중앙에서 진입하도록 하여 강한 정면성을 드러냈다. 이는 관이 민에 군림하던 시대에 관공서 건물을 위엄 있게 보이려는 의도의 산물이다. 주택에서도 다르지 않다. 사랑채는 옆으로 들어가면서 안채는 앞쪽 중앙으로 들어가는 것은 안채가 사랑채 이상으로 위엄이 있었음을 말해주는 것이다.

그런데 이 대목에서 언뜻 이해가 잘 안 되는 것이 북비고택 사랑채 뒤로 난 비공식적인 통로다. 그것은 대문간에서 사랑채 뒤쪽 후미진 곳을 슬금슬금 돌아서 머리를 숙이고 사당 앞의 낮은 쪽문을 통과해 안채로 가는 숨겨진 길이다. 그러나 이 길로 안주인이 일상적으로 왕래하지는 않았을 것이다. 안주인은 중문간을 거쳐 안채의 정면을 향해 당당히 안마당으로 들어섰을 것이다. 따라서 이 길은 여자 하인들의 통로였거나 사랑채에 남자들이 모여 있을 때 여성들이 은밀히 다니던 통로였을 것으로 짐작된다.

한개마을의 한옥에서 안채가 사랑채보다 훨씬 비중 있게 만들어진 사례를 교리댁에서 찾아볼 수 있다. 안채, 사랑채, 서당, 사당 등 네 영역으로 이루어진 교리댁에서 안채 영역은 전체 주거 영역의 절반 정도를 차지한다. 그에 비하면 사랑채 영역은 한 귀퉁이를 점하고 있을 뿐이다.

교리댁 안채에서는 부엌의 판벽이 눈에 띈다. 판벽 곳곳에 불규칙하게 구멍을 내어 부엌 안으로 빛이 들어가고 환기도 잘 되도록 하였다. 휘어진 하인방(下引枋: 벽의 아래쪽을 가로지르는 부재) 위에 설치된 구멍 뚫린 판벽의 해학적인 모습에서, 여성들이 자신의 공간을 퍽 자유롭게 만들었음을 알 수 있다.

더불어 한개마을에서는 대개 안채가 사랑채 못지않게 높은 기단 위에 앉아 있다. 북비고택, 하회댁, 교리댁에서는 안채의 기단이 사랑채의 기단보다 높다. 특히 본래 북비고택 안채에는 두 단의 기단이 있었는데 그 높이가 성인의 눈높이에 해당하는 1.5m에 달했다. 지금은 마당을 돋우느라 기단이 많이 낮아졌지만 과거에는 눈높이 위에서 안방마님이 아래를 굽어볼 수 있었다.

여성공간이 구체적으로 어떻게 조성되었는지 알아보기 위해서는 하회댁을 살펴볼 필요가 있다. 하회댁이라는 이름은 이 집에 사는 류씨 할머니가 안동 하회마을에서 시집온 데서 비롯되었다. 최근 안채 대청에 홍송(紅松)으로 짠 문을 달아서 근대 시기의 집으로 착각할 수도 있지만, 실은 이 집이 한개마을의 문화재 한옥 중에서 가장 오래되었다. 그것은 사랑채의 망와(望瓦: 용마루 끝에 설치한 기

교리댁 안채 교리댁에서 안채 영역은 전체 주거 영역의 절반 정도를 차지한다. 안채가 사랑채보다 훨씬 비중 있게 만들어진 대표 사례이다.

와)에 기록된 건립 연도가 1745년(영조 21)인 데서 확인할 수 있다. 이렇게 하회댁에서는 소소한 물건들도 집의 역사를 말해준다. 안채 영역으로 들어가면 중문채에 붙어 있는 곳간(고방)이 눈에 띈다. 60~70cm 두께의 토석벽이 매우 높이 솟아 있는 이 곳간에는 통나무를 깎아 만든 함지박이 있는데 100년이 넘은 물건이다.

ㄷ자형 안채를 보면, 동쪽 날개채에 2칸의 건넌방과 그것에 딸린 2칸의 마루가 있다. 이곳이 며느리 공간이다. 며느리가 사용하는 건넌방도 당당하게 대청을 갖추고 있다. 더욱이 시어머니 공간인 안방 및 안대청과 대등한 규모다. 그뿐이 아니다. 건넌방 대청의 앞(동쪽)에 작은 마당이 조성되어 있다. 며느리 공간은 온돌방, 대청, 마당을 모두 갖춘 하나의 독립된 영역으로 구성되어 있었다. 이렇게

교리댁 부엌의 판벽 자유롭고 해학적인 디자인이다.

하회댁 안채에서는 며느리의 공간이 시어머니 공간 부럽지 않다. 유교적 가치관 아래에서는 여성이 소외되고 특히 젊은 여성인 며느리가 억압되었다는 견해가 있지만, 주거공간의 구성에서는 꼭 그렇지만은 않았음을 하회댁에서 볼 수 있다.

한개마을에서 발견한 여성공간의 격식과 위엄은 조선시대에 여성들이 적어도 공간적으로는 억압적인 상황에 있지 않았음을 보여준다. 여성들은 바깥활동에는 큰 제약을 받았으나 집 안에서만은 주도적인 역할을 했음을 짐작할 수 있다. 유교 원리주의자들, 곧 주리론자들이 가정을 경직되게 이끌지만은 않았던 것 같다. 그들이 일상생활에서도 남성의 우위를 내세우며 군림하려 했다면 이렇게 당당한 여성공간은 만들어질 수 없었을 것이다.

담과 건물의 이중주

봄날에 한개마을에 가면, 김영랑의 시 〈돌담에 속삭이는 햇발〉 그대로, 돌담과 햇발, 풀과 샘물, 봄 길과 하늘이 모두 짝을 이루어 자아내는 봄의 정취를 만끽하게 된다. 실로 햇발은 담으로 인해 형상화되어 마을의 봄날을 더욱 밝게 만들어준다. 그런데 언젠가 한개마을의 담과 건물을 관찰하면서, 담이 불러일으키는 따사로운 시정의 이면에 합리적이고 논리적인 원칙이 있지 않을까 하는 서늘한 이성에 이끌린 적이 있다.

우리 전통마을에서 담은 여러 요소들을 연계시킴으로써 마을 경관을 잘 정돈해주며, 마을공간을 관계의 그물망으로 조직해준다. 집 안에서 볼 때, 담은 바깥에서 침투하는 시선과 바람을 막아 내부 영역을 아늑하게 보호해주고, 성격이 다른 영역과 구분을 분명히 해준다. 한편 바깥으로 드러나는 담은 우리의 발길을 이끄는 안내자이기도 하다.

담을 이루는 재료는 마을에 따라 일정하지 않다. 외암마을과 성읍마을의 담은 돌로만 쌓은 돌각담, 곧 돌담이 대부분이다. 하회마을에는 흙으로만 쌓은 토담이 많다. 우리 마을들에서 가장 흔히 볼 수 있는 것은 돌과 흙을 섞어 쌓은 토석담이다. 한개마을의 담 역시 대체로 토석담인데, 돌담도 일부 사용되었다. 또한 기와를 차곡차곡 쌓은 장식적인 담이 나무와 어우러진 곳도 있다.

한주종택에서는 사랑채 앞에 건물을 두지 않았으나 앞집이 들여다보이지 않도록 담을 제법 높이 쌓았다. 한개의 다른 집들도 이런 구성을 따름으로써 집들이 서로 사생활을 유지하면서도 마을 앞 안산의 경치를 공유하고 있다. 특히 교리댁에서 사랑채 담 너머로 펼쳐지는 경치는 극적이다. 그 집 사랑대청의 앞쪽 분합문(分閤門: 대청과 방 사이 또는 대청 전면에 다는 문으로 여러 짝으로 구성되며, 문짝을 모두 위로 들어올려 걸 수 있어 '들어열개문'이라고도 함)을 들어올리고 앉아 있으면 제법 높은 담이 시선을 멀리 안산의 아름다운 경치로 이끌어준다. 안산의 경치를 집에 빌려온 듯하다. 이런 것을 차경(借景)이라고 하는데, 전통조경의 중요한 수법 가운데 하나다. 교리댁 사랑대청에 잠시 앉아 안산을 보고 있노라면 마치 깊은 산중에 들어와 은거하는 듯한 착각에 빠진다.

담이란 영역을 나누고 건물을 둘러싸는 것이라는 단순한 정의로 한개마을의 담을 온전히 설명할 수는 없다. 무엇보다도 한개마을에서는 담이 영역을 완전히 둘러싸지 않는다. 어떤 이는 사당 영역은 담으로 둘러싸이지 않았는가 하고 반문할지 모른다. 그러나 사당을 두르는 담 앞의 마당은 다름 아닌 사당 영역에 속한다. 다시 말해, 담은 사당 '건물'을 둘러쌀 뿐 사당 '영역' 전체를 둘러싸는 것은

한개마을 안길의 담 우리를 어디론가 이끄는 듯한 담은 마을공간에 율동감을 불러일으킨다.

아니다. 사당 이외의 영역에서는 담의 끝이 대개 건물의 중간 어디쯤에 붙는다. 결과적으로 건물은 담이 나누어놓은 두 영역에 걸치게 된다. 그래서 두 영역의 어디에서도 건물의 전모가 파악되지 않는다. 건물은 각각의 영역에 필요한 부분만을 드러내고 있는 것이다. 이것은 외부인을 통제하면서 내부인은 건물을 통해 두 영역을 자유롭게 이동하도록 하는 교묘한 건축 장치이다. 이렇듯 한개마을에서 담은 막으면서 보여주고 또 나누면서 이어주는 변증법적인 건축 도구로 사용되었다. 한개마을 주거공간에서 의외성과 역동성이 넘치는 것은 이런 담의 독특한 역할 덕이다.

한개마을에서 담과 건물의 관계를 세밀히 살피면서 발견한 특이한 점은, 건물이 서로 다른 영역을 나누는 경계에 놓일 때 그 건물의 외벽이 독특하게 처리된

한주종택 사랑채의 동쪽 외벽 뒤로 보이는 사당의 담과 동일하게 디자인된 이 독특한 외벽은 그것이 마주한 공간이 사랑채가 아니라 사당에 속함을 암시한다.

다는 사실이다. 건물이 집 전체의 경계선에 놓일 때 그 건물의 외벽이 담처럼 처리되는 경우는 다른 마을에서도 종종 본다. 그러나 한주종택 사랑채의 동쪽 외벽은 전체 주거 영역의 경계에 있는 것도 아닌데 담과 벽이 결합된 모양을 하고 있다. 이것은 사랑채 동쪽에 있는 공터가 사랑채 영역에 속하지 않음을 암시한다. 본래 사당은 현재 위치보다 앞쪽인, 사랑채 뒤편의 너른 공터에 있었으며, 사랑채 동쪽 공간은 사랑채 영역이 아니라 사당 영역에 속했다. 이에 따라 사랑채 영역과 사당 영역의 경계가 되는 사랑채의 외벽을 담처럼 독특하게 디자인한 것이다. 사당 영역이 담으로 둘리는 곳만이 아니라 그 앞에 있는 마당까지 포함한다는 앞의 이야기를 간과하면 이런 해석은 불가능해진다. 건물의 측벽이 영역의 경계를 이룰 때 담처럼 처리되는 모습을 북비고택 안채의 서쪽 외벽에서도 찾아볼 수 있다. 그 외벽은 안채 영역과 사당 영역의 경계이다.

　이렇게 담을 겸하는 건물 외벽의 독특한 디자인은 과거 선비들이 영역의 경계를 철저히 인식했음을 보여준다. 오늘날 건물 외벽을 벽 같기도 하고 담 같기도 하게 만듦으로써 공사비를 이중으로 들일 사람이 과연 얼마나 될까? 한개마을의 집들은 우리에게, 주거공간을 만드는 것이 단순한 경제적 행위가 아니라 일종의 정신적 활동임을 일깨워준다. 우리가 그러한 주거건축의 정신성을 회복한다면, 현대 주거지의 모습은 물론 그 안에서 일어나는 삶의 모습도 퍽 달라질 것이다.

검손한 마을의 기준, 한주종택

마을 앞을 지나는 지방도의 두 지점에 있는 마을 입구에서 시작된 안길은 곧 네 갈래가 되어 북동쪽으로 올라간다. 주거지의 앞(남서쪽)에서 뒤(북동쪽)로 올라갈수록 지형이 급히 높아져 안길을 걸어 올라가는 할머니들의 발걸음은 언제나 무거워 보인다. 그런데 이 안길의 모든 갈래들이 향하는 곳은 주거지의 가장 뒤에 있는 한주종택이다. 한주종택은 마을에서 일어나는 움직임의 최종 목적지인 셈이다. 지금은 한주종택 옆에 월곡댁이 있어서 한주종택을 향해 모이는 집중도가 떨어지지만, 월곡댁이 조성된 20세기 초 이전에는 마을의 움직임이 한주종택이라는 하나의 초점에 모아졌다.

우리의 전통마을에서 물리적·기하학적 중심은 별다른 의미를 갖지 않는다. 대신 중요한 것은 이동의 종결점이다. 씨족마을에서 그 종결점에는 대개 종가가 놓인다. 종가는 한 마을을 이루는 주택들의 전형으로서, 집들을 지어나가는 데 모델로 작용한다. 한개마을은 분명 씨족마을이지만, 이동의 종결점에 놓인 한주종택은 문중의 종가가 아니며 마을에서 가장 오래된 집도 아니다. 그러나 그것은 마을공간에서 위상이 가장 높으며, 종가처럼 마을 주택들의 모델이 되었다. 어쩌면 그것이 조금 늦게 지어진 까닭에 마을의 주리론자들이 모범으로 생각한 집의 모습에 좀 더 가깝게 지어졌는지도 모른다.

한주종택은 1767년(영조 43)에 처음 지어졌는데, 1866년(고종 3)에 한주 이진상이 다시 고쳐 지었다. 한주종택이라는 택호는 이진상의 호를 딴 것이다. 한주종

한주종택 배치 평면도
① 안채(본채)
② 부엌
③ 안채(날개채)
④ 중문채
⑤ 사랑채
⑥ 대문채
⑦ 바깥행랑채 자리
⑧ 사당
⑨ 한주정사

택은 동쪽 문간채에 난 대문간을 통해 들어가는데, 대문간 옆의 작은 문이 눈길은 끈다. 이는 개구멍이 아니라 과거 하인들이 드나들던 통로다. 너른 대문을 옆에 두고 이리로 다닌 하인들의 느낌이 어떠했을지 궁금하면 이 문으로 들어가보면 된다. 그런데 한주종택의 문간채를 보면서 의아한 것은 그 개구멍 같은 문 때문이 아니라, 대문간이 한 양반마을의 모델이 되는 집, 유학의 대가가 살던 집의 것으로 보기에는 너무 소박하고 겸손하기 때문이다. 높이 솟은 솟을대문이 아니라 평대문인 데다가 본래는 문간채에 초가지붕을 이어서 대문간이 지금보다도 더 소박해 보였다 한다.

　대문간의 높이가 그것이 설치된 문간채의 지붕과 같을 때 평대문이라 하고, 문간채 지붕보다 한 층 높인 것을 솟을대문이라 한다. 몇 년 전 일산의 단독주택단지에 갔을 때 유독 한 집의 솟을대문이 나의 눈길을 끌었다. 당시 그 으리으리한 솟을대문 주위를 전경들이 순찰하고 있었다. 나중에 알고 보니 그 시대착오적인 솟을대문은 당시 대통령의 사저로 들어가는 문이었다. 예나 지금이나 사람들은 대문에 자신의 권세를 드러내고 싶은가 보다.

본래 종2품 이상의 관료가 수레를 타고 드나들기 위해 지붕을 높이면서 솟을대문이 탄생했다. 이로부터 솟을대문은 높은 신분을 상징하게 되었는데, 솟을대문에 대한 신분 제한의 규칙은 시간이 지날수록 잘 지켜지지 않았다. 그래서 종2품 아래의 양반집에서도 솟을대문을 달게 되었고, 신분제가 유명무실하게 된 조선 후기에는 중인의 집에도 솟을대문을 설치하곤 했다.[6] 그러나 한주종택에서는 자신을 드러내려는 욕구를 오히려 절제하고 겸손하게 평대문을 만들었다. 당시 집을 중건한 한주가 학문은 높았으나 벼슬에 나가지 않았기 때문에 분에 맞게 평대문 형식을 선택한 것이다. 여기서 우리는 겸양을 미덕으로 삼은 선비의 '지행합일(知行合一)'의 모습을 본다.

대문간을 지나 사랑채를 오른쪽 멀리 두면서 중문간으로 들어가면, 안마당을 중심으로 크고 작은 네 채의 일자형 건물이 튼ㅁ자를 이룬 아늑한 안채 영역이다. 마을의 중심이 되는 집의 안채치고는 규모가 작다. 가운데 자리한 본채에 사용된 구조 방식도 가장 간략한 삼량구조다. 여기서 양(樑)이란 서까래를 받치는 수평부재인 도리를 말한다. 삼량구조는, 지붕의 가운데 가장 높은 곳에 종도리를 설치하고 지붕의 앞뒤 양쪽 가장자리에 두 열의 처마도리를 두어 세 열의 도리가 서까래를 받치는 구조다. 이것은 우리 살림집의 가장 간단한 가구(架構) 방식이다. 일반적인 규모의 양반주택은 여기에 두 열의 도리를 추가한 오량집이다. 또한 한개마을에 있는 큰 집들은 안채에 대개 원기둥을 쓴 반면, 한주종택의 안채에는 원기둥을 하나도 사용하지 않았다. 조선시대에 원기둥은 사각기둥보다 장식적이고 높은 위계를 상징하여, 비록 법으로까지 규제하지는 않았지만 일반 민가에서는 사용이 제한되었다. 한주종택의 안채는 규모와 장식 모두 이렇게 소박하지만, 본채의 마루방 그리고 부엌 앞에 있는 찬광 옆의 광과 마루방이 고서로 가득 차 있는 것에서 이곳이 성리학의 큰 획을 그은 대학자의 집이었음을 확인할 수 있다.

사랑마당 주위로 사랑채·중문채·대문채가 ㄱ자형으로 자리 잡고, 서쪽으로는 월곡댁 곳간채 뒷면이, 남쪽(앞쪽)으로는 담이 더해져서 네 면이 모두 둘러싸인 사랑채 영역이 만들어졌다. 사랑채 영역의 중심 건물은 물론 사랑채다. 양반주택의 사랑채는 대개 팔작지붕인 데 비해 한주종택의 사랑채에는 안채와 마찬가지로 맞배지붕을 올렸다. 팔작지붕은 지붕의 양 끝에 합각이라고 불리는 삼각형 모양이 있어서 좀 더 완결적이고 권위적으로 보인다. 그래서 사당을 제외한, 위계가 높은 건물에는 일반적으로 팔작지붕을 씌운다. 이와 달리 지붕판 2개를 앞뒤로 맞붙인 맞배지붕은 간결한 느낌을 준다. 한주종택의 사랑채가 소박하고 친근한 느낌을 주는 것은 무엇보다도 맞배지붕 때문이다.

소박한 사랑채에 비해 그 앞의 공간은 허할 정도로 너무 넓다. 사랑마당이 본래 이렇게 휑하니 뚫린 허전한 공간이었던 것은 아니다. 1940년대까지는 이 너른 마당의 복판에 3칸의 바깥행랑채가 대문채와 나란히 있어서 마당이 동쪽 사랑마당과 서쪽 행랑마당으로 나뉘었다. 과거 바깥행랑채에는 한주의 문하생들이 묵었다고 하는데, 한주가 죽고 문하생들이 떠난 뒤 건물도 사라졌다.

이렇게 한주종택은 대문에서 안채, 사랑채에 이르기까지 한결같이 겸양의 미덕을 지니고 있다. 물론 한옥이 다 겸손한 것은 아니다. 하회마을의 북촌댁처럼 높은 장대석 축대 위에 높은 기둥을 써서 궁궐 같은 집을 짓고 원기둥과 소로(위아래 수평부재 사이를 연결하는 구두굽 모양의 요소)로 한껏 장식을 해 부와 권세를 뽐낸 집도 있다. 예나 지금이나 집은 사람을 닮는 것이니, 한주종택에서 느껴지는 겸양은 바로 그곳에 거주했던 선비의 품성일 것이다.

한편, 한주가 죽은 지 10년이 지난 1897년 그의 제자 곽종석과 이승희는 《한주선생문집》을 간행한다. 그리고 그것을 퇴계를 모시는 도산서원으로 보내는데, 뜻밖에도 그 문집은 반송된다. 퇴계의 후진들이 한주의 심즉리설을 수용하지 않았던 것이다. 퇴계가 이기호발(理氣互發)을 주장한 데 대해 한주는 사단칠정(四端七情: 성리학의 철학 개념으로, 사단은 네 가지의 도덕심을, 칠정은 일곱 가지의 감정을 말함)이 모두 이가 기를 타고 발한다고 주장함으로써 퇴계보다 더 극단적인 주리론을 폈기 때문이다. 그러나 1910년 한주종택의 동쪽에는 한주정사(寒洲精舍)라는 정자가 세워지고 '조운헌도재(祖雲憲陶齋)'라는 현판이 걸린다. 운곡(雲谷) 곧 주자의 학설을 본받고, 도산(陶山) 곧 퇴계의 학설을 받든다는 뜻의 이 현판에서 한주의 제자들이 변함없이 퇴계의 맥을 이으려 했던 것을 알 수 있다.

북쪽으로 난 북비댁의 대문 솟을대문을 통해 집 안에 들어오면 '집 속의 집'인 북비댁의 작은 대문이 나온다.

집 속의 집

내가 처음 북비고택에 갔을 때는 대문이 잠겨 있어 솟을대문으로 당당하게 들어가지 못하고 옆으로 난 좁은 문으로 들어갔다. 한주종택에서도 본 하인의 출입구다. 좀 편치 않은 기분으로 허리를 펴자마자 오른쪽에 나타난 특이한 영역이 나를 또 혼란스럽게 했다. 그것은 '집 속의 집'이었다. 솟을대문과는 어울리지 않는 자그마한 집과 이례적으로 북쪽에 난 작은 대문, 그곳에 특별한 이야기가 얽혀 있음을 직감할 수 있었다.

이 작은 집이 북비댁인데, 현 주인 이수학 씨의 8대조인 돈재 이석문이 1774년(영조 50) 사도세자를 추모하며 은거했던 곳이다. 사도세자의 목숨이 경각에 처해 있을 때 어명을 거역하면서까지 구명 노력을 했던 돈재는 고향으로 돌아와 집의 출입문을 북쪽으로 옮기고 사도세자를 추모하며 칩거했다. 북비댁이라는 집

한주정사 주자와 퇴계의 학설을 받든다는 뜻을 담고 있는 '조운헌도재(祖雲憲陶齋)'라는 현판이 보인다.

이름, 그리고 북비공(北扉公)이라는 그의 호는 바로 북쪽에 난 이 문에서 비롯되었다. 뒤에 영조가 사도세자의 일을 후회하고 그에게 훈련원(訓練院: 조선시대 병사의 시험, 교육, 훈련을 담당하던 관청) 주부(主簿: 종6품)를 내려 출사를 권유했으나 끝내 벼슬에 나가지 않았다. 이것이 이 집의 서쪽 안길가에 있는 '돈재 이공 신도비(遯齋李公神道碑)'에 적힌 내용이다. 나는 북쪽으로 난 작은 대문을 통해 허리 숙여 북비댁으로 들어가고 다시 뒤돌아 사도세자를 그리며 문밖을 응시하곤 했을 이석문의 심정을 헤아려보았다. 그런데 잘 납득이 되지 않는 것이 있다. 왜 굳이 사도세자를 죽인 임금이 시퍼렇게 살아 있는 북쪽으로 대문을 옮긴 것일까?

돈재가 남쪽에 있던 문을 북쪽으로 옮긴 상징적 행위는 붕당의 대립이라는 당시 사회상과 관련이 있는 것으로 보인다. 조선 중기에 오면 주자가 정립한 이기이원론(理氣二元論)은 퇴계 이황을 원조로 하는 영남학파의 주리론과 율곡(栗谷) 이이(李珥)를 원조로 하는 기호학파의 주기론(主氣論)으로 학문적 입장이 갈린다. 이러한 학문적 입장의 차이는 정치적 견해에 대한 차이로 연결되어 주리론자들은 남인으로, 주기론자들은 서인으로 서로 다른 정파를 이룬다. 학맥으로는 이황의 제자, 그리고 지역적으로는 경상좌도(조선 중종 때 경상도를 양분하여 한양에서 보아 왼쪽에 해당하는 여러 군을 통칭한 행정구역)에서 성장한 사람이 남인의 중심을 이룬다. 남인들은 1674년 2차 예송논쟁(禮訟論爭: 효종비인 인선왕후가 사망하자 효종의 계모인 자의대비의 복상문제를 놓고 벌인 논쟁)에서 승리함으로써 한때 정국을 주도하기도 했으나, 17세기 말부터 서인, 그중에서도 우암(尤庵) 송시열(宋時烈)로 대표되는 노론이 득세하고 그들이 오랫동안 정계를 주도하자 향촌에서 학문 연구에 몰두한다. 중앙에서 오래 벼슬을 한 경우를 제외하면, 영남지방 선비들은 대체로 남인 계열이다. 한주종택 사랑채에 걸린 '主理世家'라는 현판이 말해주듯이 한개마을 대부분의 집들은 남인 계열에 속했다. 그러나 숙파의 파종가(派宗家), 계파의 파종가, 그리고 북비댁 바로 앞에 있는 교리댁은 예외적으로 노론이었다. 한개마을에서는 이례적으로 마을 안에 서로 대립하는 당파가 공존함으로써 갈등의 여지가 충분했다.

돈재는 열 살 때인 1722년(경종 2), 노론 4대신(大臣)으로 꼽히던 영의정 김

연세대학교 건축역사·이론연구실, 《성주 한개마을》, 연세대학교 출판부, 1991 참조.

창집(金昌集)이 소론에 몰려 인근 성주에서 사약을 받았다는 소식을 접한다. 성주에는 이미 붕당 대립의 불똥이 튀고 있었다. 그후 돈재가 중앙 관계에 진출했을 때는 다시 노론이 우위를 차지한 정국이었고 그는 그 와중에 파직을 당하고 낙향한다. 그런 그가 노론을 보기 싫어했을 것은 너무도 뻔하다. 따라서 돈재가 대문 방향을 교리댁의 반대쪽인 북쪽으로 돌린 것은 교리댁으로 드나드는 노론들과 마주치지 않으려는 의도 때문이었을 가능성이 크다.

낙향한 돈재가 지금의 북비댁 건물에 거주했던 것은 아니다. 4칸 규모에 맞배지붕으로 소박하게 지어진 북비댁 자리에는 본래 대초당(大草堂)이라는 제법 큰 규모의 재실이 있었다. 그 대초당으로 돈재의 부친이 살림을 났으며 낙향한 돈재도 거기에 머물렀다. 대초당을 현재의 북비댁이라는 서재로 개축한 것은 돈재의 아들인 이민겸(李敏謙)이다.

현재 북비고택의 주인인 이수학 씨에 따르면, 이민겸은 북비고택의 기본 계획을 세웠을 뿐만 아니라 가문의 장기 발전계획을 세우고 자손들의 학업을 독려했던 조상이다. 그런 이민겸의 장기적 투자는 그의 손자인 응와 이원조에 와서 꽃

월곡댁 사랑마당에서 바라본 별채 영역 별채는 안채 영역과 샛길을 사이에 두고 있으며 폐쇄적으로 구성되었다.

을 피운다. 한주종택에서 양자로 온 응와(한주의 작은아버지)는 18세 때 대과에 급제한 뒤 한성판윤(漢城判尹: 오늘날의 서울시장)과 공조판서 등의 요직을 두루 거쳤다. 그리고 응와는 자신의 본가인 한주종택을 잊지 못하고 자신의 친조카인 한주를 학문의 길로 이끈다. 이렇게 이민겸은 벼슬로는 응와, 학문으로는 한주 등 한개마을이 자랑하는 양대 스타를 발굴한, 장기적인 안목을 갖춘 가문 기획자였다.

북비고택의 안채와 사랑채는 1800년대 초, 이민겸의 아들 이규진(李奎鎭)이 지었다. 이규진이 장원급제를 했을 때 정조가 특별히 불러 "너의 조부가 세운 공이 가상하다. 아직까지 너의 집에 북녘으로 낸 문이 있느냐?"라고 물었다는 이야기가 전한다. 그러나 누마루를 갖추고 벽에는 장식적인 머름(창문과 방바닥 사이에 판재를 짜서 설치한 높은 문턱)까지 설치한 사랑채의 도도한 자태를 보면, 조부의 고난은 이미 잊힌 듯하다. 안채와 사랑채 앞쪽에는 모두 조선시대 일반 주택에서는 사용이 금기시되었던 원기둥을 사용했다. 안채의 원기둥은 본래 대초당에 썼던 재목을 옮겨 사용한 것이기는 하나, 집을 돋보이게 하려는 의도가 있었을 것이다. 이규진의 건축사업은 그의 양아들인 응와로 이어진다. 그리고 응와가 죽은 뒤 그의 아들이 당당하게 솟을대문을 세움으로써, 이민겸이 기획한 가문의 건축사업은 3대째에 와서 절정을 이룬다.

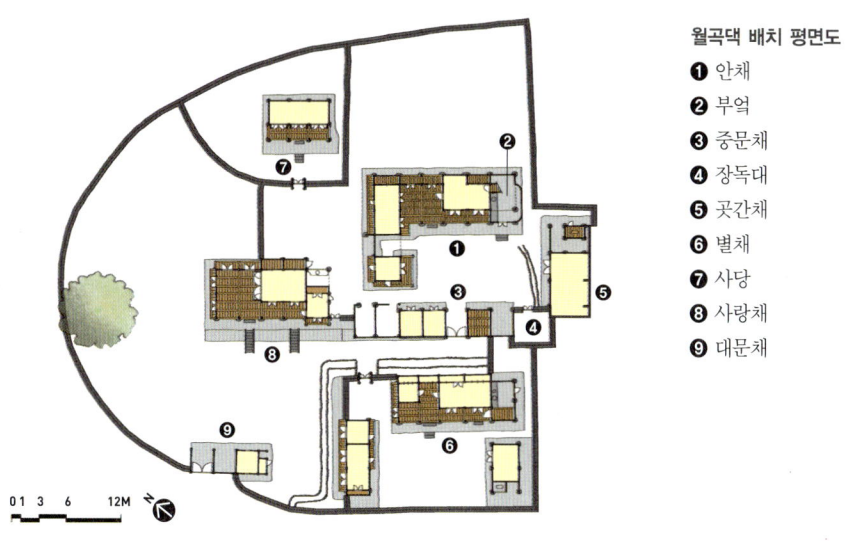

연세대학교 건축역사·이론연구실, 《성주 한개마을》, 연세대학교 출판부, 1991 참조.

한개마을에는 또 한 채의 '집 속의 집'이 있다. 집을 지은 이전희의 부인이 초전면 월곡동에 시집왔다 해서 월곡댁이라 불리는 집의 별채가 바로 그것이다. 월곡댁의 대문산을 들어서면 의아하게도 집 안에 다시 마을의 길같이 보이는 공간이 나타난다. 월곡댁은 사랑채·사당·안채·별채의 네 영역으로 구성되는데, 안채와 그 앞쪽의 별채 사이에 샛길과도 같은 좁고 긴 공간이 형성되어 독특한 분위기를 자아낸다. 이 내밀한 진입 골목을 안채와 공유하는 별채는 북비고택의 북비댁처럼 '집 속의 집'이다. 월곡댁의 이런 특별한 구성에는 또 어떤 특수한 가족사가 숨어 있는 것일까?

별채 영역은 높은 담과 건물 외벽으로 둘러싸여 매우 폐쇄적이다. 사랑채와 사당 영역 등 다른 영역들은 안채 영역과 서로 경계를 맞대고 있으나, 별채 영역만은 좁고 긴 공간을 사이에 두고 안채와 일정한 거리를 유지하고 있다. 일반적으로 한옥에서는 채의 앞뒤로 모두 개구부가 설치되나 별채의 뒤쪽 벽체에는 개구부가 전혀 없다. 여기서도 별채를 안채 쪽으로 폐쇄하려는 의지를 읽을 수 있다.

별채에는 주로 분가하지 않은 자녀들이 거처했으나, 집을 지은 이전희의 손자대에 와서는 다른 용도로 요긴하게 쓰이게 되었다. 그가 소실을 들였기 때문이다. 지금은 그 위치가 달라졌지만, 이전에 월곡댁의 안채 앞 남쪽 모퉁이에는 장독대가 있었다. 그 장독대는 담과 중문채의 측벽으로 둘러싸이고 일각대문까지 갖추고 있어서 엄연한 하나의 영역을 이루었다. 보통 한옥에서는 장독대가 안채의 부엌 가까이에 있는데, 그것이 부엌에서 먼 안마당 모서리에 있는 것은 이례적이다. 그런데 그 위치는 안채 부엌과 별채 부엌의 중간 지점쯤에 해당한다. 안채와 별채가 각각 장독대를 갖추지 않고 중간 지점에 하나의 장독대를 두고 두 부인이 공유했던 것으로 보인다. 그러나 별채에서 바로 장독대로 가는 문이 없고 별채의 일각대문과 안채의 중문을 거쳐 빙 돌아야만 장독대로 갈 수 있는 구조를 보며 이 특수한 가족들 사이가 그렇게 편안한 것만은 아니었으리란 쓸데없는 상상을 해본다.

새로운 세기의 도전인가, 자본주의의 산물인가

마을 서쪽 산기슭에서 내려다보니, 한주종택과 월곡댁이 서로 뒤꿈치를 들고 키를 대보는 아이들처럼 경합을 벌이고 있는 듯하다. 마을로 내려와 두 집을 비교해보고는 월곡댁이 한주종택이라는 마을의 모델을 따르기보다는 다분히 경쟁적으로 그것을 능가하려는 의도를 가지고 지어졌다는 생각을 갖게 되었다. 한주 이진상이 한주종택을 중수한 지 55년 뒤인 1911년에 월곡댁이 지어졌으니, 한주종택은 반세기 만에 내부의 도전을 받게 된 것인가?

그러면 이제 두 집을 단순 비교해보자. 한주종택의 안채가 삼량집이고 맞배지붕으로 되어 있는 데 비해 월곡댁의 안채는 오량집에 팔작지붕으로 지어졌다. 구조의 격식과 지붕의 위계에서 월곡댁이 한 수 위다. 한주종택과 월곡댁의 사랑채는 모두 전면 5칸이며, 두 단으로 이루어진 높은 기단 위에 지어졌다. 한주종택과 월곡댁의 사랑채 기단 높이는 가운데 부분에서 1.55m 정도로 비슷하다. 그러나 월곡댁 사랑채는 좌우로 경사진 곳에 지어져서 앞에서 볼 때 왼쪽 기단 높이는 2m에 육박한다. 월곡댁 사랑채에 앉으면 한주종택 사랑채에서 보는 것보다 마을이 더 잘 내려다보인다. 한눈에 들어온 마을을 거느린 듯하다. 한주종택의 사랑채가 맞배지붕을 이어서 간결하고 겸손한 외관을 갖는 데 비해 월곡댁의 사랑채는 팔작지붕으로 좀 더 완결적이고 도도하다. 월곡댁 사랑채에는 한주종택 사랑채에 없는 머름이 설치되어 장식적인 면에서도 한주종택을 능가한다.

비교는 이어진다. 과거 한개마을에서는 한주종택의 사당에만 둥글게 다듬은 주춧돌을 썼다. 조선시대에는 궁궐이나 향교 등 권위주의 건축 중에서도 정전이나 대성전 같은 주된 건물에만 잘 다듬은 원형 주춧돌을 사용했고 일반 주택에서는 특별한 경우가 아니면 사용하지 않았다. 그렇게 겸손한 한주종택이지만 조상을 모시는 사당만은 최고의 격식을 갖추었다. 그런데 1940년대에 지어진 월곡댁의 사당에도 마찬가지 모양의 주춧돌을 사용했다. 이만하면 누구나, 모든 부분에서 한주종택을 능가하려는 것이 월곡댁 조영자의 치밀한 의도였다는 견해에 고개를 끄덕일 것이다. 그래도 아니라면, 한 가지가 더 있다. 바로 장독대다. 월곡댁의 장독대는 한주종택의 장독대를 한껏 발전시킨 듯 일각대문까지 갖추고 있었다. 지금은 이 장독대가 없어지고 부엌 쪽으로 간소한 장독대가 새로 마련되었지만 말이다.

그렇다면 20세기에 들어 월곡댁의 조영을 시작하고 1930~1940년대에 가묘와 별당까지 증축해서 대저택을 완성한 이전희라는 인물이 궁금해진다. 그는 과연 누구기에 한개마을의 영원한 중심인 한주종택에 도전하듯 그 옆의 공간을 차지하고 한주종택을 능가하는 건축을 했단 말인가? 그는 성산 이씨 문중의 반항아인가? 그런 야심찬 사업을 벌인 자금의 출처는 어디일까? 내 머릿속에는 수사반장이나 국세청 공무원이 관심을 가질 만한 생각들이 몰려든다.

그러나 한개마을에 관한 보고서나 논문, 인터넷까지 다 뒤져보아도 실마리를 찾을 수 없었다. 겨우 족보에서만 이전희라는 이름을 확인했을 뿐이다. 그는 여동서당을 세운 담와(澹窩) 이운상의 셋째 아들인데, 담와는 바로 한주종택을 중건한 한주의 동생이다. 곧 이전희는 한주의 조카였다. 그런데 이 사실은 의문을 더

월곡댁과 한주종택 월곡댁(앞쪽)이 한주종택(뒤쪽)과 어깨를 나란히 하고 있다.

키웠다. 아무리 새로운 세기가 되어 종법질서의 족쇄가 풀렸다 한들 어떻게 마을의 중심이자 큰집이 가진 권위에 감히 대항할 수 있다는 말인가?

언젠가 탐문수사가 수사기법의 왕이라는 말을 들은 적이 있다. 사정을 알 만한 동네 어른들의 이야기를 들어보니 이전희는 수완을 발휘해 당대에 부를 이루었다고 한다. 20세기가 되면 전통적인 농업 이외에도 이런저런 물품 거래나 고리대금업 등으로 축재의 수단이 다양화되는데, 그는 그런 사회 변화를 잘 이용해 부를 모은 것 같다. 그 부는 자손들에게 이어졌다. 그의 아들은 지금의 하회댁을 매입해 자신의 둘째 아들, 곧 이전희의 손자를 분가시켰다. 현재 월곡댁의 소유주는 이전희의 증손자인데, 그는 최근까지 대기업의 회장을 지낸 사람으로 성공한 기업인으로 꼽힌다. 이렇게 월곡댁에서는 4대 동안 대대로 큰 부를 이루었다. 그런데 나의 탐문수사는 여기서 중단될 수밖에 없었다. "그런 건 왜 물어보제. 집 보러 왔다카면서……"라는 동네 어른들의 의심 어린 눈초리 때문이었다. 나도 이제 체면을 차릴 나이가 된 것이다.

탐문수사가 막히자 내친 김에 셜록 홈즈(Sherlock Holmes)의 수사기법을 도입하기로 했다. 바로 남은 물건을 면밀히 관찰하는 것이다. 곧 작지만 중요해 보이는 단서를 하나 발견했다. 월곡댁 곳간채의 오른쪽에 당연히 있어야 할 담이 없는 것이었다. 그래서 월곡댁에서 한주종택으로 직접 통하게 되어 있었다. 이로써 이제까지 애써 진행한 나의 수사는 원점으로 돌아갔다. 담이 없는 틈으로 서로 수시로 오갔을 두 집 사이에 어떤 갈등이 있었다고 보기 어렵지 않은가. 그러고 보니, 내가 겨우 발견한 이전희에 대한 기록도 이 단서를 뒷받침하고 있었다. 그 기록이란, 그가 한주의 손자인 이기원 등과 1919년 4월 2일 성주읍에서 항일시위를 모의했다는 내용이다. 대국적인 견지에서 그랬을 수도 있겠지만, 갈등관계에 있는 사람들이 함께 중요한 일을 모의했을까?

이렇게 수사가 미궁에 빠지려 할 때 다행히 또 하나의 단서를 포착했다. 그것은 월곡댁의 외곽을 둘러싸는 담의 모양이다. 서쪽으로 불룩하게 내밀어 원호를 그리고 있는, 한옥에서는 흔치 않은 이 특이한 담의 모습이 어떤 실마리가 될 것 같았다. 일찍이 서유구는 이런 활 모양의 담에 대해 이렇게 말했다.

토담의 형상이 시위를 당긴 활과 같은 경우 주인이 부유해진다.(土墻狀如彎主富)
—《임원경제지》〈상택지(相宅志)〉 '영치건치조(營治建置條)' 중에서[7]

월곡댁의 불룩한 담은 월곡댁을 기성 권위에 대한 도전으로 본 나의 추정을 수정하게 만들었다. 대신, 월곡댁에는 새롭게 대두된 20세기의 자본주의적 가치가 반영되었으리라는 새로운 생각을 갖게 되었다. 특히 집 둘레의 담이 만드는 원호의 흐름을 깨지 않으려고 대문채를 집 안쪽으로 절묘하게 밀어넣은 것을 보면, 이 집을 지은 이가 그 새로운 가치를 치밀하게 추구했을 것이란 짐작이 커진다. 가진 것이 힘인 새 시대가 온 것이다. 절의(節義)와 검약이라는 선비정신이야 이미 일제의 침탈 앞에 무력한 것으로 판명이 나지 않았던가.

자, 이쯤에서 월곡댁이 지어진 의도를 추적한 나의 수사를 접어야 할 것 같다. 집에는 그것을 지은 이와 그가 산 시대의 가치관이 반영될 수밖에 없다는 생각을 뒷받침하는 또 하나의 사례가 추가된 것을 소득으로 생각하며……

월곡댁의 불룩한 담 너머로 해가 지면 한개마을을 떠날 때가 된 것이다. 그때마다 성리학 원리주의자들이 살았던 마을과 집들은 어떻게 다를까, 그것들 또한 지극히 원칙적일까 하는, 한개마을에 처음 올 때 가졌던 의문이 풀렸는지 스스로에게 묻곤 한다. 여전히 명쾌한 설명은 어렵지만, 마을에서 읽어낸 것들을 마음속으로 정리해보며 월곡댁 앞으로 난 안길을 따라 내려가는 것으로 한개마을 답사가 또 한 번 끝난다.

이 마을을 여러 차례 답사하면서 마을공간을 구성하는 데 명분과 원칙이 분명히 존재했음을 알게 되었다. 마을길의 구성과 주거공간의 배열, 담과 외벽을 겸한 디자인 등은 한개마을에서 일관되게 지켜진 논리이자 원칙이었다. 그런데 그런 논리는《주자가례》와 같은 교과서에서 가져온 것이 아니라 실생활에서 얻어진 현실적인 원칙이었다.

한개마을에서는 비록 사소해 보이는 논리도 그것이 원칙이 되면 예외 없이 지켜졌다. '원칙으로 한다'는 말이, 그렇게 되면 좋겠지만 그렇게 하지 않아도 된다는 뜻으로 받아들여지는 지금의 현실에서 한개마을의 주거건축은 진정한 원칙이 무엇인지 보여주고 있다.

한개마을에서 더욱 놀라운 것은, 마을과 한옥이 원칙과 규범을 철저히 지키면서도 매우 다양한 모습으로 만들어졌다는 점이다. 문화재로 지정된 일곱 집을 비교해볼 때, 주거공간을 구성하는 논리가 일정하게 적용되었음에도 그 결과는 매우 다양하다. 안채만 보아도 한주종택과 북비고택에서는 일자형이고, 월곡댁과 교리댁에서는 ㄱ자형, 하회댁에서는 ㄷ자형이다. 논리의 일관성, 그리고 결과의 다양성. 그것은 선비정신이 만들어낸 한개마을에서 더욱 뚜렷이 드러나지만, 다른 많은 마을들에서도 발견되는 우리 마을의 보편적인 특성이다. 언제나 마을은 나름의 유형과 원칙을 토대로 구성되지만, 붕어빵같이 동일한 주거공간으로 채워진 마을을 볼 수 없는 것은 그 때문이다.

그러면 아파트단지로 대변되는 현대의 마을에는 왜 똑같은 집들만 들어서는 것일까? 그것은 현대의 대량 '생산'에는 한개마을에서 본 것 같은, 땅과 생활에서 이끌어낸 '원칙'이 없기 때문이다.

3

조상들이 생각한 지방도시의 원형

낙안읍성

낙안읍성 전경 낙안읍성은 삼면이 겹겹의 높은 산으로 둘러싸이고 남쪽으로만 열린, 산기슭과 평야가 만나는 지점에 아늑하게 자리 잡았다.

지난 세기에는 온 세계가 도시를 향해 달려왔다. 2005년의 통계를 보니 우리나라 사람의 90% 가까이가 읍 이상의 도시에 살고 있다. 시골 쥐가 서울 쥐의 초대로 도시에 갔다가 눈이 휘둥그레졌으나 불안한 도시생활에 환멸을 느끼고 마음 편한 시골로 돌아온다는 〈시골 쥐 서울 쥐〉 동화를 읽으며 은근히 자신을 시골 쥐와 동일시했던 많은 시골 어린이들이 어느새 도시 어른이 되어버린 것이다. 이미 사회란 도시사회이고, 경제란 도시경제이며, 건축이란 도시건축이다. 이제 도시는 우리의 일상생활이 펼쳐지는 주 무대가 되었다.

그러면, 이 땅에서 도시생활이 시작된 것은 언제부터일까? 수백 년 전 조상들이 생각한 도시는 어떤 모습이었을까? 그것은 오늘날 우리가 살고 있는 도시와 어떻게 다를까? 백문(百聞)이 불여일견(不如一見)일 터이나, 거의 모든 역사도시들이 현대화된 지금 도대체 어디에서 옛 도시의 모습을 찾아볼 수 있을까? 다행히도 우리 중세 지방도시의 모습이 고스란히 남아 있는 곳이 한 군데 있다. 바로 낙안읍성(樂安邑城)이다.

낙안읍성은 도시인가?

호남고속도로 승주 IC로 빠져나와 857번 지방도를 따라 남쪽으로 구불구불 이어지는 길을 따라가면 오공재라는 가파른 고개로 접어든다. 옛날 낙안 사람들은 이 험준한 고갯길을 넘어 구례를 거쳐 한양으로 먼 길을 떠났을 터인데, 고개의 분위기를 보아하니 산적을 만나는 일이 적지 않았을 것 같다. 가장 많은 사람들이 동시에 오공재를 넘은 날은 바로 1894년(갑오년) 9월 15일이다. 천여 명의 농민군이 양하일의 지휘 아래 선암사를 출발해 이 고개를 넘었다. 총창으로 무장한 그들은 고개를 넘자마자 낙안읍성을 점령하고 관청으로 몰려가 농민들을 수탈한 아전들을 혼내주었다.

오공재를 넘어 남쪽으로 가파른 길을 따라 내려오면 머지않아 배밭 너머로 옹기종기 모인 일군의 초가집들이 눈에 들어온다. 낮은 집들을 우뚝 솟은 산들이 호위하고 있다. 멀리 광주 무등산에서 뻗어온 낙안의 진산(鎭山: 읍성을 보호해주는 읍성 뒤쪽의 큰 산)인 금전산(표고 667m)이 뒤에 버티고 있고, 그 앞 동쪽으로 꼭대기에 5개의 봉우리를 드러낸 오봉산(표고 592m)이 있으며, 그 반대편에는 백이숙제(伯夷叔齊)의 옛이야기를 연상시키는 백이산(표고 584m)이 있다. 이 산들은 표고가 그리 높지는 않으나 낙안읍성이 해발 50m의 낮은 지대에 있는 탓에 모두 위풍당당해 보인다.

낙안읍성은 삼면이 겹겹의 높은 산으로 둘러싸이고 남쪽으로만 열린, 산기슭과 평야가 만나는 지점에 아늑하게 자리 잡았다. 성 앞쪽으로 백이산을 넘어 불어오는 바람에 황금 들판이 일렁이고, 들판 가운데에는 대나무숲으로 사철 푸른 안산인 옥산(표고 96m)이 아담하게 솟았다. 금전산 양쪽 계곡에서 흘러내린 물은 성곽 양옆으로 해자(垓子: 성벽을 따라 밖으로 조성한 물길)를 이루고 그 앞의 들판으로 이어진다. 이 들판은 남으로 이어져서 벌교 앞 순천만(여자만)의 푸른 바다에서 끝난다. 낙안읍성은 오른쪽에 자리한 초록색 뱃머리로 부드럽게 들판을 헤치고 어디론가 나아가는 한 척의 배처럼 보인다. 그 배는 마을 이름 그대로 즐겁고(樂) 편안하게(安) 항해하는 듯하다.

앞에서 낙안읍성을 도시라고 한 말에 고개를 갸우뚱할 사람이 많을 것 같다. 사실 낙안읍성에 와서 '도시에 왔다'는 느낌을 받기는 힘들다. 쇼핑센터도 아파트도 없고 초가집만 즐비한데 이곳이 도시라니? 하지만 도시라는 말에 쇼핑센터와 아파트를 먼저 떠올렸다면 그것은 지난 반세기의 인류 역사만을 생각한 근시안적인 사고다. 쇼핑센터는 20세기 중반 미국에 처음 등장했고, 우리나라 최초의 아파트단지인 마포아파트는 지금부터 겨우 50년쯤 전인 1962년에서야 지어졌다. 워낙 변화의 속도가 빠른 시대에 살다 보니 역사를 보는 우리 눈이 자꾸 근시가 되어간다. 그런데 그 어디보다도 낙안읍성은 이런 역사에 대한 근시안을 치유하기 좋은 곳이다. 이곳에서는 50년이 아니라 500년을 생각해야 하기 때문이다.

조선 전기에 전국은 행정적으로 8도(道), 4부(府), 4대도호부(大都護府), 20목(牧), 43도호부, 82군(郡), 125현(縣)으로 나뉘는데, 부·목·군·현의 청사가 있

낙안읍성 지형도 낙안읍성을 배에 비유한 풍수지리의 해석에 따라 지형도에 배의 모양을 그려보았다.

는 고을을 읍 또는 읍치(邑治)라 하고, 7중 성벽으로 둘린 부분을 읍성이라 한다. 현재 전라남도 순천시 낙안면의 동내리, 서내리, 남내리에 걸쳐 있는 낙안읍성은 일개 면의 일부에 불과하다. 그러나 1466년(세조 12)에 낙안군이 편제된 이래 1910년 폐지될 때까지 낙안읍성은 군 청사가 있는 큰 고을로서, 현재의 벌교읍을 포함하는 넓은 지역을 관할했다.

낙안읍성이 도시인지 여전히 미심쩍다면 도시가 무엇인지 좀 더 생각해볼 필요가 있겠다. '도시(都市)'라는 용어는 20세기 초 일본에서 본격적으로 사용되기 시작해 곧 우리나라에 전해진 것으로 보인다. 우리에게 도시는 채 100년이 안 된 새로운 용어인 셈이다. 그 이전에 우리는 수도에 대해서는 도성(都城), 지방도시에 대해서는 고을이나 읍치라는 말을 썼다. 18세기 중엽에 쓰인 이중환의 《택리지》에서는 나주, 경주, 안성, 은진, 강경 등 상업과 유통의 중심지를 '도회(都會)'

라고 표현했다. 최근에서야 전문 분야에서 도시라는 용어를 쓰기 시작한 중국에서는 도시라는 말 대신 '성시(城市)'라는 말을 사용해왔다. 한편, 영어로 도시를 뜻하는 '타운(town)'을 옛날에는 'tūn'이라고 썼는데, 이는 둘러싸인 것을 뜻한다. 타운을 뜻하는 옛 아일랜드어(dūn), 옛 독일어(zūn), 옛 노르웨이어(tūn) 모두 요새, 울타리 또는 둘러싸여 있음을 의미한다. 서양의 중세 도시는 대부분 성벽으로 둘러싸인 성곽도시인데, 그런 특징이 단어에도 반영된 것이다. 여기서 우리는 동서양을 막론하고 도시의 기원이 성벽에 있음을 알게 된다.

　그러면 성벽으로 둘러싸이면 모두 도시인가? 그렇지는 않다. 피난 장소로 만들어진 우리의 산성을 보더라도 도시를 둘러싸는 것은 아니었다. 그럼 도시의 다른 기준은 무엇일까? 언뜻 인구수를 떠올리는 사람들이 많을 것이다. 그러나 도시의 인구 규모에 대한 기준은 시대와 지역에 따라 천차만별이다. 현재 우리나라 '지방자치법'으로 정해진 시의 기준은 인구 5만 명 이상이다. 한편, 일반적인 생각과 달리 고대나 중세사회는 말할 것도 없고 근대에 와서도 서양의 도시들은 규모가 작았다. 예컨대 서부개척시대 미국 중서부의 도시들은 인구 규모가 수백 명에 불과했다. 1887년 만국통계회의에서는 도시 인구의 기준을 2천 명 이상으로 규정하기도 했지만[1] 여태껏 그보다 적은 인구수를 도시의 기준으로 삼고 있는 나라들도 있다. 우리나라 공무원들이 시청사를 짓기 위해 유럽의 시청을 견학하러 갔다가 그곳 시청사들이 우리 동사무소보다도 작은 것을 보고 황당해했다는 이야기는 바로 시에 대한 기준의 차이를 말해준다. 이렇게 흔히 도시의 요건으로 생각하는 인구수에도 일정한 기준이 없다. 그래서 전문가들은 도시를 절대적으로 정의하는 것이 불가능하며, 상대적으로 또 문화적으로 정의할 수밖에 없다는 데 의견을 모으고 있다. 결국 학계에서는 도시를 '상대적으로 크고 밀집된 곳으로, 주변의 넓은 배후지를 조직하는 역할을 하는 중심적인 정주지(定住地)' 정도로 막연하게 정의하고 있다.

　낙안읍성에는 현재 성안에 80여 호, 성 밖에 40여 호 등 120여 호의 집들에 300여 명의 주민이 살고 있다. 100여 년 전에는 성안과 성벽 주위에 지금보다 훨씬 많은 약 200호가 있었는데, 호당 5명이 살았다고 가정하면 당시 낙안읍성의 인구는 천 명 정도로 추정된다. 이는 일반적인 전통마을 인구 규모의 4배 정도에 해당한다. 한편 일반 마을에 비해 밀도는 상당히 높다. 문화재로 지정된 면적을 바탕으로 할 때, 130여 호가 사는 양동마을은 29만 3천여 평으로 낙안읍성 성안 면적의 7배나 된다. 이로부터 낙안읍성은 '상대적으로 크고 밀집된 정주지'였음을 알 수 있다.

또한 낙안읍성은 성벽을 갖춘 성곽도시이자 주변 지역을 관할하는 지방 행정 도시였다. 높은 성벽, 단청으로 화려하게 채색되어 높이 솟은 성문, 그리고 갈색의 초가지붕들 위로 목을 내민 행정기관의 으리으리한 검정 기와지붕들, 그것들은 '주변 지역을 조직하는 중심적인 정주지'의 이미지를 만들어내기에 충분했을 것이다. 이렇게 낙안읍성은 도시의 정의에 잘 부합하는 우리의 중세 '도시'였다.

폭넓은 시각에서 본 도시

조상들은 도시를 그 자체에 국한하지 않고 주변 자연환경과 연관시켜 매우 너른 시각에서 보았다. 그런 광역적 시각의 바탕에는 '풍수'라는 이론이 있다. 풍수를 모르고는 읍성을 비롯한 우리의 역사도시를 온전히 이해하기 어렵다. 그런데 오늘날 대학의 도시수업에서는 풍수를 제대로 다루지 않는다. 아마 그것이 비과학적이라고 생각해서 그러는 것 같다. 만일 그렇다면 우리 도시 또한 비과학적이라고 말할 수밖에 없다. 우리의 도시에는 좁은 의미의 과학으로 파악되지 않는 것들이 많기 때문이다.

낙안읍성의 동문 앞에는 해자를 건너는 평석교(平石橋)라는 돌다리가 있는데, 그 앞에 같은 모양의 돌조각 한 쌍이 서 있다. 일상생활에서 읍성의 주 출입구 역할을 하는 동문 앞에 수호신으로 개를 조각해둔 것이다. 개는 인간과 가장 친밀한 동물이지만 '개'라는 접두사가 붙은 말들에서 알 수 있듯이 비천함을 상징하기도 한다. 그런 탓인지 개를 수호신으로 두는 일은 흔치 않다. 이곳에 이례적으로 개를 둔 것은, 감시를 하되 권위적이기보다는 친근감 있게 하려는 의도인 듯하다.

만일 거기에 호랑이 같은 맹수가 있다고 생각해보라. 집에 갈 때마다 긴장감이 맴돌지 않았을까?

그럼 왜 돌개를 굳이 이 자리에 두었을까? 알아본즉, 읍성 동쪽에 있는 오봉산의 나쁜 기운을 누르기 위해서란다. 이 이야기를 들어서일까, 오봉산을 바라보니 뭉툭하게 생긴 것이 매끈한 금전산만 못해 보인다. 그러나 낙안팔경에 오봉명월(五峯明月: 오봉산 위에 떠오르는 밝고 둥근 달)이 들어 있는 것을 보면, 오봉산이 사람들에게 거슬렸던 것은 생김새보다 위계의 문제였던 것 같다. 좌청룡에 해당하는 오봉산이 감히 진산인 금전산이 갖는 최고의 위상에 도전하듯 우뚝 솟아 있기 때문이다. 실제로 읍성 안에서 오봉산과 금전산을 동시에 바라보면 두 산이 거의 대등해 보인다. 그래서 과거에는 오봉산을 악을 없앤다는 뜻의 멸악산(滅惡山)이라 불러 그 기운을 누르려 했다. 아무튼 주변 산세가 도시 조각물의 디자인과 위치에까지 영향을 미친 셈인데, 이런 폭넓은 시각은 요즘의 도시설계자들이 배워야 할 중요한 교훈이다.

이 돌개를 보니 엉뚱하게도 옛 경험이 생각난다. 건축설계사무소에 다니던 시절 나는 대전의 둔산 신도시에 짓는 대규모 공공건물의 감리를 맡고 있었다. 총공사비의 1%에 해당하는 조각을 설치하라는 코믹한 법규에 따라 공사비깨나 나가는 그 건물에는 이른바 환경조형물이 3개나 설치되었다. 그런데 그 웃기는 법규 때문에 나는 웃을 수 없는 난처한 입장에 처했다. 3명의 조각가가 날마다 나를 찾아와 자기의 조각을 가장 눈에 잘 띄는 곳에 놓아달라고 사정을 했기 때문이다. 황희 정승처럼 3명 모두에게 당신 것을 가장 좋은 자리에 놓겠다고 이야기할 수도 없는 노릇이어서 한동안 골머리를 썩였다. 그때 만일 내가 "저 산이 무척 날카롭게 생겼으니 개를 닮은 당신의 조각은 그 산 쪽으로 놓는 것이 좋겠소"라고 말했다면 어땠을까 하는 생각을 하니 웃음이 절로 나온다.

낙안읍성의 형국은 행주형, 곧 떠가는 배의 모양이다. 성안에서 이것을 감지하기는 어렵지만, 낙안읍성으로 오는 길에 오공재 아래에서 내려다보면 배 모양을 쉽게 떠올릴 수 있다. 배는 읍성 안팎에 있는 조경 요소들을 통해 상징적으로 형상화된다. 서내리의 빽빽한 대나무숲, 백이산 쪽에서 불어오는 찬바람을 막아

배의 돛을 상징하는 은행나무 낙안읍성의 물리적 중심에 서 있는 이 나무는 성안의 공간을 계획하는 중심점이자 읍성의 중요한 랜드마크(landmark)이다. 랜드마크란 멀리서도 보이는 물체로서, 영역의 방향 설정에 도움이 되는 요소이다.

주는 이 방풍림은 뱃머리를 상징한다. 사철 푸른 색을 잃지 않는 대숲은 쉼 없이 항해하는 배를 잘 표현해준다. 읍성 중앙에 있는 키 큰 은행나무는 돛을 상징하는데, 실로 튼튼한 돛대처럼 꼿꼿하고 강건하다. 수십 년이 지나면 늙어버리는 낙엽송들과 달리 오래 사는 것으로 유명한 은행나무는 도시와 운명을 같이하는 돛이 되기에 적당하다. 이 돛대는 봄과 여름에는 초록빛을, 가을에는 노란빛을, 그리고 겨울에는 흑갈색 빛을 발함으로써 읍성의 계절을 알려주기도 한다. 그리고 성벽의 북동쪽 가장자리에 줄지어 있는 거목들은 노를 상징한다. 마지막으로, 배를 정박시키는 닻에 해당하는 것은 성 밖 교촌리에 있는 향교의 뒷산이다. 읍성 밖의 자연요소를 끌어들여 읍성의 모습을 상징화한 데서 광역적인 시각에서 읍성을 계획하고 이해했음을 엿볼 수 있다.

배에는 많은 것을 싣는다. 어선에는 잡은 고기를, 상선에는 팔 물건을, 화물선에는 온갖 잡화를 가득 싣는다. 따라서 항해하는 배는 부귀영화를 나타낸다.[2] 그러나 배는 물에 떠다니는 까닭에 언제나 위험을 안고 있다. 그래서 행주형 마을에서는 마을공간에 우물을 파는 것이 금지된다. 배에 구멍이 나면 배가 가라앉기 때문이다. 낙안읍성 곳곳에 얕은 샘만 있을 뿐 깊은 우물이 없는 것은 이 때문이다. 배 안에 고인 물로 비유되는 샘물은 퍼내야 배가 안전하므로 깊은 우물과 달리 샘은 오히려 필요하다. 요즘 같으면 지질학자가 나서서 "이렇게 밀도 높은 고을에서 너도나도 우물을 깊이 파면 지하수의 변동이 생기고 지반이 불안정하게 됩니다. 그러니 우물을 파는 것을 자제합시다"라고 과학적인 이유를 들어 설명했을 것이다. 하지만 당시에는 지관이

오봉산 민가 초가지붕의 배경을 이루는 오봉산에서 강한 지기(地氣)가 느껴진다.

모든 것을 상징적으로 설명해주었고 동네 사람들은 기꺼이 그것을 따랐다.

성벽으로 둘러싸인 도시

1466년에 낙안군이 편제되었다고 하니, 군청 소재지인 낙안은 15세기 중엽에 성벽으로 완전히 둘러싸인 행정도시로 자리 잡은 듯하다. 그 이전인 1397년(태조 6)에 이미 이 고장 출신의 수군절제사(水軍節制使) 김빈길이 주민들을 동원해 처음으로 토성을 축조했다. 당시 낙안읍성 남쪽 8km 지점에 있는 순천만에 상륙한 왜구들이 내륙으로 몰려와 인명을 해치고 재산을 약탈하는 일이 잦아서 이를 막기 위해 토성을 쌓은 것이다. 결과적으로 왜구는 낙안읍성이라는 성곽도시가 탄생하는 데 직접적인 동기가 된 셈이다. 한편, 1424년(세종 6)에 성의 규모를 넓혀 돌로 개축했다는 《세종실록》의 기록을 볼 때, 애초의 토성은 오래지 않아 석성으로 개축되었다. 그 뒤 1626~1628년(인조 4~6)에 낙안군수로 재임했던 임경업(林慶業, 1594~1646)이 다시 성벽을 고쳐 쌓았다고 한다.

낙안읍성의 성벽은 사다리꼴에 가깝다. 남북 길이가 약 310m, 동서 길이는 남쪽에서 약 460m, 북쪽에서 약 340m이며, 성벽의 둘레는 약 1,420m이다. 높이는 일정하지 않으나 대략 4~5m이고, 성안 면적은 4만 천여 평이다. 현청(縣廳) 소재지였던 제주도 성읍마을의 성안 면적이 3만 천여 평인 데 비해 낙안읍성은 군청 소재지답게 상당히 넓다. 성벽의 두께는 아래에서 위로 갈수록 좁아지는데, 아랫부분은 7~8m로 3~4m인 윗부분의 2배 정도다. 큰 돌을 양쪽 바깥에 쌓아 틀을 만들고 잔돌로 그 사이를 채우는 방식으로 성벽을 만들었는데, 아래에 좀 더 큰 돌을 사용했고 위로 갈수록 돌이 조금씩 작아진다. 성벽의 부대시설로는 4개의 적대(敵臺: 적과 싸우기 쉽도록 성벽을 돌출시켜 만든 평평한 곳. 치성雉城)와 동·서·남문에 3개의 옹성(甕城: 성문 앞을 감싸 두르는 항아리 모양의 성벽)을 조성했으며, 성벽 외곽에 부분적으로 해자를 설치했다. 적대는 본래 12개를 계획했는데 4개만 완성되었다.

낙안읍성 배치도

❶ 남문
❷ 최선준가옥
❸ 옥
❹ 곽금석가옥
❺ 박의준가옥
❻ 동문
❼ 임경업 장군 선정비
❽ 은행나무
❾ 객사
❿ 동헌
⓫ 낙민루
⓬ 내아

a 훈련청
b 빙허루
c 향사당
d 호방청
e 장청 자리
f 이청
g 사창 자리
h 사령청
i 서문

승주군, 《낙안읍성 민속마을 세부현황 종합조사보고서》, 1985. 7, 235쪽의 복원 구상도를 바탕으로 현재의 복원 상태를 일부 반영하여 수정한 것이다. 알파벳은 아직 복원되지 않은 건물들이다.

동문 앞에서 본 남쪽 성벽 멀리 보이는 튀어나온 부분이 적대이다. 성벽의 두께는 위로 갈수록 좁아지고, 성벽 위에는 난간처럼 낮게 쌓은 담인 여장(女墻)이 더해졌다.

　남내리·동내리·서내리 등 낙안의 세 동네는 각각 상·중·하의 신당을 갖추고 마을의 안녕을 비는 당산제(堂山祭)를 지냈는데, 모두 9곳의 신당 중 4곳이 성벽 주위에 있다. 일차적으로 방어를 위해 만들어진 성벽이지만 한편으로는 주민들이 심리적으로 의지하는 장소가 되었다. 성안 곳곳에 설치된 성벽으로 오르는 계단이나 성벽이 민가의 담 구실을 하는 데서도 그것이 주민들에게 친근한 요소였음을 확인할 수 있다.

　남문 바로 옆에 있는 최선준가옥은 성벽의 이러한 특성을 가장 잘 보여준다. 상점주택이었던 이 집은 성벽을 활용해 뒤뜰을 조성하고 성벽 위에 장독대를 두기까지 했다. 그러나 근래에 성벽을 복원하면서 이 재미있는 장독대를 헐어버려서 지금은 볼 수 없다. 원형을 곧이곧대로 지키려는 경직된 생각이 정겨운 삶의 모습을 지워버려 못내 아쉽기만 하다. 큰길 쪽으로 가게를 두고 그 뒤에 살림방과 부엌을 붙여놓아서 집 안의 칸살이가 전(田) 자 모양을 한 것이 특징인 이 가옥은 중요민속자료로 지정되었다.

　동문을 통해 낙안읍성에 들어가면 비각이 하나 눈에 들어온다. 읍성에서 사람들의 통행이 가장 많았던 장터 앞, 그중에서도 가장 상징적인 지점인, 객사(客舍)로 들어가는 홍살문 바로 앞에 비각이 있다. 이렇게 중요한 곳에 세워진 비석의 주인공은 조선 인조 때의 명장, 정묘호란과 병자호란 때 국가를 위해 혼신을 불사른 충신, 명·청 교체기의 혼란 속에서 명나라에 대한 의리를 끝까지 지키며 북벌을 주장하다 비운에 쓰러진 의인(義人), 죽어서는 신이 되어 민간설화나 굿에 자주 등장하는 인물, 바로 임경업이다.

임경업은 33세의 젊은 나이에 낙안군수로 부임해서 길지 않은 재임 기간 중에 성벽을 고쳐 쌓았다. 그는 낙안읍성을 떠나 1633년 청북방어사(淸北防禦使) 겸 영변부사(寧邊府使)로 가서도 백마산성과 의주성을 고쳤다고 한다. 가는 곳마다 성벽 쌓는 사업을 했던 것이다. 그를 주인공으로 한 역사소설 〈님쟝군전〉에도 조정에서 성역(城役)을 부여하고 천마산성이라는 성벽 쌓는 이야기가 나오는 것을 보면 그는 성벽 쌓기의 달인이었다. 그는 북벌이라는 명분만 내세운 것이 아니고 실제로 백성을 동원해 성을 쌓을 수 있는 행정력과 기술을 갖춘 무관이었던 것으로 보인다.

> ᄒ고 인ᄒ여 입궐ᄉ은 ᄒ온 후의 우의졍의 뵈온디, 우샹 왈, "드른즉 그디 지죄 만호에 오리두미 앗가온 고로 조정에 쳔거ᄒ 빈니 밧비 나려가 셩역을 ᄉ쇽히 셩공ᄒ라."
>
> — 작자 미상, 〈님쟝군전〉(경판 27장본) 중에서³

> 그래서 궁궐에 들어가 은혜에 감사한 후 우의정을 뵈오니, 우의정 하는 말씀이, "듣자 하니 그대의 재주가 만호(萬戶: 조선시대에 작은 진鎭을 관할하는 종4품 무관)에 오래 두기 아까워서 조정에 천거하였으니 속히 내려가 성 쌓는 일을 신속히 수행하라."
>
> — 필자 옮김

낙안읍성 주민들 사이에는 임경업 장군이 15세에 축지법을 써서 하루아침에 성을 쌓았다는 전설이 전한다. 의아하게도, 성벽을 쌓는 고된 노동에 동원되었을 주민들이 원망은커녕 그를 우상화하여 떠받들고 있다. 비신(碑身)의 기록에 따르면, '임경업 장군 선정비'는 1628년에 세워졌다. 그해에 임경업이 낙안군수를 이임했으니, 백성들이 그가 떠나는 것을 아쉬워하며 그의 선정을 기리는 비석을 세웠음을 알 수 있다. 비석은 거북 모양의 받침돌인 귀부(龜趺) 위에 비신을 세우고, 운룡문(雲龍文)을 조각한 머릿돌인 이수(螭首)를 얹어 격식을 갖춰 정성스럽게 만들었다. 이런 비석의 디자인은, 임경업이 성벽 쌓기의 고역을 감내하고도 남을 만한 선정을 베풀었다는 이야기를 뒷받침한다. 이 선정비와 비각은 문화재로 지정되었다.

1646년, 53세의 임경업은 친청파(親淸派)의 영수인 영의정 김자점(金自點)의 교사를 받은 형리(刑吏)에 의해 비참하게 살해된다. 그는 사후에 그의 고향인 충주 충렬사 등 여러 곳에 모셔지는데, 읍성 밖 낙안향교 옆에 있는 충민사(忠愍祠)에도 배향되었다. 그의 시호(諡號: 훌륭한 신하나 학자가 죽은 뒤에 그 생전의 공덕을 기려 임금이 내린 이름)가 '충민'이다. 또한, 임 장군의 선정비각은 성안 동내리의 신당들 중 중당으로 모셔지고 있다. 상당은 객사 뒤쪽 성벽 가까이에 있는 느티나무이고, 하당은 남쪽 성벽 안쪽의 '미나리꽝' 옆에 있는 바위다. 동내리에서는 대보름날에 당산제를 지내는데, 상당보다도 먼저 중당에 소머리도 놓고 가장 성대하게 제를 올린다고 한다.[4] 이는 상당·중당·하당의 순서로 제를 올리는 당산제의 일반적인 관행과 다른데, 이 또한 임경업이 낙안의 가장 중요한 마을신으로 추앙받고 있음을 보여준다.

임경업 장군 선정비 귀부, 비신, 이수의 격식을 갖춘 비석에서 임 장군에 대한 백성들의 깊은 흠모를 느낄 수 있다.

권위의 상징, 객사와 동헌

문화권마다 도시를 상징하는 필수적인 시설이 있다. 중국에서는 그것이 성벽, 궁궐, 종묘(宗廟: 왕의 조상을 모시고 제사 지내는 곳), 사직단(社稷壇: 토신土神과 곡신穀神에게 제사 지내는 곳), 시장 등이다. 인도에서는 사원·궁궐·시장 등이고, 중세 이슬람에서는 회교사원(mosque)·상설시장·공중목욕장 등이다. 유럽에서는 성, 신전(교회), 광장, 공회당(시청), 시장 같은 곳이다. 그럼, 우리의 읍성에서 그런 시설은 무엇일까?

답은 객사와 동헌(東軒)이다. 객사에는 임금을 상징하는 전(殿) 자와 궁궐을 상징하는 궐(闕) 자를 각각 새긴 2개의 나무패를 모시는데, 수령은 매월 삭망(朔望: 음력 초하룻날과 보름날)에 여기에 대고 배례(拜禮)를 올린다. 또한, 중앙에서 관리가 출장을 오면 이곳에 묵는다. 이렇게 왕권을 상징하는 객사는 읍성에서 가장 중요한 건물이다.

동헌은 군수·현령 등 지방관이 향리(鄕吏: 대대로 읍성에 거주하며 수령을 보좌하는 관리)를 거느리고 공무를 보던 읍성의 중심 관청으로, 오늘날의 군청이나 면사무소에 해당한다. 지방관 가족이 거주하는 사택인 내아(內衙)의 동쪽에 자리 잡고 있다 하여 동헌이라고 부른다. 왕권을 상징하는 객사 그리고 지방행정의 중심인 동헌, 그 어느 것도 소홀히 할 수 없는 읍성의 중심시설이다.

낙안에서는 읍성의 뒷부분에 이 두 시설을 나란히 배치했다. 읍성공간의 기하학적 중심에서 훨씬 뒤로 물러난 자리이다. 이는 중국과 서양의 도시에서 기하학적인 중심을 중요시한 것과 대조된다. 흔히 도시는 세계관의 산물이라고 한다. '中國'이라는 나라 이름에서 단적으로 나타나듯이, 중심을 추구하는 것은 중국문화의 큰 특징이다. 한편, 르네상스 시기에 제안된 이상도시들도 모두 뚜렷한 물리적 중심점을 갖는데, 서양 도시에서 그것은 보통 신전과 시청 등 가장 중요한 건물들로 구성된다. 이것은 다분히 신을 중심으로 하여 세계를 중심과 주변으로 파악한 기독교적 세계관의 영향이다. 그런데 이렇게 중심을 강조하는 것은, 그것이 궁궐이든 교회든, 중심에서 주변을 통제하겠다는 의지의 표현이다. 이에 비해 우리의 도시는 그런 중심에 대한 집착이 없었다. 대신에 낙안에서 보듯, 권력자는 점잖게 뒤에서 산을 등지고 도시를 바라보며 다스리고자 했다.

객사는 전패(殿牌)를 모시는 본채와 숙소로 쓰이는 양옆의 날개 부분인 익사

낙안의 객사 수평적인 건물과 그 앞의 넓은 마당이 어우러져 장중한 분위기를 자아낸다. 건물의 규모, 조형, 장식에서 왕권의 권위를 느낄 수 있다.

(翼舍)로 구성된다. 본채는 앞이 트인 너른 마루로, 그 지붕이 양옆의 익사보다 높이 솟아 있다. 그래서 객사의 외관은 가운데가 돌출한 모양인데, 이는 '의식(儀式)'과 '숙소'라는 두 가지 쓰임새가 한 건물의 외관에 그대로 나타난 결과이다. 3칸의 본채와 각각 2칸의 익사로 구성된 낙안의 객사는 앞에서 볼 때 총 7칸의 옆으로 긴 건물이다. 이 건물은 높은 기단 위에 있으나 앞에 월대(月臺)라고 불리는 의식용 단이 넓게 펼쳐져 있어 수직성보다는 수평성이 좀 더 강하게 느껴진다. 객사의 대문을 들어서는 순간 강한 분위기에 압도되는 것은, 수평적인 건물이 그 앞에 있는 운동장만한 마당과 어우러져 자아내는 장중함 때문일 것이다.

 객사에는 단청이 칠해져 있다. 기둥머리와 보 사이에 익공이라 불리는 부재를 2개씩 끼운 이익공 양식을 채용했으며, 특히 본채 지붕은 서까래가 두 열로 구성된 겹처마다. 단청·이익공·겹처마는 일반 주택에서는 찾아보기 힘든, 한옥의

낙안의 동헌 강한 정면성을 가진 좌우대칭의 팔작지붕 건물이 높은 월대와 기단 위에 있다. 이런 동헌의 조형은 왕권을 대행하는 수령의 권위를 나타낸다.

가장 장식적인 수법들이다. 왕을 상징하는 건물이기에 최대의 장식을 적용한 것이다. 작은 민가들이 총총히 있는 고을에서, 학교가 들어설 만한 너른 대지에 온갖 장식을 갖추어 완전한 좌우대칭으로 지어진 장중한 객사는 왕권의 권위를 보여주기에 부족함이 없었을 것이다.

그러나 객사는 일제에 의해 만신창이가 된다. 일제는 퇴락한 객사 터에 낙안국민학교를 세워 객사를 교사(校舍)로 사용하고 마당을 운동장으로 썼다. 식민지 교육을 빌미로 일제가 자행한 객사 지우기는 우리의 많은 역사도시들에서 찾아볼 수 있는데, 백성들의 뇌리에 남아 있는 조선왕권의 잔재를 마저 지워버리려는 고도의 식민화 작업이었다. 이렇게 새로 등장한 권력이 기존의 상징을 비하하고 훼손하는 것은 역사의 소용돌이에서 줄곧 있어온 일로, 그 과정에서 애꿎은 건물들이 손상되거나 철거되곤 한다. 낙안읍성에서는 근래에 학교를 성 밖으로 이전하고 객사를 복원했다.

　　객사의 서쪽에 금전산을 주산으로 삼은 동헌이 자리한다. 크기는 전면 5칸으로 객사보다 작다. 그러나 동헌은 완전한 좌우대칭의 팔작지붕 건물로, 객사보다 높은 월대와 그 위의 기단에 놓여졌다. 동헌의 월대와 기단 높이를 합하면 187cm로, 성인 눈높이인 150cm를 넘는다. 또한, 월대 한가운데에는 넓은 계단이 있어 정면으로 시선을 집중시킨다. 이 넓은 계단은 마치 하늘에서 부여받은 절대권력의 힘이 백성들을 향해 흘러가는 통로처럼 보인다. 동헌 앞마당 양쪽에는 형틀과 곤장을 때리는 장면이 모형으로 연출되어 있다. '수령' 하면, 백성들이 감히 넘볼 수 없는 높은 곳에서 "네 죄를 네가 알렸다. 매우 쳐라!"를 외치는 모습이 떠오른다. 실제로 수령은 이곳에서 곤장형인 태형(50대까지)과 장형(60~100대)의 판결을 내렸다.

　　동헌과 객사의 건물 조형이 보여주는 공통점은 강한 정면성이다. 두 건물 모두 완벽한 좌우대칭이고 정면 가운데를 향해 접근하도록 되어 있다. 두 건물의 칸수가 모두 홀수인 것도, 가운데 칸을 중심으로 완전한 좌우대칭을 이루어 정면성을 부각시키려는 의도를 말해준다.

　　이들 건물의 정면성은 그 앞에 있는 일련의 건물들로 더욱 강조된다. 두 건물의 대문채 모두 가운데 3칸이 솟아 있고 양쪽으로 2칸씩 낮은 부분이 딸려 있어 가운데가 강조되었다. 홍살문과 솟을대문의 가운데 칸을 거쳐 객사 마당에 이르고, 낙민루(樂民樓)와 솟을대문의 가운데 칸을 거쳐 동헌 마당에 이름으로써, 두 건물 모두 접근과정에서 정면성이 고조된다.

　　정면성은 권위의 상징이다. 강한 정면성을 통해 객사는 왕권의 권위를, 동헌은 왕권을 대행하는 지방관의 권위를 표시한다. 정면성이 강한 건축으로 권위를 표현하는 것은 동서고금을 통해 두루 나타나는데, 과거 권위주의 정권 시절에도 공무원들은 시청에서 동사무소에 이르기까지 거의 모든 관청 건물에 정면성을 요구했다. 그래서 관청 건물 설계의 현상공모에서 당선되려면 앞에는 운동장 같은 마당을 두고 높은 기단 위에 올라앉은 좌우대칭의 건물을 설계해야 했다. 그래서 1970, 80년대에 지어진 관청 건물은 어디서나 쉽게 알아볼 수 있다. 어쩌면 그런 건물들의 원조가 낙안읍성의 객사와 동헌일지도 모르겠다. 그러나 이제는 세상이 바뀌어 요즘 관공서 건물을 그렇게 설계하면 당선은커녕 예선에서 탈락하기 십상이다. "그 건물 참 비민주적으로 생겼네" 하는 평가와 함께.

의례와 생활의 중심축

읍성에는 대개 뚜렷한 축이 있어서 공간구성의 틀을 이룬다. 그런 축은 성문을 잇는 도로로 형체를 드러내는데, 대체로 성문이 동서남북 네 곳에 있으면 십자형의 축이, 동서남 세 곳에 있으면 T자형의 축이 만들어진다. 낙안읍성은 후자에 속한다.

축이 명료하게 형성되려면 그 양 끝에 종결점이 뚜렷이 존재해야 한다. 낙안읍성에서 동서축(정확하게는 남동-북서축)은 양 끝 모두 중층의 문루와 옹성으로 확실히 종결된다. 다만, 서문이 아직 복원되지 않아서 현재로서는 이 축의 서쪽 종결점이 조금 미약하다. 남북축(정확하게는 남서-북동축)은 한쪽에서는 남문과 ㄷ자형의 특이한 옹성이 움직임을 받아주고, 반대쪽에서는 정확하게 일직선 위에 있지는 않으나 객사가 종결점을 이룬다.

낙안읍성의 두 축 중에서 읍성의 전체 공간을 구성하는 기준이 되는 것은 남문과 객사를 잇는 남북축이다. 그러나 남북축과 그것이 시작되는 남문은 새로 부임하는 수령이 행차하거나 상여가 떠날 때처럼 특별한 의식이 있을 때만 사용될 뿐 일상적으로 활발히 사용되지는 않는다.5 따라서 남문은 읍성의 공식적인 출입구이며, 남북축은 '의례의 축'이라고 할 수 있다.

한편, 김홍도가 42세 때인 1786년에 그렸다고 전하는 〈안릉신영도(安陵新迎圖)〉에는 수령이 행차하는 모습이 등장하는데, 여기서 임경업의 부임 장면을 엿볼 수 있다. 1785년 황해도 안릉에 현감이 부임하는 광경을 보여주는 이 그림에서는 각종 깃발을 든 기수 48명을 비롯하여 호위병, 아전과 노비, 악대, 아녀자, 말을 탄 기녀, 바퀴가 하나 달린 남여(藍輿: 관리들이 타던 의자처럼 생긴 뚜껑 없는

남문과 ㄷ자형 옹성 낙안읍성의 공식적인 출입구인 남문은 중심축의 시작점이다.

가마) 등이 성대한 행렬을 이루고 있다. 그림의 길이가 6m나 되니 실제로 매우 긴 행렬이었나 보다. 1626년 젊은 임경업이 낙안에 부임해올 때도 그 행렬이 장관이었을 것이다. 남문으로 들어와 남북로를 통해 홍살문에 이른 신관 사또 임경업은 남여에서 내려 홍살문과 솟을대문을 지나 객사의 너른 마당에 들어섰을 것이다. 그는 곧바로 의관을 가다듬고 객사의 본채에 올라 임금을 상징하는 전패에 절을 함으로써 부임 행렬의 끝을 장식하지 않았을까.

그런데 남북축은 진산인 금전산과 안산인 옥산을 잇는 지형의 축에서 15도 정도 비켜나 있다. 낙안읍성에서 남문으로 들어와 남북축을 이루는 길을 따라가다 보면 이 길은 진산인 금전산의 정상이 아니라 그 오른쪽 어깨 부분을 향한다. 동양화에서 구도의 중심이 화폭 중앙에서 약간 비켜나 있는 것처럼, 중심이나 기준선을 정확하게 맞추지 않는 것은 우리의 공간미학에서 공통적으로 나타난다. 이런 특징은 남북축과 객사의 관계에서도 나타난다. 객사는 남북축에서 조금 동쪽으로 비켜나 있다. 그래서 남문에서 남북로를 따라갈 때 객사는 한동안 숨겨져 드러나지 않는다.

남북축이 의례의 축이라면, 동문과 서문을 잇는 동서축은 일상생활의 축이다. 지금도 그렇지만 과거에도 주민들은 대체로 낙풍루(樂豊樓)라 불리는 동문을 통해 성 안팎을 드나들었다. 성안에서 동서로를 통해 동문 밖으로 쭉 따라 내려가면 낙안향교를 거쳐 벌교로 연결된다.

동서로는 일제강점기에 확장되어 읍성을 가로로 관통하는 통로의 역할이 강화되었다. 그후 길가 집들이 일부 철거되어 지금 동서로는 매우 허전해 보인다. 그렇지만 과거에는 길가에 건물들이 즐비했고 길에서는 닷새마다 장이 서는 등 갖가지 도시생활이 일어나 늘 사람들로 붐볐다. 정월 대보름에는 임경업 장군 선정비 앞에 주민들이 모여 당산제를 지냈고, 그것이 끝난 다음에는 사람들이 동서로 양쪽에 두 패로 나뉘어 우렁찬 함성과 함께 큰줄당기기 놀이를 했다. 이때 수령은 길가에 있는 낙민루에 올라 이 광경을 관람했다. 남쪽으로 완만하게 경사진 땅에 자리 잡은 낙안읍성에서 동서로는 남북로와 달리 경사가 거의 없어 공정한 줄당기기 놀이에 안성맞춤이다.

이렇게 서양 도시라면 광장에서 일어났을 만한 공동생활이 낙안읍성에서는 동서로에서 이루어졌다. 길에서 다양한 도시생활이 일어났기 때문에 우리 도시에는 본래 광장이 없었다. 오늘날 보는 서울시청 앞의 광장, 여의도광장 등은 모두 근래에 정치적인 목적으로 만들어진 것이다.

《경국대전》'공전교로조(工典橋路條)'에 따르면, 조선시대에는 중요성에 따라 대·중·소로로 도로를 나누었는데, 각각의 폭은 56척·16척·11척으로 규정되었다. 읍성의 간선로는 중로에 해당하는 16척이 기준이었다.[6] 현재 낙안읍성의 간선로인 남북로의 폭은 3m, 동서로의 폭은 5.5m 전후로, 일상생활에서 많은 사람들이 이용하는 동서로가 의례 때만 이용하는 남북로보다 월등히 넓다. 그러나 본래 이렇게 두 도로의 폭에 큰 차이가 있었던 것은 아니다. 이것은 일제강점기에 순천과 벌교를 잇는 관통도로로 동서로가 사용되면서 확장된 결과다.

공과 사의 조화로운 공존

낙안읍성에 있는 건물들은 크게 공공건물과 개인 주택으로 나뉜다. 주택이야 어느 마을에나 있으니, 읍성이 도시의 면모를 갖는 것은 바로 공공건물 그리고 그것에 담기는 공적인 활동 때문이다. 옥(獄)을 제외한 공공건물들은 모두 비교적 직선에 가까운 T자형의 간선로에서 바로 접근할 수 있다. 이에 따라 공공건물의 출입로인 T자형 길도 자연히 공적인 성격을 띤다. 객사와 동헌을 비롯한 많은 공공시설들은 동서로의 북쪽에 자리 잡고 있다. 현재 객사와 동헌은 동서로에서 상당히 떨어져 있어 그 사이가 휑하니 뚫려 있으나, 과거에는 다양한 공공건물이 들어서 있었다.

현재 동헌 앞에는 정면 3칸, 측면 2칸의 낙민루가 있다. 이 누각은 낙안의 군수였던 민중헌(閔重憲, 1845~1846년 재임)이 지었다고 하는데, 근대기에는 낙안지서로 사용되었다. 6·25전쟁 때 불탔으나 근래에 현재의 건물로 복원했다. 객사 동쪽에는 빙허루(憑虛樓)라는 누각이 있었다는 기록이 있다. 그밖에도 낙안읍성에는 행정을 위한 여러 공공시설들이 있었는데, 이청(吏廳: 향리들이 집무하는 건물)·호방청(戶房廳: 호구 관리 등의 행정을 하는 건물)·훈련청(訓鍊廳: 군사들의 훈련을 위한 건물)·사령청(使令廳: 관아의 심부름을 하던 사령들의 건물)·장청(將廳: 장교들의 건물)·사창(社倉: 곡물 대여기관)·향사당(鄕射堂: 수령의 정무 보좌기관) 등의 업무용 건물과, 사직단·성황사(城隍祠: 읍성의 수호신인 성황신에게 제사 지내는 곳)·여제단(厲祭壇: 후손이 없어 제사를 받지 못하는 귀신에게 제사 지내는 곳) 등의 공식적인 제의(祭儀) 장소들이 있었다.

아쉽게도 이것들은 옛 지도 등 기록에만 나타날 뿐 지금은 흔적조차 남아 있지 않다. 이런 시설들이 있다면 낙안은 훨씬 도시다웠을 것이다. 근대기에는 읍성 안에 면사무소·국민학교·우체국·보건소·지서·농협·농협창고·교회 등의 공공건물이 지어졌는데, 그것들 또한 읍성을 복원하느라 철거하여 지금 동서로 주변은 허전하기 그지없다. 특히 객사 주위는 만주벌판이 되었고, 그 자리에 난데없이 놀이마당이 들어섰다. 이 놀이마당은 우리가 상상력을 동원해서 옛 도시의 모

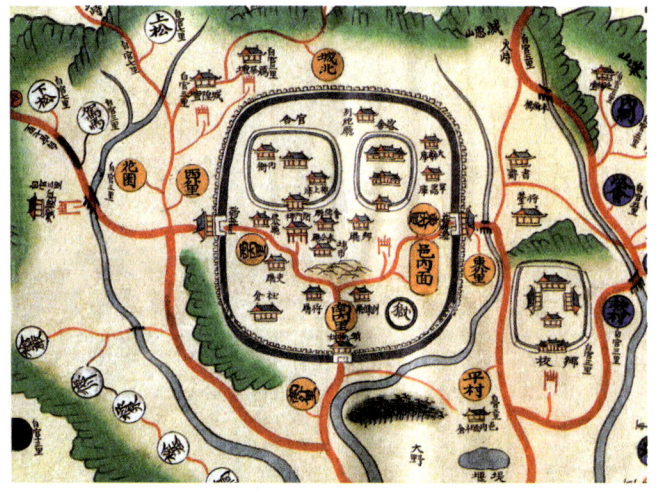

낙안군 지도(부분) 행정용 건물과 제의 장소 등 지금은 사라진 읍성의 공공시설들이 표기되어 있다. 1872년(고종 9), 서울대학교 규장각 소장.

습을 그리는 데 방해만 될 뿐이다.

T자형 간선로를 제외한 낙안읍성의 길들은 완만한 자유곡선형의 좁은 골목길이다. 주택들은 대부분 이런 좁은 골목길에서 연결된다. 따라서 골목길들은 공적인 성격의 T자형 길과 달리 개인 혹은 공동의 공간이다. T자형 길과 골목길의 성격이 다름은 길의 생김새뿐만 아니라 그것들에 면한 돌담의 높이에서도 드러난다. 골목길에서 연결되는 집들의 담은 그 높이가 대개 눈높이 정도인 데 비해, 남북로에 면한 집들의 담은 처마 아래까지 빈틈없이 쌓여 있어 길에서 집 안이 조금도 들여다보이지 않는다.

개인과 공동공간으로 구성되는 주거지는 고리형 길과 그것에서 갈려나간 막다른 골목들로 미로같이 짜인다. 배치도를 보면 주거지의 모습이 마치 직물의 조직 같다. 그래서 주민들이야 그럴 리 없겠지만 답사자들은 주거지에서 길을 잃기 십상이다. 동서남북 기본 방위를 잇는 T자형 길이 상징성과 높은 위계를 갖는 데 반해, 고리형 골목길은 어떤 위계도 없는 평등한 형상이다. 주로 하나의 성씨를 가진 사람들이 모여 살면서 뚜렷한 문중의 위계질서를 이루는 씨족마을과 달리, 평등한 길로 짜인 낙안의 주거지는 여러 성씨의 관속(官屬: 관아에 딸린 아전, 군교

軍校, 하인들)과 서민들이 비교적 평등하게 살았던 터전이다.

이렇게 낙안읍성에서는 공공건물들이 이루는 공적인 영역이 T자형 길을 따라 선(線)으로 펼쳐지고, 일반 주택들로 이루어진 사적인 영역은 공적 영역의 이면에 면(面)으로 자리한다. 그래서 낙안읍성에서는 공(公)과 사(私)가 적절히 나뉘면서도 지나치게 분리되지 않고 조화롭게 공존했다. 이와 달리 대규모의 현대 도시들은 서로 다른 기능을 가진 면들로 분할되어 있다. 서로 다른 성격의 영역들을 구분해 배열하는 근대 도시계획의 결과다. 그런데 이런 공간구성 방식은 서로 의존적일 수밖에 없는 여러 기능들을 단절시켜 오히려 도시생활을 불편하게 만든다. 우리는 성격이 다른 영역들을 선과 면으로 배열한 낙안읍성의 수준 높은 방식에서 새로운 도시계획의 해법을 찾을 수 있다.

골목길 양옆으로 눈높이 정도의 돌담이 이어지는, 부드러운 곡선형의 길이다.

시장은 성안에, 향교는 성 밖에

도시는 물품을 유통시키는 중심지다. 그래서 중국, 일본, 인도, 이슬람, 유럽 등 중세부터 오늘날까지 거의 모든 문화권의 도시에서 시장은 핵심적인 구성요소이며 도시생활의 중심이다. 우리의 역사도시도 예외는 아니어서, 함경도 내륙지방 등 일부 외진 곳을 제외하고는 거의 모든 고을에 시장이 있었다. 그런데 매일 열리는 상설시장만 있는 아주 큰 고을들을 제외하면, 대부분의 고을에는 대개 닷새마다 열리는 정기시장인 장시(場市)가 있었다.

우리 사회의 독특한 시장 형태라 할 장시는 일찍이 15세기 말에 생겨났다. 장시는 물건을 매매하는 장소였을 뿐 아니라 정보 교류의 장이기도 했다. 일제강점기에 항일운동이 대개 장날을 기해 일어났던 것도 이 때문이다. 농촌지역에서 자라난 40대 이상들은 분을 바르고 곱게 치장하신 어머니의 손을 잡고 또는 아버지 자전거 뒤에 앉아서 장으로 향했던 기억이 있을 것이다. 그런데 장에서 돌아올 때의 기억은 어떤가? 물건을 한 아름 사가지고 온 기억보다, 막걸리에 취해 동네 아저씨들과 비틀거리며 돌아오는 아버지, 한동안 가지 못한 친정 동네 소식에 눈물짓는 어머니의 얼굴이 더 선할 것이다. 우리는 장을 '본다'고 말한다. 전통적으로 그것은, 동물이 먹잇감을 사냥하듯 좋은 물건을 싸게 사는 데만 초점을 맞추는 요즘의 대형마트식 쇼핑과는 다른, 사회성이 강한 활동이었다.

낙안에서는 남북축과 동서축이 T자형으로 만나는 지점에서 장시가 열렸다. 읍성에서 가장 목이 좋은 곳이다. 상설시장과 달리 장시는 정기적으로 일정한 공간을 점유하여 사용할 뿐 상설점포를 두지는 않는다. 낙안읍성의 장터에도 소수의 점포가 있었을지는 모르나, 고정적인 상업시설은 별반 없었다. 이에 따라 상인들도 읍성 안에 모여 살 필요가 없었다. 장날엔 관아에 물건을 납품하러 온 사람들, 물건을 팔러 온 상인들, 주변 지역에서 물건을 사고팔려고 온 농민들, 그리고 그야말로 장을 '보러' 나온 사람들로 동서로변의 장터가 꽤 붐볐다. 그러나 땅거미가 질 무렵 장이 파하고 나면 상인들도, 장보러 온 사람들도 흩어지고 장터는 다시 텅 빈 공간이 된다. 그래서 장시를 '허시(墟市)'라고도 한다.

지금은 장터에 주막 몇 곳이 복원되었는데, 그곳에서는 낙안읍성의 별미로 재미있는 음식을 하나 팔고 있다. '팔진미(八珍味)'라는 것인데, 성안을 비롯하여 읍성의 풍수를 이루는 주변 산과 물에서 나는 재료로 이루어진다. 곧 팔진미는, 성안 남내리의 미나리, 서내리의 녹두묵, 진산인 금전산의 석이버섯, 좌청룡인 오봉산의 도라지, 우백호인 백이산의 고사리, 읍성 남동쪽 제석산의 더덕, 성북리의 무, 그리고 불재(금전산 동쪽 고개) 아래에 있는 용추의 민물고기 등 여덟 가지로 만든다. 예전에는 그렇지 않았겠으나 지금은 이 음식이 일인분에 만 원을 받는 고급음식이 되었다. 게다가 관광지가 된 탓인지 일인분은 팔지도 않는다. 이 오래된 도시가 자연과 격리되면서 덕을 본 것은 팔진미밖에 없는 것 같다.

장시와 성격이 대조적인 시설이 향교이다. 전자는 조선시대에 천히 여겼던 상업의 장소이고, 후자는 귀하게 여겼던 학업의 장소다. 지방의 고등교육기관이었던 향교는 모든 고을에 하나씩 설치되었는데,《경국대전》에 따르면 군에 설치된 향교의 정원은 50명이었다. 향교는 대개 시장과 관아가 있는 번잡한 성안에서 벗어난, 비교적 한적한 곳에 자리 잡았다. 그런 곳이 공부하기에 더 적당했겠지만, 이런 향교의 입지 선정에는 감독기관에서 멀리 있으려는 의도도 작용한 것으로 보인다. 수령은 향교를 지원하는 임무와 함께 교관과 생도에 대한 감독권도 가지고 있었다.

낙안향교는 읍성의 남동쪽, 벌교읍 방면으로 800m 정도 떨어진 교촌리의 언덕에 자리 잡았다.《낙안읍지》에 따르면, 이 향교는 1658년경(효종 9) 읍성 동쪽에 있는 농암등에서 이리로 옮겨왔다. 낙안향교는 앞쪽에 공부를 하는 강학공간인 명륜당(明倫堂)을, 뒤쪽에 제사를 지내는 배향공간인 대성전(大成殿)을 둔, 이른바 전학후묘(前學後廟)의 전형적인 배치 방식으로 구성되었다.

향교의 외삼문(外三門: 향교 등의 바깥대문)을 향해 골목을 오르다 보면 담 안에 노란 잎으로 단장한 은행나무가 가장 먼저 눈에 띈다. 은행나무는 우리나라와 중국·일본에서만 자라기 때문에 동아시아를 상징하는 나무라고 할 수 있는데, 이것을 유교적 공간에 심는 것은 공자가 은행나무 아래에서 제자들을 가르친 데서 비롯되었다. 은행나무는 특히 가을날에 샛노란 낙엽을 뿌리며 유교공간에 운치를 더해준다. 이 은행나무는 명륜당 오른쪽 뒤에 있는데, 향교를 이리로 옮겨 지을 때 심은 것이라 하니 낙안향교 역사의 산 증인이다. 1658년생이니 350살이 넘었다. 그런데 이 정도의 나이로는 명함을 내밀지 못한다. 은행나무는 천 년을 넘기고도 생식활동을 계속하여 열매를 맺으니[7] 이 나무는 나이든 축에 끼지도 못한다. 이 은행나무는 향교 건물들과 함께 시도기념물로 지정되었다.

뜻밖의 장소에 자리 잡은 옥

다른 공공시설들은 동서로의 북쪽 또는 T자형의 주도로에 면해 있는데 옥만은 예외로 남북로의 조금 안쪽, 주거지 속에 자리 잡았다. 옥은 최근 전면 5칸의 우진각지붕(앞뒤로는 사다리꼴 모양, 양옆에는 삼각형 모양의 지붕판이 설치되는 지붕 형식)으로 복원되었다. 다른 관청 건물들은 팔작지붕인데 옥을 우진각지붕으로 한 것은 그것의 위계를 좀 낮게 보았기 때문인 듯하다. 옥에 들어가면 툇마루를 따라서 일렬로 감방들이 배열되었고, 그 안에 칼(중죄인에게 씌우던 형틀)을 쓴 죄인을 비롯해 다양한 모형들이 설치되었다.

낙안읍성의 옥에서 궁금한 것은 무엇보다도 그 위치다. 옥은 주민들이 일상적으로 사용하는 시설이 아니니 큰길에 면해 있을 필요는 없겠으나, 굳이 주거지 속으로 들어가 있는 것은 의외였다. 사람 키를 넘는 높은 돌담을 둘러서 주위 민가들과 구분해놓기는 했지만 아무리 보아도 옥이 주민들의 눈에 너무 잘 띄는 곳에 있다. 감옥을 늘 가까이에서 보고 싶은 사람이 어디 있겠는가? 서유구는 《임원경제지》〈상택지〉에서 집터로 피해야 할 아홉 곳 중 하나로 옥문을 마주 보고 있는 곳을 꼽았다. 요즘에도 감옥은 일종의 혐오시설로 인식되어 도시 중심이 아니라 변두리 어디에 숨어 있지 않은가?

옥의 위치에 대한 의문을 풀기 위해서는 옛 도시가 만들어졌던 때로 돌아가 볼 필요가 있다. 우리가 익히 알고 있는 감옥은 갑오경장 이후 서구에서 도입된 새로운 형벌인 자유형(자유를 박탈하는 벌)에 바탕을 둔 것이다. 조선시대까지 감옥은 오늘날의 감옥보다는 유치장에 가까운, 재판이나 형 집행을 기다리는 사람들을 감금해두는 곳이었다. 구금된 사람들은 죄의 경중에 따라 직급이 다른 관리가 내리는 판결에 의해 형을 받았다. 수령은 곤장을 때리는 태형(笞刑)과 장형(杖刑)을, 관찰사는 징역형인 도형(徒刑)과 귀양 보내는 유형(流刑)을, 그리고 국왕은 사형을 재결했다. 이들 태·장·도·유·사형을 오형이라고 하는데, 이것들의 집행은 모두 옥 이외의 장소에서 이루어졌다.

낙안읍성의 옥이 어떤 이유로 주거지 안에 들어왔는지는 불분명하다. 그러나 결과적으로 그것이 주거지에 있음으로 해서 일종의 교육 효과가 있었던 것은 분명하다. 사람들은 원하든 원치 않든, 죄인들이 옥으로 끌려들어가고 판결을 받기 위해 끌려나오는 장면을 보면서 왕의 절대권력이 살아 있음을 느꼈을 것이다. 옥은 왕명에 대한 불복의 대가를 보여주는 곳이므로, 그것은 왕권을 상징하는 또 하나의 시설이다. 그래서 개념적으로 보면 옥은, 읍성에서 왕권을 상징하는 중심시설이자 왕명의 시작점이라 할 객사에 부속된다. 이러한 두 시설의 주종관계는 옥이 객사의 앞쪽 축선 위에 자로 잰 듯 정확히 놓인 데서 상징적으로 드러난다. 이는 두 시설의 상징 의미를 간파한 누군가가 은밀하게 계획한 결과일 것이다.

그럼, 현대 도시에서는 왜 감옥이 어디론가 숨은 것일까? 이에 대해서는 미셸 푸코(Michel Foucault)의 책 《감시와 처벌》이 참조가 된다. '감옥의 역사'라는 부제가 붙은 이 책에서 푸코는, 서양에서 근대 시기 곧 18세기에서 19세기로 넘어가는 전환기에 와서 형벌제도가 이른바 신체형에서 자유형으로 바뀌었음을 지적한다. 근대 이전에는 군주의 권위에 도전하는 사람들을 공개적으로 잔혹하게 처벌하여 절대권력을 과시했지만, 근대에 와서는 그것이 오히려 군중을 자극하는 등 부작용을 가져온다. 따라서 근대의 권력은 자신의 모습을 드러내지 않으면서, 사회체제에 저항하는 사람들을 수도원의 독방 형태를 본떠 만든 감옥에 고립시켜 재교육하기 시작한다. 감옥은 형 집행을 기다리는 대기소가 아니라 죄인을 외부세계로부터 격리시켜 교정하는 곳이 되었고, 따라서 그것을 일반인들의 눈에 띄는 곳에 둘 이유가 없었다. 그래서 오늘날 감옥이 우리의 시야에서 멀어지게 된 것이다. 낙안읍성과 현대 도시의 감옥은 공공시설의 입지가 사회제도에 따라 달라지는 예를 보여준다. 공공시설과 사회제도를 동시에 의미하는 'institution'이라는 영어 단어가 말해주듯이, 공공시설에는 사회제도가 구현되어 있는 것이다.

샘과 미나리꽝

샘은 물을 도시로 받아들이는 곳이고, 미나리꽝은 빗물 그리고 부엌이나 샘 앞의 빨래터에서 사용한 물 등 성안에서 발생한 하수를 모아서 거른 후 성 밖으로 내보내는 곳이다. 이 둘은 도시 수체계의 시작과 끝을 이룬다. 《문종실록》 문종 원년(1451) 8월의 기록을 보면, 낙안읍성 안에 샘 두 곳과 작은 못 두 개가 있었다고 한다. 어찌 보면 사소한 샘과 못이 분명히 기록된 데서 그것들이 읍성에서 매우 중요했음을 짐작할 수 있다. 기본적으로 방어기능을 가진 읍성에서 성문을 걸어 잠그고 오랫동안 적과 대치하기 위해서는 물을 안정적으로 얻는 것이 무엇보다 필요했으므로, 샘은 다른 어떤 요소 못지않게 중요했다.

주민들이 공동으로 사용하는 샘은 사회적 성격을 갖는다. 문중의 공동시설로 정자와 재실 등이 설치되는 여느 씨족마을과 달리, 낙안읍성에는 샘과 그 앞에 마련된 빨래터를 제외하면 별다른 공동시설이 없다. 과거에 한 샘물을 나누어 마시는 것은 한솥밥을 먹는 것에 버금가는 공동체적 경험이었다. 낙안읍성의 주거지에서 샘과 빨래터는 골목길이 만나는 곳에 조성됨으로써 접근성이 좋은 사회적 공간이 되었다. 그곳에서는 동네 여성들이 자연스럽게 접촉했고, 다른 데서 하지 못하는 수다를 쏟아내면서 생활의 스트레스를 해소하기도 했다. 특히, 젊은 아낙들은 빨랫방망이를 휘두르며 시어머니에게 받는 시집살이의 고충을 덜곤 했다.

현재 공동샘은 주거지의 남쪽 부분, 지대가 비교적 낮은 곳에 일정한 간격으로 3개가 있다. 샘터는 그것을 둘러싼 주변보다 낮게 조성되어서 물을 푸려면 계단을 몇 단 내려가야 한다. 이렇게 지대가 낮은 곳에 샘을 마련한 것은, 읍성을 행주형으로 보는 풍수지리의 해석에 따라 깊은 우물을 파는 대신에 지대가 낮아 지하수가 자연스럽게 용출하는 곳을 찾았기 때문이다.

미나리꽝은 성안의 남쪽 끝부분에 몇 개가 모여 있었다. 성안은 남쪽으로 완만하게 낮아지는데, 미나리꽝이 있는 곳은 성안에서 가장 낮은 곳에 해당한다. 따라서 성안의 빗물과 하수는 자연 경사를 타고 미나리가 우거진 미나리꽝 안으로 모인다. 우리나라 전역에 자생하는 미나리는 음식으로도 좋지만 뛰어난 수질 정화기능, 특히 중금속을 해독하는 기능을 가진다. 모아진 하수는 미나리꽝에 머무는 동안 고형물이 침전되고 자연정화된다. 이렇게 정화된 물은 미나리꽝 바로 앞에 있는 성벽 아래의 하수구를 통해 성 밖으로 나가 금전산 계곡에서 흘러내린 물과 합류한다.

내가 2004년 3월 23일에 낙안읍성에 다시 갔을 때, 미나리꽝에서 동네 아주머니들이 모두 검은색 장화를 신고 무언가 작업을 하고 있었다. 무슨 일인지 물어보니, 관리가 힘들어서 미나리를 캐내고 연을 심고 있다고 한다. 다른 미나리꽝들은 이미 말끔한 못으로 바뀌었고 낙안의 마지막 미나리꽝마저 연못으로 바뀌는 순간이었다. 그때 내 머릿속에는 '장터에서 파는 팔진미 값이 더 오르겠군' 하는 생각이 들었다. 그러나 더 큰 문제는, 관리를 위해 주거지에서 발생한 하수의 유입을 차단하고 연못을 깔끔하게 정리하는 것이 오히려 연못을 중심으로 한 하수 처리 시스템을 파괴한다는 데 있었다. 옛 도시의 모습을 외관으로만 판단하고 알량한 위생관념이나 관리 목적을 내세우다 보니, 특별한 의미를 지녔던 미나리꽝이 낙안읍성에서 모두 사라지게 된 것이다.

샘과 빨래터 골목길이 교차하는 지점에 지대를 낮추어 마련된 샘과 빨래터는 여성들의 사회적 공간으로 언제나 깔끔하게 관리된다.

읍성 대 향촌

성벽에 올라 잠시 발걸음을 멈추고 읍성을 내려다보니 관아 건물 이외의 일반 주택은 거의 모두 초가다. 전통마을에서 익히 보아온 반가와 민가의 대비는 보이지 않고 집들은 크기와 구성, 재료, 색채에서 모두 통일성이 강하다. 초겨울에서 초봄 사이, 새로 이은 초가지붕으로 낙안읍성은 밝게 빛난다. 황갈색의 초가지붕을 회갈색 담과 흑갈색 땅이 받쳐주고 있어, 초가지붕은 이른바 명도 대비를 이루며 읍성의 분위기를 더욱 명랑하게 해준다. 땅에서 위로 갈수록 색의 명도와 채도가 같이 높아지면서 생기는 가볍고 활기 있는 분위기가 겨울의 스산함을 몰아내주어 낙안읍성은 겨울 내내 따스함을 유지한다.

그럼, 과거 이 초가집들에는 누가 살았을까? 물론 양반층은 살지 않았을 것이다. 또한 상설시장이 없던 읍성 안에 상인들이 살았을 리도 없다. 그 집들에 산 사람은 읍성에 직장을 둔, 향리를 비롯한 각종 관속과 평범한 농민들이었다. 낙안읍성이 1575년(선조 8)에 군(郡)의 지위를 회복한 뒤, 낙안군수는 19세기 말까지 순천진관 병마동첨절제사(順天鎭管兵馬同僉節制使: 순천진의 육군 통수권을 가진 무관)를 겸했다. 따라서 낙안읍성에 거주한 관속과 병졸들의 수가 상당했다. 그럼, 양반들은 다 어디로 간 것일까?

양반들은 성에서 떨어진 지역에 씨족마을을 이루고 살았다. 이렇게 지방관과 관속이 있는 고을에서 벗어나 양반들이 거주한 지역을 흔히 향촌(鄕村)이라고 부른다. 향촌의 실질적인 지배자인 양반들은 중앙정부에서 파견된 관리나 읍성 안에서 뿌리를 내리며 세력화되었던 향리들과 굳이 가까이 있고 싶지 않았을 것이다. 한편, 조선 후기 이후 대부분의 향리가문은, 그 사실 여부에 관계없이 자신들이 양반가문이었다가 몰락하여 향리가문이 된 것으로 믿고 있었다.[8] 그런 향리들에게 화려한 관직을 경험하고 고향으로 내려오는 양반들은 열등감만 불러일으킬 뿐 가까이하고 싶은 상대는 아니었을 터이다. 이렇게 향촌의 양반, 그리고 읍성의 관리들은 서로 가까이하기엔 너무 먼 당신이었다. 특히 권세 있는 양반들은 대개 많은 토지와 노비를 소유한 지주층으로서 조세문제 등으로 관과 마찰을 빚곤 했다.

낙안읍성의 집들 규모, 공간 구성, 재료, 색채 등에서 통일성이 강하다. 초가지붕을 새로 이은 겨울철이나 초봄에는 읍성의 분위기가 더욱 밝고 맑다.

따라서 양반층은 껄끄러운 상대가 있는 읍성을 벗어난 곳에 거주했을 뿐 아니라 읍성 출입도 자제했다. 이는 낙안읍성뿐 아니라 모든 읍성에서 공통적인 현상이었다. 《택리지》를 보면 평양읍성에도 관속과 평민들만 거주한 것으로 묘사되어 있다.

> 내성(內城)에는 관청과 관속의 집이 있고 평민들은 모두 외성에 모여 산다.⋯⋯ 땅에 가득한 여염집이 이(외성) 안에 있다.⋯⋯ 집들이 빗살처럼 촘촘하고 시장거리의 가게가 번화하다.[9]

당시 양반층은 지식을 독점하고 이른바 고급문화를 주도했다. 그런 계층이 거주하지 않음으로써 읍성은 풍부한 도시문화의 산실이 되기 어려웠다. 이는 지배 엘리트 계층이 다른 계층들과 같이 도시 안에 거주함으로써 중세기에 이미 도시가 고급문화의 주 생산지가 된 서양의 상황과 대조된다. 이런 생각을 하니, 동헌 앞의 설치물들이 다시 보기 싫어진다. 엉덩이 살을 드러내고 엎드려서 곤장을 기다리는 그 모형들이 속도 없이 읍성의 빈약한 문화를 드러내는 것 같아서다.

유럽의 중세 성곽도시는 사회·경제·문화적으로 모두 주변 지역보다 우위에 있었다. 그러하니 점차 그리로 많은 인구가 몰려든 것은 어쩔 수 없는 현상이었다. 그래서 성안은 포화상태가 되었고 결국 성벽을 밖으로 계속 추가하지 않으면 안 되었다. 이와 달리, 주로 행정기능을 갖는 읍성에는 특별히 인구가 유입될 만한 요소가 없었다. 더욱이 사회생태학적으로 갈등관계에 있는 계층들이 공존하지 않았기 때문에, 읍성은 공간적으로 또 사회적으로 안정된 도시가 되었다. 물론 이에 따라 읍성 주변 지역의 도시화는 상대적으로 더디게 진행되었다. 이런 면에서 서양의 도시를 다양성과 변화의 중심이라고 한다면, 우리 옛 도시인 읍성은 상대적으로 동질성과 안정의 중심이라고 볼 수 있다.

옛 도시의 주거 디자인

이제 T자형 간선로 이면에 있는 주거지 안으로 들어가보자. 이곳의 집들 절반 정도가 단 한 채로 이루어져 있다. 그밖의 집들도 살림채를 두 채 가진 경우는 드물고 대개 안채에 헛간채가 딸린 정도다. 건물은 간혹 ㄱ자형도 있으나, 남부지방 민가들이 그렇듯 거의 대부분 일자형이다.

언뜻 보면 다 그만그만한 집들이지만 좀 더 유심히 살피면 서로 조금씩 다름을 알 수 있다. 이곳에는 부엌, 큰방, 작은방 등 3칸이 나란히 배열된 초가삼간이 많다. 한 가지 특이한 점은, 다른 지역에 있는 3칸 집은 부엌에서 방 2개를 동시에 난방하도록 구들을 놓으나, 낙안읍성의 몇몇 집에서는 작은방 앞에 아궁이를 따

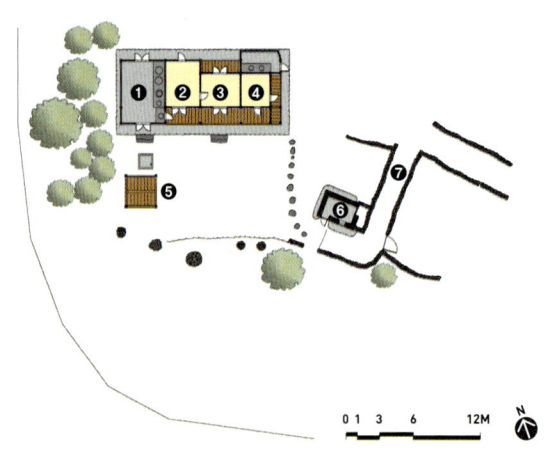

곽금석가옥 배치 평면도
❶ 부엌
❷ 큰방
❸ 도장
❹ 작은방(건넌방)
❺ 정자
❻ 헛간
❼ 고샅

로 두고 큰방과 별도로 난방을 한다. 이런 집에서는 여름철에 부엌에서 밥을 하더라도 작은방은 난방이 되지 않아 모든 방이 한증막이 되는 것을 피할 수 있다. 이럴 경우 작은방 앞의 아궁이 위에는 툇마루를 두기가 곤란하므로, 큰방 앞과 작은방 출입문까지만 툇마루를 설치한다. 이전에는 이곳 초가삼간들이 대개 이런 모습이었을 터이나, 지금은 작은방 앞에 아궁이를 없애고 모두 툇마루를 설치하여 이런 특징을 찾아보기가 어렵다.

낙안읍성에서 초가삼간 다음으로 많은 주택 형식은 4칸 집이다. 그것은 3칸에 대청을 하나 추가한 꼴인데, 대청은 큰방과 작은방(건넌방) 사이에 들어간다. 중부지방의 민가에서는 대청 앞쪽에 창문이 아예 없는 경우가 많지만, 여기서는 온돌방처럼 띠살문(열십자형의 살로 나누고 창호지를 붙인 문)을 설치했다. 그래서 문을 열어보지 않고서는 그것이 온돌방인지 대청인지 구분하기가 어렵다. 대청 앞쪽을 이렇게 처리한 것은, 그곳을 생활공간보다는 수확한 곡물의 수납공간으로 쓰기 위해서다. 그래서 이곳에서는 대청을 흔히 '도장'이라고 부른다.

4칸 집에서 작은방, 곧 건넌방은 사랑방과 같은 위상을 갖는다. 따라서 방의 마구리 쪽으로 문을 내어 옆에서 출입함으로써 건넌방을 다른 부분과 어느 정도 구분한다. 건넌방을 난방하는 아궁이는 방 뒤쪽에 설치하는 것이 보통이다.

옥 바로 뒤에 있는 동내리의 박의준가옥이 4칸 집에 해당한다. 19세기 중엽에 지어진 이 집은 아전의 대표격인 이방(吏房: 인사관계 실무를 담당한 향리)의 집이었다. 400여 평에 달하는 너른 대지에 부속채를 한 채 거느린 이 집은 성안에서 멋을 부린 축에 들어서 중요민속자료로 지정되었다. 한때 이 집의 본채와 부속채는 각각 슬레이트와 일식(日式) 기와지붕으로 되어 있었다. 본래는 다른 집들과 마찬가지로 모두 초가지붕이었으나 1955년경 현재의 주인인 박의준 씨가 초가지붕을 걷어냈기 때문이다. 최근 이 집은 본래의 모습으로 복원되었다. 그런데 조선시대 호구조사표를 보면, 4칸인 이 집의 본채가 초가삼간이라고 기재되어 있다. 당시는 이 정도의 4칸 집을 초가삼간과 별 차이가 없는 집으로 생각했던 모양이다. 이런 사실에서, 읍성의 주도세력인 향리의 주거가 일반 평민의 주거보다 다소 나았을지언정 지붕 재료나 집의 규모에 큰 차이는 없었음을 알 수 있다.

성안 서쪽 모퉁이에 있는 곽금석가옥도 4칸 집이다. 이 집에서는 입구에 있는 헛간채의 삿갓 모양 지붕이 눈길을 끈다. 꼭대기에 상투를 튼 채 약간 삐딱하게 얹혀 있는 지붕에서 수평과 수직을 맞추려는 상박관님 내신 여유와 해학이 느껴진다. 그런데 그 지붕을 잘 보면 뒤의 금전산과 닮은꼴이다. 이 집의 미학 역시 친숙한 주변 경관에서 비롯되지 않았을까? 이는 당시 건설자들의 잠재의식에 관한 문제여서 딱 부러지게 증명하기는 어렵지만, 당시의 도시 만들기가 넓은 범위의 자연과 긴밀히 관련되었음을 고려할 때 개연성이 있으리라고 본다.

곽금석가옥은 직각으로 두 번 꺾인 골목길을 통해 집 안으로 들어가게 되어 있다. 이런 좁은 골목을 이 지역에서는 '고샅'이라고 부른다. 진입로인 고샅을 굴절시킴으로써 마을공간에서 집이 시각적으로 차단됨은 물론, 물리적으로 가까이 있는 집과 마을공간 사이에 심리적인 거리감이 형성된다. 그래서 이 집에는 허술한 사립문조차 없다. 이런 독특한 골목의 처리는 높은 밀도의 도시 주거지에서 집의 사생활을 유지하는 좋은 방법이다. 대문만 열면 길에서 집 안이 훤히 들여다보

담과 건물 외벽의 조화 돌로 쌓은 담과 돌과 흙으로 쌓은 건물 외벽이 서로 맞대어 이어짐으로써 두 종류의 거친 재질감이 어우러진다.

이는 요즘 주택과 비교해보면 훌륭한 건축적 처리다. 이로써 낙안읍성에서는 얄팍하고 단조로운 공간이 아니라 변화 있고 흥미로운 주거지가 만들어졌다.

제한된 토지에 좀 더 많은 집들을 집어넣으려는 생각, 곧 주거지의 밀도를 높이려는 시도는 다른 데서도 발견된다. 집 안에 텃밭이 별로 없으며, 성벽을 민가의 담으로 활용하여 공간의 낭비를 없앴다. 또 길에 면한 집들에서는 건물 밖으로 담을 두르기보다 건물 외벽이 담을 겸하도록 하여 외벽과 담 사이에 생기는 애매한 공간을 없앴다. 따라서 낙안읍성에서는 돌로 쌓은 담과 돌과 흙으로 쌓은 건물 외벽이 서로 맞대어 이어짐으로써 두 종류의 거친 재질감이 어우러진다.

주택에서 뒤꼍은 여름철에 부녀자들이 목욕을 할 정도로 내밀한 공간인데, 낙안의 많은 집들에서는 안마당에서 뒤꼍을 직접 출입하는 것이 불가능하고 부엌이나 안방 혹은 대청을 통해서만 뒤꼍에 들어갈 수 있다. 뒤꼍 주위에는 유독 높은 담을 두르고 키 큰 나무를 심어 외부 시선을 차단하고 있다. 이는 밀도가 높아짐으로써 발생하기 쉬운 사적 공간 침해를 방지하려는 디자인이다.

마당도 밀도를 높이기 위해 독특하게 구성되었다. 보통 우리의 민가에서는 안마당과 바깥마당이 구분되고, 안채와 부속채로 둘러싸인 안마당은 생활공간으로, 바깥채 혹은 사랑채 바깥쪽에 조성되는 바깥마당은 농작업공간으로 사용된다. 그런데 낙안읍성의 민가에서는 바깥마당을 따로 두지 않고 너른 안마당에 경사를 이용해 단의 차이를 둠으로써, 그것을 안마당과 바깥마당 성격을 갖는 두 부분으로 살짝 구분하고 있다. 내가 영화 〈아름다운 시절〉(이광모 감독, 1998)을 보면서 낙안읍성에 있는 집임을 쉽게 알아본 것도 이런 독특한 마당 구성 방식 때문이다. 밀도를 높이려는 이런 모든 노력들은 읍성이 도시이기 때문에 나타난 현상으로, 보통의 농촌마을에서는 찾아보기 힘든 모습이다.

과거의 도시가 현재의 시골로

낙안읍성의 동문 쪽에 널찍한 주차장이 있다. 그곳에 차를 대고 동문으로 들어가

민가의 마당 구성 영화〈아름다운 시절〉이 촬영된 집으로, 마당에 단차(段差)를 두어 두 부분으로 나누었다.

자마자 사람들은 감탄사를 터뜨린다. "야! 아직 이런 곳이 있었나?" 2천 원의 입장료를 내면 타임머신을 타고 과거로의 시간여행이 시작된다. 그러나 이 여행은 성장을 멈춰버린 도시를 밟는 슬픈 여행이다. 낙안은 공주, 부여, 경주, 전주 같은 도시들처럼 현대의 도시로 진화하지 못하고 근대기에 성장을 멈추었다. 그후 낙안읍성은 민속마을로 묶여 그곳의 시계는 억지로 수백 년 전으로 돌려졌다. 낙안읍성은 더 이상 살아 있는 도시가 아니다.

낙안읍성이 벌교를 관할하던 상황은 1910년에 역전되어 낙안군은 순천군과 보성군에 나뉘어 편입되고 낙안읍성은 낙안면 소재지로 전락한다. 낙안 사람들은 이렇게 하나의 군을 토막 내어 행정구역을 개편한 것이 당시 일제의 의도였다고 생각한다. 일제에 비판적인 낙안을 약화시키려고 일부러 그랬다는 것이다. 실제로 1919년 3·1운동 때 낙안에서 전남지방에서 가장 치열했던 만세운동이 일어났다. 당시 낙안의 청년들은 일본 헌병들과 혈투를 벌여 장터가 피로 물들었다고 한다. 또한, 민족종교인 대종교(大倧敎)를 창시하고 1916년 황해도 구월산에서 일제의 학정을 통탄하는 유서를 남기고 자결한 나철(羅喆)도 낙안 사람이다.

　　추락하는 낙안 대신 부상한 곳이 벌교다. 왜구를 피하느라 내륙으로 좀 들어가 자리를 잡은 낙안이, 교통의 비중이 큰 근대 시기 특히 식민지와 자국의 연결을 중시한 일제하에서 바다에 면한 벌교를 당해내기는 어려웠다. 벌교는 전남 내륙에서 생산한 곡물을 반출해가는 식민 도시로 부상했다. 더욱이 1922년에 개통된, 순천과 광주를 잇는 경전선이 낙안을 피해 벌교를 지남에 따라 수운과 육운이 모두 편리해진 벌교는 지역 중심지로서 그 위상을 굳힌다. 결국 과거 낙안군에 속한 작은 마을에 불과했던 벌교는 읍이 되고, 수백 년 동안 왜구의 피해에 시달리며 수많은 인명을 잃은 낙안은 '지역 중심지'라는 도시의 기능을 내주게 되었다. 현재 낙안은 행정구역상 순천시에 편입되어 있으나, 순천은 멀어서(약 20km 거리) 가까운(약 8km 거리) 보성군 벌교읍의 생활권에 속한다. 낙안읍성 주민들은 벌교에서 장을 보고 하다못해 목욕도 벌교에 나가서 한다.

　　비극적인 근대사를 가진 도시, 낙안은 급기야 1983년 사적으로 지정됨으로써 성장을 멈추고 민속마을이라는 거대한 화석이 되었다. 이 화석 속에서 많은 사람들이 힘겹게 숨 쉬고 있는 덕에 우리는 오늘 살아 있는 희귀한 화석을 볼 수 있다.

정신은 떠나고 물질만 남은 현대 도시

모든 환경이 도시화되어 버렸으니 '무엇이 도시인가'라는 질문은 이제 별 의미가 없다. 앞으로는 더 중요하고 구체적인 질문, 말하자면 '무엇이 인간다운 삶을 위한 도시인가'를 물어야 한다. 이 질문에 답하는 데 낙안읍성이 참조가 될 것이다. 그럼, 낙안읍성에서 본 것들 중에서 현대 도시에서 사라진 것들은 무엇인지 꼽아보자.

　　우리 조상들은 도시를 주변 자연과 관련지어 이해했다. 도시공간에 조각을 하나 설치하더라도 주변 자연을 고려했듯이 도시생활과 자연은 밀접히 연관되었다. 그곳에는 의식(儀式)이 있었고, 그래서 의례의 통로인 남북로가 있었다. 오래된 나무가 돛을 상징하듯 그곳에는 상징의 체계가 있었다. 그리고 그것을 바탕으로 도시의 모양을 해석하여 우물을 파지 말자는 식의 공동 약속을 만들고 지켰다. 또한 옛 도시의 사람들에게는 마음속으로 추모하는 사람이 있었다. 그는 죽어서도 도시를 지켜준다고 생각했다. 그밖에도 모든 사람들이 소원을 비는 신성한 장소들이 있었다. 그러나 대량 생산과 대량 소비를 특징으로 하는 이 시대의 도시에서 이제는 더 이상 그런 전통을 찾아볼 수 없다. 우리는 도시의 전통이 이어지는 길에서 이탈하여 정신은 없고 물질만 남은 도시에 살게 된 것이다.

이 글을 쓰는 도중에 나는 안식년을 맞아 뉴욕주립대학이 있는 미국 버펄로에 오게 되었다. 매우 춥고 눈이 흩날리던 어느 날, 나는 자동차를 손보러 아들과 함께 집 근처 카센터에 들렀다. 시간이 오래 걸린다 하여 집에 가서 기다릴 요량으로 길가로 나왔는데 근처를 한동안 헤매도 횡단보도를 찾을 수가 없었다. 결국 길 건너 집을 빤히 바라보고도 걸어서는 갈 수 없어 1시간 이상을 카센터 부근에서 무료하게 보내야 했다.

    그때, 미국으로 오기 얼마 전 학교 연구실에서 신도시에 있는 집까지 걸어서 귀가했던 기억이 떠올랐다. 40여 분이 걸렸는데, 그 시간은 어린 시절 초등학교에서 산골에 있는 집까지 총총걸음으로 걸었던 시간과 비슷했다. 그러나 길을 걸을 때의 느낌은 백팔십도 달랐다. 나는 그 보행에서 우리 도시가 얼마나 자동차 중심적이고 살벌한지 절실히 느꼈다.

    두 나라의 도시에서 모두 자동차에 밀려난 이 쓸쓸한 경험은 묘한 연결고리를 갖는다. 그것은 모두 자동차 중심의 미국식 도시계획이 만들어낸 부산물이기 때문이다. 이제, 그간 우리가 별 생각 없이 서양의 도시계획 이론을 무조건 받아들이지 않았는지 되돌아보아야 한다. 우리가 배울 것은 그들의 이론이나 도시 그 자체가 아니라, 자신들의 옛 도시를 새로운 도시 이론과 도시 만들기의 토대로 삼으려는 서양 도시 전문가들의 태도일 뿐이다. 미국의 저명한 도시학자이자 문명

비평가인 루이스 멈퍼드(Lewis Mumford, 1895~1990)는 자신의 역저 《역사 속의 도시(The City in History)》를 다음과 같이 마무리한다.

> 우리 시대에 도시를 발전시키기 위한 최우선의 조건은, 애초에 고대 도시 특히 모든 그리스 도시들에 내포되었던 본질적인 활동과 가치를 회복하는 것이다.[10]

4

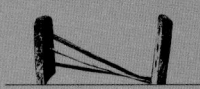

토속 주거에 깃든 평등한 삶

성읍마을

성읍마을의 남북축 1423년(세종 5)에 행정 중심지가 된 성읍마을은 남문과 영주산(멀리 보이는 산)을 중심축으로, 많은 공공시설과 토속적인 분위기가 물씬 풍기는 민가들로 이루어진 읍성이다.

2000년 2월 24일 아침 8시 50분, 제주도에서 열린 학회에 참석하는 동안 나는 짬을 내어 성읍마을을 다시 찾았다. 그날 음산한 날씨 탓이었을까, 성읍에 도착하니 어디 탄광에 온 듯한 느낌이었다. 거무튀튀한 무채색의 독특한 경관은 다소 침울해 보이기까지 했다. 2월 하순이었지만 찬바람이 세차게 불어 체감온도는 육지의 한겨울과 다를 바 없었다. 며칠 전 TV 9시 뉴스에서 제주에 유채꽃이 피었다는 소식이 나와서 옷을 얇게 입고 갔던 터라 더욱 한기를 느꼈다. 아무튼 그때부터 나는 9시 뉴스의 꽃 소식을 믿지 않게 되었고, 제주도가 따뜻한 남쪽나라라는 생각도 바뀌었다. 그리고, 그때 비로소 성읍마을의 집들이 하늘하늘 개방적이지 않고 오히려 다른 지역의 집들보다 묵직해 보이는 이유를 알 것 같았다.

'제주도' 하면 이국적인 분위기가 연상된다. 그래서 제주도는 가장 인기 있는 수학여행지이자 신혼여행지로 꼽혀왔다. 우리는 그곳에 '육지'와 다른 풍토와 문화가 있으리라 기대하며, 마을도 집도 색다르리라 생각한다. 그럼, 제주도의 주거공간과 문화는 육지의 그것과 무엇이 어떻게 다른 것일까?

물이 있는 곳에 마을도 있다

성읍마을은 제주도 서귀포시 표선면 성읍1리, 제주도 동남쪽 표고 125m 지점, 해안에서는 7.5km 정도 떨어진 곳에 위치한다. 성읍마을 뒤쪽으로는 영주산(표고 326.4m)이 있는데, 천미천이 영주산 쪽에서 내려와 마을 동쪽을 휘감고 흘러내려 해안으로 이어진다. 영주산은 성읍마을의 주산이며 마을 사람들에게는 정신적인 지주이다. 한라산, 삼방산, 영주산을 제외하면 제주에서 솟은 것은 다 오름이다. 제주도 말인 오름은 한라산이 화산으로 폭발할 때 생긴 작은 화산체를 이르는데, 성읍마을 주변 곳곳에 오름이 있으나 모두 마을과는 상당한 거리를 두고 있다. 성읍마을은 제법 너른 평원에 위치하며 마을을 직접 둘러싸고 있는 것은 너른 목초지이거나 띠(억새)밭이다. 그래서 마을 사람들은 농업을 위주로 하고 축산업을 겸

원님물통 빗물을 담아두는 못으로 1996년에 복원되었다.

하는 반농반축(半農半畜)을 생업으로 삼고 있다. 이렇게 성읍마을은 산으로 마을 공간이 둘러싸이는 육지의 일반 씨족마을과는 다른 입지 조건을 갖고 있다.

제주도 지도를 펼쳐보면 대부분의 마을이 해안을 따라 자리 잡고 있는데, 지반이 구멍 숭숭 난 현무암층이어서 지하수를 얻기가 쉽지 않기 때문이다. 그러나 성읍마을 자리는 해안에서 상당히 떨어져 있다. 두 군데에 빗물을 담아두는 못이 있어 식수 조달이 가능했기 때문이다. 이같이 물을 얻을 수 있는 우물이나 연못이 있을 때에는 마을이 산지 쪽으로 올라와서 조성되기도 한다. 물이 확보된다면 산지 쪽은 해일이나 해적의 위험이 있는 해안지대보다 더 안전한 주거지가 될 수 있다. 성읍마을처럼 산지에 조성된 마을을 제주도에서는 흔히 '중산간마을'이라고 부른다.

중산간마을에는 '물통'이 있다. 빗물을 받아두는 못을 그렇게 부른다. 성읍의 고평오가옥 입구에는 물이 귀할 때 원님만 마셨다는 '원님물통'이 있는데, 이는 마을에서 그만큼 물을 얻기가 어려웠음을 말해준다. 그밖에 조일훈가옥의 대각선 건너편에 있는 '노다리방죽'도 빗물을 가둬두고 활용하기 위한 시설이다. 이 방죽에는 1970년대 중반만 해도 물이 많아서 말을 먹이고 채소를 씻었다고 하나 지금은 말라붙어 있다.

새촘 빗물 한 방울이라도 아끼려는 생각에서 만들어낸, 빗물 모으는 장치다.

물이 귀한 성읍의 집집에는 빗물을 모으는 재미있는 아이디어 장치가 있다. 나무줄기에 억새를 꼬아 묶고 그 끝을 항아리에 넣어두어 나무줄기를 타고 내려온 빗물이 항아리에 모이도록 한 장치다. '새촘'이라 불리는 이 장치를 보면 '필요는 발명의 어머니'라는 말이 생각난다.

성읍은 마을 자체가 국가지정문화재인 중요민속자료로 지정된 민속마을이다. 성읍1리 중 성안 마을에는 92가구가 있는데, 조일훈·고평오·이영숙·한봉일·고상은가옥 등 중요민속자료로 지정된 주택이 다섯 집이나 있으며, 제주도 지정 민속자료도 다섯 집이다. 또한 민요, 음식 등의 무형문화재도 많아서 성읍은 제주도뿐만 아니라 전국에서 문화재가 많은 마을로 꼽힌다.

그러나 성읍민속마을에는 보통의 마을들에서 느끼는 그런 살아 숨 쉬는 생활의 활기가 없다. 그것은 무엇보다도 많은 집들이 비어 있기 때문이다. 마을의 원형 유지와 주민들의 생활 수용이라는 민속마을의 모순을 풀지 못하고 끙끙대는 사이에 사람들은 하나둘 고향을 떠났다. 활기라고는 마을을 관통하는 길가에 줄지어 있는 음식점과 토산품점에서 새어 나오는 부산한 움직임뿐이다. 하지만 그것은 우리가 마을에서 만나고 싶은 진정한 삶의 활기는 아니다.

성읍마을로 들어가면 마을 중심을 남북방향으로 관통해서 마을공간을 둘로 나누는 큰 도로가 먼저 눈에 들어온다. 이 도로를 보면 전통마을 특유의 아늑함이 아니라 왠지 허전한 느낌이 든다. 이 길은 본래 있던 소로를 일제강점기에 확장한 것인데, 마을에 어울리지 않게 그 폭이 너무 넓다. 일관헌(日觀軒) 뒤쪽, 북쪽 성벽 위에 있었다는 의두정(倚斗亭)이라는 정자를 한 방에 날려버린 이 관통도로는

성읍을 관통하는 허전한 신작로 기괴한 실루엣을 드리우는 팽나무들 사이로 난 이 신작로는 잘못된 시대에 잘못 태어난 불우한 길이다.

식민지의 삶터를 존중하지 않았던 일제의 안타까운 유산이다. 기괴한 실루엣을 드리우는 팽나무들 사이로 난 이 도로를 보고 우리 읍성에도 신작로가 있었다고 지레 짐작하는 사람들이 얼마나 많겠는가? 또한 아무리 상상력이 풍부한 사람이라도 성곽을 차량이 관통하고 관광객들로 어수선한 이런 곳에서 예스런 마을 분위기를 느끼기는 어려울 것이다. 그래서 성읍마을에서는 눈앞에 펼쳐지는 장면에 과거의 모습을 중첩시킬 수 있는 상상력이 요구된다. 이 글이 독자들의 그런 '지적' 상상에 조금이나마 도움이 되기를 바란다.

행정 중심지가 된 중산간마을

제주도는 1416년(태종 16)에서 1914년까지 약 500년 동안 제주목, 대정현, 정의현 등 세 지역으로 나뉘어 통치되었다. 한라산을 가운데 두고, 대체로 지금의 제주시와 북제주군에 해당하는 산 북쪽은 제주목으로, 산 남쪽은 동쪽이 정의현으로, 서쪽이 대정현으로 편제되었다. 정의현청의 소재지는 본래 성산일출봉 쪽에 있는 성산읍 고성(古城)이었다. 그러나 고성이 너무 동쪽으로 치우쳐 있고 왜구의 침범이 빈번해 7년 만인 1423년(세종 5)에 진사리, 곧 지금의 성읍으로 현청이 옮겨 온다. 평범했던 산간마을이 일약 읍치의 지위를 갖게 된 것이다. 그때부터 성읍은 '정의고을'이라고도 불린다.

고을이란 관아 곧, 행정관서가 있던 곳을 말한다. 성읍이 행정 중심지가 되자 주민들의 이동이 빈번해졌고, 그에 따라 강(康)·김·이·홍·고씨 등 여러 성씨가 모여 사는 고을이 되었다. 한편, 왜구들의 노략질은 갈수록 더욱 심해졌는데, 1552년(명종 7) 5월에는 정의현 천미포에 여덟 척의 배에 나누어 탄 수백 명의 왜구들이 상륙하여 조정의 병력을 지원받은 관군이 겨우 격퇴한 일도 있었다. 이러한 사실에서 당시 현청을 해안에서 좀 더 떨어진 성읍으로 옮긴 이유를 이해할 수 있다.

뒤에 성읍리에서 바닷가 표선리로 면소재지가 옮겨갔지만, 성읍이 가진 정의현 고을의 위상은 마을 사람들의 마음속에 여전히 남아 있는 듯하다. 오늘날에도 성읍 사람들은 면사무소가 있는 표선리에 갈 때 '시골 간다'라고 표현한다.

성읍마을은 성벽으로 둘러싸인 읍성이다. 읍성은 동서남북에 성문을 둘 경우 십자형 가로를 골격으로 하고, 동서남에 성문을 둘 경우 그것들을 잇는 T자형 가로를 골격으로 구성된다. 성읍마을은 본래 T자형 가로를 바탕으로 조성되었으나, 동서의 성문을 잇는 길이 직선이 아닌 데서도 알 수 있듯이, 가로체계가 기하학적으로 구성되지는 않았다. 형식적인 구성에 그다지 연연해하지 않고 지형 특성을 존중해 읍성의 주거지를 조성한 것이다.

성읍마을의 성벽은 도읍이 옮겨온 1423년 1월, 주변에서 쉽게 얻을 수 있는 현무암으로 쌓았다. 정의읍성의 규모에 대한 기록은 이원진(李元鎭)이 1652년에 발간한 《탐라지(耽羅誌)》에 처음으로 나타나는데, 성 둘레가 2,986자[尺](약 900m), 높이가 13자(약 4m)라고 기록되어 있다.[1] 성곽의 모양은 동서방향이 남북

성읍의 남문 옹성과 성문 앞 양쪽에 한 쌍씩 배치된 돌하르방으로 인해 입구 영역의 성격이 더욱 뚜렷해졌다.

방향보다 다소 긴 자연스런 장방형이다. 성벽의 폭은 4m 정도로 비교적 넓고, 성곽의 높이는 북쪽이 남쪽보다 높다.

성벽의 남·동·서쪽에는 문루와 옹성을 갖춘 성문이 설치되어서 밤에 성문을 잠그면 마을은 외부와 차단된다. 1980년대 후반에 남문과 서문이 복원되었는데, 이 성문들은 모두 옹성을 갖추고 있다. 옹성이란 성문 앞에 팔로 감싸듯 한 모양으로 설치되는 작은 성벽을 말하는데, 성문을 은폐하고 성문에 접근한 적을 공격하기 쉽게 해주는 시설이다. 또한 옹성으로 입구 영역이 강조되기 때문에 옹성과 성문을 통과해 성안으로 들어갈 때 영역이 바뀌는 느낌이 강해진다.

1913년에 작성된 성읍의 〈지적도〉에는 성벽에 모두 10개의 적대가 있는데,[2] 현재 남아 있는 것은 7개다. 치성(雉城) 혹은 치(雉)라고도 하는 적대는 성벽 일부를 돌출시켜 평평하게 만든 것으로, 적의 동태를 살피거나 성벽을 타고 오르는 적병을 측면에서 공격하기 위한 시설이다.

육지 마을과 다른 공간의 얼개

읍성의 중심시설은 전패와 궐패를 모셔놓음으로써 왕권을 상징하는 객사, 그리고 수령이 지방행정을 집행하는 동헌이다. 성읍의 동헌에는 일관헌이라는 이름이 붙어 있다. 다른 읍성에서도 그렇듯이, 성읍에서도 객사의 서쪽에 동헌이 자리한다. 동헌은 '동쪽의 건물'이라는 뜻인데, 이때 방위의 기준은 객사가 아니라 지방관의 가족이 거주하는 내아다. 전통적으로 동쪽, 곧 앞(남쪽)을 내다보았을 때 왼쪽은 서쪽인 오른쪽보다 위계가 높은 곳으로 생각되었다. 이로부터 왕권의 상징인 객사가 왕권을 대행하는 지방관의 공간인 동헌보다 우위에 있었음을 알 수 있다. 성읍에는 객사와 동헌을 중심으로 많은 관청 시설들이 있었을 터이나 지금은 남아 있지 않다. 관리들의 사무실인 질청(質廳)과 옥 등 일부 공공시설의 자리가 확인되어 안내 팻말이 붙어 있을 뿐이다.

성읍에서 객사는 대체로 읍성의 중심을 차지한다. 객사 뒤에는 수령이 천 년이나 되었다는 약 30m 높이의 느티나무가 있어 그 중심성이 더욱 강조된다. 멀리서도 보이기 때문에 어떠한 영역에서 방향을 설정하는 데 도움이 되는 요소를 랜드마크(landmark)라고 하는데, 성읍의 랜드마크는 이 느티나무다. 객사 터에는 한동안 성읍초등학교가 있었으나 최근 학교를 철거하고 발굴조사를 거쳐 전면 7칸의 웅장한 객사를 복원했다. 그러나 반가운 마음으로 복원된 객사의 대문을 열어젖힌 나는 황당한 장면에 한동안 얼떨떨했다. 객사와 어깨를 나란히 한 공중화장실 건물 때문이다. 이 흉측한 건물은, 애써 잘 써내려간 칠판에서 나는 손톱 긁히는 소리처럼 나를 오싹하게 만들었다.

성읍에서 일상생활의 움직임은 동서축을 중심으로 일어난다. 이에 비해 남문과 객사를 잇는 축은 의례의 축이다. 이 의례의 축은 동서축, 곧 생활의 축과 달리 곧게 형성되었다. 그것은 본래 남문에서 시작하여 객사의 대문을 거쳐 지금은 사라진 의두정에서 종결되었다. 이 의례의 축은 개념적으로는 영주산까지 이어지는 성읍의 상징축이다.

남문을 들어서면 읍성의 중심축인 남북로가 곧게 펼쳐지는데 그 끝에 객사가

성읍마을 배치도

① 남문
② 고평오가옥
③ 원님물통
④ 고상은가옥
⑤ 조일훈가옥
⑥ 객사
⑦ 느티나무
⑧ 질청 터
⑨ 팽나무
⑩ 일관헌
⑪ 안할망당
⑫ 홍태옥가옥(광주부인당)
⑬ 이영숙가옥
⑭ 정의향교
⑮ 서문
⑯ 김관희가옥(쉐당)
⑰ 개당 자리
⑱ 한봉일가옥
⑲ 동문 자리
⑳ 옥 터
㉑ 변정식가옥(서낭당)

성읍의 객사 대문간에서 건물 전체를 촬영하기 힘들 정도로 옆으로 긴 건물이다. 가운데 3칸은 전패와 궐패를 모셨던 본채이고, 좌우 각 3칸은 중앙에서 출장 온 관리들의 숙소로 쓰였던 익사이다.

보인다. 대체로 길 끝에 있는 건물은 길을 통한 이동의 목표점이자 시선의 종결점이 된다. 길 끝에 보이는 광경을 노단경(路端景, terminal vista)이라고 하는데, 부근에서 가장 중요한 건물이 노단경이 되는 경우가 많다. 그런데 객사 건물은 이 축에서 동쪽으로 살짝 비켜나 있다. 이렇게 건물이 축선에 정확히 놓이지 않는 것은 우리 전통건축의 공통적인 특성이다.

일관헌, 향교, 마을회관, 그리고 노인회관의 앞마당에는 많은 공덕비들이 다소곳이 줄지어 있다. 성읍은 그 어디보다도 공덕비를 세우는 전통이 강했던 모양이다. 그런데 그것들은 왠지 꿔다놓은 보릿자루 같다. 바로 제자리에 있지 않기 때문이다. 그것들은 본래 남문에서 객사로 가는 읍성의 중심거리, 곧 의례의 축인 남북축에 면해 당당히 주인의 공적을 선전하고 있었다. 끝까지 제자리를 고집하다 쫓겨난 것은 지금 성 밖 마을회관 앞에 있는 '참봉 이기선 휼궁비(參奉李奇善恤窮碑)'다. 그것은 조일훈가옥의 서쪽 울타리 돌담에 박혀 있었다. 이렇게 남북축은 정치적 공간이었다.

동헌은 일반적으로 남북축과 동서축을 이루는 도로의 교차 지점 바로 북쪽에 위치하는데, 일관헌은 남문에서 오는 축에서 서쪽으로 벗어나 있다. 일관헌 동쪽으로는 600년 된 팽나무 세 그루가 있어서 이 장소가 역사적으로 중요했음을 말해준다. 일관헌 주위로는 낮은 돌담이 둘려 있으며, 신작로 쪽으로 난 일각대문을 통해 들어갈 수 있다. 남향을 한 일관헌 건물 앞에 넓은 마당이 있는데, 마당의 남서쪽에는 '채수강 청덕비(蔡洙康淸德碑)'와 '강우진 불망비(康祐鎭不忘碑)'가 있다. 이 비석들은 채수강과 강우진이 정의군수로 재직할 당시의 공덕을 기리기 위해 세운 것으로, 각각 1908년과 1893년(고종 30)에 세웠던 것을 최근에 다시 새로 세웠다.

그런데 1443년에 처음 지었다는 일관헌은 건물이 짜리몽땅한 것이 어쩐지 조선시대 관청 건물의 격에 맞지 않아 보인다. 그 이유는 일제강점기에 일관헌이 면사무소로 사용되면서 기단과 기둥이 변형되었기 때문으로 추정된다. 설상가상으로 1975년에 개축하면서 그런 변형을 바로잡지는 못할망정 공연히 구조체를 나무가 아닌 콘크리트로 바꿔버려 재료마저도 진실하지 못한 건물이 되어버렸다. 일제의 압제 그리고 개발시대의 성급함과 무지는 이렇게 한 역사적 건물의 모습을 여지없이 왜곡해버렸다.

성읍마을을 이루는 또 하나의 중요한 구성요소는 지방 고등교육기관이었던 향교다. 15세기에 편제된 제주목, 대정현, 정의현 등 제주도의 세 행정구역에는 각각 향교가 설치되어 오늘날까지 전한다. 정의향교는 이례적으로 읍성 안에 위치한다. 공부하는 장소가 번잡한 고을 안, 그것도 감독관청인 동헌 근처에 있어서 좋을 것이 없기 때문에 향교는 읍성 밖에 두는 것이 보통이었다. 실은 성읍의 향교도 본래 성의 북쪽 화원동에 있었는데, 1849년(헌종 15)에 제주목사(濟州牧使) 장인식이 지금의 자리로 옮겼다.

전형적인 향교에서는 공부하는 강학공간인 명륜당과 제사 지내는 배향공간인 대성전이 앞뒤로 배치된다. 그중에서도 전학후묘라 하여 명륜당이 앞에 오고 대성전이 뒤로 가는 경우가 많으나, 전라도 등지의 평지에 위치한 향교에서는 그 반대로 배치되기도 한다. 그런데 성읍의 향교에서는 이 두 건물이 좌우로 나란히 배치되었다. 이 건물들은 남서향을 한 관청 건물들과 달리, 남동쪽의 남산봉을 바라보고 자리 잡았다. 관청 건물들이 풍수지리적 형국보다는 읍성의 모델을 충실히 따르고 있는 데 반해, 향교는 한라산·남산봉·독자봉으로 이어지는 풍수지리의 형국을 따르고 있다. 향교가 독자적인 배치를 취한 데서, 그것이 지방행정에서

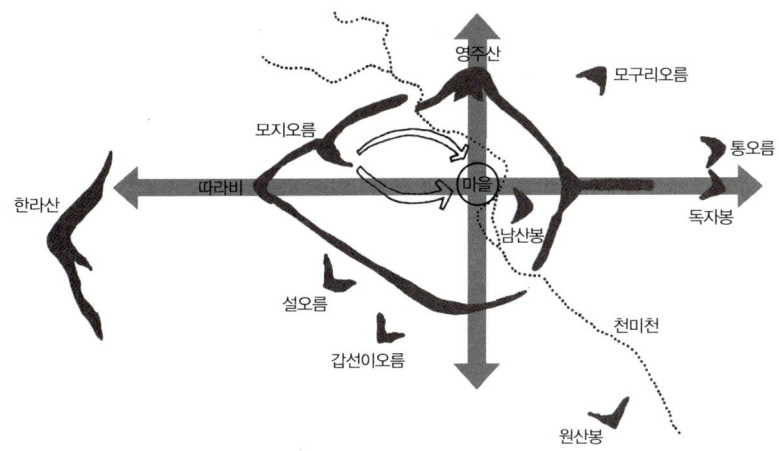

성읍마을 지형 흐름도 한라산에서 시작된 동서축과 영주산에서 시작된 남북축이 성읍에서 직각으로 교차한다. (김홍식, 《한국의 민가》, 한길사, 1992, 708쪽 참조)

어느 정도 독립된 기관이었음을 알 수 있다.

성읍마을에서는 도로체계, 지형의 흐름, 그리고 주요 건물의 배치에 모두 서로 직각으로 교차하는 2개의 축이 숨어 있다. 남북축은 개념적으로 성읍 북쪽의 영주산에서, 동서축은 서쪽의 한라산에서 시작된다. 이 두 축이 성읍의 공간을 구성하는 뼈대다. 전통마을들에서는 대개 지형의 축이 전후방향으로만 형성되고 그에 따라 마을공간도 전후의 위계와 방향성을 갖는다는 점을 떠올릴 때, 성읍은 공간의 얼개에서도 육지의 마을들과는 다르다.

특이한 이름들

어떤 지역의 문화를 이해하려면 그 지역 특유의 고유명사를 아는 것이 꼭 필요하다. 가치관이나 신념, 사회관계, 물질 조건 등과 함께 언어는 문화를 형성하는 중요한 요소이기 때문이다.

마을들을 답사하다 보면 주거공간을 이루는 요소들의 이름이 지역에 따라 또는 마을에 따라 다름을 종종 보게 된다. 언어학자나 민속학자뿐만 아니라 주거건축 연구자에게도 그러한 명칭들을 이해하는 것은 중요한 의미를 갖는다. 주거의 지역성 혹은 토속성은 무엇보다도 주거공간의 독특한 이름들에서 잘 드러나기 때문이다.

어느 면에서 건축도 하나의 언어다. 단어들이 모여서 문장을 이루듯이, 공간요소라는 어휘가 모여서 주거 혹은 마을이라는 건축공간을 이룬다. 그래서 좋은 마을을 살피는 것은 잘 쓴 소설을 읽는 것과 같다. 이렇게 볼 때 성읍마을을 지역의 고유한 언어를 잘 구사한 토속소설에 비유할 수 있다. 이제 성읍을 비롯한 제주도 마을에서 사용하는 특이한 이름들을 하나씩 살펴보자.

제주도의 민가에서는 대문 대신 입구에 막대기를 걸쳐둔다는 사실은 널리 알려져 있다. 제주도를 삼무도(三無島)라고 하는데, 거지·도둑과 함께 대문이 없다는 말이다. 대문을 대신하는 막대기를 '정낭'이라고 한다. 정낭은 '정주목'이라는 구멍 뚫린 돌기둥에 둥근 막대기를 몇 개 가로로 질러놓아 가축의 출입을 막고 주인의 소재 여부를 알리는 표시물이다. 정낭이라는 독특한 장치는, 입구를 지나는 일상적인 행위가 성격이 다른 공간으로 진입하는 하나의 의식임을 말해준다.

또한 바깥대문을 '먼문'이라고 하며, 그 다음의 문 곧 중문을 '이문'이라고 한다. 이문간 곧 중문간은 집으로 진입하는 골목인 올레의 끝, 곧 올레목에 위치한다. 성읍의 집들에서는 대개 정낭이 대문 역할을 하여 별도의 먼문 없이 이문간만 설치한 경우가 많다.

'거리'란 채를 이르는 제주도 말이다. 안거리는 안채, 밖거리는 바깥채, 그리고 모서리에 두었다는 뜻의 모커리 또는 묵거리는 부속채를 일컫는다. 성읍의 집들은 대지의 가장자리에 안거리와 밖거리를 두고 그와 직각으로 모커리를 두는 방식으로 구성된다. 제주도 문화공보담당관실이 1987년에 펴낸 《제주도 민속자료》에 따르면, 울타리 안을 가대(家垈)라고 할 때 성읍의 총 가대 수는 216, 총 가옥 동수는 663동으로, 대지당 평균 3동 정도의 건물이 있는 셈이다.

정지는 부엌을 말한다. 정지는 취사·식사·작업 등에 다목적으로 쓰이는 공

이영숙가옥 여인숙으로 쓰였던 이 집의 입구에는 대문간이나 이문간이 없이 정낭만 설치되었다.

간으로, 건물 안의 마당인 봉당의 기능을 겸한다. 특히 날씨가 춥거나 비가 올 때 정지는 좋은 작업공간이 된다. 또한, 정지에서 새끼를 꼬아 만든 방석을 깔고 앉아서 상을 놓고 간단히 식사를 하기도 한다.[3] 그래서 다른 지역의 한옥 부엌에 비해 제주도 민가의 정지는 넓은 편이다. 정지의 중앙에는 돌을 네모꼴로 둘러 박아 만든 붙박이 화로인 부섶이 설치된다. 부섶은 난방과 조명, 그리고 음식을 굽는 데 이용된다. 정지 뒤쪽이나 앞쪽 한편에 정지방이라 불리는 작은 방이 꾸며지기도 한다.

육지의 한옥에서는 취사와 난방이 동시에 일어나지만, 온화한 기후대에 위치한 제주도 주택에서는 취사와 난방이 분리된다. 따라서 육지에서는 모든 아궁이가 온돌과 연결되는 데 비해 제주도에서는 아궁이와 온돌이 별개다. 제주도에서는 부엌의 솥걸이도 온돌방 쪽이 아닌 외벽을 향하고 굴뚝도 설치되지 않는다. 보통 서로 크기가 다른 4개의 솥을 크기순으로 설치하는데, 행사용의 두말치, 술을 빚거나 떡을 찔 때 쓰는 외말치, 밥솥, 그리고 국솥순이다. 취사 연료로는 말린 소똥이나 말똥을 사용한다.

성읍에서 새로 지어진 집들 중에는 정지를 본채에 두지 않고 아예 딴 채에 둔 경우가 있다. 이는 취사와 난방이 분리되기 때문에 가능하다. 1930년대 이후에는 새생활운동의 일환으로 정지를 안거리나 밖거리에서 분리하여 별도의 부속채인 모커리로 짓는 것이 유행하기도 했다.[4] 정짓간을 별도의 건물로 마련하면 부엌공간을 좀 더 청결하게 유지할 수 있다. 아무튼 성읍의 집들은 부엌이 주택의 가장 기본적인 구성요소라는 우리의 고정관념을 여지없이 뒤흔든다.

상방은 위쪽 방이라는 뜻인데, 제주에서는 대청마루를 말한다. 상방은 집 칸살이의 가운데를 차지하는 주택의 중심공간이다. 대개 상방에서 식사를 한다. 안거리의 상방에서는 제사를 지내므로 돗자리와 병풍 같은 제사용품이 보관되기도 한다. 상방은 샛문으로 정지와 연결된다. 상방과 난간이라 불리는 툇마루 사이에는 호령창(號令窓)을 설치한다. '생깃문'이라고도 하는 호령창은 쌍여닫이 널문인데, 그것을 통해 밖을 내다보기도 하고 아랫사람을 부르기도 하여 그런 이름이 붙었다. 호령창은 제주도 일부 지방에서만 볼 수 있는 독특한 요소다.

상방 앞에는 대개 '풍채'라 하여 처마 밑에 긴 널빤지 형태의 차양을 단다. 풍채는 본래 막대기로 골격을 짜고 짚을 엮어 만드는데, 근래에는 함석으로 만들기도 한다. 각도를 조절할 수 있어서, 비바람이 칠 때는 내려서 비바람을 막고 햇볕이 강할 때는 장대로 받쳐 올려서 상방에 직사광선이 드는 것을 막는다.

상방에는 '봉덥'이라 불리는 화로를 설치하고, 정지에는 '부섶'이라는 돌화로를 놓는다. 방바닥 전체가 난방이 되는 일반 한옥과 달리 성읍의 주택에서는 이렇게 난방 장치, 곧 불이 주거공간의 중심을 이룬다.

실은, 많은 문화권에서 불을 주택의 중심에 놓는다. 일본의 주택에서는 '이로리(いろり)'라 불리는 화로를 중심으로 데이(出居), 곧 거실을 구성한다. 서양주택에서도 대개 벽난로가 주거공간 구성의 중심이다. 근대건축의 3대 거장 중 한 사

람으로 꼽히는 미국의 건축가 프랭크 로이드 라이트(Frank Lloyd Wright, 1867~1959)는 미국의 토양에 적합한 주거건축을 고안·설계했는데, 이른바 초원 양식(Prairie Style)이라 불리는 주택들이다. 그런데 라이트의 주택들에서 중심은 언제나 벽난로이며, 주택을 이루는 공간들은 벽난로를 중심으로 바람개비 모양으로 펼쳐진다.

구들은 온돌을 일컫는 순우리말인데, 제주에서는 온돌방을 의미한다. 구들은 온돌로 연결되는 아궁이인 '굴묵'을 통해 난방이 된다. 굴묵은 육지의 아궁이와 달리 취사를 겸하지 않기 때문에 부뚜막 없이 벽에 구멍만 뚫어놓은 모양이다. 난방용 재료로는 주로 보릿대를 쓴다. 성읍의 집들에서는 구들을 둘러싸는 좁고 긴 공간이 있는데, 이는 난방을 위해 굴묵으로 접근하는 데 필요한 공간이다.

성읍의 주택을 이루는 채들은 기본적으로 전면 3칸으로 구성되는데, 정지·상방·구들이 각각 1칸씩 차지한다. 육지의 주택과 다른 점은 정지에서 볼 때 상방, 곧 대청 건너편에 구들이 있는 점이다. 육지의 한옥은 부엌에서 난방을 하므로 부엌에 온돌방이 접해 있지만, 제주에서는 난방이 필요 없는 상방이 정지에 접해 있다.

고팡은 물건을 두는 고방, 곧 창고를 이르는 말이다. 대개 안방 뒤에 배치하고 곡물을 저장한다. 바닥에는 보통 마루를 까는데, 가난한 집에서는 맨 흙바닥으로 두기도 한다.

통시는 변소다. 통시는 바닥을 높게 하고 그 옆으로 돗통(돼지우리)과 퇴비장을 둔다. 여기서 '제주도 똥돼지'라는 말이 나왔다. 대개 정지의 반대쪽 구석에 통시를 배치하며, 과거에는 지붕을 씌우지 않고 담만 둘러 시선을 가렸다.

물ᄀ레 혹은 물방에는 말을 이용한 맷돌 또는 방아라는 뜻으로, 연자방아를 말한다. 성읍마을에는 원래 곳곳에 연자방아가 있었으나 지금은 고평오가옥 앞과 객사 자리로 가는 올레 어귀에 한 기씩 복원되어 있다. 대개 몇몇 집에서 편리한 곳에 물방엣집을 지어 연자방아를 설치하고 같이 사용했다. 또한 연자방아를 함께 쓰는 사람들은 '물방엣접'이라는 계를 조직해서 상부상조했다.

그밖에도 쇠막은 외양간, 우영은 담 안에 있는 텃밭, 남방애는 제주 특유의 절구, 물허벅은 물을 담는 주둥이가 작은 항아리, 물팡돌은 물허벅을 올려놓은 돌, 물구덕은 물허벅을 담아 식수를 나르는 데 쓰이는 바구니를 일컫는다.

고리형 길과 올레

특이하고 재미있는 이름들을 염두에 두고 이제 성읍마을을 돌아보자. 성읍마을에서 주거지를 조직하는 주된 마을길, 곧 안길은 T자형이 변형된 모양인데, 이 안길의 갈래들은 고리형으로 서로 연결된다. 그리고 성곽 주위로도 큰 고리형 길이 나 있다. 고리형 길을 걸을 때는 직선형 길을 걸을 때와 달리 시선의 방향이 끊임없이 변하므로 '다음 장면은 무엇일까' 하는 호기심이 꼬리를 문다.

고리형 길은 평지에 있는 마을들에서 많이 나타난다. 주로 T자로 만나는 고리형 길의 교차 지점에는 작은 공간이 생기는데, 그곳에 나무를 심거나 평상을 설치하면 사회적 접촉이 일어나기 좋은 장소가 된다.

고리형 길은 주거지에서 동선의 순환을 원활하게 하면서도 주거지를 관통해 지나가는 통과교통을 배제시키기 때문에 자동차 교통으로 골머리를 썩는 현대의 주거지 계획에서 자주 채용된다. 고리형 길이 누비는 성읍마을 역시 본래는 통과교통이 대단히 불편했다. 그러나 일제강점기의 근대적 인간들은 그런 의미 있는 불편함을 참지 못하고 마을에 남북을 관통하는 허전한 신작로를 내버렸다.

안길에서 각각의 집으로 연결되는 골목, 곧 주거 진입용 샛길을 제주도에서는 올레라고 한다. 올레는 육지에서 고샅이라고 부르는 것과 비슷하나 그보다 좀 더 사적인 길이다. 한 집에 딸린 올레도 있지만 대개는 몇몇 집이 하나의 올레를 같이 사용한다. 농촌의 올레는 길고, 밀도가 높은 도시의 올레는 짧은 경향이 있다. 지방행정의 중심인 읍성으로서 도시의 성격을 가진 성읍에는 짧은 올레가 많다.

고리형 길과 집들을 맺어주는 올레는, 그리 길지는 않으나 구부러지고 폭이 변함으로써 그 양 끝에 있는 서로 다른 성격의 공간, 곧 마을공간(고리형 길)과 개별 주거공간을 어느 정도 분리시켜준다. 올레가 일직선이 아니기 때문에 좋은 점

고리형 길 부드러운 곡선형의 길로, 시선이 끊임없이 변하기 때문에 궁금증을 자아낸다.

또 한 가지는 그것이 세찬 바람의 통로가 되지 않는다는 것이다.

마을길에서 올레가 시작되는 곳을 어귀라 하고, 끝나는 곳을 올레목이라 한다. 어귀 양쪽에 어귓돌을 놓고, 다시 어귓돌 앞에는 말팡돌이라 부르는 승마석을 놓아서 집의 어귀임을 뚜렷이 한다. 올레목을 구부러진 모양으로 만들어 집 안이 훤히 들여다보이지 않도록 했는데, 대개 올레목에 있는 이문간에서 집 안쪽을 보면 마당과 함께 안거리가 살짝 드러날 뿐이다. 대문 대신 정낭이 있는 제주도 마을길에서 이문간을 잇는 올레는 취약한 주택 입구를 보완해주는 역할을 했다.

올레에는 돌담을 따라 길 양쪽에 난이나 샐비어 같은 꽃나무를 심어서 공간의 분위기를 부드럽게 한다. 음력 정월에서 3월 사이에 올레에서는 '올레코시'라 부르는 고사를 지낸다. 무당이나 스님이 주관하는 이 고사에는 제물과 함께 수탉을 희생물로 올린다. 제주도에서는 올레를 사람들뿐 아니라 집의 길흉화복이 드나드는 길로 여겼다.

조일훈가옥 튼ㅁ자형의 이 집은 과거 객줏집이어서 올레가 없고 이문간만 설치되었다.

행정 중심지의 집들은 다르다

행정 중심지의 집들은 일반 마을의 집과 무엇이 다를까? 무엇보다도 다양한 용도를 갖는다는 점에서 일반 마을의 집들과 다르다. 성읍마을의 주택들 역시 언뜻 다 같아 보이지만 주거기능 외에도 여러 용도를 가졌다.

　객사 터 남쪽으로 325평의 너른 대지에 위치한 조일훈가옥은 1901년에 지어졌다. 안거리, 밖거리, 모커리, 창고, 이문간 등 5채가 마당을 튼ㅁ자형으로 둘러싼 이 집은 과거 객줏집이었다. 객주(客主)란, 조선시대에 다른 지역에서 온 장사치들에게 거처를 제공하며 물건을 맡아 팔거나 흥정을 붙이는 일을 하던 상인을 말한다. 이 집의 밖거리에는 돈궤가 보관되어 있어서 과거 객줏집이었음을 알려준다. 주거공간의 구성도 특이하다. 먼저, 조일훈가옥에는 올레가 없고 이문간만 설치되었다. 순수한 살림집이 아니어서 공간을 걸러주는 요소가 필요치 않았기

고평오가옥 본래 4채로 이루어졌던 이 집은 관원들의 숙소로 이용되었다. 남북로에 면한 대문을 통과해 징검돌을 따라 들어가면 안거리가 비스듬히 드러난다.

때문이다. 또한 쇠막과 헛간 용도로 2칸의 모커리를 두었으며, 밖거리와 이문간에도 쇠막이 있다. 그밖에도 마소에게 물을 먹이던 돌구유가 마당 구석에 남아 있는 것으로 보아 객줏집으로서 마소를 위한 공간이 많이 필요했음을 알 수 있다.

남문을 들어서면 왼쪽으로 나타나는 고평오가옥은 정의고을 당시부터 1914년 면사무소가 표선리로 옮겨질 때까지 관원들의 숙소로 사용되었다. 1829년(순조 29)에 지어진 이 집은 안거리, 밖거리, 그리고 2채의 모커리가 튼ㅁ자를 이루고 있었으나 1970년대에 서쪽 모커리가 헐렸다. 대문 길 건너편에는 '원님물통'이라는 못이 있다.

정의향교에 이웃한 이영숙가옥은 20세기 초에 여인숙으로 쓰였는데, 그래서 마을 사람들은 지금도 이 집을 여관집이라고 부른다. 향교에서 거행하는 제례에 참석하기 위해 온 사람들이 이 가옥에서 묵었다고 한다. 이영숙가옥은 사람들이 빈번히 드나드는 여인숙이었기에 정낭만 설치되었고 이문간은 없다. 이렇듯 여인숙이 마을공간과 만나는 방식은 일반 주택의 그것과는 달랐다.

1897년에 지어진 고상은가옥은 한말에 대장간으로 쓰였다. 대장간으로 쓰였던 안거리는 본래 여러 개의 방으로 나뉘지 않고 하나의 큰 공간이었던 것으로 추정된다. 현재의 살림집 칸살이는 나중에 만들어진 것으로 보인다. 이 가옥에는 이문도 없고 우영(텃밭)도 없다.

성읍마을에서 주택 외관을 보고 객줏집, 여관집, 혹은 대장간을 찾아내기는 어렵다. 여기에서 형태에 집착하는 역사를 가진 서양건축과 우리 건축의 다른 점을 발견할 수 있다. 서양건축의 전통에서 교회는 교회처럼 보여야 하고 학교는 학교처럼 보여야 하며 주택은 주택처럼 보여야 한다. 서양건축의 역사 회복을 추구하는 포스트모던 건축가들이 내건 주장 가운데 하나도 바로 그런 것이다. 나는 방문교수로 있던 버펄로의 뉴욕주립대학에서 4학년 학생들의 설계과제 평가에 참여한 적이 있다. 그때, 어느 교수가 한 학생의 작품을 보고 "그것은 주택이 아니라 도서관같이 보인다"라고 말했다. 내가 슬쩍 그 학생의 표정을 살피니 벌레 씹은 표정이었다. 그들의 맥락에서 볼 때 그것은 혹평이었기 때문이다.

미국 근대건축의 아버지라 할 루이스 설리번(Louis H. Sullivan, 1856~1924)은 "형태는 기능을 따른다(Form follows function)"는 유명한 말을 남겼다. 쓰임새를 반영할 때 진실한 형태가 나온다는 이야기다. 그러나 우리의 전통건축에서는 사찰이나 서원 같은 종교건축과 작은 규모의 주택이, 물론 규모나 장식에서는 큰 차이가 있지만 형태적으로는 크게 다르지 않다.

영화 〈달마가 동쪽으로 간 까닭은〉(배용균 감독, 1989)과 〈동승〉(주경중 감독, 2003)의 촬영장소로 유명해진 안동의 영선암은 봉정사에 딸린 암자다. 19세기 중반 이후에 건립된 것으로 추정되는 이 암자는 비록 불교공간이지만 비대칭적이고 비중심적인 유연한 공간구성은 물론 건물을 이루는 세부 요소에 이르기까지 당시 주거건축의 방식을 따르고 있다. 우리의 전통건축에서 건물의 쓰임새는 건물 자체에 나타나기보다는 건물의 배치 방식, 그리고 건물이 주변과 관계 맺는 방식에 반영되었다.

돌과 바람이 빚어낸 토속 주거지

우리의 마을과 문화에 꽤 익숙한 사람일지라도, 그가 제주도 사람이 아니면 성읍에서 독특한 마을이라는 인상을 지울 수 없을 것이다. 구멍 숭숭 뚫린 거무스레한 현무암 외벽과 담장, 그리고 새를 이은 납작한 초가는 그런 독특한 이미지를 형성한다. 돌과 새, 이 두 재료 모두 마을 주변에서 손쉽게 구할 수 있다. 사실 제주는 발길 닿는 곳 어디나 억새밭이다. 그중에서도 억새오름길이라 불리는, 성산일출봉에서 성읍마을로 이어지는 길은 억새가 특히 무성해 환상의 드라이브 코스로 알려져 있다.

성읍마을에는 성문과 관공서 건물을 제외하면 기와집이 한 채도 없다. 일반 민가의 지붕에는 모두 새를 이었다. 농토가 부족해 볏짚은 충분히 확보하기 힘들지만 새는 주변에서 쉽게 얻을 수 있었다. 새를 이고 새끼를 격자형으로 둘러 고정시킴으로써 바람에 대비했다.

투박해 보이는 큼직한 돌로 쌓은 돌담과 건물 외벽은 제주도 사람들의 강건한 정신을 상징하는 듯하다. 그밖에도, 육지였으면 나무로 만들었을 것을 성읍에서는 돌을 사용해 만든 것들이 많다. 마루도 육지처럼 작은 나무기둥, 곧 동바리로 받치지 않고 돌로 받치는 것이 보통이다.

벽뿐 아니라 바닥에도 돌을 썼다. 고평오가옥은 대문간과 본채 사이에 긴 공간이 있다. 제주도 민가로서는 드물게 대문간을 둔 것은 이 집이 남문에서 객사에 이르는 주도로에 면해 있기 때문이다. 그런데 서로 멀리 떨어져 있는 문간과 안거리·밖거리 사이에 다리팡돌이라고 불리는 디딤돌이 Y자형으로 놓여 있다. 이 징검돌은 사람의 발길을 자연스럽게 집 안으로 이끈다. 성읍의 여러 집에서 볼 수 있는 이런 바닥 처리는, 제주도의 토질이 메마를 때는 푸석푸석 먼지가 나지만 일

고평오가옥의 다리팡돌 비가 와서 마당이 질 때를 대비한 다리팡돌(징 검돌)이 사람을 집 안으로 초대하는 듯하다.

단 물을 머금으면 차져서 반죽처럼 신바닥에 붙기 때문에 고안된 것이다. 특히 성읍에서는 대지가 주변보다 낮게 조성되었기 때문에 비가 왔을 때를 대비해 이런 처리가 더욱 필요했다. 제주도에서 예전부터 나막신이 발달한 것도 다 이런 이유에서다.5 올레의 한쪽 가장자리를 따라서 다리팡돌이 놓여 있는 곳도 있다. 비가 왔을 때도 사뿐히 걸을 수 있도록 배려한 것이다. 다리팡돌은 실용적인 목적으로 고안되었지만, 결과적으로 성읍의 공간에 리듬을 만들어준다.

어찌 보면 성읍마을은 웅크리고 있는 듯하다. 바람이 많이 부는 섬, 제주에 있기 때문에 집의 높이를 되도록 낮춘 결과다. 집의 높이를 낮추려는 노력은 집터 고르기부터 시작된다. 성읍마을에는 주위보다 낮은 집터가 많다. 육지 같으면 그런 터는 배수가 잘 안 되어 좋지 않으나, 배수가 잘 되는 토질을 가지고 있고 바람이 거센 제주도에서는 합리적인 선택이다. 마을길이 대지보다 높으므로 마을길에서 올레를 거쳐 집 안으로 들어가는 길은 내리막이다. 마을 사람들은 집 안의 물이 올레를 통해 밖으로 나가면 재복도 따라 나간다는 상징적인 표현으로 이런 집터가 바람직함을 설명한다.

또한 제주에서는 바람에 대한 저항이 작도록 새를 이은 지붕을 납작한 유선형으로 만들었다. 지붕 형태는 지붕면이 4개로 구성되는 우진각지붕이며, 지붕면의 물매는 10분의 2.5~3, 각도로는 15도 안쪽이다. 육지의 한옥에서는 보통 10분의 4~5, 각도로는 25도 정도로 한다. 따라서 건물의 규모는 육지보다 큰 편이나 높이는 오히려 낮다. 외부창에는 널빤지로 만든 판장문을 설치하여 비바람에 대비한다. 집의 키를 낮추기 위해 기단 또한 매우 낮게 만든다. 기단은 대개 10~20cm 높이의 막돌을 한 단으로 쌓아 조성한다. 그러나 비가 많이 오고 비바람이 치는 일이 많으므로 나무기둥을 보호하기 위해 주추를 높게 만든다.

성읍의 집들은 대개 공간이 두 켜로 구성되는 겹집 계통의 집들로 전후좌우에 툇간을 둔 예가 많다. 길에 면한 집들에서는 건물 외벽이 길에 면하게 하거나 처마 높이까지 담을 쌓아 바람이 집 안의 열린 툇간으로 들이치지 않도록 한다. 한편, 돌담을 쌓을 때는 돌 사이의 구멍을 막지 않아 바람이 통하게 한다. 이런 돌담은 제주의 강한 바람에도 잘 견딘다. 바람이 세게 불어도 담이 건들건들할 뿐 무너지지는 않는 것이다. 근래에 잘 쌓는다고 빈틈없이 쌓아올린 담이 오히려 잘 무너진다. 육지의 돌담은 겹으로 쌓아야 무너지지 않지만, 현무암은 서로 긴밀히 결합되기 때문에 제주에서는 돌담을 외줄로 쌓는다.[6]

성읍마을의 독특하지만 조화로운 분위기를 살펴보며, 주거에서 미학이나 고안이라는 것은 엄청나게 고상한 무엇이 아니라, 주변 재료를 최대한 활용하고 주어진 자연조건에 합리적으로 대응하는 과정에서 자연스럽게 얻어지는 것임을 알게 된다. 특히 옛 환경에 새로운 디자인을 할 때 이렇게 형성된 토속적인 미학을 중요하게 고려해야 한다. 그것은 새로운 디자인의 이질감이나 어색함을 없애주는 원리이기 때문이다.

마을에 자리한 토속신앙의 장소

오늘날 우리에게 가장 인기 있는 신혼여행지요, 가장 아름다운 휴양지인 제주도. 그러나 그 역사를 보면 온갖 고난으로 점철되어 있다. 그곳은 관리들의 수탈과 왜구의 노략질, 그리고 두 해가 멀다 하고 닥치는 흉년으로 사람 살기 고단한 지역이었다. 오죽했으면 제주 사람들이 틈만 나면 육지로 빠져나가려 했을까? 관에서는 '출륙(出陸)금지령'을 만들어 이를 막으려 했을 정도였다. 제주도의 근현대사는 또 어떠한가? 성읍마을에서 촬영한 영화 〈이재수의 난〉(박광수 감독, 1999)으로 관심을 모았던 1901년 신축년항쟁 때에는 천주교인 등 700여 명이 살해되었다. 우리에게 아직도 끝나지 않은 역사로 남아 있는 1948년 4·3항쟁 때는 130여 개의 중산간마을이 불타고 제주 인구의 10분의 1이 넘는 3만 명 이상이 살상되었다. 그래서 성읍마을이 있는 성읍1리의 465호 중 약 10%에 해당하는 40여 호의 제삿날이 같다. 성읍1리는 피해가 크지 않은 편이라고 하니 전체 피해의 범위가 어느 정도였는지 짐작할 수 있다.

> 제주도의 아름다운 신혼여행지는 모두
> 우리가 묵념해야 할 학살의 장소이다.
> 그곳에 핀 노란 유채꽃들은 여전히 아름답다.
> 그러나 그것은 모두 칼날을 물고 잠들어 있다.
> ―이산하, 《한라산》 '후기' 중에서[7]

제주도에서 밭과 논의 비율은 49 : 1이다.[8] 성읍마을도 예외는 아니어서 마을과 주변에 농토가 적고, 척박할 뿐 아니라 기상도 농사에 적당하지 않아서 먹고사는 일이 만만치 않았다. 1950년대까지만 해도 정부의 대여곡을 상당량 배정받아야 식량이 충당되었다고 한다. 그래서 경조사나 가옥의 신축, 수리 등 한꺼번에 쌀을 많이 쓸 때를 대비해 '쌀접'이라는 계를 조직하기도 했다.[9] 성읍에서는 쌀이 부족해 술도 조로 빚어 마셨는데, 이 조로 만든 술이 오메기술이다. 나는 성읍에 갈 때마다 마을 식당에서 오메기술을 한 잔씩 마시는데, 내 둔한 입맛에도 막걸리보다 깔끔하게 느껴진다. 오메기술은 현재 제주도 무형문화재인데, 가난의 산물이 문화재가 된 것이 아이러니하다.

> ᄀ슬 것 못 걷어들인 놈 저슬 넹길 셍각 말라.

(가을 것 못 거둬들인 놈 겨울 넘길 생각 마라.)

— 제주도 속담

생활이 어렵고 불안했던 제주에서 신앙은 더욱 간절하고 굳건히 싹텄다. 제주도에는 1만 8천에 달하는 많은 신들이 있다. 신에게 빌어야 할 일이 그만큼 많았던 것이다. 제주도의 자연환경은 아름다우나 아주 척박해서 그곳 사람들의 삶은 지극히 고단했다. 제주에는 신이 많은 만큼 신화도 많이 전한다. 그것들은 다른 어느 신화보다도 민중의 생활상을 구체적으로 반영하고 있다.

개방적이고 자유분방한, 사랑과 농경의 여신 '자청비'(자청하여 태어난 딸이라는 뜻), 전도된 가부장적 가치에 저항한 '가믄장아기'(나무바가지 아기라는 뜻), 외지에서 시집와 농경생활을 전파함으로써 생활력 강한 여성상을 보여주는 '백주또' 등등. 최근 술 이름이 되기 전까지 낯설기만 했던 이 이름들은 제주도에서 전해 내려오는 신화에 등장하는 여신들이다. 김정숙 선생은 《자청비·가믄장아기·백주또》라는 책에서, 제주도 신화 속 여성들은 남성에 순종하는 모습이 아니라 남성과 평등하게 그려지고 있다고 말한다. 그리고 이런 양성 평등이 제주의 척박한 토양, 특히 조각조각 나누어진 소규모 토지에 기인한다고 본다. 경작지가 척박하고 분산되어 있어 여성 역시 생산에 부지런히 참여해야 했고, 그 결과 여성이 경제 능력을 확보함으로써 사회적 지위를 높였다는 것이다. 성읍의 주거공간에서 발견되는 평등의 구조 또한 신화가 만들어진 까마득한 옛날부터 내려오는 제주도의 전통인지도 모르겠다. 이에 대해서는 뒤에 자세히 논하기로 한다.

제주에는 신앙의 대상이 많았던 만큼 신앙의 장소도 많았을 것이다. 그럼 성읍마을에는 어떤 토속신앙과 장소들이 남아 있을까? 토속신앙은 대개 무생물에도 영혼이 있다고 믿는 애니미즘을 바탕으로 하는데, 성읍마을의 토속신앙도 자연물과 관련이 많다. 성읍마을의 중요한 랜드마크인 느티나무에도 지난한 생활을 암시하는 속신(俗信)이 전한다. 곧, 느티나무 이파리가 동쪽에서 돋아나기 시작하면 성읍리 동쪽지방에 풍년이 들고, 서쪽에서 돋아나기 시작하면 서쪽지방에 풍년이 든다는 것이다. 그리고 이파리가 가운데부터 돋기 시작하면 성읍마을을

느티나무 성읍의 랜드마크로서, 이 느티나무 이파리가 돋기 시작하는 방향에서 풍년이 든다는 속설이 있다. ⓒ 전재홍

중심으로 풍년이 든다고 한다.[10] 이 이야기는 자급자족이 어려운 상황에서 농사의 작황이 주민들에게 얼마나 큰 관심거리였는지를 암시한다.

성읍리에는 마을의 안녕을 비는 무속신앙의 장소인 '할망당'이라는 신당이 20여 군데 흩어져 있었다. 성안에만도 일곱 곳의 할망당이 있었다고 하니, 마을 곳곳이 신앙의 장소였다. 할망은 할머니의 제주 방언으로, 여신들이 마을의 수호신으로 모셔졌음을 알 수 있다. 제주도에는 350여 개의 당이 있는 것으로 추정되는데, 당에 모신 신의 80%가 여신이다.[11]

현재 성안에 제대로 남아 있는 신당은 일관헌 남서쪽 옆에 있는 안할망당이다. 마을 사람들의 신수(身數)와 안녕을 관장하는 안할망당에는 '현해수호신(縣海守護神)'이라는 위패가 모셔져 있고, 당신(堂神)의 비녀와 구슬이 보관되어 있다.

안할망당으로 이르는 올레 성읍에서 가장 아담한 골목으로, 길가에 샐비어가 심겨 있어 더욱 다정스럽게 느껴진다.

원래 일관헌 서쪽에 있는 팽나무를 신목(神木)으로 하고 돌로 제단을 꾸며서 안할망당을 만들었는데, 바로 앞으로 이전하여 현재와 같은 모습이 되었다. 마을 안길에서 안할망당으로 가자면 길가에 샐비어가 심겨 있는 매우 아담한 올레를 만난다. 또한 이 올레의 끝에는 비석 같은 특이한 모양의 돌이 서 있어 마을 안길을 지나는 사람들의 발길을 자연스레 이끈다. 내게는 이 올레가 성읍마을에서 가장 다정스런 길이다.

아낙들은 정초와 특별히 필요한 때에 안할망당에 와서 치성한다. 과거 읍치였던 영향인지 다른 마을 사람들도 이곳에 와서 치성을 드린다. 안할망당 건물 앞에는 제법 너른 마당이 마련되어서 여러 사람이 한꺼번에 의식을 행할 수도 있다. 2003년 12월 16일에 성읍마을을 답사하면서 안할망당을 보고 나오는데 당시 나를 안내하던 문화유산 해설사 강경순 씨가 "절 안 하고 무사 그냥 감수꽈?(왜 절 안 하고 그냥 가십니까?)"라고 말한다. 여기 와서 절 안 하는 사람은 처음 본다는 표

돌하르방 성읍마을 돌하르방의 표정은 서로 조금씩 다르다. 성문 앞에 쌍쌍이 세워진 이 조형물은 마을을 지키는 수호신을 상징한다.

정이다. 나는 하는 수 없이 머쓱하게 안할망을 향해 꾸벅 절을 하고 자리를 떴다.

부인병이나 모유 등을 관장한다는 광주부인당은, 백방으로 치료를 해도 효험이 없는 현감 부인을 치료하기 위해 그 대신 죽었다는 광주부인이라는 시녀의 애틋한 이야기를 담고 있다. 광주부인당은 홍태옥가옥의 대지 안에 있었는데 지금은 흔적도 분명치 않다. 거주자조차 그 사실을 모를 정도다. 한편 성의 북쪽 바깥에 있는 변정식가옥에는 서낭당이 있었다.

일뤳당은 마을 서쪽 '가시리' 가는 길로 300m 가량 떨어진 곳에 있다. 1920년에 성읍마을에서 태어나 마을을 지켜온 전직 교장 선생님인 이동백 씨에 따르면, 일뤳은 일곱이라는 뜻으로 음력 6월 7일에 고사를 지내서 그런 이름이 붙여졌다 한다. 일뤳당은 특이하게도 뱀을 숭상하는 당이다. 고온다습하여 뱀이 많은 제주에서는 예로부터 뱀의 피해가 잦았다. 그래서인지 제주도에는 뱀을 숭상하는 당이 많은데, 특히 옛 정의현의 거의 모든 마을에 일뤳당이 있다.[12] 치마 속을 따라다닌다는 뱀신은 여신으로서 곡물의 신, 재복의 신으로 모셔진다.

성읍에는 동·서·남문 입구에 각각 4기씩 12기의 돌하르방이 있는데, 재미있게도 서로 조금씩 다른 표정을 하고 있다. 아무리 돌로 만든 할아버지지만 성의 없게 공장에서 찍어낼 수는 없었으리라. 성문 앞에 쌍쌍이 세워진 이 조형물은 마을을 지키는 수호신을 상징한다. 돌하르방을 '무성목'이라고도 부르는데, 성읍에서만 '벅수머리'라고도 한다. 김영돈 교수는, 영·호남지방에서 장승을 흔히 벅수·벅시 등으로 부른다는 사실에서 육지의 장승이 유입되어 돌하르방으로 변모되었으리라 추정한다.[13] 그렇다면 돌하르방 또한 모든 것의 재료를 현무암으로 번안시키는 제주도식 조형 방식의 산물이다.

성읍마을에서는 남성이 중심이 되어 유교식 마을 제사인 포제(酺祭)를 지낸다. 포제는 해마다 음력 정월 첫 정일(丁日)이나 첫 해일(亥日) 자시(子時: 밤 11~1시), 또는 음력 대보름날 밤에 지낸다. 마을 북서쪽에 포제를 치르는 포제동산이 있는데 낮은 돌담으로 주위를 둘러 단을 마련했다. 그런데 흥미롭게도 포제에 모시는 신위들 중 '목동신지위(牧童神之位)'가 있다. 그것은 마을의 산업에서 축산업이 큰 비중을 차지했음을 알려준다. 성안에 마소의 질병을 방지하고 사육을 관장하는 '쉐당'과 개의 사육을 관장하는 '개당'을 둘 만큼 축산은 중요한 산업이었다.

이렇게 성읍마을에는 육지의 전통마을과는 비교되지 않을 정도로 많은 신앙의 장소가 있다. 그러나 안할망당과 일뤳당, 포제단 등 몇몇을 제외하면 흔적만 겨우 남아 있거나 아예 그마저도 사라져버렸다. 성읍에서 신앙의 장소들이 파괴되고 사라지기 시작한 것은 일제강점기부터다. 일제는 이른바 '미신 타파'를 외치며 마을 사람들의 심리적 위안처들을 지워나갔다.

평등한 주거공간

정의현의 행정 중심지였던 성읍은 위계적 종법질서를 따르는 씨족마을이 아니다.

행정을 수행하고 지원하는 여러 기능과 그와 관련된 다양한 주민들이 같이 살았던 하나의 마을이자 도시였다. 일반 농촌마을과 달리 성읍에는 관청에 근무하는 사람들이 많았다. 반면에 큰 농사를 짓거나 교역을 하여 재산을 모은 부호들은 없었다. 이는 성읍의 집들이 비교적 균등한 규모를 갖게 된 중요한 요인이다. 또한 성읍에서는 양동마을이나 하회마을 같은 육지 마을들에서 흔히 보는 반가와 민가의 대비적인 구성을 찾아볼 수 없다. 집들의 규모와 칸살이가 조금씩 다를 뿐 기본 구성은 유사하다.

성읍의 주택에서 중심이 되는 건물은 안거리와 밖거리다. 언뜻 안채—사랑채로 이루어지는 육지의 한옥 구성과 비슷해 보이는 이중적인 구성이다. 그러나 자세히 살펴보면, 건물의 배치 방식과 채를 사용하는 방식이 모두 육지의 한옥과 다르다. 육지에서는 안마당을 사이에 두고 안채와 사랑채가 자리 잡을 경우 이들을 서로 마주 보게 배치하지 않는다. 이에 비해 성읍을 비롯한 제주도 마을에서는 안거리와 밖거리가 대개 안마당을 사이에 두고 서로 마주 보고 있다. 이는 무엇보다 바람이 심한 제주의 기후에 적합한 배치 방식이다. 온화하지만 바람이 많이 부는 제주에서는 따스한 햇살을 받을 수 있도록 남향을 취하는 것보다 바람을 막는 배치가 더 중요하다. 따라서 밖거리는 향에 관계없이 바깥으로 등을 돌려 자리 잡음으로써, 스스로도 바람을 등지고 안마당과 안거리로 부는 바람도 차단해준다.

성읍마을 주택의 전형적인 구성 방식을 동문 터 가까이에 자리 잡은 한봉일 가옥에서 찾아볼 수 있다. 19세기 초에 건립된 것으로 보이는 이 집은 키 큰 두 그루의 나무에 접해 있는 이문간을 향해 조금씩 낮아지는 지면을 따라 들어가게 된다. 3칸으로 된 이 이문간은 주택 규모에 비해 다소 커 보인다. 주택이 동문으로 연결되는 큰길에 면해 있어 집의 안과 밖을 좀 더 뚜렷이 구분하기 위해 이문간을 강조한 듯하다.

이문간을 들어서도 안거리와 밖거리 모두 한눈에 들어오지는 않는다. 오른쪽으로 보이는 안거리는 중앙에 상방이 있고 그 왼쪽에 정지, 오른쪽에는 구들을 앞뒤로 배치했다. 밖거리는 안거리를 180도 돌려놓은 모양인데, 본래 정지였던 공간을 현재 쇠막으로 사용하고 굴묵공간에 작은 판문을 설치해 정지로 사용하고

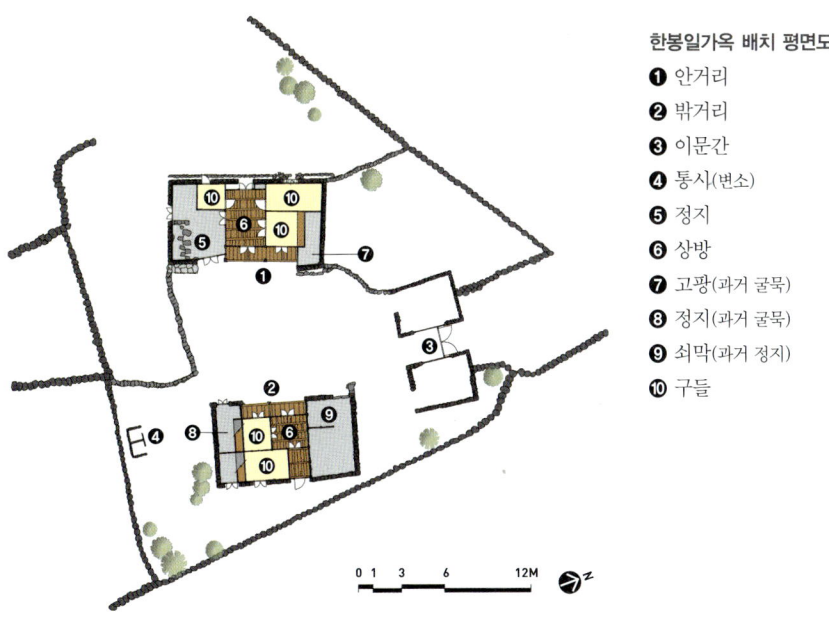

김홍식, 《한국의 민가》, 한길사, 1992, 707쪽 참조.

있다. 이렇게 구들에는 굴묵을 설치하는데, 특이하게도 굴묵으로 통하는 문을 별도로 두지 않고 난간(툇마루) 쪽으로 출입하도록 만들었다.

마소를 사람이 거주하는 채에 같이 두는 것이 오늘날 우리의 눈에는 특이해 보일 수 있다. 그러나 소를 집 안에 두는 것이 제주도에만 국한된 것은 아니었다. 내가 어린 시절을 보낸 충청도 벽지마을에서도 어둑한 부엌 한편에서 여물을 먹고 오물을 배설하는 행복한 소들이 많았다. 또한, 이 책에서 소개하는 강원도 왕곡마을에서도 그런 장면을 볼 수 있다. 이렇게 성읍, 왕곡, 그리고 다른 많은 산간마을의 집들에서 인간은 물론 가축도 당당히 자신의 주거공간을 가지고 있었다.

2001년 네덜란드의 건축가 집단인 'MVRDV'는 '돼지 도시(Pig City)'라는 프로젝트를 발표했다. 바닷가에 자급자족형 고층건물을 지어 돼지와 농부가 한평생 행복하게 살도록 하자는 내용이다. 사실 우리에게는 하나도 새로울 것이 없는 제안이다. 그런데 그들이 2003년 11월에 한국에 와서 이 프로젝트를 소개했을 때 우리 언론과 많은 사람들은 대단한 아이디어라고 감탄해 마지않았다. 많은 사람들이 올 것을 어찌 알았는지 강연도 올림픽공원 체조경기장에서 있었다. 건축이 쇼가 되고 있는 듯한 모습이었다.

소설《대지》로 유명한 펄 벅(Pearl S. Buck)은 우리 조상들이 가축을 고깃덩이와 노동력 자체로만 보지 않고 공존자로 여겼음을 짚어낼 만큼 예리한 감수성의 소유자였다. 한국을 방문한 그는 "소달구지의 짐을 덜어주기 위해서 지게에 짐을 지고 소의 뒤를 따르는 농부의 모습에서 큰 감명을 받았다"고 술회했다. 한국인이 가진 저변의 정서를 짚어내는 그의 통찰력에 놀라지 않을 수 없다. 내게는 노벨문학상과 퓰리처상을 동시에 받은 그의 문학성보다 문화적·역사적 이해를 바탕으로 한국 고아들을 위해 자선사업을 펼친 그의 인도주의가 더 감동적이다.

다시 성읍의 집으로 돌아가 평등한 삶의 구체적인 실현 방식을 살펴보자. 무엇보다도 궁금한 것은, 왜 안거리와 밖거리가 마주 보고 있는가 하는 점이다. 거기에는 어떤 문화적인 의미가 담겨 있을까?

육지에서 한옥의 안채와 사랑채는 성별로 사용공간이 달랐음을 의미한다. 이에 비해 제주도 주택의 안거리와 밖거리는 세대(世代)별로 사용 건물이 달랐음을 뜻한다. 양자 간에는 성의 분리와 세대의 분리라는 차이가 있다. 대개 안거리는 부모세대가, 밖거리는 자식세대가 사용한다. 부모 중 어느 한쪽이 사망하거나 고령이 되면 안거리를 자식세대에 물려준다. 생애 주기의 일정한 시점에서 세대간에 건물을 바꾸는 것이다.

육지의 한옥에서 안채와 사랑채는 사용자는 물론 공간구성도 다르다. 기둥이나 도리와 같은 부재 하나에도 차이가 있다. 이와 달리 안거리와 밖거리는 규모와 칸살이가 서로 유사하다. 물론, 자녀가 사용하는 밖거리가 부모가 사용하는 안거리보다 작고 낮아야 하는 게 상식이지만, 대개 두 채의 규모에 큰 차이는 없다.

안거리와 밖거리를 쓰는 부모세대와 자녀세대는 특별히 초대를 하지 않는 한 식사도 같이하지 않는다. 제주의 어머니들은 며느리가 지어주는 밥을 먹지 않고 따로 밥을 해먹는 것을 당연하게 여긴다. 따라서 온전한 부엌을 갖추지 않는 사랑채와 달리 밖거리에는 안거리처럼 독립적으로 살림을 할 수 있는 제대로 된 부엌이 딸려 있다. 통시도 안거리와 밖거리에 각각 따로 있다. 돼지 사육과 관련된 통시는 변소 이상의 경제적 의미를 지니므로, 두 경제 주체가 각기 통시를 갖는 것은 당연했다. 이렇게 성읍을 비롯한 제주도에서 집의 구성은 위계가 아니라 평등에 바탕을 두고 있다. 일찍이 제주도에서는 성의 평등, 그리고 세대의 경제적·공간적 독립이라는 현대의 가치가 실천되고 있었다.

고부간의 갈등이 없다

> 범이 그리 세다 하니 새아비두구 더 세겠나
> 고치장이 맵다 하니 새어미두구 더 맵더냐. ……

이것은 시집살이가 무섭고 매움을 하소연하는 함북 부령지방의 민요다. 거의 모든 지방에는 이런 식의 시집살이 노래가 전해 내려온다. 그만큼 고부간의 갈등이 여성들의 삶에서 힘겨운 짐이었다는 이야기다. 현대 우리의 가정에서도 고부 갈등이 여전히 큰 문제임은 누구도 부인하지 못한다. 내가 외국에서 만난 사람들 중에는 한국사회에서 노인을 모시는 것을 큰 미덕으로 칭송하고 부러워하는 사람들이 많았다. 그러나 그런 이야기를 들으면 우쭐해지기보다 좀 난감해진다. 그들이 부러워하는 내면을 들여다보면 정말이지 갈등의 도가니이기 때문이다.

개인의 성격도 그렇듯이, 모든 문화 형태에는 장점과 단점이 있고 장점은 어쩔 수 없이 단점을 수반한다. 따라서 어찌 보면 문화적으로 가장 말이 안 되는 것은 이 문화와 저 문화의 장점을 따서 장점만 있는 문화를 창달하겠다는 야무진 꿈이다. 우리 사회의 가부장적 가족제도는 의사 결정이 쉽고 강력한 결속력을 갖는 것이 장점인 반면, 주변인으로 존재하는 여성들 곧 고부간의 갈등이 가장 큰 단점이다.

그런데 20세기 후반에 고부간의 갈등을 더욱 조장하는 악당이 나타났다. 바로 아파트다. 거실을 중심으로 방들이 옹기종기 모여 있어 가족들의 일거수일투족이 다 드러나는 황당한 주거공간이다. 그런 공간에서 삼대가 같이 산다면 갈등을 피할 수 없다. 그러니 아파트라는 주거 유형은 부모봉양이라는 우리의 미덕을 위협하는 최대의 적이라고도 말할 수 있다.

내가 보기에 우리의 주거학에서 연구해야 할 가장 시급한 과제 가운데 하나는 바로 삼대가 사이좋게 공존할 수 있는, 그래서 고부 갈등이라는 가정문제이자 사회문제를 해결하고 장차 노인문제를 해소하는 데도 도움이 되는 주거형을 개발하는 것이다. 삼대가 공존하는 삶에는 여러 가지 이점도 있다. 어린아이들은 할아버지, 할머니로부터 애정을 듬뿍 받고 삶의 지혜도 배울 수 있다. 그리고 세대간에 서로 집을 봐줄 수 있으므로 젊은 세대가 바깥생활을 하기에도 편리하다. 여성이 결혼을 하고 애를 낳으면 직장을 어떻게 할지 고민에 빠지고 마는 것이 우리의 현실이다. 물론 그런 고민은 육아에 대한 사회보장제도로 해결하는 것이 좋겠지만 그것은 적지 않은 세월과 재원이 필요한 일이다. 따라서 조부모세대가 손자, 손녀의 양육에 도움을 주는 것이 단기적으로는 직장 여성의 육아문제를 해결하는 현실적인 대안이다.

물론 그간 삼대가 공존하는 주거를 연구하지 않았던 것은 아니다. 사회적으로 파급 효과를 얻지는 못했지만, 그간의 연구에서 얻은 결론은 이른바 인거형(隣居型) 주거가 삼대를 위한 주거로 가장 타당하다는 것이다. 인거형은 인접한 아파트 두 채에 세대가 나누어 거주하는 것과 같은 형식이다. 인거형에서는 세대간의 왕래가 번거롭지 않으면서도 세대 사이가 적절히 분리되어 시어머니와 며느리 모두 스트레스를 줄일 수 있다.

제주도의 민가가 바로 인거형 삼대 주거의 선례이다. 제주도의 민가는 부모세대를 예우하면서도 서로 불편함 없이 동거할 수 있는 주거 모델이다. 성읍의 주택들은 집 안에 가족이 가득하면서도 서로 부담스럽지 않고 행복할 수 있는 공간 조건을 갖추고 있다. 이는 국토 어디에서도 찾아볼 수 없는 독특한 사례다.

제주도가 중앙, 곧 한양에서 멀리 떨어진 바다 건너에 있었기에 육지의 유교적 가치와는 다른 획기적인 가치를 담은 주거와 마을을 만들 수 있었으리라는 생각을 해본다. 중국에서도 비슷한 상황을 볼 수 있다. 중국에서는 유교 규범을 따른 사합원(四合院)이라는 주거 모델이 전통 주거건축의 주축을 이루는데, 그와 매우 다른 주거형이 중국 대륙 남단의 푸젠성(福建省)에서 발견된다. 그것은 오늘날의 아파트와 유사한 토루(土樓)라는 다층 집합주거 형식이다. 토루에서는 주거 단위의 규모와 구성이 모두 동일하다. 모든 가구들이 평등하게 공간을 나누어 쓰고 있는 것이다. 한국에서나 중국에서나 주거공간의 혁신은 이렇게 변방에서 시작되었다.

그러나 제주의 이런 훌륭한 주거공간 구성은 19세기에 출륙금지령이 해제되면서 흔들리기 시작한다. 육지와 왕래가 자유로워지면서 중앙의 유교 규범들이 제주도에 침투해 들어온 것이다. 3칸 집의 기본형이 4칸 집으로 확대되고, 대문·중문 등 이중으로 문간을 설치해 공간을 권위적으로 구성하며, 안거리가 외부의 시선과 출입에 대해 폐쇄적이 된다. 밖거리는 육지의 사랑채와 같이 남성 전용 공간으로 한정되고 이에 따라 칸살이도 달라진다. 또한 안마당 외에 바깥마당이 생기며, 밖거리가 이전에 마주 보던 안거리를 등지고 앉게 된다.[14] 이렇게 근대 이후 주택의 평등성, 인거형 삼대 주택의 모델로서 제주도 주택이 가졌던 가치가 위협받게 되었다. 여기서 역사가 언제나 진보하는 것은 아님을 깨닫게 된다. 만일 역사가 늘 진보하는 것이라면, 우리가 옛 마을에서 교훈을 얻으려 애쓸 필요도 없으리라.

5

양반과 평민이 공존하는 문화공간

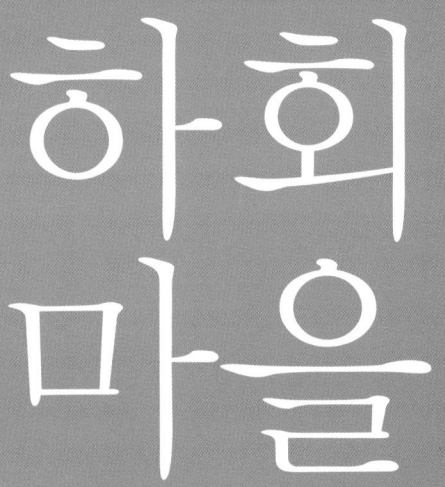

하회마을

하회마을 전경 휘어 돌아가는 강물로 감싸인 하회마을은 물에 떠 있는 연꽃에 비유된다. 하회에서는 양반들과 서민들이 오랫동안 공존하며 조성한 수준 높은 공간들을 발견할 수 있다.

고관대작을 배출한 양반마을의 근엄함, 해학적이고 친근한 하회탈, 이 둘은 하회마을의 상징이다. 그런데 오늘도 하회마을로 가면서 고개가 갸우뚱해지는 것은, 이 두 상징이 서로 가까이하기에는 거리가 멀어 보이기 때문이다.

풍산 류씨 집성촌으로 널리 알려진 하회마을에는 원래 허씨, 안씨 등이 많이 살았다고 한다. 지금으로부터 600년 이상 거슬러 올라가는 고려 말, 류종혜(柳從惠)가 하회에 들어옴으로써 인근 풍산현에 모여 살던 류씨들이 이 마을에 거주하게 되었고 점차 류씨 문중이 주도하는 마을이 되었다. 현재 하회마을에 허씨와 안씨는 한 가구도 남아 있지 않다. 이렇게 씨족마을의 역사에서 강자는 남고 약자는 떠나야 했다.

하회가 풍산 류씨의 씨족마을로 기반을 굳힌 것은 입향조 류종혜의 6대손인 겸암(謙唵) 류운룡(柳雲龍, 1539~1601)과 서애(西厓) 류성룡(柳成龍, 1542~1607) 형제대에 와서다. 여기서 '기반'이란 마을에서 이룬 사회경제적 기반은 물론이요, 건축적·공간적 기반까지도 의미한다. 오늘날 하회마을에서 유명한 건물들, 특히 국가지정문화재인 보물이나 중요민속자료로 지정된 문화재 건물들은 대체로 이 두 인물이 만들기 시작했다.

이렇게 조성된 하회마을은 근래에 '하회별신굿'의 한 부분이었던 '탈놀이'로 더욱 유명해졌다. 탈놀이는 하회에 지배층인 양반의 문화와 함께 보통 사람들인 상민, 천민의 문화도 엄연히 존재했음을 확인시켜준다. 하회 같은 양반마을에는 양반층만 살았을 것 같지만 실은 상민, 천민들이 공존했다. 양반집에 노비가족이 한 가구만 딸렸다 해도 수적으로는 양반과 노비가 대등해진다. 조선 후기에 많은 노비들이 도망가기 전까지 하회마을에는 양반보다 상민과 천민이 더 많았다. 하회에 살아온 많은 평범한 사람들, 그러니까 소작농과 외거노비 들은 양반층과 공존하는 나름의 생존전략을 만들었고, 자연스레 그들의 문화를 싹틔웠다.

그렇다 해도 하회탈춤이라는 기층 민중의 놀이가 명문세가가 즐비한 양반마을, 그것도 최고 엘리트들을 배출한 하회마을을 상징하게 된 것이 아이러니하다. 허 도령이 하회탈을 만들었다는 전설에 따르면, 별신굿 탈놀이는 풍산 류씨들이 하회에 들어오기 이전부터 있었던 것으로 보이는데, 그것이 어떻게 류씨 문중이 주도하는 마을의 상징이 될 수 있었을까?

하회를 방문할 때마다 내 뇌리에 쌓여가는 인상은, 유명한 인물들의 공간과 일반 민중의 공간이 대비를 이루면서도 조화롭게 공존하는 모습이다. 다양한 계층이 사이좋게 모여 살지 못하고 서로 금을 긋고 사는 현대 도시사회와는 대조적인 모습이다. 그런 하회마을의 분위기에서 탈놀이가 비단 천민들만의 문화가 아니라 모든 마을 사람들이 함께하는 대동의 문화일지 모른다는 생각이 들었다. 하회마을의 공간을 잘 관찰하고 분석하면, 단순히 기와지붕과 초가지붕의 대비를 넘어서는 흥미로운 공존의 방식들을 발견할 수 있지 않을까. 전통마을로 가는 길에서는 늘 이렇게 오늘 우리의 부족한 부분을 채울 수 있는 묘책을 기대하게 된다.

강이 만들고 사람으로 유명해진 마을

하회마을은 낙동강 줄기인 화천(花川)이 뱀처럼 휘어 돌아가며 동·서·남을 가른 반도 모양의 땅, 그 남서쪽 끝으로 강에 면해 조성되었다. 하회마을이 위치한 곳은 굽이쳐 흐르는 강물이 오랜 세월 동안 토사를 퇴적해 만들어낸 이른바 포인트 바(point bar) 지형이다. 주거지와 강 사이에 농경지 등 다른 용도의 토지가 개입되지 않아서 강은 생활공간과 직접 만난다. 이런 형국은 '물돌이' 마을, 곧 '하회 (河回)'라는 이름에서도 잘 나타난다.

하회마을은 풍수에서 좋은 터의 기본이라고 말하는 배산임수와는 상관이 없다. 하회의 형국은 흔히 '연화부수형(蓮花浮水形)'이라고 하며, 태극형 또는 행주형이라고도 한다. 마을이 강으로 둘려 있을 뿐 아니라 삿갓 모양으로 주거지 중앙 부분이 솟아올라서 마을을 물에 떠 있는 연꽃에 비유한 것이다. 또한 물길과 땅의 모양을 잘 보면 각각 태극 모양과 닮았다. 그래서 하회의 형국을 '수태극, 산태극'이라고도 한다.

마을이 행주형, 곧 떠가는 배에 비유되기도 하기 때문에 마을 안에는 되도록

겸암정사에서 본 하회마을 강물, 백사장, 만송정, 초가집들, 화산이 차례로 보인다. 주거지와 강 사이에 농경지 등 다른 용도의 토지가 없어서 강은 생활공간과 직접 만난다.

우물을 파지 않았다. 배에 구멍을 뚫으면 큰일 나기 때문이다. 그래서 과거 마을 사람들은 우물 파는 것을 자제하고 화천의 물을 길어다 먹었다. 또한, 영화 〈아름다운 시절〉에서 강가에서 군복을 빨아 너는 장면을 하회마을에서 촬영한 것처럼, 실제로 과거에는 빨래터가 있던 강이 여성들의 가사작업 공간이자 사회적 공간이었다. 한편 양반들은 무더운 여름 밤, 이 강에서 뱃놀이를 즐기고 부용대 아래에서 줄불놀이를 했다. 줄불놀이는 소금을 섞은 뽕나무 숯가루 봉지를 몇 매듭씩 마디를 만들어 줄에 매달고 불을 붙여 강을 밝히는 놀이다. 숯가루 봉지에 불을 붙이면 소금이 튈 때마다 한 마디씩 폭죽 같은 소리를 낸다. 그때 줄에서 떨어지는 불이 강 위로 번지고, 강물 위에는 달걀껍데기로 만든 등잔인 '달걀불'이 떠가면서 화려한 분위기를 연출한다. 이 놀이는 음력 7월 16일에 행해졌으나 해방 후에 거의 사라졌다가 최근 축제의 일환으로 재현되고 있다.

이렇게 마을을 감싸도는 강은 마을의 생활과 긴밀히 연관되었고, 하회마을의 길체계 또한 강의 영향을 받아 조성되었다. 마을길은 각 집들을 강으로, 가능하면 최단거리로 연결해준다. 그래서 마을길의 갈래들은 대개 강가로 이어져 강과 직각으로 만난다. 결과적으로 하회마을의 길체계는 마을 중심부에서 주변 강으로 퍼져나가는 방사상 형태를 이루었다. 이는 현대의 관점에서 볼 때도 매우 합리적인 도로계획이다. 한편, 방사상 길들 중에서 남촌댁과 북촌댁을 잇는 남북방향의 길은 좀 더 중요한데, 바로 이 길이 북쪽 강변에 있는 나루터로 이어지기 때문이다. 과거 중요한 교통로였던 이 강을 통해 마을로 온 사람과 물자는 이 남북방향의 길을 거쳐 주거지로 들어왔다.

마을이 너른 강을 끼고 있고 강변 백사장은 동해안 해변에 버금갈 정도로 넓고 깨끗해서 하회마을은 수련모임 장소로도 적격이다. 나도 대학 3학년 때 이곳으로 모임을 왔고, 몇 년 전에는 학생들의 인솔교수로 오기도 했다. 백사장이 발달하고 하상면적이 넓기 때문에 하회마을은 강에 면해 있어도 어느 정도 물난리를 피할 수 있었다.

또한 주거지 가운데가 불룩하여 마을공간에 변화감을 줄 뿐만 아니라 배수를 원활히 해준다. 하회마을은 물에 가까이 있지만 물의 위협에 대처할 수 있는 자연조건을 갖춘 셈이다. 물론 하회에서 물난리가 전혀 없었던 것은 아니다. 1934년에는 홍수로 낙동강이 범람해 약 90호가 유실되었다. 이런 홍수에 대한 대책으로 1982년에 제방을 축조해서 현재 강변에 둑길이 만들어졌다.[1]

하회마을에서 강은 겉보기에 마을 영역의 경계를 이루지만, 다른 한편으로는 당시 사람들이 마음속에 품었던 두 가지의 거주 영역, 곧 일상 영역과 이상(理想) 영역의 경계를 이룬다. 강 안쪽의 연꽃 모양 땅이 일상생활이 일어나는 영역이라면, 강 건너 부용대 부근은 일상을 벗어나고 초월하는 공간, 곧 이상 영역이다. 마을 북쪽에 있는 도선장(渡船場)에서 나룻배를 타고 강을 건너야 일상에서 벗어나 이상의 영역에 이를 수 있다. 겸암과 서애는 일상 영역에 살림집을 마련하고, 이상 영역에는 별서(別墅) 건축을 지었다. 별서란 세속을 피해 한적하고 경치 좋은 곳에 마련한, 살림집과는 별도의 거주공간을 말한다.

하회에는 '정사(精舍)'라는 이름이 붙은 건축물이 네 곳 있다. 정사란 보통 서

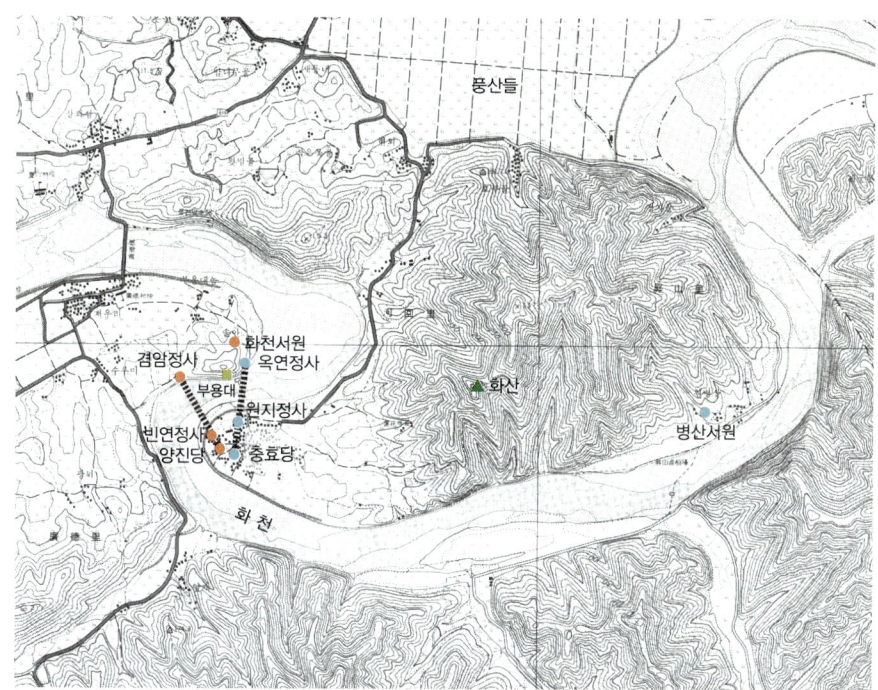

하회마을 주변 지형도 낙동강 줄기인 화천이 뱀처럼 휘어 돌아가며 동·서·남을 가른 반도 모양의 땅, 그 남서쪽 끝에 하회마을이 있다. ●는 겸암과 관련된 건축이고, ●는 서애와 관련된 건축이다.

재 겸 정자로 쓰이는 건축을 말하나, 하회에 있는 네 정사의 성격은 서로 다르다. 빈연정사(賓淵精舍)와 원지정사(遠志精舍)가 단출한 정자라면, 겸암정사(謙唵精舍)와 옥연정사(玉淵精舍)는 살림채가 딸린 또 하나의 온전한 주거다. 전자가 마을의 주거지 안, 거주자의 주거에서 가까운 곳에 있는 반면, 후자는 주거지를 벗어난 한적한 장소에 독립적으로 자리 잡아 은거의 개념이 강하다. 곧, 전자는 일상 영역에 있고 후자는 이상 영역에 있으니, 별서의 성격을 갖는 것은 후자다. 이같이 일상의 번잡함을 벗어난 곳에 별서를 마련하고 심신을 수양하는 것은 조선시대 사대부의 일반적인 관행이었다.

한편 마을 동쪽으로는 경작지가 펼쳐지고 그 너머로 화산(花山, 표고 271~337m)이 자리한다. 이 화산의 남동쪽 자락 강변에는 서애를 모신 병산서원(屛山

書院)이 조성되었다. 병산서원은 낙동강이 휘어 돌면서 만들어낸 반도 모양의 땅에서 하회마을 반대 방향에 자리 잡고 있다. 강물은 병산서원에서 하회 쪽으로 흘러 두 지점을 연결해준다.

하회마을은 삼면이 폭 넓은 강으로 둘려지고 다른 한쪽(동쪽)마저도 산에 바짝 의지하지 않기 때문에 겨울철 찬바람을 막는 데 불리하다. 특히 겨울철 바람이 불어오는 북서쪽으로는 강 건너에도 산세가 취약해 방풍이 매우 어려운 입지 조건이다. 그래서 이에 대응하기 위해 마을 북서쪽에 300여 주의 소나무를 빽빽이 심어 만송정(萬松亭)이라는 방풍림을 조성했다. 이 방풍림은 심리적으로는 주거지의 경계를 명확히 해주는 동수의 역할을 하고, 생태적으로는 생물의 서식지(비오톱, biotope) 역할을 한다. 따라서 만송정은 다목적, 다기능의 조경 요소다. 길체계에서도 방풍이 고려되었다. 하회마을은 방사상의 길체계를 갖는데 유독 북서쪽으로는 길을 내지 않았다. 그 방향의 길은 겨울철 찬바람의 통로가 되기 때문이다. 여기서 우리는 옛 주거지가 얼마나 면밀히 계획되었는지 다시 확인할 수 있다.

이중환은 《택리지》에서, 시냇가에서 살 만한 곳으로는 퇴계가 살던 예안의 도산과 안동의 하회가 온 나라에서 첫째이며, 땅이 사람 때문에 유명해진 것은 아니라고 말한다. 그러나 나는 그의 말에 동의하지 않는다. 하회의 자연조건은 뛰어나나 삶터로서 입지가 좋은지는 의문이다. 그래서 하회가 이렇게 널리 알려진 것은 그곳과 관련되는 사람들 때문이라고 나는 생각한다. 어떤 땅, 어떤 마을, 어떤 집이 우리가 좋아하고 존경하는 사람과 연결될 때, 그것은 이미 예사로운 땅, 마을, 혹은 집이 아니지 않은가? 과거에 서애 류성룡 같은 스타가 살지 않았어도 하회가 그렇게 유명해졌을지, 턱이 없는 '이매탈' 등 여러 계층 사람들의 표정을 특이한 방식으로 표현한 하회탈이 없었어도 하회가 그렇게 인기가 있었을지, 근래에 엘리자베스 여왕 같은 세계적인 명사가 다녀가지 않았어도 하회에 이렇게 무수한 관광객이 몰릴지는 의문이다.

강의 영향이 크긴 하지만 그것만이 하회마을의 골격에 영향을 준 것은 아니다. 하회가 배출한 유명인들의 건축, 그리고 이름 없는 서민들의 공동공간은 마을의 틀을 좌우한 또 다른 요소들이다. 이를테면, 마을공간의 중심축인 동서방향의 안길은 마을 입구에서 시작해 겸암의 주거인 양진당(養眞堂)과 서애의 주거인 충효당(忠孝堂)까지 이어진다. 그리고 주거지 중앙에는 마을의 공동공간인 삼신당(三神堂)이 있다. 이제 서로 다른 계층의 사람들이 만들어낸 마을공간의 특징적인 요소들을 자세히 살펴보자.

쉽게 파악되지 않는 마을

하회마을은 경북 안동시 풍천면 하회리에 위치한다. 마을 자체가 '중요민속자료'라는 국가지정문화재다. 2010년 8월 1일에는 양동마을과 함께 유네스코 세계유산에 등재되어 전 인류의 문화재가 되었다. 하회마을은 하회탈(병산탈 2개, 하회탈 11개가 국보 제121호로 지정됨. 국립중앙박물관 소장), 《징비록(懲毖錄)》(류성룡이 쓴 임진왜란의 기록으로 국보 제132호. 하회마을 영모각 소장) 등 2점의 국보를 비롯해 수많은 유·무형의 문화재와 관련되는 실로 찬란한 문화재 마을이다. 그래서 하회는 우리나라 사람이면 모르는 사람이 드물 정도로 유명하다. 2003년에 이미 관람객이 100만 명에 이르렀다고 하니, 하회는 입장료 수입만도 연 10억 원이 넘는 유명 관광지다. 그렇지만 그 수많은 관람객 중에서 정작 마을에 와서 무엇을 보아야 할지 생각이 뚜렷한 사람은 얼마나 될까?

사실 하회마을을 구석구석 빼놓지 않고 보기는 쉽지 않다. 하회는 우리나라 평균 마을 호수의 두세 배가 되는 120여 호를 가진 큰 마을이다. 게다가 강 건너에 별서들까지 있어서 볼거리가 널려 있다. 그래서 하회마을을 대강 돌아본다 해도 3시간은 족히 걸린다. 더욱이 지형이 비교적 평탄해 마을 안에서는 그 전모가 한눈에 파악되지 않는다. 마을을 한눈에 내려다보려면 나룻배를 타고 강을 건너서 64m 높이의 부용대에 오르는 수고를 해야 한다.

길의 체계가 간단하지 않아 길을 잃기도 십상이다. 물론 동서방향의 안길이 가장 두드러지나, 길들이 방사상으로 나 있어 길들의 위계가 그다지 뚜렷하지 않

하회마을 주거지의 지형
표고가 높은 주거지 중앙부에서 주변부로 난 마을 길은 부드러운 곡선을 이룬다.

다. 또한 길들이 격자체계와 가장 거리가 먼 Y자형으로 만나서 마을공간을 일목요연하게 파악하기 어렵고 길 사이를 혼동하기가 쉽다. 한마디로 방향 잡기와 길 찾기가 퍽 어려운 마을이다.

주산에 의지해 조성된 많은 전통마을에서는 마을공간이 앞뒤로 위계질서를 갖는다. 곧, 마을 뒤쪽이 위계가 높고 앞쪽이 낮다. 따라서 격식을 갖춘 한옥들은 마을 뒤편에 몰려 있다. 그러나 하회는 주거지의 전체 형상이 원형이고 주산인 화산도 주거지와 상당한 거리를 두고 있어서 그런 공간질서를 갖지 않는다. 하회는 '전/후' 대신에 '중심/주변'의 개념으로 파악하는 것이 좋다.

주거지를 남북으로 양분하는 동서방향의 안길과 북촌댁과 남촌댁을 잇는 남북방향의 길이 약간 어긋나게 만나는 지점이 대략 주거지의 중심점이다. 하동고택(河東古宅), 남촌댁, 주일재(主一齋), 충효당, 양진당, 북촌댁 등의 상류 한옥들은 이 중심점에서 일정한 거리를 둔 채 시계방향으로 균등하게 분포한다. 빈연정사와 원지정사 등의 정자는 중심점에서 좀 더 멀리 떨어져 있다. 그리고 정자들 바깥으로 초가의 가랍집들이 분포한다.

주거지 가까이에 산이 없고, 마을 중앙이 높고 주변이 낮은 지형 때문에 집들의 향은 일정하지 않고 사방으로 다양하다. 대체로 북촌댁은 동향, 충효당은 서

남북방향의 길 도선장으로 연결되는 이 길은 북촌댁의 솟을대문 앞 바깥마당과 만나 오른쪽으로 꺾인다.

향, 양진당은 남향을 하고 있으며, 북향을 한 집도 여럿 있다. 이렇게 집들의 향이 일정하지 않은 것도 마을공간을 파악하기 어렵게 만드는 한 요인이다. 하회에서는 '어느 집의 앞집'이라는 말이 사실상 의미가 없다. 집들이 서로 비켜나 있어 그것이 어느 집을 가리키는지 알 길이 없기 때문이다.

하회마을을 보는 세 단계

쉽게 파악되지 않는 마을이니만큼 내 나름의 경험을 바탕으로 마을을 체계적으로 답사하는 세 가지 단계를 추천해보겠다.

첫 단계는 주거지 중심을 관통하는 안길을 걸으면서 안길 주변의 마을공간과 집들을 보는 것이다. 대체로 동서방향으로 나 있는 안길은 하회마을의 주거지를 북촌과 남촌 두 부분으로 비교적 균등하게 구분한다. 현재 북촌에는 56호, 남촌에

하회마을 배치도

1. 경로당(보존회 사무실)
2. 이연옥가옥
3. 하동고택
4. 남촌댁
5. 주일재
6. 북촌댁
7. 삼신당
8. 양진당
9. 충효당
10. 영모각
11. 원지정사
12. 빈연정사
13. 조순희가옥
14. 하회교회
15. 만송정
16. 도선장
17. 류세하가옥

는 71호의 집이 있다. 북촌에는 집들이 좀 더 밀집해 있고 격식을 갖춘 한옥이 많으며, 남촌에는 좀 더 많은 집들이 상대적으로 분산되어 있다.

둘째 단계는 주거지에서 벗어나 강변 둑길을 따라 마을 외곽을 한 바퀴 돌면서 수시로 주거지 안으로 드나들며 답사하는 것이다. 마지막 세 번째 단계는 나룻배를 타고 강을 건너 부용대에 올라 답사를 종합하는 것이다.

먼저 첫 단계로 안길을 따라 걸어보자. 안길이 시작되는 부분에 있는 하회마을 경로당에는 '(사)안동하회마을보존회'라는 간판이 걸려 있다. 이 집은 문간채와 안채로 구성되는데, 문간채 외벽에는 근대풍의 선전판이 있고 안으로 들어가 안채의 대청을 보면 태극기가 중앙에 걸려 있다. 잠시 조국 근대화의 시기로 되돌아온 것이 아닌가 하는 착각이 든다.

경로당 바로 옆집은 이연옥가옥인데, 초가집 네 채로 이루어져 있다. 주거지 중앙을 관통하는 안길가의 집들이 대개 기와집이어서인지 이연옥가옥은 더욱 우리의 관심을 끈다. 집 안으로 들어가면 가운데에 전면 3칸, 측면 2칸의 겹집인 안채가 자리 잡고 있다. 정지(부엌)와 마루가 칸막이 없이 직접 연결되는 매우 흥미로운 집이다. 전면 3칸 중 가운데 칸에 설치된 여닫이 판문을 열면 봉당이 나온다. 봉당은 마루를 놓을 자리에 마루를 놓지 않고 흙바닥 그대로 둔 곳으로, 집 안에 있는 작은 마당이라고 할 수 있다. 이렇게 봉당을 중심으로 주거공간을 폐쇄적으로 구성한 집을 '까치구멍집'이라고도 하는데, 지붕 용마루 양쪽에 낸 통풍구가 까치둥지와 비슷해 붙여진 이름이다. 세심하게 만들어진 까치구멍으로 연기는 빠져나가되 빗물은 들지 않는다. 까치구멍집은 경북 안동, 봉화, 울진 등지에서 흔히 발견된다. 이연옥가옥 건너편에는 아담한 안마당을 건물들이 둘러싼 튼ㅁ자형의 하동고택이 있다.

안길 중간쯤에 이르면 왼쪽으로 남촌댁으로 휘어 돌아가는 샛길이 나온다. 하회에서 만나는 가장 부드러운 곡선이다. 이 길을 걸으면 끊임없이 시선의 방향이 변해 호기심이 저절로 생겨난다. 남촌 중앙에 있는 남촌댁은 1954년에 화재로 본채가 불타서 지금은 대문채, 정자, 별당채 그리고 사당만 남아 있다. 텅 빈 광활한 터만이 격식을 갖춘 대규모 한옥이 있었음을 말해준다. 남촌댁을 보고 계속 시

둑길에서 본 하회마을 주거지 가까이에는 초가집들이, 멀리로는 양진당과 충효당의 기와지붕이 보인다.

계방향으로 길을 따라 돌면 주일재를 만난다. 충효당 뒤에 있는 주일재는 서애의 증손인 류만하(柳萬河)가 충효당에서 분가해 지은 집이다. 그의 아들 주일재 류후장(柳後章)이 증축을 하여 택호가 그렇게 정해졌다.

주일재에서 나와 안길을 가로지르면 북촌 중앙에 있는 북촌댁에 이른다. 단층 한옥이 얼마나 높이 지어질 수 있는지 알고 싶다면 북촌댁의 안채를 꼭 보아야 한다. 물론 주인의 허락을 받고 말이다. 남촌댁과 북촌댁을 잇는 남북방향의 길은 도선장으로 연결되는데, 마을에서 동서방향의 안길 다음으로 잘 발달했다. 북촌댁을 보고 온 길을 돌아나와 다시 안길의 서쪽으로 조금 더 가면 삼신당으로 들어가는 골목이 나온다. 삼신당을 둘러보고 안길을 따라 조금 더 가면 양진당과 충효당이 안길 양쪽에 있다.

두 번째 단계로 안길에서 나와 강변 둑길을 시계방향으로 걸어보자. 주거지

조순희가옥 지붕 재료가 거주했던 사람의 신분 차이를 나타낸다.

주변부보다 표고가 높은 둑길에서는 집들을 잘 파악할 수 있다. 둑길 가까이에 있는 집들은 대개 초가집이며 좀 더 멀리 기와지붕들이 보인다. 둑길에서 보는 하회마을은 유명한 관광지이기 이전에 소를 기르고 농사를 짓는 건강한 농촌이다. 하회마을이 1984년에 민속마을로 지정되고 관광지화되면서 가게와 민박집이 늘어났지만, 현재 마을에 실제로 살고 있는 95세대 중 대부분은 농사일로 생계를 유지하고 있다. 주거지 주변부의 초가들은 대개 과거 외거노비의 집인 가랍집이다. 기와집과 초가는 가가 양반과 상민·천민이라는 신분을 상징한다.

재미있는 것은 조순희가옥의 사랑채와 행랑채다. 문간을 중심으로 좌우로 나란히 배치된 이 두 채는 각각 3칸으로 칸수가 같고 건물 높이도 대등하나 지붕 재료는 다르다. 사랑채는 기와, 행랑채는 초가로 함으로써 지붕 재료만으로 채와 그곳에 거주했던 사람들의 신분 차이를 보여준다. 조순희가옥은 과거에 양반과 천민이 사이좋게 채를 나누어 나란히 살았음을 말해주고 있다.

주거지의 남동쪽 끝부분에는 하회교회가 있다. 교회가 성리학적 전통이 강한 마을의 내부 깊숙이 들어오기는 힘들었던 모양이다. 일종의 타협일까, 하회교회는 현대의 교회건물로는 보기 드물게 한옥의 형식을 갖추었다. 그러나 겉모습은 비슷하지만 한옥은 아니다. 구조체 역시 목조가 아니라 현대 재료인 철근콘크리트로 만들었다. 집의 긴 부분이 아니라 짧은 부분이 전면이 되어서 박공(팔작지붕

부용대에서 바라본 하회마을 부용대 정상에서는 마을이 한눈에 내려다보인다. 화천이 마을을 휘감아 돌고, 주거지 북서쪽에 만송정이 조성되었다. 그 앞으로 너른 백사장이 있다.

이나 맞배지붕에서 양옆 마구리의 삼각형 부분) 쪽으로 진입하는 점, 창문은 한식 창살로 짰으나 창호지 대신 유리를 사용한 데다가 유리를 창살 밖에 댄 점 등은 한옥의 특성과 정반대다. 몰라서 그런 건지, 무슨 다른 이유가 있는 건지 알 길이 없다.

봄에는 하회의 강변 둑길이 흰 벚꽃으로 화려하게 변신한다. 그래서 둑길의 가운데 즈음에서 만나는 푸른 소나무길이 도리어 이질적으로 느껴진다. 정확히 하회마을 북서쪽에 위치한 소나무숲인 만송정은 예전과 같으나, 이전에 답사할 때는 이렇게 많은 벚나무를 보았던 기억이 없다. 알아보니 역시 벚나무는 본래의 조경이 아니라 근래에 심은 것이다. 모두 아는 것처럼 벚꽃은 일본의 국화다. 그 꽃은 열흘도 버티지 못할뿐더러 은행나무나 느티나무가 천 년을 거뜬히 사는 데 비해 벚나무의 수명은 인간의 평균 수명보다도 짧은 60년 정도다.[2] 모든 것을 떠나서 보아도 짙은 녹색의 소나무와 흰 벚꽃은 조화를 이루지 못한다. 왜 하필이면 벚나무를 심었는지 알 수가 없다. 하지만 이렇게 의아함으로 답사를 끝낼 수는 없다. 만송정 건너편에 있는 빈연정사와 원지정사로 가서 잠시 그 건축을 만든 겸암과 서애가 되어 보자.

마지막 단계는 만송정 동쪽에 있는 도선장에서 나룻배를 타고 강을 건너는 것으로 시작한다. 강을 건너 부용대로 오르다 오른쪽으로 가면 옥연정사다. 옥연정사를 보고 왼쪽으로 조금 더 올라가면 부용대 꼭대기에 다다른다. 부용대 정상에서는 마을이 한눈에 내려다보인다. 이렇게 마을을 한눈에 시원히 내려다볼 수 있는 장소를 가진 마을도 드물다. 다른 마을에서도 주변 산에 오르면 새처럼 마을을 내려다볼 수 있을 것 같지만 대개는 눈엣가시 같은 나무들만 보인다. 부용대에서는 이와 달리 아무 거리낌 없이 마을과 그 주변을 파악할 수 있다. 다시 부용대 서쪽으로 내려가면 가파른 언덕과 하나된 겸암정사를 볼 수 있다. 입구를 지키는 개를 피해서 겸암정사를 돌아본 후 하회마을로 되돌아오면 이 체계적인 답사는 모두 끝난다. 이제 그렇게도 파악이 안 되던 마을이 비로소 머리에 그려지기 시작할 것이다.

양진당 전경 중문채와 대문채가 연결되어 앞쪽의 긴 행랑채를 이룬다. 행랑채 너머로 왼쪽이 안채, 오른쪽이 사랑채다.

겸암과 그의 공간

겸암은 황해관찰사를 지낸 입암(立巖) 류중영(柳仲郢, 1515~1573)의 맏아들로, 서애보다 세 살 위다. 겸암은 퇴계의 애제자 가운데 한 사람이다. 퇴계는 1560년 경북 안동시 도산면 토계리에 3칸의 작은 서당인 '도산서당'을 짓고 학문 연구와 후진 양성에 몰두하는데, 도산서당이 완공된 직후인 1562년에 겸암은 퇴계를 찾아가 배움을 청했다. 그후 겸암은 30대에 벼슬길에 나아갔으며 원주목사 등을 지냈다.

양진당, 겸암정사, 그리고 빈연정사는 겸암이 조성한 공간이다. 각각 주거· 별서·정자 건축으로, 문중 장손이 건립한 건축답게 모두 마을에서 가장 핵심적인 위치를 차지하고 있다. 앞의 '하회마을 주변 지형도'에서도 확인할 수 있듯이, 이 세 건축은 일직선상에 놓여 있다. 특히, 정자는 별서를 정면에서 바라보는 위치에 지어졌다. 이는 주거, 정자, 별서 등 당시 성리학자가 추구했던 세 가지 유형의 건

양진당 사랑채 ㅁ자의 본채와 일자의 사랑채가 모퉁이 칸에서 이어져 있다. 사랑채 앞의 쪽마루가 2채 사이를 이어준다. 이렇게 채 앞에 2개의 계단이 있을 경우, 동쪽(오른쪽) 계단으로 올라가고 서쪽 계단으로 내려오는 것이 원칙이다. 오른쪽 일각대문을 통해 사당 영역으로 들어간다.

축이 서로 연관성을 가지고 조성되었으며, 장기적인 계획 아래에서 하나씩 실현되어갔음을 보여준다.

양진당은 풍산 류씨 대종가이다. 겸암의 6대손인 류영(柳泳)의 호인 양진당(養眞堂)을 당호로 삼았다. 애초에 입향조인, 겸암의 6대조 류종혜가 사랑채의 일부를 지었다고 하나, 현재의 양진당 건물들이 지어진 것은 1600년대로 추정된다. 안채는 임진왜란 때 소실되어 다시 지은 것이다. 현재 안채의 안방은 백수(白壽: 99세)를 앞둔 종부 김명규 할머니가 지키고 있다.

양진당은 마을에 가장 먼저 자리 잡은 집이다. 대종가답게 안길이 끝나는 지점에서 가장 좋은 향인 남향을 취했다. 이 집은 흔히 이야기하는 99칸의 대저택인데, 지금 남아 있는 칸수를 세어보니 54칸(대문간과 중문간 포함)이다. 안채로 들어가는 중문채(서쪽 부분)와 사랑채로 들어가는 대문채(동쪽 부분)가 일직선을 이루

만송정에서 본 겸암정사 넓은 강 건너로 우묵한 급경사지에 자리 잡은 겸암정사가 보인다.

어 만들어낸 13칸의 매우 긴 전면이 장중함을 자아낸다. 사랑채는 다섯 단의 돌계단을 올라야 할 만큼 높은 기단 위에 지어졌다. 사랑채 앞쪽은 서까래가 두 열로 구성되는 겹처마로 되어 있다. 양진당의 사랑채는 하회에서는 유일하게 겹처마집인데, 높은 기단과 장식적인 처마를 통해 종가의 품위와 높은 위계를 드러낸다. 사랑채 앞에는 겸암 부친의 호를 따서 '立巖古宅(입암고택)'이라는 편액이 걸렸고, 사랑대청 안에는 석봉(石峯) 한호(韓濩, 1543~1605)가 쓴 '養眞堂'이라는 편액이 있다.

사랑채 뒤에는 사당이 두 채 있는데, 동쪽에 있는 작은 사당이 불천위를 모시는 별묘다. 양진당에서는 겸암과 그의 부친인 입암의 불천위를 모시는데, 별묘에는 겸암의 불천위만 있고 입암의 불천위와 다른 조상의 신위들은 큰 사당에 있다.

부용대 서쪽, 하회마을에서 보아 왼쪽의 깎아지른 듯한 높은 절벽 위에 자리 잡고 있는 겸암정사는 1567년(명종 22), 겸암이 29세 때 지은 것이다. 하회마을이 바라다보이는 곳에 한 길 정도의 지형 차이를 이용해 건물들을 배치했다. 사랑채 격인 정사는 남쪽 절벽 위에 놓였고, 살림채는 그 뒤쪽에서 정사를 감싸듯 ㄱ자형으로 배치되었다. 높은 축대 위에 2층 누각 형식으로 세워진 정사는 전면 4칸, 측면 2칸 규모인데, 건물 앞쪽으로는 경사가 급하므로 뒤쪽, 곧 정사와 살림채 사이의 마당으로 출입한다. 스승인 퇴계로부터 '謙嚴精舍(겸암정사)'라는 단정한 필체의 글씨를 받아 현판을 달았다. 겸암에 대한 퇴계의 각별한 사랑을 보여주는 징표다. 겸암정사 앞으로는 만송정, 그 너머로 하회의 주거지, 그리고 멀리로 산봉우리들이 보인다.

　겸암정사가 있는 절벽 아래의 심연(深淵)을 빈연(賓淵)이라 부른다. 마을에서 이곳을 마주 보고 있는 정자가 빈연정사다. 마루 4칸, 온돌방 2칸의 빈연정사는 1583년경(선조 16)에 지어졌다. 건물 안에서 보면 만송정과 그 너머로 부용대의 서쪽 부분 및 겸암정사가 마주 보인다.

　겸암은 사후에 부용대 동쪽 기슭에 자리 잡은 화천서원(花川書院)과 자신이 임진왜란 때 군수를 지낸 풍기의 우곡서원(愚谷書院)에 모셔졌다. 화천서원은 대원군의 서원철폐령으로 헐렸으며 그후 화천서당으로 재건되었다.

서애와 그의 공간

비록 서애는 하회마을이 아니라 의성 외가에서 태어났지만, 하회는 그가 성장하고 생의 많은 시간을 보낸 삶의 고향이다. 마을의 서쪽, 화천 건너편에 있는 언덕을 뜻하는 '서애(西厓)'를 호로 정할 정도로 류성룡과 마을의 인연은 특별하다. 서애는 21세 되던 해 가을, 형 겸암과 함께 도산서당으로 퇴계를 찾아가 그의 문하에 들었다. 서애는 영의정을 오래 지낸 명승으로, 특히 좌의정으로 있던 1592년에 임진왜란이 일어나자 전시에 임명되는 최고 군직인 도체찰사(都體察使)에 임명되어 이순신·권율 등의 명장을 등용한 것으로 유명하다.《택리지》에는 "서애가 (북인의) 탄핵을 받아 (1598년, 57세 때) 파직되었을 때 선조(宣祖)가 정승 이항복

(李恒福)에게 조정 신하 중에서 청백리(淸白吏)를 뽑게 하였는데, 이항복은 서애를 뽑아서 올렸다"는 이야기가 나온다.³ 그는 이렇게 청빈하고 학문과 덕행을 겸비했으며 문장과 글씨도 뛰어나서 영남 유생들의 추앙을 받았다.

하회마을에서 서애와 직접 관련되는 공간은 충효당, 원지정사 그리고 옥연정사다. 각각 주거, 정자, 별서다. 앞의 '하회마을 주변 지형도'에서 보듯이 이들 건축 또한 대략 일직선에 놓이며, 정자에서는 별서가 바라보인다. 그런데 이것들은 겸암의 건축물들이 최선의 입지를 점하고 난 다음에 남겨진 차선의 입지에 건립되었다. 충효당은 양진당이 자리를 잡고 난 다음에 그로부터 조금 비켜난 곳에 마련되었다. 별서의 경우도 겸암정사가 마을 중심부와 대응되는 위치에 자리 잡은 반면, 옥연정사는 겸암정사의 반대편, 마을에서 보아 북쪽으로 벗어난 지점에 위치했다. 다만 정자는, 서애의 원지정사가 겸암의 빈연정사보다 먼저 지어졌는데, 원지정사는 겸암정사가 마주 바라보이는 곳을 피하고 부용대가 정면으로 눈에 들어오는 절묘한 지점을 택했다.

충효당은 멀리 마을의 주산인 화산을 등지고 서향으로 자리 잡았다. 이 집은 안채를 중심으로 구성된 본채를 비롯해 대문채(바깥행랑채), 사랑채, 그리고 사당 등 네 건물로 이루어진다. 충효당은 본래 서애가 양진당에서 분가해 조성한 집이지만, 현재의 건물들은 서애가 지은 것이 아니다. 사랑채와 안채는 서애의 손자인 류원지(柳元之, 1598~1674)가 짓고, 증손자인 류의하(柳宜河, 1616~1698)가 확장했다. 대문채는 서애의 8대손인 류상조(柳相祚, 1763~1838)가 지었다. ㅁ자의 본채와 일자의 사랑채가 이어져 있으나, 양진당과 달리 사랑채가 안채 전면의 안행랑 부분과 나란히 있어서 사랑채와 안채가 직접 연결되지는 않는다. 사랑채가 이렇게 앞으로 나옴으로써 사랑채 뒤로 너른 후원이 조성되었다. 사랑채 남쪽(앞에서 보아 오른쪽) 모퉁이에는 앞으로 마루 2칸을 두고 뒤에는 온돌방을 두었다. 안채에서 가장 먼 이 방은 손님이 묵는 방이다. 마루 앞에는 머름을 두고 그 위에 판문을 달아 서쪽 햇빛을 차단했다. 사랑채 대청에 걸려 있는 전서체의 현판 글씨는 미수 허목이 쓴 것이다. 이 책에서 소개하는 열두 마을 중에서 세 마을에 허목이 쓴 현판이 걸린 것으로 보아 그의 글씨가 얼마나 인기 있었는지 알 수 있다.

충효당 사랑채 남동쪽에서 본 모습이다. 사랑채 남쪽으로도 툇간을 두르고 계자난간을 전면에 이어 돌렸다. 오른쪽 앞으로 보이는 방에는 손님이 묵었다.

    충효당 사당 앞의 영모각(永慕閣)이라는 유물전시관은 국보인《징비록》을 비롯해 서애와 관련된 귀중한 자료들을 잘 보여주는 곳이다. 그러나 전시관 건물의 규모가 너무 크고 조형이 과도해서 주변과 조화를 이루지 못하고 눈에 거슬린다. 건물 주위로는 불필요하게 계자난간(鷄子欄干: 초각한 짧은 기둥으로 꾸민 난간)을 둘러서 한옥의 좋은 요소를 남용하고 있다. 사랑채 전면과 남쪽면에 두른 계자난간을 의식했을지 모르나, 이렇게 한옥의 요소를 불필요한 곳에 단지 장식으로만 사용하는 것은 오히려 한옥에 대한 오해를 불러일으키고 부정적인 영향을 줄 뿐이다. 더욱이 영모각은 건물 바닥이 높이 들어 올려져서 노인이나 장애인들이 출입하기가 매우 어렵다. 1970년대 중반에 이 건물을 설계한 사람은, 서애가 발탁한 충무공을 존경했다고 하는 박정희 전 대통령의 마음은 너무도 잘 헤아렸으나 주변의 귀중한 문화재는 안중에 없었던 것 같다. 정권은 짧고 건축은 길다는 사실을 몰랐던 것일까? 영모각 현판은 박 전 대통령의 마지막 친필이라고 한다.

    서애는 32세 때인 1573년(선조 6)에 아버지가 돌아가시자 고향으로 돌아온다. 그리고 원지정사를 짓는다. 강을 향해 맞배지붕의 정사를 짓고, 그 옆으로 전면 2칸, 측면 2칸의 팔작지붕을 이은 연좌루(燕坐樓)를 놓았다. 연좌루는 익공으로 장식한 화려한 중층 누각 건물이다. 서애는 병이 났을 때 이 정자에서 요양을

충효당 안채 ㅁ자형의 북쪽 날개 부분이다. 대청을 중심으로 한 몸채(맨 오른쪽 부분) 높이에 맞춰 찬방 위에 다락을 둠으로써 공간을 2층으로 구성했다.

하기도 했으며, 벼슬을 그만두고 낙향해 은거할 때도 이곳을 자주 사용했다.

원지정사의 대청에 앉으면 왼쪽에서 이어져온 소나무군(만송정)이 끝나고 부용대 꼭대기가 정면에 들어온다. 또한, 연좌루에 오르면 부용대가 정면으로 바라보이고 오른쪽으로 옥연정사가 보인다. 앞을 보고 앉는 것 자체가 사색과 성찰이 되는 장소다. 서애는 형 겸암이 빈연정사를 짓기 10년 전에 일찌감치 마을 안에 원지정사를 지음으로써 정자를 위한 최상의 자리를 차지할 수 있었다.

원지정사 앞의 배롱나무는 구불구불 역동적인 느낌을 준다. 또한, 이 나무는 대문간에 맞춰 심겨 있어 대문간을 통해 들어오는 시선을 이끌어주는 동시에 차단해주는 역할도 한다. 보통 정자의 뜰에 배롱나무를 많이 심지만, 원지정사뿐 아니라 충효당·병산서원 등 서애의 공간에는 꼭 배롱나무를 심었다. 서애가 특히 좋아했던 나무가 아닌가 싶다.

옥연정사는 하회마을에서 볼 때 부용대 오른쪽에 있다. 1586년(선조 19), 45세의 서애는 예조판서에서 물러나 마을 밖 한적한 곳에 옥연정사를 조성한다. 그는 만년을 이 별서에서 보냈다. 옥연정사는 동쪽부터 6칸의 큰 대문채, 살림채(안채), 원락재(遠樂齋, 별당채), 그리고 정사(사랑채)로 구성된다. 부용대 쪽으로 올라가다가 오른쪽으로 후문을 통해 들어가면 정사부터 대문채에 이르는 네 채가

연좌루에서 본 부용대 부용대 꼭대기가 정면으로 보이고, 오른쪽으로 옥연정사가 조금 보인다.

강을 따라 나란히 배열된 모습을 볼 수 있다. 사랑채 격인 정사가 대문채 가까이에 있지 않고 후문 옆에 놓인 것은, 강에서 올라와 후문으로 드나드는 것이 실제 주된 동선이었기 때문으로 생각된다. 살림채는 전면 4칸의 일자형 건물인데, 부엌이 한쪽 끝에 있는 다른 한옥들과 달리 가운데에 부엌이 오고 그 좌우에 방들이 배치된 것이 특이하다.

서애는 1607년, 66세의 나이로 화려하면서도 파란만장한 일생을 마쳤다. 사후에 그는 병산서원에 모셔졌다. 하회마을에서 배를 타고 동쪽으로 강을 거슬러 올라가면 나오는 병산서원은 서애가 생전에 조성하고 자주 사용한 장소다. 1572년(선조 5) 서애는 고려 중기부터 풍산현에 있던 풍산 류씨의 문중 교육기관인 풍악서당(豊岳書堂)을 현재의 자리(안동시 풍천면 병산리)로 이전하고 이름도 병산서원으로 바꾸었다. 그후 그는 《퇴계집(退溪集)》의 편집회의를 개최하는 등 병산서원을 교유의 장소로도 사용했다. 1613년(광해군 5) 서애의 제자인 우복(愚伏) 정경세(鄭經世) 등은 임진왜란 때 소실된 서원을 중수하고 사당인 존덕사(尊德祠)를 지어 서애의 위패를 모셨다. 1633년(인조 11)에는 이준(李埈) 등과 함께《서애집(西厓集)》을 간행한 바 있는 서애의 셋째 아들 수암(修巖) 류진(柳袗)의 위패가 사당에 추가되었다.

수암은 하회와 낙동강으로 연결되지만 하회에서 상당히 멀리 떨어진 경북 상주시 중동면 간물리로 분가했다. 그가 살던 자리에는 그의 사후에 조성된 수암종택이 남아 있다. 생전에 부친을 흠모했던 수암은 죽어서야 부친과 함께 있게 되다. 겸암이 모셔진 화천서원과 달리 병산서원은 대원군의 서원철폐령 때에도 훼철되지 않았다.

병산서원은 건축을 하는 사람들이 가장 좋아하는 장소 가운데 하나다. 그중에서도 가장 사랑받는 건물은 전면 7칸의 긴 만대루(晩對樓)다. 서원 앞으로 흐르는 낙동강과 그 건너로 펼쳐진 병산의 경치를 일곱 폭 병풍으로 만들어주는 아름다운 건축물이다. 만대루에서 유생들은 아름다운 풍광을 감상하며 시회(詩會)를 열었다. 만대루 아래를 통과하여 누에 오르면 한쪽으로는 강과 산이, 반대쪽으로는 서원 영역이 바라보인다. 병산서원이 없다고 가정하고, 이런 절경의 자연을 훼손하지 말고 건축물을 부가하라는 과제가 내게 주어진다면 참으로 부담스럽고 풀기 어려운 숙제일 거라는 생각이 든다.

형제 건축의 미묘한 차이

겸암과 서애는 각기 마을의 주거지 안쪽에 주거를 두고 그 외곽에 정자를 지었으며, 강 건너편 부용대 주위에는 별서를 조성했다. 하회마을에서 격식을 갖춘 한옥의 대부분은 겸암과 서애, 이 두 형제의 작품이라 해도 과언이 아니다. 특히 그들의 주거인 양진당과 충효당은 주택으로서는 드물게 나란히 보물로 지정되었다.

이런 왕성한 건축활동은 경제적인 뒷받침이 없이는 불가능하다. 따라서 풍산

병산서원 강당인 입교당(立教堂) 대청에서 만대루를 본 모습이다. 만대루는 서원 앞으로 흐르는 낙동강과 그 건너로 펼쳐진 병산의 경치를 일곱 폭 병풍으로 만들어주는 아름다운 건축물이다.

류씨가 하회에 들어온 뒤 6대째인 겸암과 서애대(16세기 말)에 와서 류씨 문중의 경제력이 최고조에 달한 것으로 추정해볼 수 있다. 류씨 문중은 토착부호로서 이미 하회마을로 들어오기 전인 고려시대에도 경제 기반을 갖추고 있었다. 조선시대에는 문중 인사들이 중앙정계에 활발히 진출해 명문세족이 됨에 따라 문중의 경제력을 유지할 수 있었다. 과거 마을 북쪽에 있는 너른 들인 '풍산들'의 대부분을 류씨 문중에서 경영했고 그밖의 토지도 상당히 소유했다. 서애 시기의 자료에 따르면, 전답이 최소 1,500~1,700마지기에 이르고, 노비도 임진왜란 중에 많이 도망갔음에도 146명이 남아 있었다.[4] 지금 양진당과 충효당 앞에는 상당히 너른 공터가 있는데, 그곳에는 이 두 집에 딸린 노비들이 거주했던 가랍집들이 있었을 것이다.

겸암과 서애, 나이 차이가 세 살에 불과한 두 형제는 퇴계 아래에서 동문수학한 이래 여러 사회활동을 같이했다. 스승의 문집인 《퇴계집》의 편찬도 형제가 같이했다. 그들이 벌인 건축활동에서도 유사한 행보를 볼 수 있다. 겸암과 서애는 문중의 경제 기반을 바탕으로 동시대에 주거, 정자, 별서 등의 건축물들을 마치 짝을 맞추듯 하나씩 지어나갔다. 이렇듯 그들의 건축 유형은 동일했으나 그들이 지은 건축물의 성격도 같았던 것은 아니다. 실제로 두 형제가 지은 건축물들은 미묘한 차이를 보인다.

동생인 서애는 형인 겸암보다 좀 더 적극적으로 정치·사회적 활동을 했으며, 남인의 영수로 큰 영향력을 행사했다. 겸암은 서애보다 세 살이 위이나 퇴계 밑에서 동생과 같이 공부를 시작했고, 서애가 별시문과에 급제하여 벼슬에 나간 1566년보다 6년 늦은 시점에 벼슬에 진출했다. 겸암은 아우인 서애보다 벼슬이 높지 않았고 정치 성향도 소극적이었던 것으로 보인다. 그가 사복시첨정(司僕侍僉正: 궁중의 가마, 말, 목장 등을 관리하던 관청인 사복시의 종4품 벼슬)으로 있을 때 임진왜란이 나자 당시 좌의정으로 임금을 보좌한 서애와 달리 겸암은 팔순 노모를 업고 고향인 하회로 돌아왔다. 원주목사로 있던 겸암은 57세 되던 해에 노모를 봉양하기 위해 사직하고 다시는 벼슬에 나아가려 하지 않았다.[5] 이런 이야기들은 일찍부터 중앙정계에 진출해 이른바 신진사류(新進士類)로서 관료적 성향을 가졌던 서애와 대비되는 겸암의 성향을 짐작케 한다.

　형제의 이런 성향 차이는 어쩌면 스승인 퇴계의 양면적인 출처관(出處觀: 관직에 나아가는 태도에 대한 견해)에서 비롯되었을지도 모른다. 퇴계는 임금을 올바른 정치로 이끌겠다는 적극적인 정치 자세, 곧 관료적 출처관과, 학문 연구와 후진 양성을 통해 향촌사회를 교화함으로써 장차 정치를 올바로 이끌 인재를 확보하려는 좀 더 근본적이나 소극적인 자세, 곧 산림적(山林的) 출처관을 모두 가지고 있었다. 이렇게 서로 다른 출처관을 가져서인지 퇴계 자신도 관직에 나가고 또 낙향하는 일이 잦았다. 겸암이 퇴계의 소극적인 출처관에 치우쳤다면, 서애는 적극적인 출처관에 이끌렸던 것이 아닐까? 그들이 남긴 건축의 미묘한 차이에서 그들의 개인적인 성향을 추정하는 것, 이는 수사로 치면 가장 신뢰할 만한 물증 수사다.

　두 형제 사후에 조성된 주거는 논외로 하고, 그들 자신이 건립한 정자와 별서 건축에 형제의 성향 차이가 어떻게 반영되었는지 한번 살펴보자. 겸암이 지은 정자인 빈연정사는 전면 3칸, 측면 2칸의 건물로 규모도 작고 건물이 놓인 기단도 높지 않아서 매우 소박해 보인다. 서애가 지은 정자인 원지정사 역시 전면 3칸, 측면 1칸 반의 소박한 건물이나, 평지에 지어진 작은 건물임에도 두 단의 디딤돌을 딛고 올라야 할 만큼 높은 기단 위에 놓였다. 그래서 원지정사의 방 안에서도 부용대가 잘 보인다. 원지정사 옆의 연좌루는 바닥을 한 층 들어올린 누각인데, 역시 높은 기단 위에 올라앉았고 팔작지붕을 이어서 더욱 깡총하다. 연좌루에 오르면 앞으로는 부용대를 정면에서 조망할 수 있고 주변으로는 마을 전체를 둘러볼 수 있다. 겸암의 빈연정사는 몸을 낮춘 반면, 서애의 원지정사와 연좌루는 몸을 한껏 높였다. 그래서 전자에서는 후자처럼 부용대 쪽의 좋은 경치가 시원히 바라보이지 않는다.

　겸암정사와 옥연정사는 부용대를 사이에 두고 서로 반대편에 자리 잡았다. 겸암과 서애의 생애주기에서 겸암정사와 옥연정사를 지었을 때를 생각할 때 두 건축은 서로 목적이 다름을 짐작할 수 있다. 겸암은 처음 벼슬로 나가기 5년 전인 29세 때 겸암정사를 지었다. 29세라면 인생을 여유롭게 돌아볼 때가 아니라 출세를 앞두고 집중적으로 학문과 수양에 힘쓸 시기다. 따라서 겸암정사의 건축 목적은 적당한 학업공간을 만드는 것이었다고 생각된다. 그렇다면 긴장감 있고 방만하지 않은 부지가 좋겠고, 오목하여 눈에 잘 띄지 않는 곳이라면 더욱 좋을 것이다. 그래서 집터로는 불리해 보이는 낭떠러지를 겸암정사의 부지로 선택한 것 같다. 한편 속세를 떠나 은거를 하려는 것이 아니므로, 본 주거가 있는 마을을 정면으로 바라보는 곳을 부지로 택했을 것이다.

　이와 달리 옥연정사는 서애가 고급 관료생활을 한 뒤인 45세 때 지은 것으로, 이미 경제 능력이 있는 상태에서 만년을 보낼 은거의 장소로 마련되었다. 이런 별서는 세상의 온갖 일들에 관련되는 본 주거와 구분되는 장소에 있어야 한다. 그래서 옥연정사에서 앞을 내다보면, 마을 주거지보다는 화천과 그 건너 화산 자락이 눈에 들어온다. 서애는 이곳에서 임진왜란을 회고하며 《징비록》을 집필하는 등 일생을 차분히 정리해갔다.

　이렇게 옥연정사는 그보다 19년 앞서 지은 겸암정사와는 기본적으로 목적이 다른 건축이다. 겸암정사가 향촌생활을 전제로 조성한 일상적인 수양의 장소라면, 옥연정사는 관료생활을 전제로 그와 대칭되는 생활 방식인 은거를 위한 장소다. 또한 옥연정사는 겸암정사에 비해 건물의 수가 배이고 대지도 훨씬 넓다.

　겸암과 서애가 조성한 정자와 별서 건축을 간단히 비교해보았다. 요컨대, 겸암의 건물들은 낮고 규모도 작아 소박하다면, 서애의 건물들은 높고 규모도 크다. 형제의 건축에 보이는 이런 차이가 겸암과 서애의 성향 차이와 무관하지 않으며, 이는 스승인 퇴계의 이중적인 출처관의 영향일 것이라 생각한다. 물론 이는, 건축에는 건축가의 인간적인 신념이나 태도가 반영된다는 내 평소의 생각을 전제로 추정해본 것이다.

마을 사람 모두의 공간, 삼신당

이제까지 겸암과 서애라는 두 인물을 중심으로 하회마을의 공간 이야기를 했다.

삼신당 골목 삼신당에 이르는 골목은 한 가족이 옆으로 나란히 걷기에도 좁은 아담한 골목이다.

그러나 그들의 건축이 하회마을 건축의 전부가 아님은, 부용대 아래에서 사대부들이 즐기던 줄불놀이가 하회마을 놀이문화의 전부가 아닌 것과 같다. 하회에는 농민들의 가면극인 별신굿이 있듯이 마을 사람 모두의 공간인 삼신당이 있다. 줄불놀이만 있고 별신굿이 없거나 상류 한옥만 있고 삼신당이 없다면, 한 마을이 신분의 차이, 경제력 차이에서 오는 갈등을 해소하며 600년 이상 지속되기는 어려웠을 것이다.

    나는 하회에서 엘리트들의 건축보다 마을 사람들 모두의 건축인 삼신당에서 더 많은 건축적인 교훈을 얻었음을 고백하지 않을 수 없다. 솔직히 하회의 상류 한옥들이 다른 마을의 한옥보다 뛰어나다는 생각은 들지 않는다. 그러나 하회의 공동공간인 삼신당보다 건축적으로 훌륭한 마을공간을 다른 데서 찾기는 어렵다. 삼신당과 그것에 이르는 골목은 하회마을에서 가장 수준 높은 공간 디자인을 보여준다. 어떤 의도와 개념에 따라 공간과 장소를 만들 때 이토록 편안하고 좋은 분위기를 자아내기는 쉽지 않으리라. 건축학과 학생들을 대상으로 건축설계 수업을 몇 시간이고 하고 싶은 곳이다.

삼신당 공간은 마당과 그곳에 이르는 골목으로 구성된다. 동서로 뻗은 안길의 중간쯤에 삼신당으로 가는 좁은 골목이 있다. 이 골목은 당목이 있는 마당으로 사람을 깊숙이 끌고 들어간다. 다른 마을들에서도 대개 그렇듯이 하회마을의 신당은 상·중·하당으로 이루어지는데, 상당은 화산 중턱의 서낭당이고, 중당은 화산 자락의 외진 곳에 있는 국사당(國師堂)이며, 하당은 바로 이곳 삼신당이다. 신당은 마을공간을 주산인 화산과 상징적으로 연결해준다.

삼신당은 한마디로 마을신의 집이다. 정월 대보름과 음력 4월 초파일에는 이곳에서 마을의 안녕을 비는 제사인 동제(洞祭)를 지낸다. 자식이 없는 사람들은 조용히 와서 자식을 얻게 해달라고 빌곤 한다. 또한 마을의 평안과 풍요를 기원한다는 측면에서 동제와 비슷하나, 해마다 치르는 동제와 달리 몇 년마다 하는 마을 행사로 별신굿이 있다. 하회마을을 유명하게 만든 하회별신굿은 탈춤 형식으로 진행된다. 그런데 애초에 이 탈춤은 삼신당에서 공연되었다. 민중의 예술이 모든 사람의 공간에서 공연된 것은 지극히 자연스런 일이겠다. 지금 탈춤은 마을 입구 쪽 원형극장에서 '공연'되는데, 원형극장을 꽉 메운 관객들로 열기가 가득하고 공연 자체도 짜임새 있고 완성도가 높아 1시간의 공연이 조금도 지루하지 않다. 그러나 그것이 본래의 공간에서 이탈되었을 뿐 아니라 하회 사람이 주도하는 것도 아니어서 애초에 가졌던 대동적 분위기는 사라졌다.

삼신당은 통로를 거쳐 목표가 되는 중심공간에 이르면 그 공간의 수직적 요소에 의해 영원과 통하는, 신성한 공간의 보편적인 구성 방식을 보여준다. 삼신당은 세계의 중심인 마을, 마을의 중심인 주거지 중심부에 자리 잡고 있다. 주거지 중심부에는 중심성이 강한 정방형 마당이 있으며 그 중심에 당목이 서 있다. 곧, 긴 움직임의 최종 목적지는 당목이다. 하늘로 솟은 당목은 영원한 우주의 중심인 하늘과 땅을 이어준다.

최종 목적지인 당목에 이르려면 기나긴 통로를 거쳐야 한다. 북동쪽 마을 입구부터 동서로 난 긴 안길, 그리고 그에 이어지는 골목은 영원의 공간에 이르는 긴 통로를 상징한다. 삼신당으로 들어가는 골목은 안길과 직각을 이룬, 43m에 이르는 긴 통로다. 북쪽으로 난 이 골목은 끝에서 다시 왼쪽으로 90도 꺾여 8m 정도 더 이어진다. 이렇게 두 번 통로를 직각으로 굴절함으로써 공간의 깊이가 더해지고 기대가 고조된다. 그 기대는 갑자기 나타나는 중심공간인 너른 마당과 그 안의 수직 요소인 당목에 의해 절정에 이른다. 제한된 주거지에 적절하게 구성한 공간으로 삼신당의 깊이감과 감동이 극대화된다.

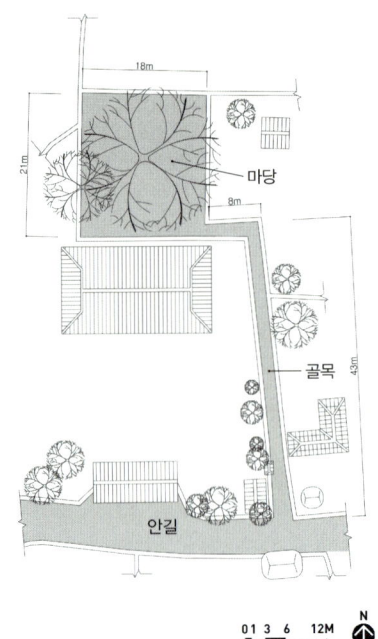

삼신당 배치 평면도

우리 현대건축의 거장 김수근은 "좋은 길은 좁을수록 좋고 나쁜 길은 넓을수록 나쁘다"는 제목의 글을 쓴 적이 있다. 실제로 그는 그의 대표작인 서울 종로구 원서동 공간사옥(1977년 설계)에서 통로와 계단을 매우 좁게 처리했다. 그는 이런 작은 규모의 아기자기한 공간 만들기를 한옥에서 배웠다고 했다. 또한 그는 창덕궁 후원에 지어진 연경당(演慶堂) 대청에 앉아 "한국은 과거에 멋진 건축가를 지녔었노라"라는 생각을 했다고 한다.[6] 삼신당에 이르는 골목은 좁아서 좋은 길이다. 허전하지도 답답하지도 않은 알맞은 느낌을 주는 길. 그 길을 따라가면 양쪽의 담이 조금씩 높아지는데 그것은 길바닥이 그만큼씩 높아지고 있기 때문이다. 왼쪽은 토석담, 오른쪽은 토담이라 변화감이 더하다. 삼신당 앞은 공터였으나 1987년에 주택이 들어서면서 이렇게 긴장감 있고 흥미로운 골목이 만들어졌다.

삼신당은 당목인 느티나무를 중심으로 만들어진 정사각형에 가까운 마당이다. 상당과 중당은 건물 형태를 갖추고 있으나, 하당인 삼신당에는 건물이 없다.

삼신당 당목과 그것을 둘러싸는 정방형에 가까운 마당으로 구성된 삼신당은 바닥, 벽, 지붕을 모두 갖춘 하나의 건축공간이다.

풍산 류씨 입향조인 류종혜가 고려 말에 마을로 들어왔을 때 심은 느티나무는 600년 이상 된 고목이다. 높이는 15m, 둘레는 5.4m에 이르는 거목이다. 이 중심 공간의 수직 요소는 하늘과 땅을 연결해주며 평범한 마당을 신성한 공간으로 만들어준다. 당목의 줄기는 마당의 중심을 만들고 그 가지들은 마당을 덮는 지붕이 된다. 그래서 삼신당은 바닥, 벽, 지붕을 모두 갖춘 하나의 건축공간이다.

좋은 공간감은 너무 허전하지도 또 너무 답답하지도 않은 것이다. 그런데 공간의 느낌은 공간의 비례와 공간을 만드는 요소들의 특성에 직결된다. 골목에서는 담, 그리고 삼신당 마당에서는 담과 고목이 공간을 만드는 물리적인 요소다. 담 높이(195cm 정도)와 골목 폭(191cm 정도)은 모두 성인의 키를 조금 넘는다. 담 높이가 180cm 이상이 되어 성인의 키를 넘으면 길 밖에서는 사람이 보이지 않게 되고, 길 안에서는 폐쇄감이 느껴진다. 삼신당은 마을의 공동공간이므로 개인공간인 인접 주택들에서는 그 공간의 움직임이 감지되지 않고, 또 골목에서는 집 안이 들여다보이지 않도록 디자인되었다.

골목에서 양팔을 뻗으면 담에 두 손가락이 달랑말랑한다. 레오나르도 다빈치의 〈비트루비우스 인체도(Vitruvian Man)〉에서 볼 수 있듯이 사람이 양팔을 뻗은 거리는 키와 같다. 이런 사람 키 정도의 길이를 우리는 '길'이라는 단위로 부른다. 이렇게 삼신당 골목에서 공간의 폭과 골목을 규정하는 요소인 담의 높이는 모두 한 길을 조금 넘으며 그 비례는 대략 1 : 1이다.

동서양 건축 이론가들은 모두들 선적(線的)인 공간에서는 간격과 높이의 비가 1 : 1일 때 개방감과 폐쇄감의 균형이 잡히는 가장 아늑한 공간이 된다고 한다. 그리고 높이에 비해 간격이 좁으면 답답함을 느끼고, 간격이 높이의 2.5배 이상이면 아늑하게 둘러싸인 느낌을 받지 못한다고 한다.7 이에 따르면 삼신당 골목은 간격 대 높이의 비례가 1 : 1인 가장 적합한 비례를 가지고 있다.

또한 마당이나 광장과 같이 넓적한 공간에서는 담의 높이가 공간 폭의 1/2~1/3일 때 가장 편안하게 느끼며, 1/4 이하일 때는 공간의 아늑함이 사라지기 시작한다. 삼신당 마당의 폭은 동서방향이 약 1,800cm, 남북방향이 약 2,100cm이니 평균 1,950cm다. 그리고 담의 높이는 195cm 정도이니 마당 폭의 1/10이다. 그러면 삼신당 마당은 허전하기 짝이 없는 공간이어야 하는데 실제로는 그렇지 않다. 마당 중앙에 옆으로 가지를 펼친 느티나무가 자리 잡고 있기 때문이다. 이 느티나무는 줄기를 마당 가운데에 두고 커다란 우산처럼 가지로 덮어서 마당을 매우 적절한 크기로 나누며 아늑한 공간을 만들고 있다.

느티나무, 곧 당목에는 새끼줄로 금줄이 둘려 있다. 잡귀를 쫓아낸다는 의미를 가진 금줄은 하나의 평범한 나무를 신앙의 대상으로 격상시켜준다. 종교적인 당목에 두른 금줄은 출산했을 때 집 문 앞에 내거는 금줄과 달리 썩어 없어질 때까지 거두지 않는다.

언젠가 삼신당을 보고 나오려는데 한 무리의 사람들이 몰려들었다. 그들이 어떤 방식으로 공간을 경험하는지 호기심이 들어 잠시 살펴보니 종이에 무언가를 적어 당목에 둘린 새끼줄에 끼워놓고 있었다. 예전 답사 때는 보지 못한 새로운 풍습이었다. 그것이 혹시 일본 사찰에서 행해지는 기원 행위의 영향이 아닐까 싶어 답사에서 돌아온 뒤 같은 학교에 근무하는 민속학자 이필영 교수께 문의해보았다. 이 교수는 금줄에 길지(吉紙)라는 흰 창호지를 오려서 끼워넣는 경우는 있지만 그것에 기원을 적는 것은 우리의 전통 방식이 아니라고 했다. 우리의 대표적인 마을 주변에 일본의 국화가 만발하고 그 중심에서는 일본식 기원 행위가 일어나고 있으니 정말이지 걱정스런 일이다.

자면서도 먹으면서도 배운다

하회마을 가까이에는 병산서원, 가일수곡종택, 도산서원, 봉정사 등 많은 볼거리들이 있어 대개 마을에서 하루를 묵게 된다. 우리 답사팀은 '하회고가 민박'이라고 이름 붙인 류세하가옥에서 몇 번 묵었다. 주일재 길 건너에 있는 이 집은 방이 7개나 될 뿐 아니라, 대문간 왼쪽에 있는 방 2개를 제외하면 모든 방이 서로 떨어져 있어 답사팀이 성별·연령별로 나누어 자기에 편리하다. 나는 늘 이 집 건넌방에서 자는데, 혼자 자기에 좁지도 허전하지도 않다. 식사는 여름철에는 대청에서, 다른 계절에는 안방에서 하는데, 음식은 보통이지만 가끔 나오는 안동찜닭은 괜찮은 편이다. 민박을 정하고 달빛이 비추는 하회의 밤을 거니는 것도 운치가 있다.

우리 답사팀이 하회마을에서 단골로 식사하는 곳은 하동고택이다. 사실 전라도를 답사할 때와 같은 음식을 다른 지역에서 기대하기는 힘들다. 그러나 하동고택의 음식점을 새로 운영하는 아주머니는 친절하고 음식 솜씨도 좋다. 그는 어린 시절 이 집에서 자랐으며 그후 서울에서 죽 살다가 2002년에 다시 고향집으로 돌아왔다.

1836년에 지어진 이 집은 하회마을 동쪽에 있다 하여 하동고택이라 불리는데, 중요민속자료로 지정된 문화재다. 그러나 생활 편의를 위해 부엌을 입식 부엌으로 바꾸고 보일러 설비를 갖추는 등 원형을 다소 변경했다. 그렇다 해도 본래의 한옥 외관과 분위기에는 거의 변화가 없다.

가로 2칸, 세로 3칸의 이 집 안마당은 크기가 적당하다. 그래서 이 마당에 앉으면 언제나 너무 헐렁하지도 꽉 죄지도 않는 옷을 입었을 때처럼 편안하다. 저녁 때 땅거미가 젖어드는 안마당은 더욱 아늑하다. 북적이던 관광객들도 거의 다 마을을 빠져나가고 마을은 다시 고요한 밤을 맞는다.

이같이 하회에서는 숙박과 식사공간 역시 수준 높은 한옥이어서 자면서도 먹으면서도 우리의 건축과 문화를 자연스레 체험하고 배울 수 있다. 언젠가 이탈리아의 오래된 작은 도시들을 걸으며 그냥 걷기만 해도 공부가 되는 그런 도시에 사는 사람들을 부러워했던 적이 있다. 답사를 할 때마다 하회마을 역시 그런 마을임을 새삼 깨닫는다. 그래서 이런 훌륭한 마을을 만든 겸암과 서애를 비롯한 류씨 문중의 많은 분들, 또 그들과 조화를 이루며 고단한 삶을 개척해온 이름 없는 수많은 조상들께 감사하며 마을을 떠나곤 한다.

1박 2일의 답사를 마치고 돌아오던 어느 날, 내가 사는 아파트단지에서 있었던 일이 한 가지 생각났다. 그 아파트단지는 다른 한 아파트단지와 인접해 있다. 그리고 그 경계를 콘크리트 담이 차갑게 나누어준다. 그런데 그 담에 언젠가부터 개구멍이 생겼고 그리로 초등학교 아이들이 등하교를 했다. 그 개구멍으로 인해 찻길에서 떨어진 안전한 지름길 통학로가 만들어진 것이다. 그런데 어느 날 누군가가 그 개구멍을 철조망으로 막아버렸다.

도대체 아파트단지에서 담은 왜 필요한 것일까? 한옥의 담처럼 아늑한 공간을 만들어내기 위해서? 하회의 토석담이나 돌기단 위의 토담처럼 정겨운 길을 만들어내기 위해서? 모두 아니다. 담은 이제 공간을 형성하는 요소가 아니라 영역을 나누는 요소다. 그것은 다른 부류와 섞이기 싫어하는 우리 사회의 계층적 분리 현상을 보여주는 상징물이 되었다.

지배층인 양반들과 피지배층인 서민들이 각기 자신들의 공간을 나름의 방식으로 만들어내고 그것들을 조화롭게 유지해온 하회마을에서 주거공간 만들기의 숙제인 '사회적 통합'에 대한 암시를 찾을 수 있다. 양반들이 뱃놀이를 즐길 때 서민들은 그 놀이에 필요한 뒷바라지를 해주었고, 비록 양반층을 비난하는 풍자를 담고 있지만 탈춤판을 벌일 때는 양반층이 그것을 수용하고 나아가 소요 경비를 댔다. 이렇게 하회마을에 같이 거주하는 두 계층은 나름의 공간적인 토대를 가지고 서로를 용인하고 지지하면서 공존해왔다. 연간 100만 명에 이르는 하회를 찾는 많은 사람들이 그런 아름다운 모습에 좀 더 관심을 기울인다면, 그래서 그로부터 공동체적인 교훈을 얻는다면 우리 사회는 훨씬 살 만한 곳이 되지 않을까.

6

근대와 한옥의 오래된 만남

강골마을

강골마을 전경 강골마을은 산으로 둘러싸이고 풍부한 녹지 속에 있어 멀리서 보면 큰 집들의 기와지붕만 눈에 띈다. 근대 한옥인 '부농의 집'이 모여 있는 강골에서는 새로운 개념의 공간들을 만날 수 있다.

'보성' 하면 많은 사람들은 차밭을 떠올린다. 광고와 드라마 촬영장소로 자주 등장했기 때문이다. 그런데 문화적 식견이 상당한 이들은 보성이라는 말에 '서편제'를 떠올린다. 서편제의 비조(鼻祖) 박유전(朴裕全, 1835~1906)의 뒤를 이어 오늘날 조상현, 성창순 등 판소리 명창을 길러낸 송계(松溪) 정응민(鄭應珉, 1896~1964)이 보성군 회천면 도강마을 태생이다. 2003년 그 마을에 송계의 생가가 복원되었다. 보성읍에서 시작해 차밭과 도강마을을 둘러보고 율포해수욕장으로 가는 길은 도시에서 찌든 때를 씻어낼 좋은 여행코스이기도 하다.

여행을 하다 보면 잘 알려진 데서 조금 비켜난 곳에 좋은 장소가 있는 경우가 종종 있다. 강골마을도 그런 곳이다. 전남 보성군 득량면 오봉리, 국토의 거의 끝자락에 있는 마을이다. 보성의 관광코스에서 비켜난 곳에 있어 이 마을을 아는 이는 드물다. 국도에서 비켜나 있고 관광코스에도 끼지 못했기에 강골은 개발 바람에 흔들리지 않고 옛 모습을 잘 간직하고 있다.

강골마을 주변은 대숲으로 둘러싸여 마을로 가까이 다가가도 한옥의 지붕들만 살짝 보일 뿐 마을의 전모가 드러나지 않는다. 이렇게 주변 녹지가 마을공간 내부로 깊숙이 들어와 집들이 녹지에 파묻힌 모습은 전통마을의 전형적인 풍경이다. 해변에 면해 있던 탓에 강골마을에는 방풍림이 필요했는데, 빼곡히 심을 수 있는 대나무는 방풍림으로 가장 적당한 수종이었다. 이런 이유로 선택된 대나무는 마을을 에워싸는 녹지를 이루어 지난 한 세기 동안 강골로 부는 바람을 막아주었다. 또한 대나무로 만든 김 건조용 대발은 1970년대에 플라스틱 발이 등장하기 전까지 강골마을의 중요한 부수입원이었다. 그러나 이 대나무숲도 막지 못한 바람이 있었으니 그것은 '근대화'의 바람이었다.

1922년에 개통된 경전선 철로가 마을 앞으로 지나가고 수로를 사이에 두고 마을과 간척지가 만나는 모습에서 강골마을이 여느 전통마을과 다른 이야기를 담고 있으리란 짐작을 하게 된다. 강골마을은 중요민속자료로 지정된 열화정(悅話亭), 이금재가옥, 이용욱가옥, 이식래가옥 등을 비롯해 많은 문화유산을 간직하고 있다. 이들 중 열화정을 제외한 '주택'들은 마을 중앙부에 자리 잡아 방문객들에게 마을의 첫인상을 강하게 심어준다. 이 주택들은 모두 19세기 말에서 20세기 초, 곧 근대에 지어진 집들이다.

과거에는 강골마을 앞에 놓인 철로까지 바닷물이 들어왔다. 그래서 강골은 농사를 지으면서 이런저런 조개도 캐던 평온한 바닷가 마을이었다. 그러나 1937년 완공된 득량만 방조제로 인해 강골은 역동적인 근대의 현장으로 이끌려간다. 양식을 얻는다는 뜻의 '득량(得糧)'이라는 이름부터 예사롭지 않다. 이 이름은 이 지역 마을들이 근대기에 농업으로 승부를 걸었음을 짐작케 한다.

현재 간척평야를 앞에 둔 11개 마을이 오봉리를 이루는데, 그중 오봉4구인 강골은 39호로 이루어진 작은 마을이다. 강골마을로 시집와 60년 가까이 산 이복래 가옥의 임씨 아주머니는 과거의 영광을 떠올리는 듯한 표정으로 "내가 시집올 당시만 해도 마을에는 100여 호가 있었어"라고 말했다. 우리의 옛 마을에서는 이렇게 지난날을 그리워하는 얼굴을 늘상 만나게 된다. 아무튼 지금 우리가 보는 강골마을은 근대기에 번성했던 규모의 절반도 안 되는 쭈그러든 모습이다. 그래서 우리가 강골에서 근대의 활력을 느끼려면 어느 정도 지적 상상력을 동원해야 한다.

강골 사람들이 방조제가 만들어낸 간척평야의 광활함에 눈이 휘둥그레져 있을 때, 서울의 신식 여성들은 아시아의 문명도시에는 어느 곳에나 있는 댄스홀이 유독 우리 조선에만 허락되지 않음을 통탄하고 있었다. 득량만 방조제가 완공된 1937년, 서울의 다방마담·기생·영화배우 등 이른바 모던 걸들은 "서울에 딴스홀을 허(許)하라"는 내용의 탄원서를 경무국장에게 써서 월간 대중잡지인 《삼천리》에 게재하기에 이른다. 그러면, 상고머리에 중절모를 쓰고 지팡이를 짚은 모던 보이와, "볼상에는 해괴망측하나 경제상 매우 리로울"[1] 패션의 모던 걸들이 경성 거리를 활보하던 근대 초기, 우리 마을들에서는 어떤 일들이 일어나고 있었을까? 근대의 마을은 그 이전의 전통마을과 어떻게 다른 것일까? 우리의 주거 현실에서 싹튼 자생적 근대의 숨결은 어떠했을까? 강골로 가까이 다가갈수록 머릿속엔 의문이 이어진다.

근대의 추억

나는 어린 시절 산골동네에서 근대를 만났다. 1970년 즈음이다. 어느 날 갑자기 동네의 고만고만한 점방들 이마에 '근'자가 나타났다. 그 직전까지 무슨무슨 상회로 불리던 동네 점방들이 어찌된 영문인지 무슨무슨 '근대화연쇄점'으로 바뀐 것이다. 동네 고등학생 형들의 모자에 삐딱하게 겨우 붙어 있는 모표처럼 45도 기울어진 그 간판 글자는 묘한 느낌을 자아냈다. '무언가 변화가 일어나고 있는 거야.'

변화는 거기서 그치지 않았다. 그 삐딱한 '근'자 간판에 익숙해지기도 전에 더 충격적인 간판이 등장했다. '슈퍼마켓'이다. 근대화연쇄점과 슈퍼마켓은 변화란 얼마나 숨 가쁘게 이루어지는지를 내게 처음 알려주었다.

우리 동네의 첫 번째 슈퍼마켓은 커다란 농협 창고건물을 전용한 것이었는데, 초등학교 저학년이었던 나는 '라면땅'인가를 하나 사러 그 슈퍼에 갔다가 온몸이 얼어붙는 느낌을 받았다. 그곳은 과자 한 봉지 사러 감히 들어갈 곳이 아님을 현장에서 깨달은 것이다. 실은 들어가기 전부터 '슈퍼마켓'이라는 말 자체에 잔뜩 주눅이 들었다. 어린 나에게 근대화연쇄점이나 슈퍼마켓은 그 이름부터 이전의 상회와는 비교할 수 없는 거리감을 느끼게 했다. '근대화가 연쇄적으로 일어나는 상점?' 하물며 '슈퍼'의 뜻에 대해서는 누구에게 감히 물어볼 수도 없었다.

그 당시 내가 경험한 구멍가게의 근대화는 이해할 수 없는 변화이자 미묘한 심리적 위협이었다. 나는 강골마을에서 간척평야를 바라보며, 어느 날 갑자기 시야에 펼쳐진 저 평야 또한 강골 사람들에게는 하나의 위협이 아니었을까 하는 뜬금없는 생각을 했다. 난데없이 근대를 만난 강골마을 사람들의 심정이 어린 나의 심정과 같지 않았을까?

물론 학계에서 이야기하는 근대가 시골에 근대화연쇄점이 들어선, 박정희시대의 근대만을 말하는 것은 아니다. 그러면 '근대'라는 시기는 언제부터 언제까지인가? 근대성 논의가 우리 학계를 뜨겁게 달구고 있으나 근대의 시기 구분에 대한 논란 역시 여전히 계속되고 있다. 근대는 그것을 어떻게 정의하느냐에 따라 시기 설정이 달라질 수 있다는 것이 결론이라면 결론이다. 근대의 문제는 그만큼 복

강골마을에서 본 간척평야 1937년 득량만 방조제가 완공되어 바다가 너른 들판으로 바뀌었다. 건너편 멀리 고흥반도가 보인다.

잡하고 때로는 모호하며, 다양한 시각에서 접근될 수 있다. 나는 근대 전문가는 아니지만, 우리 사회에서 근대를 특정한 시기로 고정하는 것은 별 의미가 없으며, 그것을 전통사회와 다른 새로운 체계를 만들어가는 과정으로 보는 것이 옳다고 생각한다.

건축계에서는 2000년에 근대 문화자산을 정리하면서 어쩔 수 없이(?) 근대의 시간적 범위에 대해 잠정적으로 합의했다. 강화도조약과 갑오경장이 있었던 즈음부터 6·25전쟁까지를 근대로 보고, 그 사이에 지어진 건축물을 근대 건축물로 구분하기로 한 것이다. 갑오경장은 1894년(고종 31) 집권한 개화당 정권이 전통적인 봉건체제를 서양의 근대적인 체제로 새롭게 개혁하려 한 사건이다. 조선시대를 특징지어온 양반이니 상민이니 하는 신분제가 공식적으로 폐지된 것이 바로 갑오경장부터다. 병자수호조약이라고도 불리는 강화도조약은 1876년(고종 13) 조선과 일본 사이에 체결된 수호조약이다. 운요호사건을 계기로 군함을 동원한 일본의 무력 시위 아래 체결된 불평등조약으로, 이를 계기로 우리나라가 개항을 하여 세계 시장에 편입되는 계기가 되었다. 이렇게 근대를 19세기 후반에서 20세기 초반으로 보는 것은 그간 여러 분야에서 진행돼온 근대기에 대한 논란의 교집합을 택한 것이다. 그런데 바로 이 근대의 시기에 강골마을에 있는 대부분의 집들이 지어졌다.

시기 규정과 개념 정립조차 쉽지 않은 근대는 오랫동안 우리의 관심에서 벗어나 있었다. 특히 건축계가 근대에 관심을 기울인 것은 최근의 일이다. 전통을 시기적으로 국한된 것이 아니라 연속 개념으로 새롭게 인식한 건축학자와 건축가들이, "전통건축이 왜 현대에 이어지지 못하고 단절되었는가"라는 의문을 품게 된 것은 자연스런 일이었다. 그 의문은 전통과 현대를 잇는 한국건축사의 부분이며 특히 역사도시 발전에 중요하게 작용했던 '근대건축'에 대한 관심으로 이어졌다. 사실 그간 근대건축은 건축사 분야에서도 매우 소홀히 다루어졌다. 1970년대 들어 비로소 한국 근대건축사가 연구되기 시작했지만 그것이 폭넓은 관심을 끌게 된 것은 최근 일이다. 근대건축사는 근대기에 한국 건축이 어떻게 자생적으로 발전했는가 하는 문제와 함께, 그것이 당시에 유입된 서구의 건축과 어떻게 융합·발전했는가를 주된 연구주제로 삼고 있다.

우리 사회에서 근대는 오랫동안 서구화와 같은 의미로 쓰였다. 근대란 전통 사회의 규범과 질서가 서구의 가치로 대체되는 과정을 의미했던 것이다. 그에 따라 근대 이후 서구는 우리의 모델이 될 수밖에 없었다. 그러나 근래 서구에서는 근대의 실패에 따른 후유증과 뜻하지 않았던 근대의 부산물을 아시아의 가치를 빌려 해소하려는 시도가 나타나고 있다. 그토록 합리적이라고 생각되었던 서구의 근대사회는 공동체 해체, 환경 파괴, 환경에서 상징적 의미의 결여 같은 갖가지 문제를 드러냈는데, 그에 대한 해법을 아시아의 정신적 전통에서 찾으려 하고 있다. 우리가 좇는 모델이 다시 우리를 좇는 양상이 된 것이다.

우리는 자신의 근대를 너무 거창하게, 연역적으로 파악하려 했던 것 같다. 그러나 오히려 근대의 양상들을 하나씩 조명할 때 근대라는 복합체가 자연히 그 모습을 드러내지 않을까. 어느 지역에서든 자생적인 근대화 과정을 고찰하면, 특정 전통에 뿌리박은 다양한 문화 형태를 취했던 그들만의 근대를 만나리라고 본다. 전통의 사슬을 모조리 절단할 때 비로소 근대가 성공적으로 전개된다는 기존 시각은 이른바 오리엔탈리즘(orientalism)의 한 모습일 뿐이다. 진정 자신의 근대를 이해하기 위해서는, 근대는 서양에서 수입된 완전히 새로운 삶의 양식이라는 극단적인 사고에서 벗어나, 우리의 삶 속에서 용솟음쳤던 변화의 의지를 발견하려는 노력이 필요하다. 그런 변화의 의지가 우리의 근대를 열어갔을 것이다.

보성, 차 그리고 수입된 근대

보성 지역은 지리산 일대, 제주와 함께 차밭으로 유명하다. 특히 강골마을이 속한 득량면 서쪽 활성산 일대의 차밭은 구릉지가 연둣빛으로 겹겹이 이어지는 장관을 연출해 관광잡지에 단골로 실리며 광고와 드라마의 무대가 되기도 한다. 이국적인 정취를 좋아하는 사람들의 발길을 이끌기에 충분한 곳이다. 그곳의 대한다원 녹차밭으로 가는 길에는 언제나 녹차 아이스크림을 입에 문 사람들이 메타세콰이어를 따라 줄지어 걷고 있다.

중국 남부 푸젠성(福建省)에서 재배되기 시작한 차가 서구에 알려진 것은 영국에 의해서다. 영어 단어 'tea'의 어원은 푸젠성 지역에서 차(茶)를 뜻하는 '떼'에서 비롯되었는데, 프랑스어 등 대부분의 유럽어에서도 차를 '떼'라고 한다.

영국 상류사회에서 차를 마시는 것이 호사스런 습관으로 자리 잡은 18세기 말, 영국 정부가 차에 대한 수입관세를 인하하면서 일반 국민 사이에 차를 마시는 풍습이 보급된다. 이로써 차를 마시는 것이 근대적 기호(嗜好)의 하나가 되었다. 이후 중국차, 곧 홍차의 수입이 급증했다. 그런데 유럽인들이 마시는 홍차(black tea)의 시작은 참으로 우연한 것이었다. 중국에서 녹차를 배에 싣고 유럽으로 갔는데 도착해서 상자를 열어보니 찻잎 색깔이 까맣게 변해 있었다. 적도의 뜨거운 태양열을 받아서 그만 찻잎이 발효되었던 것이다. 버리기 아까워서 그랬는지 그것을 끓여 마신 것이 홍차의 기원이다.

보성의 차밭 구릉지가 연둣빛으로 겹겹이 이어지는 장관을 연출해 이국적인 정취를 좋아하는 사람들의 발길을 이끈다.

영국으로 수출된 중국차는 그후 중국에 전혀 예기치 못한 엄청난 재난을 몰고 온다. 당시 영국은 약간의 모직물과 향료를 수출할 정도여서 중국에서 비단과 차를 구입하기 위해서는 당시 중국의 화폐 기준인 은(銀)을 대량으로 제공할 수밖에 없었다. 이런 상황에서 1832년까지 중국 무역의 독점권을 갖고 있던 영국의 동인도회사는 인도산 목화와 아편을 중국으로 수출함으로써 차의 구매 자금을 조달하려 했다. 이로 인해 양국은 전쟁을 벌이게 되는데 이것이 바로 아편전쟁(1840)이다. 아편전쟁에서 진 중국은 난징조약을 통해 홍콩을 100년간 영국에 넘겨주게 된다.

우리나라에는 일찍이 828년(신라 흥덕왕 3)에 당나라에 사신으로 갔던 김대렴(金大廉)이 차의 종자를 가지고 들어왔다고 전해진다. 그러나 그 이후 우리나라에서 차가 대중적인 기호품으로 자리 잡지는 못했다. 우리나라에서 차가 일반 대중에게 보급된 것은 근대기 서구, 특히 영국의 영향이다. 일제강점기에는 우리나라에서 일본인들이 차를 대량으로 재배하기 시작했다. 1941년 보성 지역에 차밭을 대규모로 일군 것도 일본인들이었다.[2] 이렇게 차는 근대기에 우리 사회에 역수입되었다.

근대 주거건축이 싹트다

강골마을은 전형적인 우리 전통마을의 경관을 가지고 있다. 바다가 눈앞에 펼쳐졌던 동남쪽을 제외한 마을의 삼면을 산이 폭 감싸고 있다. 마을 뒤로 주산이 버티고 있고 앞쪽으로 안산이 있으며, 그 앞 너머로 조산(朝山)인 오봉산이 있다. 마을 앞으로는 논이 활꼴로 마을을 향해 들어오고, 논의 경계를 따라 마을 안길이 뒤집힌 S자형으로 나 있다. 이렇게 주거지와 농경지가 맞물린 모습은 우리의 전통마을에서 흔히 볼 수 있다.

마을 안으로 들어가면 기와지붕을 얹은 토석담과 산울타리가 조화를 이루며 굽이굽이 이어진다. 울타리를 자세히 살펴보는 것도 흥미롭다. 돌과 흙을 번갈아 쌓은 토석담은 기단부, 본체, 그리고 지붕으로 구성되는데, 위로 갈수록 얇아지기 때문에 안쪽으로 약간 기운 안정된 모습이다. 대나무와 탱자나무 울타리에 잘라진 대나무를 덧대어 보강한 산울타리는 빈틈없는 그러나 정겨운 경계선을 이룬다.

강골마을이 전통마을의 분위기를 가진 것은 이 마을이 근대 이전의 전통사회에서 성립되었기 때문이다. 강골은 주민 대부분이 광주 이씨 광원군파(廣原君派)에 속하는 씨족마을이다. 경기도에 뿌리를 둔 광주 이씨는 16세기 중엽부터 전라도 지역으로 이주해왔으며, 강골에 들어온 것도 조선 중기다. 당시 강골에는 원주 이씨들이 거주했다고 한다. 현재 광주 이씨들은 서울, 경기 다음으로 전라도에 많이 거주한다.

광원군 이극돈(李克墩, 1435~1503)은 의정부 좌찬성(左贊成: 우찬성과 함께

강골마을 주변 지형도
마을 뒤로 주산이 버티고 있고 앞쪽으로 안산이 있으며, 그 앞 너머로 오봉산이 있다.

삼의정을 보좌하면서 국정에 참여한 종1품 관직)을 지낸 인물로 그의 손자대에 보성에 들어왔고, 그의 증손인 이유번(李惟蕃, 1545~?)이 처가가 있는 강골마을로 와 정착했다. 현재 강골마을에 거주하는 39호의 가구 중 세대주가 타성인 경우는 아홉 집인데, 그들 대부분은 광주 이씨와 혼인관계를 맺은 사람들이다.

강골에 들어온 광주 이씨들은 이주자였던 만큼 전통의 무게가 적었고 변화를 수용할 준비가 되어 있었다. 근대기에 접어들면서 새롭게 경제력을 확보하기 시작한 그들은 자신감 있게 건축을 해나갔고 이를 통해 자신을 과감히 드러내기도 했다. 그들이 집들을 활발히 신축 혹은 증축하여 기존 주거지가 포화상태에 이르자 그들은 마을 동쪽에 새로운 주거지를 마련해 마을을 확장했다. 그런데 그들의 건축 방식은 전통한옥의 격식을 따르기보다 새로운 시대의 개방성을 반영하는 것이었다. 이렇게 강골마을에서는 근대 주거건축이 싹트고 있었다. 그러면 강골에서 싹트고 자라난 근대 한옥이 다른 전통마을의 한옥들과 어떻게 다른지 살펴보자.

전통마을에서 근대 마을로

1937년 보성군의 동쪽을 가로막는 득량만 방조제의 완공은 실로 대사건이었다. 약 1,700ha에 이르는 대농경지가 새로 조성되어 득량면의 농경지는 순식간에 2배 이상 늘어났고 그 일대 경제 상황도 크게 바뀌었다. 이에 따라 지역의 정주체계도 재편되었다. 간척지 내에 신흥촌·풍년촌·안심촌과 같은 경작촌들이 생겨났고, 간척지 주변을 따라 신기·신동·신정·신촌 등 새로운 마을들이 등장했다.[3] 기존 마을들에서도 적잖은 변화가 일어났다. 이때부터 바닷가 작은 마을이었던 강골 또한 근대의 모습으로 변하게 된다.

무엇보다도 마을 경관이 달라졌다. 전통마을과 근대 마을은 경관에서도 차이가 있다. 전통 씨족마을에서는 종가를 비롯한 크고 격식을 갖춘 집들이 마을 주거지의 뒤쪽, 위계가 높은 지점에 위치한다. 그런데 강골마을에서는 그런 집들이 오히려 마을의 앞쪽 중앙부를 차지했다. 씨족사회의 위계보다 밖으로 자신의 부를 과시하려는 자본주의적 속성을 슬그머니 드러낸 것이다. 어쩌면 집을 통해 자신의 부를 드러내는 우리 사회에 팽배한 졸부 근성이 이때부터 시작되었는지도 모른다. 아무튼 집의 위치에 대한 전통사회의 상징적 위계질서가 근대의 자기과시 성향으로 점차 대체되었다.

외부에서 강골마을로 들어가는 길목은 세 갈래나 되고 어디가 주 입구인지 헷갈린다. 마을 입구도 변화의 바람을 탔음을 알 수 있다. 마을의 서쪽, 면소재지 쪽에서 구릉을 넘어 키 큰 나무들이 이어지는 좁은 길을 따라 긴장감 있게 마을로 들어갈 수도 있다. 마을 전면 간척지 쪽에서 마을의 왼쪽 혹은 오른쪽으로 들어갈 수도 있다.

마을로 이어지는 세 갈래 길은 주거지 서쪽에서 만나는데, 이곳이 마을에서 매우 중요한 지점이다. 이곳에 모정(茅亭)과 노인회관이 세워졌고, 커다란 팽나무가 은행나무·배롱나무와 함께 심겨 있어 장소의 중요성을 드러낸다. 1996년에 신축된 모정은 바람이 잘 통하는 절묘한 지점에 있어서 한여름에도 시원하다. 그래서 마을 사람들은 이 모정을 휴식 장소로 애용한다. 다만, 여름날 오후 5시경이 되

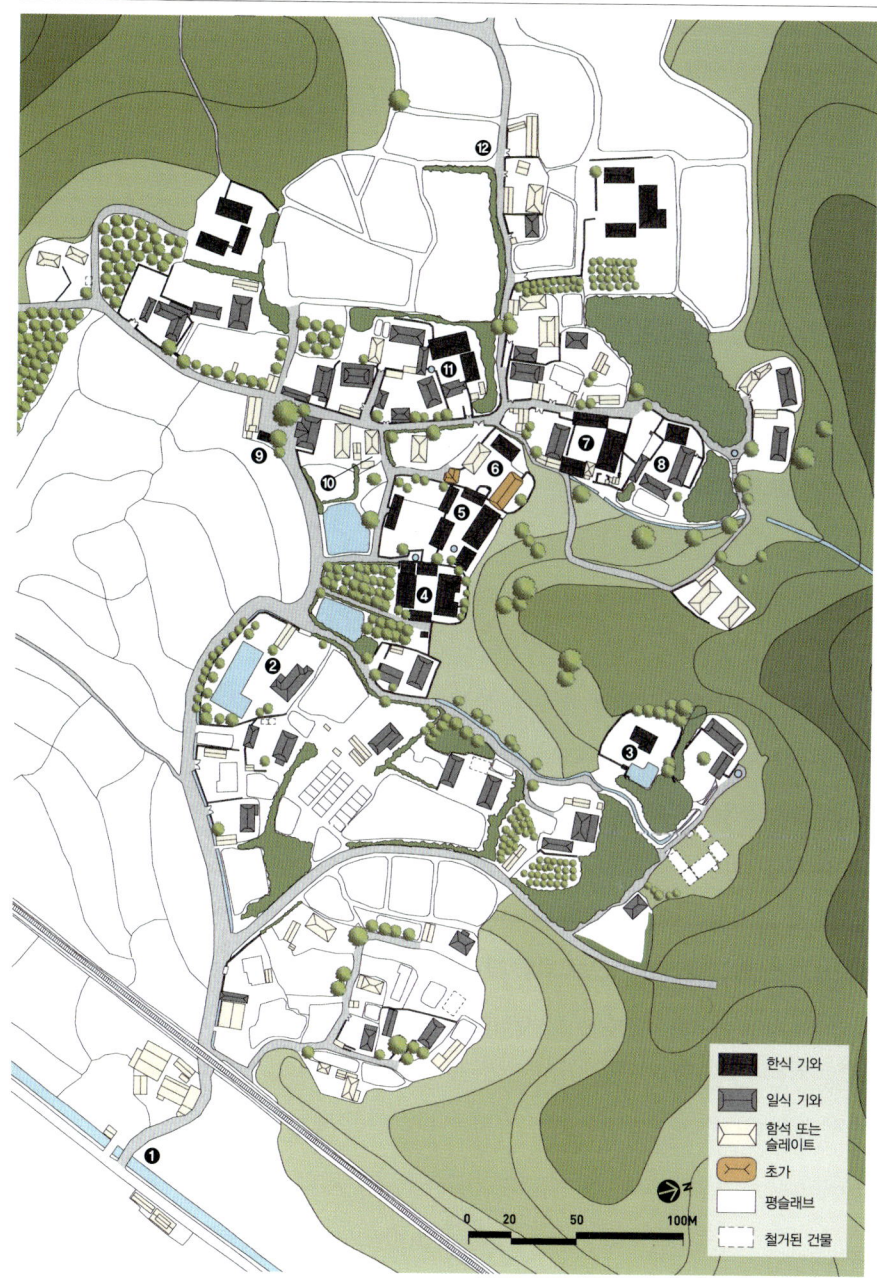

강골마을 배치도

❶ 마을 입구
❷ 이채원가옥
❸ 열화정
❹ 이금재가옥
❺ 이용욱가옥
❻ 이식래가옥
❼ 박준균가옥
❽ 이용주가옥
❾ 모정
❿ 안영전가옥
⓫ 이복래가옥
⓬ 옛 마을 입구

하늘색 점은 우물, 하늘색 면은 연못을 나타낸다. 대한주택공사 주택연구소·한국예술종합학교, 《전통주거의 계획개념 및 설계요소에 관한 연구Ⅱ: 사례연구》, 1997 참조.

면 석양의 뜨거운 햇살이 모정에 있던 사람들을 슬슬 들녘으로 내몰기 시작한다.

과거에는 서쪽의 마을 입구를 주로 사용했다. 서쪽에서 완만한 경사를 타고 마을로 접근하자면 밭과 대나무숲 사이로 휘돌아가는 길이 나온다. 그러나 이 길에서 그 안쪽으로 마을이 있으리라 짐작하기는 어렵다. 좀 더 마을 쪽으로 진행해야 호박넝쿨이 올라탄 나지막한 대나무울이 마을 안으로 발길을 이끈다. 그리고 시야의 끝에 중첩된 기와지붕들이 서서히 드러난다. 이렇게 강골마을은 입구에 다다라서야 그 모습을 극적으로 드러낸다.

마을 동쪽 간척평야의 경계 부분에도 단칸의 오래된 모정이 있다. 마을에서 간척평야를 오가며 농사일을 하던 사람들이 휴식하고 식사하던 장소다. 간척평야가 생긴 이후 과거의 마을 입구는 후문처럼 바뀌었고, 간척평야에서 이 모정을 거쳐 접

옛 마을 입구 마을 입구에서 안쪽을 본 모습이다. 대나무 울타리가 마을 안으로 발길을 이끄는 듯하다.

근하는 철길 건널목 언저리가 마을의 정문이 되었다. 이 새로운 마을 입구로 들어갈 때는 옛 입구로 들어갈 때처럼 공간이 죄어드는 긴장감도, 시선의 극적인 변화도 없다. 철길을 건넌다는 심리적 부담감만이 예전의 기분 좋은 긴장감을 대신한다.

우리 사회는 17세기 후반부터 서서히 자본주의의 조짐이 나타나기 시작했다. 토지가 사유화되어 매매, 양도, 상속되는 것도 조선 후기에 이미 시작되었다. 자본주의의 윤리는 개인주의를 전제로 한다. 따라서 전통사회에서 공동성이 중요시되었다면 자본주의 사회에서는 사유성 혹은 배타적 점유가 중시된다. 강골마을

에서 물이 이용되는 방식은 그러한 사유화의 경향을 보여준다.

강골마을에는 연못이 4개 있다. 열화정 앞의 연못을 제외한 세 연못은 모두 주거지 앞쪽에 위치해 독특한 경관을 조성하고 있다. 이 연못들은 이금재가옥, 이용욱가옥, 이채원가옥 등 개인 주택에 딸린 것들이다. 일반적으로 전통마을에서는 마을 앞쪽 공동공간에 연못을 조성하는데 강골에서는 연못이 개인 주거에 속한다.

한편, 마을에는 네 곳에 공동우물이 있다. 그리고 이용욱가옥 등 5칸 이상의 주택에는 대개 개인 우물이 설치되어 있다. 마을 동쪽 진입부를 제외하면 공동우물은 주거지에 균등하게 분포한다. 동쪽 진입부에 공동우물이 없는 것은 이미 상수를 개별적으로 확보했기 때문으로 보인다.

이복래가옥은 우물을 둘러싼 공유와 사유의 갈등을 보여주는 재미있는 사례다. 이 집의 우물은 인접한 세 집의 경계선이 만나는 담장가에 위치한다. 마을 배치도에서 이 부분을 보면, 집들이 바람개비 날개처럼 붙어 있고 그 중심점에 우물이 있는 형국이다. 그러나 이 우물은 이복래 씨 개인 것으로 그 소유가 분명하다. 물론 세 집이 모두 친척간인 만큼 우물을 소유자 혼자 배타적으로 사용하지는 않았다. 개인이 소유하되(근대적 성격) 공동으로 사용하는(전통적 성격) 이 우물은 전통과 근대의 경계에 있던 마을의 상황을 상징하는 듯하다. 그러나 아직은 근대적 가치관이 전통적 공동체의식의 벽을 넘지는 못한 것 같다.

근대화의 또 다른 속성은 도시화다. 그리고 도시의 속성은 공간 제약에 따른 밀집, 곧 고밀도다. 구릉지의 밭뙈기에 익숙한 사람들에게 새로 조성된 광활한 간척평야는 삶을 개척할 새로운 기회였을 것이다. 결국 그 주변으로 인구가 집중되고 자연히 간척평야를 마주하는 강골에도 사람들이 몰려들었다. 그런데 삼면이 산으로 둘러싸인 한정된 국(局)에 집을 더 지으려니 주거지 밀도를 높이는 수밖에 없었다. 그 결과, 강골마을에서는 한옥이 도시 주거로 진화하는 과정을 보여주는 흥미로운 현상들이 나타났다.

한 가지 예로, 강골마을 주택의 진입 방식은 전통마을에서 흔히 보는 방식이 아닌 근대의 도시풍을 보여준다. 박준균가옥의 진입 방식을 보자. 전통한옥에서는 문간채의 긴 면을 보면서 집 안으로 들어가는 데 반해 이 집에서는 문간채의

박준균가옥 진입부 문간채의 박공방향으로 진입하도록 처리했고 문간채를 따라 담장이 바짝 설치되었다.

박공 방향, 곧 마구리 방향으로 진입하도록 처리되었다. 그리고 문간채를 따라서 담장이 바짝 설치되었다. 이는 길에 면해 바깥마당을 둘 여지가 없을 정도로 공간의 제약이 컸기 때문이다. 이렇게 문간채와 담장이 바짝 붙어 있는 모습을 박준균가옥과 같은 시기에 조성된 서울의 북촌 등 도시 한옥지구에서도 찾아볼 수 있다. 박준균가옥을 이루는 채들이 지어진 연대는 1930년에서 1950년 사이로,[4] 득량만 방조제가 만들어진 시기의 전후에 해당한다. 한창 주거지가 밀집되면서 이 같은 건축 방식이 고안된 것으로 보인다. 더 극적인 경우는 안영전가옥이다. 이 집은 남향의 마당을 두기 위해 안채 뒤쪽에 출입구를 냈다. 이는 마을에 대지의 여유가 없었음을 단적으로 보여준다.

대지의 압박에 대응한 강골마을의 여러 방식들은 일반 전통마을에서는 나타나지 않는다. 한 마을에서 집들이 불어나 사용할 수 있는 대지가 부족해지면 기존 마을의 주거지 밀도를 높이기보다는 근처에 새 마을을 만듦으로써 문제를 해결하는 것이 보통이다. 그렇게 새로 생겨난 마을을 보통 새말 또는 신촌이라고 부른다. 농촌지역에서는 큰 마을의 앞이나 옆에 그런 이름을 가진 마을이 자리 잡은 경우를 종종 볼 수 있다.

근대 한옥의 탄생, 부농의 집

임진왜란과 병자호란 등 두 번의 큰 난리 이후, 17세기 후반에 정착한 이앙법이라는 농업기술은 농업에 큰 혁신을 가져온다. 그로 인해 농업생산력이 크게 증대했으며, 조선 후기에는 농업으로 부를 축적한 이른바 부농 혹은 서민지주가 나타난다. 정확히 말하면 농업경영을 통해 부를 축적하는 경우보다 미곡상, 곧 농업생산물 유통으로 축재하는 경우가 많아진다. 조선시대에는 그 존재 여부에 논란이 있지만, 일제강점기에는 지주층이 새로운 사회계층으로 뚜렷이 등장한다. 대개 경작지 50정보(15만 평) 이상을 경영하면 지주로 본다. 특히 호남지역에는 농장제 지주가 등장해 농업으로 부를 축적한다.

강골마을 주민들은 대대로 농사를 주업으로, 그리고 1970년대까지는 죽세공을 부업으로 하여 살아왔다. 근대기에는 농업생산력 확대와 새로운 상품경제 구조를 이용해 축적한 부를 바탕으로 부농의 집들이 활발히 지어지는데, 강골마을도 마찬가지였다. 그럼, 부농의 집은 이전의 양반주택과 어떻게 다른 것일까? 근대에 일어난 생활 변화가 마을의 공간구성, 주택 배치와 평면구성, 그리고 마당 등 공간의 성격에 어떻게 반영되었는가?

부농층은 양반주택과 같이 안채와 사랑채, 별당채 등으로 채를 나누어 형식적·위계적인 주거를 구성하기보다는 늘어나는 공간의 수요를 어떻게 합리적·실용적으로 수용할 것인가를 궁리했다. 그 결과, 대개의 부농주택에서는 주거공간이 살림채 하나로 통합된다. 대신 농업 용도의 공간이 늘어나 부속채와 곳간채를 갖춘 경우가 많다. 근대기에는 남녀가 채를 달리할 만큼 유별하지 않았고 솔거노

이식래가옥 배치 평면도
① 문간채　⑪ 작은방
② 사랑채　⑫ 뒷방
③ 호지집 자리　⑬ 볏광
④ 광채　⑭ 부엌방
⑤ 장독대　⑮ 사랑아랫방
⑥ 안채　⑯ 사랑윗방
⑦ 뒤란　⑰ 고방
⑧ 부엌　⑱ 뒷간
⑨ 아랫방
⑩ 큰방

비 등 사용인이 감소함에 따라 안마당을 중심으로 주생활을 통합할 수 있었다. 그래서 주거를 구성하는 채의 수가 적어지는 대신 채의 규모가 커진다. 그리고 채들이 밀집됨에 따라 각 실들을 연결하는 쪽마루가 널리 쓰인다. 한옥에서도 비로소 공간의 기능적인 연결이 중요해지기 시작한 것이다. 강골마을에서는 안채와 사랑채가 한 몸을 이루는 이금재가옥을 비롯한 여러 집에서 이런 부농주택의 특성을 볼 수 있다. 그러나 강골마을의 모든 집들이 부농주택의 전형적인 모델을 취한 것은 아니다. 한 예로, 이용욱가옥은 과거 양반주택의 형식을 따라 여전히 안채와 사랑채를 갖추고 있다.

　부농의 집에서 특히 중요한 공간은 수확한 곡물을 보관하는 곳간(광)이다. 강골마을의 많은 집들에서는 곳간을 당당히 별도의 건물로 지었다. 부의 원천인 곡물을 중요하게 생각한 것은 이해가 되나, 곳간을 사람이 거처하는 건물보다 더 중시한 것은 뜻밖이다. 이식래가옥은 1891년에 지어진 문간채를 비롯하여 안채, 사랑채, 그리고 독립된 광채를 가지고 있다. 흥미롭게도 이 집의 안채는 초가지붕인 데 비해 광채는 우진각지붕에 기와를 이었다. 또한 문간채는 초가인 데 비해

이식래가옥 초가인 안채에서 기와를 이은 광채를 본 모습이다. 부농의 집에서 농업생산물을 얼마나 중요하게 여겼는지 알 수 있다.

장독대 대문에는 기와지붕을 얹었다. 우리는 여기서 부농의 집에서 농업생산물을 얼마나 중요하게 여겼는지 알 수 있다.

한편, 이식래가옥의 사랑채 앞으로는 이 지역에서 '호지집'이라 부르는 머슴의 살림채가 있었으나 지금은 철거된 상태다. 경상도에서는 가랍집이라 부르는 이 호지집은 별도의 살림을 하는 집이라는 점에서 살림을 따로 하지 않는 하인들의 공간인 행랑채와 다르다. 머슴이란 주인이 너른 농지를 경작하는 데 노동을 제공하고 생계를 유지하는 계층이었다. 1960년대 말까지만 해도 농촌마을에서 이런 '딸린 식구'들을 흔히 볼 수 있었으나, 그후 그들은 점차 자신들을 알아보지 못할 타지로 떠났고 그 집들도 철거되었다. 강골마을에서도 20세기 중반이 되면서 호지집들이 시나브로 사라졌다.

안채와 안마당의 변신

우리 답사팀은 강골마을에 갈 때마다 모정 옆의 방앗간 앞에 차를 대놓고 이용욱가옥으로 걸어가 베이스캠프를 차린다. 이 집은 마을 앞쪽 중앙에 위치하여 접근하기 좋을 뿐 아니라 안채가 늘 비어 있기 때문에 우리가 무단으로 잠시 사용하기에 안성맞춤이다. 아무리 빈 집이라지만 남의 집에 가서 주인 행세를 하는 것은 인심 사나운 도시에서는 생각할 수도 없는 일이다.

19세기 말에서 20세기 초에 걸쳐 조성된 이용욱가옥은 사대부의 한옥 형식을 따라 지은 부농의 집이다. 이 주택은 대문채, 중문채, 곳간채, 사랑채, 안채, 사당채 등 여섯 동의 건물을 넓은 대지에 여유 있게 배치했다. 집 앞에는 연못이 조성되었는데 지금은 말라버린 상태로 방치되어 흔적이 희미해지고 있다. 상량문에 따르면 안채는 1902년에 건립되었고, 사랑채는 연대가 더 올라가는 것으로 추정된다. 솟을대문에도 상량문이 남아 있어 1904년에 대문채를 처음 지었음을 알 수 있는데, 1940년에 다시 지었다.

이용욱가옥은 강골에서 유일하게 솟을대문을 갖춘 집이다. 대문간의 지붕 높이가 대문채(행랑채)의 다른 부분 지붕 높이와 같은 것을 평대문이라고 하고, 대문간의 지붕만 한 층 높인 것을 솟을대문이라 한다. 조선시대에는 국가관료직이 정(正)과 종(從) 각 9품계, 총 18품계로 나뉘었다. 이 가운데 종2품 이상의 관료는 초헌(軺軒)이라는 외바퀴 수레를 타고 대궐을 드나들었다. 이때 초헌을 탄 채로 대문을 드나들려면 대문 지붕을 양쪽 행랑 부분보다 한 층 높여야 했기 때문에 결과적으로 솟을대문은 양반집을 상징하게 되었다. 그러나 점차 종2품 아래의 양반집에서도 솟을대문을 달게 되었고, 신분제가 유명무실해진 조선 후기에는 중인의 집에도 솟을대문을 달았다.[5] 과거 강골마을에서는 이용욱가옥 이외에도 이복래가옥 등 여러 집에 솟을대문을 설치했다. 그러나 농기계가 보급됨에 따라 농기계를 대지 안으로 들여오기 위해 대문간을 널찍하게 확장하느라 그것을 철거했다 한다. 20세기 후반에는 이미 양반 신분을 상징하는 솟을대문보다 농업경영의 편의성이 더 중요했다. 시쳇말로 돈 있는 자가 양반인 시대가 온 것이다.

이용욱가옥 전경 높이 솟은 솟을대문을 설치한 이용욱가옥은 전통한옥 형식을 따라 지은 부농의 집이다.

우리가 세 번째로 강골마을에 간 2003년 10월 25일에는 맑은 가을 공기가 마음을 새털처럼 가볍게 해주었다. 우리는 언제나 그랬듯이 이용욱가옥의 안채 툇마루에 걸터앉아 준비해간 김밥을 먹었다. 대전에서 아침 8시경에 출발해도 강골마을에 도착하면 점심시간이 된다. 그런데 그때 나는 몸이 붕 뜨는 듯한 느낌을 받았다. 그것은 논산 명재고택(明齋古宅)의 안채 마루에 앉았을 때처럼 차분하게 가라앉는 느낌이 아니었다. 내가 앉은 곳은 분명 안채의 툇마루였으나 마치 사랑채 누마루에 앉았을 때처럼 고양된 느낌을 받았다. 그때 눈앞으로 원숭이가 지붕을 살금살금 걷는 듯한 모양의 오봉산 정상이 가을바람과 함께 다가왔다. 하늘만

근대와 한옥의 오래된 만남　**273**

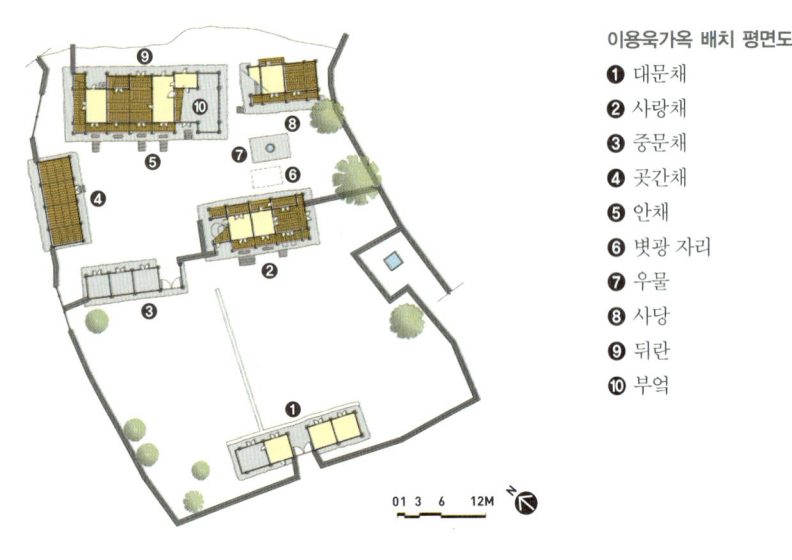

이용욱가옥 배치 평면도
❶ 대문채
❷ 사랑채
❸ 중문채
❹ 곳간채
❺ 안채
❻ 볏광 자리
❼ 우물
❽ 사당
❾ 뒤란
❿ 부엌

대한주택공사 주택연구소·한국예술종합학교, 《전통주거의 계획개념 및 설계요소에 관한 연구 II : 사례연구》, 1997 참조.

바라볼 수 있을 뿐 바깥세상으로는 눈길을 줄 수 없는 양동마을의 서백당이나 향단(香壇) 같은 전통한옥의 안채에서는 보기 힘든 모습이다. 이용욱가옥 안채의 기단 높이를 재어보니 85cm였다. 이제 안채는 높은 기단 위에 올라앉아 앞쪽을 주시하는 당당한 건물로 새로 태어났던 것이다.

강골마을의 많은 집들에서 안채는 더 이상 자신을 낮추고 숨기는 수줍은 건물이 아니다. 직각으로 진입 동선을 꺾는 절묘한 문간채를 지나면 갑자기 나타나는 이용주가옥 안채의 조형적 당당함을 보라. 강골마을의 안채들은 안방을 다소곳이 지키는 안방마님이 아니라 당당하게 간척평야로 나서는 '몸뻬' 차림의 근대 여성 같다. '몹시 간략해진' 옷을 걸친 모던 걸이 서울 거리를 활보하며 "딴스홀을 허하라" 외치던 시절, '몸뻬' 아줌마는 또 다른 근대의 바람을 맞으며 간척평야를 경영했다.

1990년대 말에는 강골에 있는 43채의 안채 중에서 전면 5칸 이상인 집이 약 4분의 1에 해당하는 11채였다.[6] 부엌·안방·대청·건넌방으로 구성되는 전면 4

이용욱가옥 안채 강골마을의 많은 집들에서 안채는 더 이상 자신을 낮추고 숨기는 수줍은 건물이 아니다.

칸의 안채가 격식을 갖춘 한옥의 표준 규모임을 생각할 때, 강골에 있는 많은 집들의 안채는 대청을 2칸으로 하거나 부엌 건너편으로 방을 1칸 더 붙인 비교적 큰 규모다. 안채가 커지다 보니 그에 대응하는 안마당도 일반 전통한옥의 안마당보다 크고 개방적인 성격을 갖게 되었다.

이런 안채 앞의 안마당은 말 그대로 외부공간이다. 그것은 더 이상 '지붕이 없는 방'으로 표현되는 내부적인 마당이 아니다. 그래서 그와는 다른 내적인 마당이 별도로 필요해졌다. 이용주가옥에서는 안채 측면과 사랑채 측면이 만들어내는 마당에 장독대를 설치하고 안마당과 장독대 사이에 담장을 둘렀다. 이런 인위적인 처리를 한 것은 외부 성격의 안마당과는 다른 내밀한 공간이 필요했기 때문이다.

그런 내밀한 공간은 꼭꼭 숨어 있어 방문자의 눈에 잘 띄지 않는다. 이용욱가

이용주가옥 사랑채의 거실 모서리 양쪽에 설치된 유리문이 근대적인 분위기를 자아낸다.

옥에서는 안채와 사당 사이로 비집고 들어가야 왼쪽으로 좁고 긴 뒤뜰을 발견하게 된다. 안채 앞에서는 그 존재를 예상할 수 없는 내밀한 공간이다. 이 뒤란의 반대쪽 끝을 담으로 막고 집 뒤편은 가파른 두 단의 노단(露壇)으로 처리해 매우 사적인 공간을 만들었다. 이식래가옥에서도 뒷방 측면으로 담을 쌓고 문을 내어 뒤란으로 통하게 했다. 강골마을에서는 이렇게 거의 모든 집에 내밀한 뒤뜰이 있다. 대지가 부족했던 마을 여건 때문에 뒤뜰을 널찍하게 만들 수는 없었다. 그래서 좁고 긴, 긴장감 넘치는 내밀한 공간이 탄생한 것이다. 이렇게 건물 안은 물론 외부에도 내밀한 공간을 갖추는 것은 우리 주거건축의 중요한 전통이다.

근대기에 지어진 한옥을 알아볼 수 있는 가장 쉬운 방법은 건물에 사용된 재료를 살피는 것이다. 창유리, 외벽 하부의 타일이나 벽돌, 지붕의 시멘트기와, 벽의 시멘트 모르타르나 콘크리트, 팔작지붕 합각이나 대문의 철물, 차양의 함석 등은 전통주거에서는 사용되지 않던 재료들로, 집이 근대기에 지어졌음을 나타낸다. 또한 근대 주거에서는 사생활을 확보하고, 가족공간을 만드는 것이 중요해졌다. 따라서 대청에 분합문을 두어 마루를 독립된 공간으로 확보하는 것이 보편화된다. 1920년대 후반에는 실내에 긴 복도를 설치해 대청이 하나의 독립된 실내공간으로 변모한다.

강골마을의 여러 집에서 이러한 근대적 재료와 공간구성을 볼 수 있다. 주거지 뒤편에 자리 잡은 이용주가옥은 전통한옥의 근대적 변모를 살필 수 있는 좋은 사례다. 1940년경에 지어진 것으로 추정되는 이용주가옥 사랑채의 모서리 칸은 거실로 사용되는데, 그 두 변에 각각 네 짝의 유리문을 달았다. 이 투명한 유리문을 통해 사랑채 앞에 잘 꾸며놓은 정원을 감상할 수도 있다. 이는 전통주거에서는 유례가 없는 디자인으로, 새로운 세상을 맞아 한옥이 어떻게 변신했는지를 잘 보여준다.

새로운 아이디어를 담은 한옥의 유형들

멀리서 본 강골마을은 다른 전통마을과 별반 차이가 없어 보인다. 그러나 이 마을의 집들은 대개 19세기 후반에서 20세기 초에 이르는 근대기에 지어졌다. 근대기에는 주거공간의 수요가 크게 증가하여 건물 칸수가 늘어난다. 이때 몸채가 전면 5칸 이상의 큰 집이 되면 실을 어떻게 덧붙일 것인가 하는 과제가 생긴다. 강골마을에서 이복래가옥과 이식래가옥처럼 5칸 또는 6칸의 안채에서는 대개 부엌 양쪽에 방을 두어 일자형 구성을 유지했다. 이렇게 부엌 양쪽에 온돌방을 두면 하나의 부엌에 아궁이들을 모아놓을 수 있어 난방이 편리해진다. 이런 평면형을 흔히 중앙부엌형이라 부른다. 중앙부엌형은 충남 등지에도 일부 있기는 하지만 전남 지역 이외에서는 찾아보기 힘들다. 다른 지역의 일자형 주택에서는 부엌이 채의 한쪽 가장자리를 차지하는 것이 일반적이다.

ㄱ자형 주택에서도 사람이 기거하는 실이 부엌 양쪽에 오는 예는 드물다. 강원도 민가의 ㄱ자형 주택에서는 꺾이는 부분에 부엌이 오지만, 부엌 앞의 돌출된 부분은 대개 외양간으로 사용된다. 경남 함양군 안의면 금천리에 있는 허삼둘가옥은 부엌 양쪽에 방을 배치한 드문 사례다. 허삼둘가옥의 안채는 ㄱ자형인데 꺾이는 부분에 부엌을 두고 양쪽 날개에 온돌방을 두었다. 일제강점기인 1918년에 건립된 부농층 한옥인 허삼둘가옥은, 윤대홍이라는 사람이 허씨 문중에 장가들어

아식래가옥 뒤란 뒷방 측면으로 담을 쌓고 문을 내어 뒤란으로 통하게 했다. 강골마을에서는 이렇게 거의 모든 집에 내밀한 뒤뜰이 있다.

부인 허삼둘과 함께 지은 집이다. 이 집에서 우리는 유교 규범보다 생활 편의를 반영한 공간구성, 부를 과시하는 요소 등등 근대주택의 면면을 볼 수 있다. 이 집은 남자 주인의 이름이 아니라 여자 주인인 '허삼둘'의 이름으로 불리는 것도 특이하다. 이는 집만이 아니라 집을 지은 사람들의 사고와 생활 자체가 여성 중심적이었음을 암시한다. 이렇게 허삼둘가옥은 한옥의 전통에 20세기의 근대적 사고가 결합된 결과물이다. 오늘날 여성주의자들은 대개 조선 후기 이후 우리의 근대가 철저히 남성 위주로 전개되었다고 주장하는데, 허삼둘가옥은 그 주장에 대한 하나의 반례가 된다.

강골마을의 집들은 대개 일자형인데 특이하게도 이금재가옥은 일자형 집의 양 끝에 뒤쪽으로 1칸씩 덧붙여 뒷마당을 에워싸는 방식으로 구성되었다. 안마당을 둘러싸는 전형적인 전통한옥의 구성을 뒤집은 꼴이다. 강골마을에서 발견되는 이런 독특한 주거형을 천착한 전봉희 교수는 이것을 '요(凹)자형'이라고 명명했다.[7] 집 앞에서 바라보면 주택 평면이 凹자 모양으로 보이기 때문이다. 그러면 옆에서 보면 ㄷ자가 아니냐고 할지 모르지만 요자형은 ㄷ자형과 단순히 방향만 다른 것이 아니고 공간구성과 성격이 근본적으로 다르다.

요자형 주택의 뒤쪽에는 요자형 퇴로 둘러싸이고 나머지 한 면은 경사진 지형으로 규정되는 아늑하고 내밀한 뒷마당이 마련된다. 안마당이 더 이상 내밀하지 못한 근대주택에서 그런 뒷마당은 내밀한 외부공간에 대한 요구를 충족시켜준다. 한옥이란 일자로 펼쳐지거나, 구부러지거나, ㄷ자나 ㅁ자로 모아지는 것뿐이라고 생각하는 사람들에게 요자형 집은 한옥의 유형이 얼마나 다양해질 수 있는지를 보여준다.

또한 요자형 주택은 채마다 하나의 마당이 대응하는 전통적인 구성에서 나아가 하나의 채에 사방으로 여러 개의 마당이 대응하는 방식을 보여준다. 채의 앞쪽으로는 안마당, 뒤쪽으로는 뒷마당, 옆쪽에는 사랑마당, 그리고 부엌 뒤쪽에는 가사작업 마당이 있다. 따라서 이런 집에서는 삼대가 한 채에 모여 살면서도 독립성을 유지할 수 있다. 요컨대 요자형 주택은, 흔히 한옥에서 보는 개방적이고 펼쳐진 평면이 아니라 내적으로 잘 분절된 밀집형 평면을 갖는다.

이금재가옥 뒷마당 안채의 실을 통해서만 접근할 수 있는 내밀한 공간이다.

그러면 요자형 주택인 이금재가옥으로 들어가보자. 마을 중앙부, 뒷산이 남쪽으로 내려온 곳에 자리 잡은 이 주택은 너른 감나무 밭과 연못을 앞에 두고 있다. 남향으로 앉은 본채와 곳간채, 그리고 동향인 문간채와 안곳간채로 이루어진 튼ㅁ자형 집이다. 원래 이 터에는 광주 이씨 입향조 이유번의 장인인 안수령의 집이 있었다고 한다. 그러니 현재의 본채는 당시 건물이 아니라 1900년 전후에 새로 지은 것이다. 본채는 앞쪽에서 보면 일자형 집같이 보이지만 뒤쪽에서 보면 양 끝이 돌출한 요자형의 재미있는 모양이다. 대청을 중심으로 서쪽의 안채, 동쪽의 사랑채가 한 몸으로 붙어 있다. 본채 주위로는 사방으로 마당이 발달하여 채의 모든 실들은 각각 두 면에서 마당에 면한다. 채를 바라보고 왼쪽이 부엌인데 부엌을 통해 옆의 장독대가 있는 마당을 거쳐야 내밀한 뒤뜰에 이를 수 있다. 뒤뜰의 화계(花階) 위에서는 토담을 쌓아 집 모양으로 만든 굴뚝 2개가 공간의 흥미를 더해 준다.

다른 지역에서는 찾아보기 힘든 독특한 요자형 평면 유형은 한옥의 역사에서 근대기에 새롭게 나타났다. 현재 요자형 주택은 오직 강골마을의 이금재가옥과 마을 서쪽 인근에 있는 보성군 보성읍 옥암리 예동마을의 이용우가옥에서만 볼 수 있다.[8] 이용우가옥에서는 뒤로 꺾여 돌출된 2칸이 각각 신혼 자녀의 방과 음식

근대와 한옥의 오래된 만남 **281**

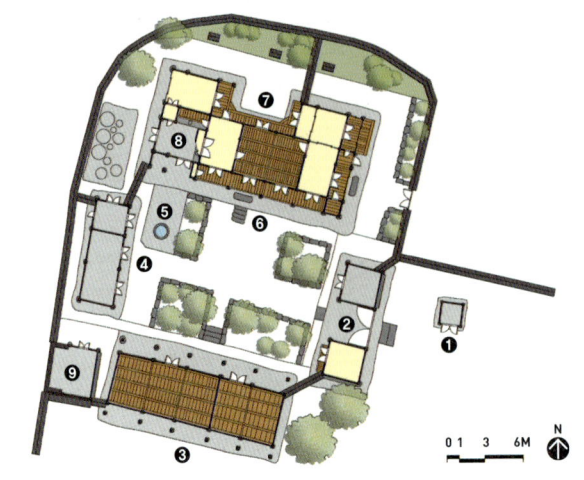

이금재가옥 배치 평면도
❶ 헛간
❷ 문간채
❸ 곳간채
❹ 안곳간채
❺ 우물
❻ 본채
❼ 뒤란
❽ 부엌
❾ 뒷간

을 보관하는 찬방으로 사용된다.

강골과 마찬가지로 광주 이씨 씨족마을인 예동마을은 강골과 긴밀한 유대를 형성하고 있다. 두 마을 사이에서는 거주지 이동도 빈번히 일어난다. 이용우 씨의 둘째 아들인 이금재 씨는 원래 예동마을 출신인데 강골로 분가해와 50여 년을 거주하고 있다. 이금재 씨 댁은 바로 이용우 씨 댁의 작은 집이다. 그렇다면 요자형은 광주 이씨 문중에서 근대기에 개발한 주거 유형일지도 모른다. 문중에서 특허 등록을 하기에는 너무 늦었을까? 어쨌든 요자형 평면의 집들을 보면서 주거에 대한 아이디어가 꼭 건축가에게서만 나오는 것은 아니라는 생각을 하게 된다.

장식은 죄악이다?

19세기 말에 지어진 근대 한옥을 살펴보면, 집 주변의 장대한 연못, 세 겹의 정교한 창호, 돌출한 누마루, 벽돌 등을 이용한 장식문양을 특징으로 한다. 유교 규범

박준균가옥의 합각벽 안채의 지붕 합각벽을 꽃기와로 장식했다.

에는 소홀해진 대신 생활 편의를 반영한 유연한 주거공간 구성과 부를 드러내는 세련된 치장이 강조된 것이다.[9]

　이용욱가옥은 솟을대문에 홍살대까지 붙이고 대문 중간의 돌저귀를 철물로 보강했다. 이길래가옥에서도 대문간이 홍살대로 장식된 것을 볼 수 있다. 박준균가옥에서는 안채의 지붕 합각벽을 꽃기와로 장식했다. 무엇인가를 드러내려는 강한 욕구를 반영한 것이다. 이들 모두 조선 중기까지의 유교적 분위기에서는 금기시되던 것들이다.

　이같이 강골의 한옥들에는 장식적인 요소가 많다. 그런데 이런 점이 강골마을을 답사한 이들, 특히 근대건축이란 장식이 배제된 건축이라고 배운 학생들을 혼돈스럽게 한다. 사실 이것은 우리 교육 전반의 문제이긴 하지만, 건축 교육에서도 서양의 근대건축을 일반 근대건축의 보통명사로 받아들여왔다. 그런데 서양에서 '근대'란 바로크까지 이어져온 양식적 경향을 탈피하는 것이었으며, 특히 바로크건축의 장식성은 탈피의 대상이었다. 근대주의자들이 멀리한 전통건축의 뒷모습은 장식성에 있었다. 그래서 오스트리아 건축가 아돌프 로스(Adolf Loos, 1870~1933)는 "장식은 죄악이다"라고 선언하며 전통 양식과 자신의 건축 사이에 금을

근대와 한옥의 오래된 만남　**283**

그으려 했고, 《장식과 죄악》이라는 책까지 펴냈다. 1908년의 일이다.

  조선시대에 형성된 우리의 전통건축은 장식을 죄악시까지는 아니어도 금기시했다. 반면 근대기에 와서 전통의 굴레에서 어느 정도 자유로워지자 그에 대한 반동으로 장식을 추구하기 시작했다. 마음 놓고 장식도 못하게 하는 유교의 원칙과 분위기에 대해 새로운 부농층이 슬며시 반기를 든 것이다. 로스는 강골마을에 큰 집들이 지어졌던 바로 그 시기에 활동했다. 그런 그가 당시에 자신의 주장과 상반된 양상이 나타난 강골마을에 왔다면 뭐라고 했을지 궁금하다. 인간의 기본 욕구를 표현하는 정도의 장식은 죄악이 아니라며 말꼬리를 흐리지 않았을까?

  이렇게 한국건축의 근대와 서양건축의 근대는 서로 상반되는 입장에 서기도 했다. 강골마을에서 우리는 근대성이 지역의 역사와 문화에 따라 달리 규정되는 모습을 본다. 한국의 근대건축 역시 서양의 근대성이 아니라 한국의 근대성으로 규정되고 설명되어야 마땅하리라.

열화정은 왜 마을 뒤로 갔을까?

실개울을 따라 강골마을 뒤편으로 올라가면 높고 깊숙한 곳에 자리 잡은 ㄱ자형 정자가 드러난다. 정자 주변은 정원으로 꾸며져 있다. 바로 '열화정'이다. 이재(怡齋) 이진만(李鎭晩)이 1845년(헌종 11)에 지었으니 마을에 있는 대부분의 집들보다 오래된 건물이다.

  우리의 전통마을에는 두 종류의 정자공간이 있다. 하나는 원터마을의 방초정(芳草亭) 일곽처럼 마을 앞에 조성되어 사람들이 수시로 만나고 어울리는 사회적 공간이다. 또 하나는 도래마을의 계은정(溪隱亭) 일곽처럼 마을 뒤쪽에서 먼 경치를 감상하며 마음을 닦는 공간이다. 전자가 마을의 공동성을 잘 보여주는 장소라면, 후자는 마을 사람들 특히 양반들의 성리학적 자연관을 잘 보여준다.

  강골마을의 열화정은 그럼 이 둘 중 어디에 속할까? 마을 뒤쪽에 있으니 첫 번째 유형은 아니겠다. 그렇다고 두 번째도 아닌 것 같다. 왜냐하면 열화정은 비록 높은 곳에 자리 잡은 키가 큰 정자지만 그곳에서는 시야가 시원하게 펼쳐지지 않아 먼 곳에 있는 자연의 아름다움을 감상할 수 없기 때문이다. 과거에는 열화정 맞은편 안산에 만휴정(晩休亭)이라는 정자가 있어서 동쪽의 득량만과 주변 경치를 즐겼다고 하니, 오히려 이 만휴정이 두 번째 종류의 정자에 속하는 것이었다. 그러면 열화정은 이도저도 아니라는 말인가?

열화정을 보면 마을 앞에 있을 것이 뒤로 밀려나온 느낌이 든다. 나는 이 열화정을 보면서 전통사회에서 대동적 의미를 갖던 '공동성'의 개념이 개별성을 중시한 근대기에 이르러 좀 더 동질적인 소집단 안의 교류와 결속이라는 개념으로 축소·변형되었을 것이라는 생각을 한다. 서양의 사회학, 건축, 도시계획에서 그토록 중시하는 '커뮤니티'라는 개념 또한 이 두 가지 측면에서 받아들일 필요가 있다. 어떤 이론에 바탕을 두고 이런 생각을 전개하는 것은 아니다. 그냥 조용한 한 마을의 정자에 앉아서, 현장의 깨달음이야말로 나의 공부를 더 깊게 해주는 것이라 믿으며 생각의 공을 굴려본 것이다.

열화정은 자연석으로 높이 쌓은 기단 위에 훤칠한 신사(紳士) 같은 수직적인 조형으로 세워졌다. 정자 앞으로는 아담한 대문과 연못을 조성했고, 주위에는 벚·목련·석류·대나무 등을 심어 주변 숲과 어울리는 아름다운 공간을 연출했다. 열화정 앞에 세워져 있는 안내문과 문화재청 홈페이지에는 "전통적인 한국소경의 수법을 잘 간직하고 있다"는 말로 열화정 일곽을 설명하고 있다. 그러나 이제 '전통'이라는 말을 이렇게 포괄적으로 쓰는 데서 좀 더 나아가야 하지 않을까? 과거 우리의 모든 것들을 '전통'이라는 한 단어로 두루뭉술하게 설명하는 방식은 이제 더 이상 바람직하지 않다고 본다. 고려의 전통인지, 조선의 전통인지, 근대의 전통인지라도 구분했으면 한다. 우리의 문화가 단지 하나의 전통만을 가지고 있는 것은 아니지 않은가?

강골마을에서 근대에 대한 생각에 사로잡혀서일까, 나는 열화정 일곽의 경계를 이루는 연못의 모양과 구성에서 조선시대 전통보다는 근대를 떠올린다. 이 장소가 자유롭고 실용적인 근대의 정신을 바탕으로 만들어졌으리라는 생각이다. 조선시대 연못에는 대개 '천원지방(天圓地方)'의 관념에 따라 사각형 연못에 원형

열화정 정자 앞으로 아담한 대문과 연못을 조성했고, 주위에 벚·목련·석류·대나무 등을 심어 아름다운 공간을 연출했다.

인공섬이 조성된다. 그러나 일곽의 경계를 두 면에서 규정하는 열화정의 연못은 ㄱ자형으로 생겼고, 못 안에는 섬을 두지 않았다. 열화정이 만들어진 19세기 중반에는 이미 지원설(地圓說)과 지전설(地轉說)이 상식이 되었을 터이니 '천원지방'이라는 상징적 조형원리도 의미를 상실하였으리라. 열화정 일곽은 영역의 경계가 연못으로 규정되어 개방적인 장소가 되었다. 만일 담을 둘러 영역을 규정했더라면 가뜩이나 외진 데 있는 이곳이 으슥한 장소가 되었을 것이다.

'열화(悅話)'라는 이름이 붙은 또 하나의 유명한 건물로 강릉 선교장(船橋莊) 사랑채인 열화당이 있다. 이 두 건물의 이름인 '열화'는 도연명(陶淵明)의 〈귀거래사(歸去來辭)〉에 나오는 말이다.

> 친척들과 정담을 즐기고, 거문고 타고 글 읽으며 즐기니 시름 사라지네.
> 悅親戚之情話, 樂琴書以消憂.

우리는 씨족의 화합과 결속을 염원하는 이 이름에서, 농업경제가 자본주의 시장에 편입되고 도시적 주거형이 만들어지는 근대의 분위기에서도 가부장제의 전통을 이어가려는 노력을 엿본다. 당시 사회의 새로운 세력으로 대두한 부농층 곧, 지주층은 정치세력으로 성장하지는 못했으나, 자신들의 사회적 신분을 과시하기 위해 문중사업을 중시했다. 따라서 1920년대에는 문중을 상징하는 정자 등의 중수와 창건이 활발해진다. 결과적으로 씨족마을의 전통은 근대사회에서 오히려 강조되고 강화된다. 여기서 우리는 문화란 정신적 가치관의 산물이어서 물질 조건의 변화나 시간에 따라 단선적으로 쉽게 변모되는 것이 아님을 알 수 있다.

열화정은 과거 서당의 역할을 겸했다 하나 지금은 텅 빈 채 방치되어 있다. 열화정을 건축한 이진만의 손자 이방회(李訪會)가 이 지역에 유배돼온 이건창(李建昌, 1852~1898) 등과 학문을 논하며 교류했다는 이야기만 전한다.

병인양요(1866) 때 이건창의 조부이자 어린 시절 스승인 이조판서 이시원(李是遠)은 프랑스함대의 강화도 침탈에 항거해 자결한다. 한창 감수성이 예민한 열다섯 나이에 이 사건을 경험한 이건창은 서양과 일본 등 외세를 철저히 배격하고

자 민족자존적 주체사상을 주창한다. 그런 이건창에게 열화정은 좋은 은신처가 되었으리라. 전통의 바탕 위에 근대의 정신으로 조성된 열화정 일곽은, 비록 득량만 개척으로 부농의 꿈을 꾸던 사람들에게는 관심을 끌지 못했지만, 전통과 근대의 전환을 또 다르게 고뇌한 인사들에게는 전통의 마지막 체온을 느끼게 해준 둥지였을 것이다.

꺼져가는 마을

근대 마을 혹은 근대 도시란 오늘날의 관점에서는 자랑할 게 없는 일종의 오명이다. 그것은 한편으로 전통의 무게와 깊이를 갖지 못함을 뜻하며, 다른 한편으로는 근대 이후 별 볼일이 없다는 이야기이기도 하다. 그곳은 대개 일제강점기에 반짝했던 마을이나 도시로, 박정희 시절의 이른바 근대화와 그 이후 현대화에서 소외된 곳이다.

그러나 그런 근대의 마을과 도시가 중요한 것은 그것이 전통과 현대를 이어주는 고리이기 때문이다. 우리는 전통과 현대가 모두 중요함을 안다. 그러나 그것들이 서로 이어지지 않았을 때, 전통은 한갓 옛이야기에 불과할 것이요, 현대는 뿌리 없는 불안함일 따름이다.

우리는 20세기 후반에 아파트단지라는 현대 마을을 꽃 피웠다. 그러나 그것은 우리가 강골마을에서 본 것과 같은 근대의 씨앗이 자라 피워낸 꽃은 아니다. 마치 우리의 사회 전반이 그런 것처럼, 그 새로운 마을은 우리의 전통과 자생적 근대에 뿌리를 둔 것이 아니다. 우리가 현대의 주거생활에서 늘 정신적 공허감과 향수에 시달리는 것은 바로 이 때문이 아닐까?

어느 가을 저녁, 답사를 마치고 강골마을을 떠나오는 나의 발걸음이 가을걷이로 힘겹게 움직이는 할머니들의 모습으로 무겁다. 마을 안길에 널었던 곡식을 다시 거둬들이고, 콤바인에 매달려 남은 추수를 하는 사람들은 대개 노년의 여성들이다. 십대 시절, 간척평야로 나가는 '몸빼' 아줌마들의 활력을, 그 노동의 아름다움을 보고 자랐을 분들이다. 그러나 누구도 지금 그분들이 하는 노동을 아름답다 말할 수는 없다. 이렇게 농촌이 무너져 내린다면 마을의 문화를 현장에서 확인하는 일 또한 얼마 남지 않은 호사가 될 것이다.

7

경쟁과 조화가 만들어온 아름다운 전통건축

양동마을 물봉의 전경 지형의 변화가 큰 마을로, 높은 곳에는 양반주택이, 낮은 곳에는 그에 딸린 가랍집들이 배치되었다. 등고선에 비스듬히 길을 내서 되도록 경사도를 줄였다. 왼쪽 기와집은 볼록한 지형에 낮게 지어진 관가정이고, 오른쪽 기와집은 오목한 지형에 과장된 몸짓으로 지어진 향단이다.

경상북도 경주시 강동면, 영천에서 안강을 거쳐 포항으로 이어지는 국도 왼쪽에 위치한 양동마을은 밖으로 잘 드러나지 않는다. 국도변에 커다란 마을 안내 표지판이 설치되기 전에는 나도 길을 지나쳐 다시 돌아온 적이 몇 번 있었다. 국도에서 마을로 향하려면 위험하게도 둔각으로 급회전을 해야 하는데, 그렇게 어렵사리 마을을 찾아도 집들이 살갑게 맞이해주지 않는다. 초등학교를 지나 마을 입구에 이르러도 마을 사람들이 함께 모이는 정자가 보이지 않는다. 집들도 사람들도 멀리 높은 곳에서 나를 내려다보고 있는 듯하다. 특히 왼쪽 멀리 보이는 두 집은 살림집으로서는 만만한 크기가 아니어서 중압감마저 느껴진다. 양동마을의 첫인상은 갓 상경한 대학 시절 어쩌다 길을 잃어 잘못 들어갔던 부촌에서 맞닥뜨린 느낌처럼 부자연스럽고 생경하다.

처음에 나는 양동마을에서 받은 불편함과 중압감이 지형 때문이라고 생각했다. 그러나 다정하게 모여 하나가 된 듯한 여느 마을의 집들과 달리 골짜기와 산자락 곳곳에 자신만의 영역을 구축하고 있는 양동의 집들을 보며 점차 무언가 다른 이유가 있을 거란 생각을 하게 되었다. 아마 사람들의 문제에서 비롯된 느낌일지도 모른다. 마을에서 오랫동안 공존해온 월성 손씨와 여강 이씨라는 만만치 않은 두 문중이 빚어온 미묘한 경쟁과 대립, 그리고 갈등의 그림자는 아닐까? 1981년 가을, 구조주의 인류학의 창시자인 레비스트로스(Claude Levi-Strauss, 1908~2009)가 이곳을 찾은 것도 그가 즐겨 사용한 이항대립의 구조와 마을의 사회구조가 맞아떨어졌기 때문은 아닐까?

지형과 리듬

양동마을은 지형 조건을 잘 선정하여 마을의 전체 모습이 밖으로 대책 없이 드러나는 것을 피했다. 양동은 6·25전쟁 때도 이런 지형의 덕을 보았다. 1950년 8월에서 9월, 양동 인근 안강·기계 지역에서는 치열한 전투가 벌어졌다. 그곳이 낙동강 최후방어선의 요충지였기 때문이다. 이때 주민들은 모두 마을을 떠나 피난을 갔다. 그러나 그 난리 통에도 산으로 둘러싸여 있는 양동의 집들은 별다른 피해를 입지 않았다.

양동마을이 주는 느낌은 하회마을처럼 비교적 평지에 위치한 마을들의 밋밋함이 아니다. 양동은 내가 이 책에 소개하는 열두 마을 중 가장 지세가 급하고 지형 변화가 풍부한 마을이다. 그곳에는 살아 있음의 긴장과 리듬이 있다. 이는 노년기 지형의 국토에서 살아온 우리 민족에게 아주 익숙한 느낌일 것이다. 그러나 지난 반세기 동안 지형을 확실하게 지워버린 주거단지에 살아온 현대의 우리들은 은연중에 삶터는 평탄해야 한다는 이상한 편견을 갖게 되었다.

내 연구실은 언덕 위에 세워진 건물의 11층에 있는데, 그 복도 서쪽 끝의 유리창으로 '둔산'이라는 새로운 마을이 바라보인다. 복도로 나와 창을 통해 멍하게 새 마을 쪽을 바라보며 호흡을 가다듬는 것이 연구 중에 취하는 나의 짧은 휴식이다. 하루의 운행을 끝내고 산 너머로 붉게 지는 해와 솟았다 꺼졌다를 반복하는 능선, 그리고 빛과 그림자의 연출로 더 두드러지는 산의 조형성, 이런 자연의 리듬으로 잠깐이나마 마음이 넉넉해지곤 한다.

그러나 창밖의 근경을 이루는 아파트로 눈길을 옮기면 내 휴식은 끝난다. 한결같이 앞으로 나란히 한 똑같은 키의 아파트들은 주변 자연이 연주하는 리듬과 아무런 관련도 맺지 못한다. '둔산'이라는 우리 시대의 신기술로 만든 새 건축은 애초부터 잘못 만들어진 탓에 음악이 아니라 우리의 감각을 둔하게 만드는 소음만을 내고 있다. 현대의 아파트 마을에는 반복의 따분함과 단조로움이 있을 뿐, 자연과 인공이 조화를 이루며 만들어내는 기분 좋은 긴장감은 없다. 그곳에서 삶의 활기를 갖기란 얼마나 어려운지······.

두 줄기의 사람들

양동마을이 지금의 틀을 갖춘 것은 언제일까? 먼저 양동마을의 내력을 잠시 더듬어보자. 월성 손씨 4세 손사성(孫士晟)의 둘째 아들 손소(孫昭, 1433~1484)는 풍덕 류씨 류복하(柳復河)의 무남독녀와 결혼하여 25세 때인 1457년 장인을 따라 양동마을에 들어온다. 이 손씨 가문의 입향조는 서백당(書百堂)이라 이름 붙인 살림집을 짓고, 새 마을에 정착한 기념으로 사랑마당에 향나무를 심는다. 기념식수의 전통은 이렇게도 오래된 것인가 보다. 그 향나무는 현재까지 살아서 기념물로 지정되는 영예를 누리고 있다. 그리고 그 나무를 심은 사람은 뒤에 성주목사·안동부사·진주목사 등 굵직한 지방관을 역임했는데, 현재 그의 영정이 보물로 지정되어 있다. 대다수 씨족마을이 임진왜란 뒤에 창건된 데 비해 양동은 이렇게 전란이 아닌 혼인을 계기로 조선 전기에 월성 손씨의 씨족마을로 조성되기 시작했다.

손소의 장인 류복하는 양동 일대에 많은 노비와 너른 토지를 소유한 토호였다고 한다. 그럼 손소는 처가의 지원으로 생활터전을 마련하는 것을 부끄러워했을까? 그렇지 않다. "참을 인(忍) 자를 백 번 쓴다"는 뜻의 서백당을 지은 그가 체면을 중시하지 않았을 리 없지만, 그렇게 '장가가는' 것이 조선 초기에는 일반적인 관행이었기 때문이다. 손소는 5남 1녀를 두었는데 맏아들은 아버지처럼 장가를 들어버렸고, 둘째 아들인 우재(愚齋) 손중돈(孫仲暾, 1463~1529)이 손씨 가문의 실질적인 상속자가 되었다. 이조판서와 좌우참판, 지금으로 치면 장·차관을 두루 지낸 우재는 중앙의 관직을 역임하면서 한편으로는 양동을 씨족마을로 정착시켰다. 그리고 우재의 여동생은 여강 이씨 10세손인 이번(李蕃)과 결혼해 서백당에서 첫 아들을 낳았다. 그가 바로 이 땅에서 성리학의 이론체계를 처음으로 정립한 회재(晦齋) 이언적(李彦迪, 1491~1553)이다. 이렇게 해서 양동은 손씨와 이씨, 두 성씨가 주도하는 이른바 양성(兩姓) 씨족마을로 정착해갔다.

양동 출신으로 가장 빛나는 별은 누가 뭐라 해도 회재다. 탁월한 성리학자였던 그는 사후에 동국18현(회재와 설총·최치원·안향·정몽주·김굉필·정여창·조광조·이황·김인후·이이·성혼·김장생·조헌·김집·송시열·송준길·박세채를 일컬음)과 동방5현(회재와 김굉필·정여창·조광조·이황을 일컬음)의 한 분으로 문묘(文廟)에 모셔진다. 그는 양동마을을 소개하는 이 글에서도 주인공으로 등장한다. 그리고 그의 죽음과 함께 이 글도 마치게 될 것이다.

양동의 주축인 두 가문의 세력 판도가 궁금해서 마을에 관한 통계자료들을 찾아보았다. 자료에 따르면, 양동에는 본래 손씨 집이 이씨보다 많았으나 18세기에 역전된다. 지금도 이씨가 손씨보다 월등히 많은 수를 차지하는데, 이것은 손씨 가문의 파손(派孫)들이 주변 여러 마을들로 분산된 데 반해 이씨 가문의 파손들은 대체로 양동마을에서 분가했기 때문이다. 이와 함께 1960~70년대 '조국 근대화' 시기에 많은 사람들이 마을을 떠났는데, 당시 양동마을의 동쪽 고개 너머에 안계댐이 건설되면서 많은 여강 이씨들이 안계리에서 이주해왔다. 지금 양동마을 뒤편에 있는 경산서당(慶山書堂)도 이때 안계리에서 이전되었다. 이렇게 흘러흘러, 최근에는 이씨의 가구가 손씨보다 월등히 많은 상태다. 그러나 가구 수로 두 문중의 역학관계를 온전히 판단할 수는 없다. 오히려 통계자료보다 마을공간을 살핌으로써 그 관계가 자연스레 파악될 것이다.

마을의 기본 얼개 : 지형과 길

양동마을에 들어서서 마을 뒤 북쪽으로 보이는 산이 설창산(표고 163m)이다. 이로부터 뻗은 산줄기가 '勿(물)' 자의 능선을 이루고, 그 능선들 사이 골짜기마다 주거지가 조성되어 있다. 양동의 가구 수는 130호 전후로, 출입구를 3개 가진 20층 아파트 한 동에 사는 가구 수와 비슷하다. 勿자형의 세 골짜기를 가진 양동, 그리고 세 출입구를 가진 고층아파트, 이것들은 서로 어떻게 다를까?

마을 앞으로는 양동천이 길을 따라 흘러나가 안락천과 만나니 양동마을이 자리한 곳은 이른바 배산임수의 지형이다. 마을 서쪽은 설창산의 줄기가 안락천에 면해 절벽을 이루고, 마을 앞 남동쪽으로는 마을의 안산 격인 성주봉(표고 109m)이 있다. 마을의 여러 굵직한 주택들에서 부드러우면서도 기품 있는 이 안산의 모습을 볼 수 있지만, 특히 손씨 가문 종가인 서백당 사랑채에서 보는 모습이 참 좋다.

양동의 주요 주택들은 높은 곳에 자리 잡았으나 잘 드러나지 않는다. 심지어 건너편 언덕에서 보아도 그렇다. 서백당은 건너편 언덕에 자리 잡은 초가삼간집

서백당 사랑채에서 본 성주봉 양동마을 입향조인 손소가 심었다는 향나무 옆으로 성주봉이 보인다. 이렇게 온화하고 기품 있는 산을 매일 바라본다면 우리의 마음도 그렇게 되리라. 조상들은 이미 조선 전기에 환경심리학의 중요성을 알고 있었던 것 같다.

(이경산가옥)에서 바라보아도 지붕들만 겹겹이 보일 뿐 안채 부분은 전혀 드러나지 않는다. 지형으로 둘러싸인 집터에 자리 잡고 있으며, 앞쪽에 긴 행랑채를 두고 안채를 내향적으로 짜임새 있게 구성함으로써 그 영역이 좀체 밖으로 드러나지 않는 것이다.

오늘날의 아파트단지에서는 집의 평수만 좀 달라도 주민들 사이에 갈등이 불거지곤 한다. 그래서 한 단지에 유사한 규모의 아파트만 배치하는 것이 현대 주거 건축의 관행이 되었다. 이와 달리 양동에서는 초가와 와가, 가랍집과 양반집, 낮은 곳에 있는 집들과 높은 곳에 있는 집들이 서로 부담을 주지 않고 공존해왔다.

양동의 얼개를 이루는 것은 지형과 길이다. 복잡하게 얽힌 마을의 길을 체계

이경산가옥에서 본 서백당
건너편 언덕에 자리 잡은 이경산가옥에서 바라보아도 지붕들만 겹겹이 보일 뿐 집의 내부는 전혀 보이지 않는다.

적으로 파악하는 한 가지 방법은 마을길을 안길과 샛길로 나누어보는 것이다. 안길이란 마을공간을 이루는 중요한 요소들, 주로 공동시설들과 종가를 연결하는 도로로, 마을 입구에서 시작해 뒤쪽 주거지 경계까지 이어지는 마을의 주도로다. 씨족마을에서 안길은 종가가 자리 잡으면서 가장 먼저 생겨난다. 그것은 마을공간에서 중요한 역할을 하는 요소들을 연결함으로써 마을공간의 축(軸)이 된다. 이와 달리 샛길은 안길이 형성된 후 그것에서 뻗어나온 길로, 점차로 조성되는 대지들에 접근하는 골목이다. 샛길은 남부지방에서는 고샅, 제주도에서는 올레라는 예쁜 이름으로 불린다.

그러면 양동의 배치도를 보며 어떤 것이 안길인지 찾아보자. 금세 두 가지의 가능성으로 헷갈릴 것이다. 먼저, 마을 입구에서 안계리로 연결되는, 마을 영역의 중앙을 양동천과 함께 관통하는 길을 안길로 볼 수 있다. 그것은 현재 마을에서 가장 두드러진 큰길로서 중심적인 이동로임에 틀림없다. 그러나 좀 더 깊이 들여다보니 그 통과도로에서 물봉과 안골 등 골짜기로 끌어들이는 길들을 안길이라고 보아야 할 것 같다. 둘 중에 어느 판단이 옳을까? 그 길들을 답사해보면 어떤 결론이 얻어질 듯하다.

큰길 : 슬픈 일제의 축

전형적인 씨족마을에서 안길을 따라가면 정자와 비각이 있고 종가가 나오고 사당, 재실 등 마을에서 내세우고 싶은 시설과 장소들이 줄줄이 나온다. 그래서 안길을 먼저 걷고 다음으로 마을을 샅샅이 살피는 것이 좋은 답사 전략이 된다. 안길을 걸으며 활달한 사회적 분위기가 어느새 숙연한 정신적 분위기로 바뀌는 체험에서 우리는 장소에 정신이 서려 있음을 깨닫게 된다.

언젠가 양동을 답사할 때, 중앙의 통과도로를 따라가면서 그러한 장소성의 변화를 기대했던 적이 있다. 그러나 그 길은 아무것도 보여주지 않은 채 새로 지어진 사찰을 끝으로 구렁이 담 넘듯 슬그머니 마을 밖으로 빠져나가는 것이 아닌가. 그 순간 잃어버린 물건을 찾으러 왔다가 그냥 돌아가는 사람처럼 멍해졌다. 그러고는 너무도 경직된 틀로 모든 씨족마을들을 보려 했던 내 사고의 편협성을 자책하게 되었다. 여전히 그런 자책에서 자유롭지 못한 채 다시 그 길을 걷는다. 이것이 과연 내가 정의한 안길에 해당하는가? 나는 늘 같은 마을을 여러 번 답사하면서 마을이라는 복잡한 암호를 푸는 데 도움이 되는 실마리를 찾곤 했는데, 다시 한번 그런 기대를 하며 잘 포장된 이 길을 걸어본다.

반복되는 경험을 통해 나는 한 가지 새로운 생각을 떠올렸다. 어쩌면 양동의 이 길이 원래는 없었거나 적어도 지금과 같은 역할을 하지는 못했을 것이라는 추정이다. 이런 생각의 단서가 된 것은 관가정(觀稼亭) 아래에 있는 '손종로 정충비각(孫宗老旌忠碑閣)'의 위치다. 왜 이 정려각이 큰길에 면하지 않고 여기에 있는 것일까? 씨족마을에서 드러내놓고 자랑하고 싶은 장소들은 예외 없이 안길에 면해 있음을 생각할 때 그 위치가 의아했다. 병자호란(1636~1637) 때 억부라는 노비와 함께 나라를 구하기 위해 목숨을 바친 손종로, 그는 양동마을의 큰 자랑일 터인데…….

이런 궁금증을 안고 자료를 찾다가 반갑게도 강동진 교수의 박사학위논문에서 그 대답을 얻었다. 강 교수는 일제강점기에 철도와 초등학교가 설치되면서 관가정 주변에 있던 마을 입구가 현재의 구멍가게 있는 쪽으로 변경되었다고 추정한다. 그는 이것이 서백당에서 무첨당(無忝堂)을 거쳐 향단(香壇), 관가정으로 이어지는 마을의 축을 파괴하려는 일제의 의도적인 전략이었다고 본다.[1] 그러니까 이 아름다운 마을을 뒤틀어놓고 훗날 나 같은 연구자들에게 불필요한 자책과 고민을 안겨준 것은 다름 아닌 일제였다.

우리 사회의 어디나 마찬가지지만 전통마을 또한 일제의 잔재로부터 자유롭지 못하다. 2001년 8월 10일 오전, 외암마을을 들어가다가 영화배우 최민식을 만났다. 외암마을의 건재고택(建齋古宅)에서 이후에 칸영화제 감독상을 받은 〈취화선〉을 찍고 있었던 것이다. 조선 후기 화가 오원(吾園) 장승업(張承業, 1843~1897)의 이야기다. 동행했던 일행들이 모두 최민식에 홀려 있을 때 나는 그 독특한 조경으로 가득 찬 촬영현장에서 분노인지 슬픔인지 모를 묘한 감정을 느꼈다. 답사객에게는 항상 문을 열어주지 않는 주인아주머니가 지조를 지키지 않아서가 아니다. 건재 이상익(李相翼, 1848~1897)은 오원과 비슷한 시기를 살다가 같은 해에 죽었으니 건재의 옛집에서 〈취화선〉을 찍은 것은 어찌 보면 탁월한 선택이다. 그러나 그 집으로 들어가면 이야기는 달라진다. 한옥의 조경을 조금이라도 아는 이라면 건재고택의 조경이 우리 전통과 동떨어져 있음을 쉽게 발견한다. 우리의 전통건축에서는 건물 앞을 조경으로 가득 채우지 않는다. 대개는 그냥 깨끗이 비워둔다. 대신에 집 뒤쪽이나 주변을 화단으로 꾸미며, 본격적인 정원은 별도로 조성한다. 그런데 건재고택 사랑채의 앞마당은 소나무·은행나무·감나무 등의 수목과 정자, 석물 등으로 가득 차 있다. 이는 일본식 조경이다. 아, 일제로부터 자유로운 곳은 어디인가?

흥분을 가라앉히고 다시 양동마을로 마음을 돌려야겠다. 아무튼 내가 양동의 길체계에 대해 가졌던 의문은 몇 차례의 답사 뒤에야 풀렸다. 중앙의 통과도로는 본래의 안길이 아니며, 그곳에서 뻗어나와 안골과 물봉 등 골짜기로 이어지는 길들을 안길로 보아야 한다는 결론에 이른 것이다. 이제 편의상 그 통과도로를 큰길이라고 부르기로 한다.

어찌되었든 큰길은 현실적으로 마을의 중심도로다. 자세히 보면, 도랑을 건너 큰길에 면한 집들에 진입함으로써 주거 영역을 큰길과 분리하려고 했다. 양동천이

양동마을 배치도

❶ 서백당
❷ 무첨당
❸ 관가정
❹ 향단
❺ 수졸당
❻ 낙선당
❼ 이원봉가옥
❽ 이원용가옥
❾ 이동기가옥
❿ 이희태가옥
⑪ 안락정
⑫ 이향정
⑬ 강학당
⑭ 심수정
⑮ 수운정
a 손종로 정충비각
b 영귀정
c 설천정
d 경산서당
e 대성헌
f 육위정
g 양졸정
h 동호정
i 영당
j 내곡정

숫자가 붙은 것은 국가지정문화재인 보물 및 중요민속자료로 지정된 집들이다.

성주봉에서 본 양동마을 옆으로 곧게 난 안길이 왼쪽의 물봉과 오른쪽의 안골을 이어준다. 마을 너머로 보이는 너른 안강평야는 양동마을의 경제적 토대였다. ⓒ 김성철

손종로 정충비각 관가정 아래에 있는 정려각으로, 병자호란 때 목숨을 바친 손종로를 기리는 비각이다.

큰길의 남쪽을 따라 내려오다가 중간 지점에서 길의 북쪽으로 자리를 옮긴 것도 그런 까닭이다. 이것은 우연이 아니리라. 큰길은 조용히 살고 싶은 사람들에게는 부담스런 존재이기에 집과 큰길 사이에 도랑이라는 심리적 문턱을 둔 것이다.

근래에 큰길가에는 새로운 시대의 공동시설들이 속속 들어섰다. 마을 입구부터 그것들은 시작된다. 양동초등학교의 한 건물은 한옥의 껍질을 뒤집어쓴 채 뻥튀기 기계에 들어갔다 나왔음을 자랑하고 있다. 그것을 지나면 근대 가옥형의 가게가 등장한다. 그 벽에서 '때려잡자 김일성, 무찌르자 공산당'이 '근면·자조·협동'으로 바뀌었고, '친애하는 국민 여러분'으로 시작하는 담화문이 여러 번 벽을 도배했다. 큰길을 따라 조금 더 올라가면 예의 뻥튀기 기계에서 나온 듯한 건물 형제들이 앞에 너른 주차장을 거느린 채 나타난다. 마을회관과 공중화장실이다. 그 위쪽으로는 뜬금없이 우리나라에 고딕양식을 부활시키려는 듯한 교회가 있었다. 2007년부터 그 교회는 사람들의 눈총을 피해 마을 앞쪽, 양동초등학교 옆으로 옮겨가 넙죽 엎드려 있다. 다시 발길을 앞으로 옮겨 길가에 세워진 음식점 안내판들을 지나면 사찰이 나오고 양쪽 집들의 행렬도 끝이 난다.

아스팔트로 포장된 이 큰길을 따라 올라오니 이곳이 우리의 오래된 마을이라는 생각이 들지 않는다. 그것은 내가 어린 시절 선망했던 도회지의 근대적 길거리였다. 그런데 이 길거리를 따라 들어선 건물들은 하나같이 아름다운 마을 경관과 어울리지 않는다. 일제가 마을 입구에 초등학교 외에 관공서를 설치하려고 했을 때 주민들이 반대해 막았다는 말을 들었다. 그러나 민주시대의 허망한 욕구는 누구도 막아내지 못한 모양이다. 모두들 한옥의 탈에 현혹되고, '거대'의 유혹에 넘어간 것이다.

누군가 말할지 모른다. 시대가 바뀌었다고. 그러면 큰길가의 건물들은 새 시대의 불가피한 선택이었는가? 결코 그렇지 않다. 양동은 워낙 볼거리가 많기 때문에 마을 답사만 해도 바쁘지만, 대안 없는 비판이라는 혐의를 벗기 위해 한 가지만 지적해본다. 양동을 찾는 차들은 모두 마을회관 앞 주차장에 도달한다. 마을회관과 그 옆의 공중화장실에는 공통의 뿌리가 있으니 바로 오래된 절 입구에 흔히 있는, 대웅전보다 큰 수세식 화장실 건물이 그것이다. 거기서나 여기서나 그렇게 주변을 무색하게 하는 높고 큰 건물이 필요했을까? 주차장은 또 어떤가, 그렇게 큰 주차장을 건물 앞에 펼쳐둘 필요가 있는가? 소박하고 검손한 건물들을 길을 따라 배치하고 그것들 뒤로 주차장을 숨길 생각은 왜 못하는지 이해하기 어렵다.

뒷길 : 양동을 입체적으로 보는 길

마을 뒤쪽에 나 있는 산길로 발길을 옮기니 답답한 마음이 가신다. 마을 앞쪽 큰길이 밖으로 드러난 이동로인 데 비해 마을 뒤 서쪽과 북쪽 능선을 따라 난 이 산길은, 마을을 이루는 물봉·갈곡·안골 등의 골짜기를 은밀하게 이어주는 아늑한 통로다. 이 길에서는 설창산과 함께 무첨당이 시원히 모습을 드러낸다. 그러나 여전히 안채 영역은 시야에 들어오지 않는다. 이 길에서 조금 내려오면 서쪽으로 영귀정(詠歸亭)을 만나는데, 여기서는 나무들 사이로 경지 정리가 잘된 안강평야가 바라보인다. 그리고 이 길을 따라 조금 북쪽으로 발길을 옮기면 경산서당으로 연결된다. 서당과 정사같이 공부를 하는 정신적인 공간이 마을 뒤쪽에 있는 것은 씨족마을에서 흔히 보는 모습이다.

뒷길 조용하고 아늑한 양동마을의 탐방로다.

뒷길을 따라 걷노라면 양동마을을 조용히 살펴볼 마음의 여유를 갖게 된다. 더욱이 뒷길은 자연 수풀과 인공 조경이 잘 어우러져 빚어내는 그늘 덕에 여름철에 걸어도 더위를 느끼지 못한다. 평야에서 불어오는 선선한 바람까지 더해지니 마음까지 다 시원하다. 그러나 이 뒷길에도 한 가지 흠은 있으니, 그것은 마을과 안강평야 사이를 자주 지나다니는 기차의 소음이다. 이렇게 일제의 잔재는 집요하게 남아 우리 마음의 평온을 깨고 있다.

큰길에서는 올려다보던 마을을 뒷길에서는 내려다본다. 그래서 양동마을을 입체적으로 이해하기 위해서는 뒷길을 걸어볼 만하다. 이렇듯 평온하나 입체적인 전통마을의 모습을 보며, 그것이 오늘날 우리가 살고 있는 시끄러우나 단조로운 아파트단지의 모습과 얼마나 다른지 느끼게 된다. 제발 이 뒷길을 넓히고 심지어 포장하는 등의 거친 일들이 벌어지지 않기를 바랄 따름이다.

변증법적 사회학 하나: 신분 차이와 마을 경관

대체로 양동마을은 안골에 자리 잡은 손씨 종가인 서백당을 시작으로 그 전면 아래쪽으로 발전해나갔다. 손씨와 이씨 두 문중의 종가와 파종가들은 각 구릉의 제일 높은 능선 아래에 너른 대지를 조성함으로써 주변 지형을 장악하고 그 옆이나 아래에 가랍집들을 거느렸다. 양반주택 행랑채에서 살림을 하는 솔거노비와 달리 외거노비들은 양반주택 인근에 별도의 살림집을 가졌는데, 그것을 가랍집이라 한다. 이처럼 양동마을에서 문중의 위계와 신분의 차이는 집들이 위치한 지형의 높낮이와 대지의 크기로 나타난다.

만약 양동마을이 있는 곳과 같은 산지에 평민들의 마을이 자리 잡고 있다면 그것은 보나마나 빈촌이다. 그러나 양동마을은 비록 마을 앞에 너른 문전옥답을 두지는 못했지만 서쪽 산 너머에 안강평야라는 너른 경작지를 가지고 있다. 천석을 낼 수 있는 농토다. 이렇게 집과 경지가 분리되어 있는 불리한 토지 이용 방식이 가능했던 것은 마을에 많은 소작농과 노비가 있었기 때문이다. 양반들은 당연히 집안일도 노비들에게 의존했다. 높은 산지에는 샘이 귀해 물을 아래에서 길어 올려다 사용했을 터인데 그것이 누구의 일이었는지 물을 필요도 없다. 사회생활에서도 마찬가지였다. 사교의 장소였던 정자에 부속채가 딸린 이색적인 건물 구성에서 양반들이 사교활동에서도 노비들의 뒤치다꺼리를 받았음을 알 수 있다. 양동마을의 양반들은 경제생활과 일상생활, 그리고 사회생활 모두에서 신분제의 수혜자였다.

해방 무렵까지도 양동에는 40여 호의 가랍집이 있었다고 하나 현재는 관가정 아래를 비롯한 몇몇 곳에만 남아 있을 뿐이다. 시백딩 아래에도 서너 집 있있다고 하나 지금은 사라지고 없다. 대부분의 가랍집은 주인이 떠난 후 머지않아 헐렸다. 노비들은 조선 후기 신분제도의 철폐와 함께 마을을 떠나기 시작했고, 6·25전쟁 때는 많은 노비들이 피난을 갔다가 그 길로 다른 곳에 정착했다고 한다.

신분제의 철폐는 이렇게 마을 경관에도 변화를 가져왔다. 그러나 이런 변화는 큰길에 의한 마을공간의 변화와는 본질적으로 다른 것이다. 큰길이 마을공간을 왜곡시킨 축이라면, 이런 마을 경관의 변화는 마을이 살아 있음을 보여주는 진정한 시대의 변모다. 이런 변화마저 부인하고 모든 것을 원래의 상태로 돌리려 한다면 양동은 또 하나의 민속촌으로 박제되고 말 것이다. 용인에 있든 남산에 있든, 민속촌에서는 한결같이 삶의 활기와 생명력이 느껴지지 않는다. 시쳇말로 '아우라'가 전혀 없다. 9시 뉴스에 나오는 남산 한옥마을의 활기는 명절 대목을 노리

양동마을의 가랍집 관가정 아래에 있는 소박한 모습의 초가집이다. 과거에 노비들이 살던 집으로, 신분제가 철폐되면서 서서히 사라져 지금은 몇몇 집만 남아 있다.

는 상술과 결합된 언론의 연출에 불과하다. 실로 마을에서 '원래의' 모습이란 의미가 없는 헛된 것이다. 이 글에서는 양동이 주로 두 문중의 터전으로 묘사되고 있지만 그들이 들어오기 전부터 이 마을에는 사람들이 살고 있었다. 그렇다면 도대체 무엇이 원래의 상태인지 한번쯤 생각해볼 필요가 있다.

한편 가랍집의 거주자들은 신분제에서 해방되면서 새로운 삶터를 마련해야 했다. 그들은 양반층에게 별다른 해코지 없이 조용히 마을을 떠났다고 한다. 그들이 새로 정착한 마을 중 하나가 일제강점기에 안강평야 가운데에 자리 잡은 '소평'이다. 흥미로운 것은 소평의 주거 형식이 양동의 가랍집과 유사하다는 점이다.[2] 주거공간이란 우리 마음속에 있는 붕어빵 틀에 찍혀 나오는 붕어빵 같은 것이며, 그 틀은 그렇게 쉽게 바뀌지 않음을 보여주는 예다. 붕어빵 틀에서 국화빵이 나오는 것을 보았는가. 건축 이론에서는 이런 마음의 빵틀을 '유형(類型)'이라고 한다. 특정한 시대에 특정한 사회에 살아가는 사람들은 건축 유형 혹은 공간 유형을 공유한다. 그들이 만들어낸 건축물은 바로 그런 유형이 구현된 것이다. 그 공유 지식이 곧 문화이므로, 건축은 예술적·공학적 속성 못지않게 문화적 속성이 강하다.

변증법적 사회학 둘 : 안골과 물봉의 대립과 공존

양동마을이 어느 한 성씨의 마을로 기울지 않고 두 성씨가 대등하게 공존하는 이른바 양성 마을로 자리 잡은 것은, 무엇보다도 두 문중에서 각각 우재 손중돈과 회재 이언적 같은 걸출한 인물들을 배출했기 때문이다. 이들은 같은 마을을 토대로 고위 관직을 두루 거쳤고 성리학자로서 명성을 얻었다. 이런 균형이 이후 양동에서 두 가문이 대립하면서도 공존하는 시작점이다. 이런 독특한 사회구조로 인해 양동마을은 건축학은 물론 문화인류학의 좋은 연구대상으로 부각되었다. 그 결과 1981년에는 저명한 인류학자인 레비스트로스가 이 마을을 찾기에 이른다.

　동질의 집단에서도 갈등은 피할 수 없는 일일 터인데 서로 다른 씨족집단들이 하나의 마을에 있을 때 그들 사이에 대립이 없다면 오히려 이상한 일일 것이다. 문제는 그것이 어떠한 성격으로 나타나고 무엇을 남기느냐 하는 것이다. 통혼(通婚)하여 인척관계를 맺고 있는 양동의 두 문중이 대립해온 것은, 마을을 구성하는 주된 영역인 안골과 물봉, 두 골짜기를 중심으로 주요 시설들을 세워나간 과정에서 잘 드러난다.

　안골은 마을의 틀을 잡아나간 시작점이었다. 그래서 그 깊숙한 곳에 손씨의

서백당 안골에 가장 먼저 자리 잡은 월성 손씨의 대종가다. 여기서 1491년에 회재가 태어났다.

종가인 서백당이 자리 잡았고, 진입부에는 연못과 정자를 두었다. 현재 절이 들어서 있는 자리 옆은 갈대가 무성한데, 여기가 섬을 만들어 수양버들을 심었던 전형적인 우리의 연못이 있던 자리다. 본래 이곳이 안골의 입구였을 것으로 추정된다.

　안골의 서백당에 대해 물봉에는 무첨당이 대등하게 자리 잡고 있다. 무첨당은 회재가 경상도 관찰사로 재직하던 1540년경에 별당을 건립하면서 완성시킨 이씨 가문의 대종가다. 그리고 안골과 물봉 사이사이에 이씨의 파종가들이 위치한다. 곧 안골과 물봉 사이에는 수졸당이, 물봉 앞쪽에는 향단이 자리 잡고 있다.

　안골과 물봉이 마을을 이루는 2개의 대립 영역이라는 사실은 마을에서 매년 정월 대보름에 열리는 줄당기기행사 때 드러난다. 줄당기기를 하기 위해 안골과 물봉 사이를 위아래로 가로지르는 능선을 경계로, 안골·거림·장터골의 웃말(상

무첨당의 사랑채 물봉에 자리 잡은 여강 이씨의 대종가다. 안채와 사랑채, 그리고 사당채가 각기 다른 안대를 향함으로써 역동적인 공간감이 느껴진다.

촌) 대 물봉·갈곡의 아랫말(하촌) 등 두 패로 마을 주민들이 나뉜다. 근래에 행해진 줄당기기에서는 인접 마을까지 가세했는데, 웃말에는 양동 남쪽의 인동리와 오금리에서 지원했고, 아랫말에는 양동 북쪽의 안계리에서 지원했다고 한다.[3] 상대적으로 멀리 떨어진 마을들이 하나의 팀이 된 것이 뜻밖인데, 그것은 안골을 중심으로 한 웃말을 지원한 인동리와 오금리에는 손씨들이, 물봉을 중심으로 한 아랫밀을 지원한 안계리에는 이씨들이 모여 살기 때문이다. 그깟 줄낭기기에도 문중의식은 여전히 살아 있다.

가문의 공동성: 안대와 정자

전통한옥은 빼어난 모양의 산봉우리를 바라보고 자리 잡는 경우가 많은데 그 산봉우리를 안대라고 한다. 무첨당에서 볼 수 있듯이, 안대는 같은 주거 내에서도 안채·사랑채·사당 등에서 서로 다를 수 있다. 이에 따라 한옥에서는 방위가 각기 다른 채들이 모여 역동적인 하나의 주거공간을 이루는 모습을 자주 본다. 지형구조가 복잡한 양동에서는 안대로 삼을 만한 봉우리들이 마을 주위에 많다. 마을

심수정 향단 앞 큰길 건너편에 자리 잡은 여강 이씨 향단파의 정자로, 무첨당 사당을 안대로 삼아 배치되었다.

남쪽 능선을 이루는 성주봉, 남쪽 멀리에 호명산과 낙산, 그리고 서쪽 멀리에 무릉산과 자옥산 등이 있다.

양동의 두 문중은 안대까지도 상대 가문의 것을 피하려 했다. 역으로 같은 가문에서는 안대를 공유함으로써 또는 서로를 안대로 삼음으로써 시각구조에서도 공동성을 가지려 했다. 같은 곳을 바라본다는 것, 그것은 심리적 연대를 의미했다.

관가정 사랑채 등 손씨 건물들은 대개 종가인 서백당 사당이 취한 무릉산을 안대로 삼았다. 이에 비해 이씨 건물들은 여러 곳을 안대로 취했으나, 대종가인 무첨당 사당이 취한 형산강 너머 낙산을 주요한 안대로 삼았다. 특이한 것은 손씨의 관가정과 이씨의 무첨당에 있는 사당들이 각각 손진경가옥과 심수정(心水亭)의 안대가 되었다는 사실이다. 이같이 산봉우리가 아니라 건물이 안대로 사용되는 경우는 매우 드물다.[4] 심수정에 모여앉아 조상을 모신 사당을 바라보며 약해져만 가는 문중의식을 개탄했을 양동의 양반네들이 눈에 선하다.

가문의 공동성은 정자를 통해서도 표출된다. 마을에서 정자는 주변 경관을 감상하는 장소이자 회합과 사교의 공간이다. 양동에는 마을 사람들이 함께 사용하는 정자가 없는 대신 두 문중이 각기 정자를 건축하고 경영해왔다. 손씨는 안락정(安樂亭)과 수운정(水雲亭)을, 이씨는 무려 일곱 곳의 정자를 경영해왔다. 마을 내에서 분파하지 않은 손씨 가문과 달리 여강 이씨 가문은 일곱 파 중 다섯 파가

양졸정에서 본 거림 성주봉을 정확히 향하고 있는 양졸정에서는 마을 입구, 성주봉 기슭의 남촌 그리고 왼쪽으로 거림이 훤히 내려다보인다.

이 마을에 거주하고, 수졸당파를 제외한 모든 파손이 정자를 경영했기 때문에 이씨의 정자가 많다. 무첨당파가 동호정(東湖亭)을, 양졸정파가 양졸정(養拙亭)을, 설천정파가 설천정(雪川亭)을, 향단파가 심수정을 거느리고 있다. 그밖에도 이향정(二香亭), 영귀정, 육위정(六驊亭) 등이 이씨 문중에 속한다. 이렇게 정자가 많은 마을은 찾아보기 힘들다. 이 많은 정자들은 가문의 영광을 추구한 양동마을 문중사회의 구성이 그만큼 복잡했음을 말해준다.

두 문중의 갈등과 생산적 경쟁

걸출한 두 인물, 우재 손중돈과 회재 이언적은 타원의 두 중심점처럼 양성 씨족마을 양동의 구심점이다. 그런데 그들은 본의 아니게 문중 사이에 갈등의 씨앗을 뿌리게 된다. 이야기는 회재의 불우한 어린 시절부터 시작된다. 회재는 열 살 때 부친을 여의고 열두 살부터 외숙인 우재에게 수학한다. 24세에 문과급제한 회재는 훗날 대학자로 성장하는데, 이런 회재의 성장과정은 뜻밖에도 그의 학문적 독창성에 대한 논란을 불러온다. 이른바 '학문연원수수설(學問淵源授受說)'이다. 손씨 측은 "우재의 학문이 회재에게로 전수되었다"고 하는 반면 이씨 측은 그렇지 않다는 것이다. 이러한 학문의 연원에 관한 시비는 양 문중 간의 갈등으로 비화되었다.

두 문중은 묘지를 쓰는 문제를 두고도 부딪쳤다. 양동 앞산인 성주봉에 손씨네가 묘를 쓰려 하자 이씨네가 반대하여 싸움이 일어난 것이다. 양성 마을에서 명당자리를 놓고 묘지분쟁을 일으킨 경우는 많다. 그러나 양동에서는 마을에 묘를 쓰는 것이 풍수적으로 좋지 않다 하여 큰 싸움은 생기지 않았다.

두 가문이 빚은 또 하나의 갈등은 회재를 사후에 모신 옥산서원(玉山書院)을 둘러싸고 일어났다. 옥산서원은 그 운영에 관한 문서들이 매우 잘 남아 있는데, 문서를 보면 옥산서원의 경제적 토대는 퇴계를 모신 도산서원과 함께 영남에서 가장 탄탄했다. 서원의 재산과 영향력이 막대했던 만큼 그 관리를 주도했던 손씨와 이씨 들의 갈등도 심심찮게 벌어졌다. 옥산서원을 매개로 한 두 문중의 주도권 다툼을 '손이시비(孫李是非)'라 한다.[5]

이런 일련의 갈등이 남긴 앙금 때문일까? 양동에는 전통마을에서 일반적으로 전승되는 동제(洞祭)가 존재하지 않는다. 심지어 반상회도 열리지 않는다. 마을 소식은 "주민 여러분……"으로 시작하는 확성기 방송으로 알린다. 세시행사도 여름 삼복 뒤에 하는 머슴놀이인 호미씻기와, 2·3년에 한 번씩 정월 대보름과 추석 때 하는 줄당기기 정도가 있을 뿐이다. 다른 씨족마을에 비해 양동은 마을 공동공간도 매우 취약하다. 골짜기마다 공동우물이 있었고 마을 입구 근처 수로변에 빨래터도 있었지만, 마을 주민 모두가 함께하는 진정한 의미의 마을 공동공간은 찾아볼 수 없다. 마을 생활이 문중의 한계를 넘지 못한 것이다.

그러나 양동에서 보인 두 가문의 경쟁과 대립은 서로를 헐뜯고 피해를 입히는 소모적인 경쟁이나 탐욕의 대립이 아니었다. 갈등의 시작이 그랬듯이, 그것은 학문적이고 문화적인 것이었다. 따라서 그러한 갈등을 생산적인 경쟁이라고 표현하는 것이 옳겠다. 보이지 않는 경쟁 속에서 두 문중 사람들은 서로 한 명이라도 더 많은 급제자를 내기 위해 열심히 공부했다. 그들은 근대 교육도 중시하여 많은 출세자들을 배출했다. 그것이 오늘날에도 이어져서, 대학원 진학을 예사로 생각할 정도로 양동의 교육열은 대단하다. 한편 이러한 경쟁은 바람직하게도 건축을 매개로 일어났다. 이것이 양동이 한국 주거건축의 보고(寶庫)가 된 내막이다.

보물이 된 양동의 한옥들

양동에는 좋은 한옥들이 많다. 양동은 마을 전체가 국가지정문화재인 중요민속자료로 지정되었고 많은 집들이 문화재이다. 관가정, 무첨당, 향단 등 세 집은 살림집으로서는 매우 드물게 보물이다. 참고로, 우리나라에서 보물로 지정된 문화재는 1,300점 정도인데, 그중에 주택은 11점밖에 안 된다. 보물로 지정된 11호의 주택 중 9호가 경북에 있으며 그 3분의 1이 양동마을에 있다. 그밖에도 중요민속자료가 12점, 지방문화재도 4점이 있다. 물 반, 고기 반이라고나 할까? 양동은 단일 마을로는 단연 문화재 건물을 가장 많이 가지고 있다. 게다가 국보 제283호인 《통감속편(通鑑續編)》을 비롯해 보물인 〈손소영성(孫昭影幀)〉 등 여러 동산 문화재를 보유하고 있으니, 양동은 말 그대로 보물창고다. 2010년 8월 1일, 양동은 유·무형의 문화자산을 전 세계적으로 인정받아 하회와 함께 유네스코 세계유산으로 등재되었다.

　　그러면 서백당, 관가정, 그리고 향단을 중심으로 양동의 한옥들을 좀 더 살펴보자. 1457년에 안골에 세워진 서백당은 양동에서 가장 오래된 집으로, 월성 손씨의 대종가다. 남한에 현존하는 가장 오래된 상류주택은 고려 말인 1330년에 처음 지어진 것으로 전하는 '맹씨행단(孟氏杏壇)'이다. 최영(崔瑩) 장군이 지었다고 하는 이 한옥은 외암마을 뒷산 건너편인 충청남도 아산시 배방면 중리에 위치한다. 그러나 이 집은 안채와 사당채만 남아 있으며, 그나마 안채는 방향을 바꿔 다시 지어서 온전한 살림집의 모습을 전하지 못한다. 이렇게 보면 서백당이 격식을

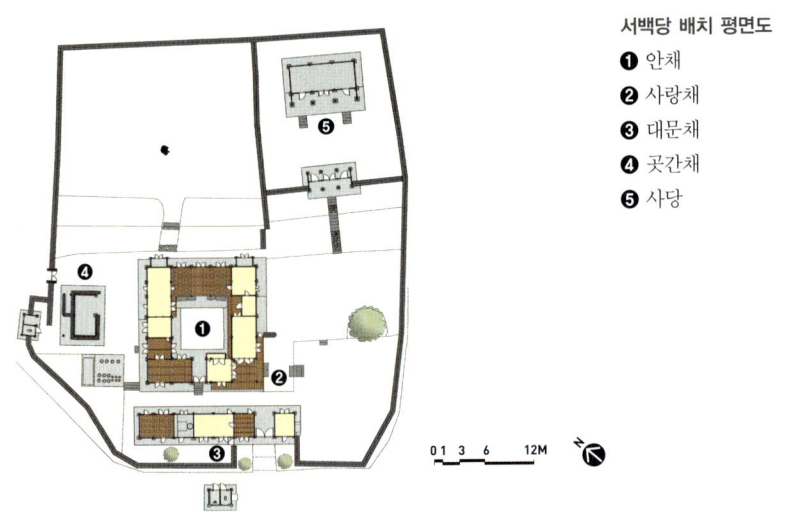

서백당 배치 평면도
❶ 안채
❷ 사랑채
❸ 대문채
❹ 곳간채
❺ 사당

문화재청, 《한국의 전통가옥 25 – 양동 서백당》, 2008 참조.

갖춘 온전한 한옥의 살림집으로서는 가장 오래되었다고 할 수 있다.

서백당은 대문간을 기준으로 남서쪽의 생활 영역과 북동쪽의 사당 영역으로 나뉜다. 산 사람의 공간과 죽은 사람의 공간이 거의 대등한 규모로 양립하고 있다. 생활 영역은 안채와 사랑채가 ㅁ자형으로 한 몸을 이룬 본채와 일자형으로 긴 대문채(행랑채)가 좁은 행랑마당을 사이에 두고 나란히 배치되었다. 안채의 부엌 뒤편에는 곳간채와 장독대가 있고, 안채 뒤로는 경사진 넓은 뒤뜰이 있다.

본채는 ㅁ자형이지만 안채 부분은 안마당을, 사랑채 부분은 바깥을 향함으로써 남녀 공간이 서로 분절된다. 또한 안채와 사랑채 앞에 각각 설치된 쪽마루는 두 공간의 지향이 서로 다름을 암시한다. 전통한옥의 형태는 1칸의 부엌과 2칸의 방이 나란히 배열된 오막살이에서 시작해 일자형, ㄱ자형, ㄷ자형, 모서리가 트인 튼ㅁ자형, 그리고 ㅁ자형으로 발전되었다고 추정한다. 따라서 서백당 본채와 같이, 안대청과 같은 폭의 아담한 안마당을 둘러싸는 ㅁ자형 구성은 전통한옥의 가장 진화된 모습이라고 할 수 있다.

관가정 대청에서 내다본 모습 서백당에서 분가한 손씨 가문의 주택으로, 논리적이고 이성적인 질서를 가지고 있다.

서백당에서 분가한 집이 마을 전면에 있는 관가정이다. 뒤이어 그 옆으로 여강 이씨 파종가인 향단이 지어졌다. 그런데 관가정과 향단, 이 두 집은 왜 마을 전면으로 나온 것일까? 이 또한 두 성씨가 벌인 경쟁의 산물이라 할 수 있다. 으리으리한 집들을 가문의 초병으로서 마을 전면에 포진시킨 것이다. 한편, 손씨의 관가정 앞에는 마을 입구를 상징하는 은행나무가 있는데, 관가정의 본가인 서백당 옆에도 은행나무가 있다. 마을의 놀이인 줄당기기에 앞서 웃말 사람들은 서백당의 은행나무에서, 아랫말 사람들은 관가정의 은행나무에서 각기 고사를 지낸다고 한다. 중심주택들 부근의 나무들이 마을의 축을 상징해온 것이다.

기둥의 격자체계를 일정하게 반복하여 구성된 관가정은 살림집 역할을 하기 어려우리만치 질서정연하다. 안방에 부엌이 딸려 있지 않는 등 지금의 평면구성

향단의 안채 여강 이씨 대종가인 무첨당에서 분가한 주택으로, 극단적인 공간 변형을 보여준다.

으로는 살림집으로 쓰기가 더욱 어려운데 이는 본래의 모습이 아닌 듯하다. 한편, 향단은 회재가 모친을 모시는 동생 이언괄을 위해 지은 집이다. 향단은 틀에 박힌 관가정과 달리 강한 개성을 드러낸다. 그것은 관가정과 같은 ㅁ자형 한옥을 극적으로 변형한 모습이라고 할 만하다.

    현대건축을 공부하는 사람들은 대개 향단을 좋아한다. 2002년 여름 답사에 동행한 미국 컬럼비아대학원의 치코네 군도 "양동에서 향단이 가장 좋다"고 말했다. 외부에서 잘 드러나지 않는 관가정과 달리 밖으로 두드러진 향단의 세 박공면들이 그들에게 강한 인상을 남겼기 때문일까? 일반적인 한옥과 다른, 개성 있는 공간구성에서 감명을 받았기 때문일 수도 있다. 그러나 내가 보기에 지금 모양대로라면 관가정이나 향단 모두 주거로서는 낙제점이다. 무엇보다 두 집 모두 동선 연결이 불합리하고 불편하다. 관가정 부엌에서 하루에 세 번 밥상을 들고 안방이나 사랑방으로 오가는 일만도 고역이었을 것이다. 향단에서는 안방이나 안마당에서 사랑채 옆의 높고 좁은 통로를 통해 바깥출입을 하는 것이 매우 불편할뿐더러 위험하기까지 하다. 그러나 고명하신 조선의 학자들께서 그런 낙제점의 주택을 지었을 리는 없다. 그래서 나는 후세로 오면서 이런저런 이유로 본래의 공간구성이 변형되었을 것으로 추정한다. 살림집으로 사용하기 어려운 탓인지 관가정은 지금 비어 있고, 향단은 근래에 복원된 위채만 살림집으로 쓰이고 있다.

시원하리만치 논리적인 관가정과 쥐어짜듯 수놓은 듯한 향단, 기둥을 낮추고 지붕의 경사까지 완만하게 하여 몸을 낮춘 관가정과 뽐내듯 자신을 드러낸 향단, 그 조형의 차이는 무엇을 말하는가? 이 또한 갈등과 대립의 결과인가? 향단은 관가정을 누르려고 돌출적인 조형과 큰 규모를 택했을까? 물론 관가정과 달리 향단에는 박공이 과장되게 설치되었고, 모든 기둥을 원기둥으로 사용했으며, 사랑채 기둥 위에는 익공을, 대들보 위에는 복화반(覆花盤: 수평부재 사이를 받치는 위보다 아래가 넓은 판재) 등 장식적인 부재들을 설치해서 과시의 욕구를 숨기지 않았다. 조선시대에는 일반 백성의 주택에 원기둥이나 굴도리, 다듬은 돌 등의 사용을 금기시했으나, 장식에 대한 욕구 앞에 그런 규제들은 의미를 잃었던 것 같다.

나는 관가정과 향단의 외관에서 보이는 대조를 지형에 대응하는 차이로 이해하고 있다. 주변 지형을 유심히 살펴보면 관가정은 볼록한 지형에, 향단은 오목한 지형에 자리 잡았다. 건물을 지형과 함께 생각할 때 이 두 집은 나름의 균형을 이루고 있는 것이다. 관가정(觀稼亭)은 이름 그대로 농사짓는 광경을 내려다보는 정자다. 정자에는 여러 기능이 있지만, 관가정이라는 이름에서도 알 수 있듯이 양반들이 소작인들의 농사를 감독하는 기능도 있다. 이런 정자는 그래서 자신을 드러내고 주변을 살필 수 있는 볼록한 지형을 필요로 한다. 하지만 건물까지 높아지면 지나치다는 느낌을 줄 것이다. 그래서 관가정은 몸을 낮추었다. 반면, 오목한 지형에 자리 잡은 향단이 볼록한 지형에 앉은 관가정과 균형을 이루려면 과장의 몸짓을 할 수밖에 없었으리라.

안타깝게도 이제 양동에 있는 많은 아름다운 집들의 안채를 관람하기는 어렵다. 전통마을은 대개 알려진 정도에 비례하여 인심이 사나운데 양동도 예외가 아니다. 그러고 보니 전통마을에 유독 개들이 많은 것도 우연이 아닌 듯하다. 지형을 따라 오르락내리락해야 하는 양동마을 답사에서는, 간간이 아름다운 정자에 앉아 쉰다고 해도 몸이 쉬 무거워진다. 이런 몸의 무거움을 마음으로 전이시키는 것은 마을 사람들의 지친 마음과 문전박대다. 정겨운 우리 마을의 인심이 관광지의 사나운 모습으로 바뀌어가는 것이 못내 아쉽지만, 그분들의 생활을 방해해온 나 같은 답사객의 탓이 클 터이니 뭐라고 이야기하기도 어렵다. "새벽에 와서 문을 두드리는 교수도 있었다"라며 한탄했다는 서백당 안주인의 얘기도 들린다. 아무튼 안채를 빼면 한옥은 '앙꼬 없는 찐빵'인데 아쉬움이 크다.

마을 주변 이야기들

양동 서쪽 안강평야 건너편으로 12km, 차로 10분 거리에 있는 옥산리에는 양동마을 출신인 회재 이언적의 별업(別業)인 독락당(獨樂堂)과 사후에 그를 모신 옥산서원이 있다. 별업이란 정자나 서당같이 본 주거 외의 거처를 통칭하는 말이다. 세상에서 벗어나 사색과 학문을 하는 공간인 별업을 두는 것은 주자 이래 시작된 성리학자의 전통이다. 대개 별업에 해당하는 건물들은 자연과 조화를 이루는 다양한 방식을 보여주기 때문에 답사해볼 만하다.

독락당 일곽은 경북 경주시 안강읍 옥산리의 계곡을 따라 자리 잡고 있다. 독락당은 중년의 회재가 중앙관직에서 돌아와 거처했던 주거다. 회재는 41세 되던 1531년(중종 26), 중종의 부마(사위) 김희(金禧)의 아버지이자 당시 실력자였던 김안로(金安老)가 유배를 풀고 등용되는 것을 반대하다가 관직을 박탈당하고 낙향했다. 그때 그는 고향인 양동으로 돌아가지 않고 부근 옥산에 은거의 집을 꾸렸다.

원래 이곳에는 회재의 부친인 이번이 세운 정자가 한 채 있었다. 그가 이렇게 멀찍감치 정자를 마련해 독락당 일곽을 조성하기 시작한 데는 처가의 본거지인 양동을 벗어나려는 의도가 있었을지도 모르겠다. 회재가 25세 때인 1515년에는,

계정 회재가 부친이 지은 정자를 개수한 것으로, 높이가 매우 낮은 건물이나 앞의 계곡과는 개방적으로 만난다.

양주 석씨 부인이 회재의 첩으로 오면서 안채와 행랑채 등의 살림집을 짓는다. 이어서 회재는 부친의 정자를 개수하여 계정(溪亭)이라 하고, 1532년에는 사랑채도 지었다. 그 사랑채는 현재 보물로 지정되어 있다. 재미있게도 안채는 안주인이, 사랑채는 바깥주인이 지은 것이다.

사람의 공간인 마당과 계곡, 곧 자연 사이에 절묘하게 위치한 아주 작은 건물인 계정은 인간과 자연을 잇는 다리다. 3칸으로 이루어진 이 건물의 정면은 사람

독락당 진입 부분 낮은 담으로 영역이 세분된 독락당은 외부에 대해서는 폐쇄적이다.

들이 보아줄 마당 쪽이 아니라 아무도 볼 사람이 없는 자연을 향하고 있다. 건물을 마당 끝에 놓아 사람들의 공간을 규정해주었을 뿐, 애당초 사람에게 내보이는 것을 건축의 목적으로 하지 않았음을 알 수 있다. 이런 건축철학에 따라 계정의 바깥열 기둥은 계곡의 암반 위에 놓였다. 요즘의 관점에서 보면 매우 불리하고 불합리한 디자인이다.

독락당 일곽은 회재가 실의에 빠져 은거했던 공간답게, 또 홀로 즐긴다는 택호에 걸맞게, 낮추고 막는 수법으로 밖에서는 잘 드러나지 않도록 조성한 은밀한 영역이다. 수평으로 펼쳐진 여러 영역들은 낮은 담으로 서로 연결되고 또 분리된다. 담은 영역들을 연결하면서 미로와도 같은 길들을 만들어내고 있다. 담으로 둘린 건물들의 기단은 거의 땅에 붙어 있는 듯 낮다.

어떤 책에서는 회재가 U턴이 아니라 J턴을 한 것은 본부인보다 첩을 좋아했기 때문이라고 설명하는데 나로서는 선뜻 동의하기 어렵다. 사실 여부는 잘 모르겠고 또 딱히 알고 싶지도 않으나, 그것이 주된 이유는 아니었을 것 같다. 사후에 동방5현으로 모셔진 회재가 불혹의 나이에 둘째 부인의 치마폭이 그리워 그랬겠는가? 고향마을로 돌아가면 쓸데없이 서울 생활을 묻고 놀러오는 사람들도 적지 않을 터이니, 여기 옥산리에 조용히 은거하며 학문에 정진하고자 했으리라는 것이 내 생각이다. 이왕에 낙향했으니 학문에 최선을 다하고 다음 기회를 노리는 것이 회재의 생각이 아니었을까? 더불어 양동에서 은근히 느껴졌던 외가 쪽의 부담에서 벗어나려는 의도도 있었을지 모르겠다.

실제로 회재는 6년여의 은거 이후인 47세 되던 해에 김안로가 실각한 후 관계에 다시 진출한다. 이른바 지방대학 교수인 나는 그와 같은 나이가 되던 해에 독락당에서 회재의 지방 은거생활이 현대의 학자에게 무엇을 의미하는가 생각해보았다. 그가 중앙 관계에서 살아남아 승승장구를 계속했으면, 아니면 양동마을로 돌아와 온갖 떠받듦 속에서 풍류를 즐기는 세월을 보냈으면, 과연 그가 만년에 《대학장구보유(大學章句補遺)》나 《속대학혹문(續大學或問)》 같은 역작을 낼 수 있었을까? 그리고 죽어서는 동방5현으로 칭송되었을까? 동방5현 중 저술을 남겨 성리학의 이론체계를 세운 학자는 회재와 퇴계, 두 분뿐이다. 그분들은 각각 독락당과 도산서당에서 은거했다.

개인적으로 회재는 말년까지 불행했다. 57세 되던 1547년(명종 2), 양재역(良才驛) 벽서사건(壁書事件)에 연루된 회재는 평안도 오지인 강계에 유배된 후 7년 만에 그곳에서 삶을 마감한다. 당시 한양에서 남쪽으로 나가는 첫 번째 역인 양재역의 벽에서 어린 명종을 위해 수렴청정을 하던 문정왕후(文定王后)와 권신 이기(李芑) 등을 비난하는 글이 발견되어 관련 인물들이 극형을 받거나 처벌을 받은 사건이다. 역사가들은 이 사건을 명종의 외심촌인 윤원형(尹元衡) 일낭이 꾸며낸 것으로 해석한다. 결국 김안로, 윤원형 등 척신들의 횡포와 부조리가 한 학자이자 정치가의 삶을 끝내 좌절시킨 것이다.

회재가 죽은 지 20년 뒤인 1572년(선조 5), 독락당 동남쪽 약 700m 거리에 그를 모시는 서원이 창건되고, 1574년에는 '옥산서원'이라는 명칭을 하사받아 사액서원(賜額書院)이 되었다. 옥산서원은 석봉 한호와 추사(秋史) 김정희(金正喜, 1786~1856)가 쓴 편액으로도 유명하다. 양동마을에서 관가정과 향단을 비교해 살폈듯이 두 명필의 글씨를 비교해보는 것도 재미있다.

옥산서원의 건축은 중문루인 무변루(無邊樓)가 안마당 쪽으로 개방된 반면 밖으로는 폐쇄적으로 처리되어 내향적인 공간구성을 하고 있는 것이 특징이다. 옥산서원은 일견 안동의 병산서원과 비슷해 보이나 공간의 느낌은 서로 매우 다

옥산서원 구인당에서 바라본 무변루 내향적인 공간구성으로 차분한 분위기를 조성하고 있다. 무변루의 편액은 석봉의 글씨다.

르다. 병산서원의 중문루인 만대루가 그 앞에 병풍처럼 펼쳐진 산을 끌어들이는 듯 열려 있는 것과 대조적으로 옥산서원의 무변루는 밖으로 등을 돌리고 있다.

옥산서원의 강당인 구인당(求仁堂) 대청마루에 서서 앞을 내다본 적이 있다. 거기서 무변루 앞쪽의 산세를 바라보니 뜻밖에도 마음이 조여드는 듯했다. 앞산의 위세가 너무 강한 탓이다. 이때 비로소 옥산서원이 내향적인 공간구성으로 차분한 분위기를 조성한 이유를 이해하게 되었다. 아는 만큼 보인다는 말이 있다. 그러나 마을이나 건축공간에 대해서는 무엇을 좀 안다고 그 본질이 파악되지는 않는다. 체험이 없이 깊은 이해에 이르기는 어렵다. 마을과 건축에서만 그런 것은 아니리라. 진정한 앎이란 체험과 실천, 곧 체득(體得)이다.

양동마을과 옥산서원 답사를 마치고 돌아오는 길에도 양동마을의 첫인상은 여전히 마음에 걸려 있다. 대학 시절 처음 느꼈던 양동의 중압감이 25년 넘게 가시지 않은 탓이다. 그러나 답사를 거듭하며, 그 느낌은 우리가 아침마다 바라보는 세 자리 숫자가 적힌 아파트의 답답함과는 다른 것임을 깨달았다. 그것이 혹시 자연과 인공의 긴장감 있는 조화가 불러일으킨, 오랜만에 찾아온 마음의 감응은 아닌지 곰곰이 생각해본다.

8

사회관계와 자연조건의 결합

도래
마을

도래마을 전경 마을 앞으로 계단식 논이 펼쳐지고, 주거지 뒤의 세 봉우리는 마을에 거주하는 세 문중과 짝을 이룬다.

마을 앞 지방도에서 도래마을을 바라보면, 마을의 배경을 이루는 세 봉우리가 키 순서로 줄지어 서서 이곳이 안정감 있는 삶터임을 말해준다. 어떠한 물체가 안정적으로 서기 위해서는 3개의 지지점이 필요하듯이 3은 사물이나 관계가 안정적임을 의미한다. 게다가 그 봉우리들은 왼쪽부터 미·레·도의 선율까지 갖추고 있어서 안정감 속에서도 좋은 변화의 기운이 느껴진다.

우리 민족이 가장 좋아하는 숫자는 아마 3일 것이다. 적어도 3은 우리 민족에게 길함을 상징하는 숫자였다. 3이 겹쳐진 3월 삼짇날(음력 3월 3일)을 길일로 보았고, 심지어 나쁜 것도 3번 반복되면 좋은 것이 된다고 믿었다. 길을 가다 상주를 보면 재수 없다고 생각했지만, 서울·경기와 경상도에는 "길 가다 상주(혹은 영구차) 셋을 보면 재수 있다"는 속담도 있다.[1]

물론 우리나라에서만 3을 선호한 것은 아니다. 우리와 인접한 몽골의 일상생활에서 3은 '완벽하다'는 의미를 지닌 길한 숫자이다. 다분히 기독교 삼위일체 신앙의 영향이겠지만, 서양에서도 3을 상징적 의미로 사용해왔다. 그 대표적인 예가 이탈리아의 시인 단테(Dante Alighieri, 1265~1321)가 쓴 《신곡(神曲, La Divina Commedia)》의 구성이다. 3행을 단위로 쓰인 《신곡》은 3부로 구성되는데, 각 부는 33장으로 이루어진다. 다만 1부는 서장이 더해져 34장이다. 전체를 100상으로 맞추기 위한 것으로 보이는데, 이는 당시 100을 완성된 숫자로 여겼기 때문이다.

지형 조건 : 마을 공간구조의 출발점

마을 경관을 지배할 만큼 많은 비닐하우스가 도래마을이 대도시 근교에 입지한 농촌마을임을 말해준다. 도래마을은 광주에서 20km 떨어진 전남 나주시 다도면 풍산리에 위치한다. 마을에서 광주 도심까지 버스로 50분 정도 걸리는데, 겨울에는 마을 사람들이 광주에 가서 목욕을 하고 올 정도로 일상생활의 편의를 대도시에 의존하고 있다.

우리의 많은 마을들이 그렇듯이 '도래'라는 이름은 마을의 자연조건에서 왔다. 마을 뒷산인 감태봉의 양쪽 계곡에서 내려온 맑은 물은 세 갈래로 나뉘어 도래마을을 통과하고 마을 앞(서쪽) 농경지로 유입된다. 이렇게 도래마을 주거지는 세 줄기의 수로를 중심으로 후곡(後谷), 동녁(東歷), 내촌(內村, 내곡內谷) 등 세 부분으로 이루어진다. 도래, 한자로 '도천(道川)'이라는 마을 이름은 바로 내 천(川) 자 형국을 이루는 세 갈래의 수로에서 비롯되었다.

도래마을은 마을 북동쪽에서 겨울철 찬바람을 막고 우뚝 서 있는 표고 286m의 풍악산에서 남쪽으로 내려오는 산지의 서쪽 경사지에 자리했다. 마을 앞에는 독뱅이들, 가리시암들 등 독특한 이름이 붙은 논이 있고 그 너머로 은사마을이 위치한다. 논은 도래마을 앞쪽 가운데 부분까지 쑥 밀고 들어와 있다. 도래는 마을 앞쪽으로 지세가 낮아져 농경지를 이루고 뒤쪽에 산림이 위치하는 배산임수의 입지에 조성되었다. 마을 뒤쪽(동쪽)으로는 풍악산과 함께 지형의 정점을 이루는 표고 140m 전후의 감태봉과 주산봉이 남북방향으로 나란히 있어 마을의 경계가 뚜렷하다. 도래마을 뒤쪽에 있는 세 봉우리, 풍악산·감태봉·주산봉은 마을에서 건물을 배치할 때 의지하는 주산의 역할을 한다. 감태봉에서 내려온 산림은 단절되지 않고 두 줄기로 마을 가운데까지 파고들어와 마을 녹지의 주요한 부분을 이룬다.

산림은 대체로 표고 50m 이상의 지역에 분포하나 마을 뒤 한식재 쪽에는 평탄한 지형을 이용해 밭을 일궈놓았다. 이 밭은 골을 타고 내려와 후곡과 동녁 사이에 깊숙이 들어와 있다. 이렇게 산림과 주거지 사이에 조성된 밭은 마을 오른쪽

도래마을 주변 횡단면도 한국건축문화연구소,《제2차 농촌주거환경 조사연구보고서》, 한샘, 1989, 10쪽.

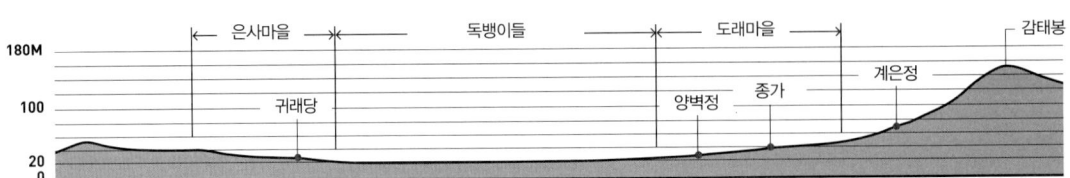

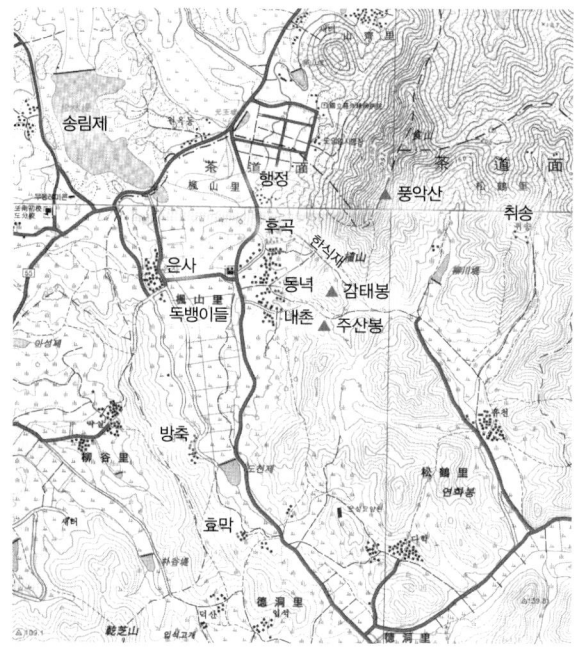

도래마을 주변 지형도 도래마을은 후곡, 동녘, 내촌 등 세 부분으로 이루어진다. 마을 앞에는 독뱅이들, 그 너머로 은사마을이 위치한다.

(북쪽)과 뒤쪽(동쪽)에서 주거지를 둘러싸고 있다. 마을 뒤편은 원래 산림이었으나 지형이 완만한 곳을 따라 밭으로 개산했다. 주거지 뒤쪽, 동녘과 내촌 사이에는 너른 대나무밭이 있었으나 근래에 깨밭으로 개간했다. 그래서 동녘과 내촌 뒤쪽으로 가면 전에 없이 허한 느낌이 든다. 대도시 근교의 마을이어서 가능하면 밭을 많이 만들려고 한 것인데, 지나치게 개간한 나머지 마을 분위기가 썰렁해졌다.

집들이 들어선 주거지의 범위는 표고 50m로, 경사도의 변환 지점을 잇는 경계선으로 매우 정확하게 규정된다. 지형 경사도가 급히 변화하는 지점까지 집들이 분포하는데, 주거지의 지형 경사도는 평균 약 5%다. 45도가 100%이니 각도로는 2.9도에 불과한 매우 완만한 경사다. 따라서 주거지 내부에 옹벽과 같은 특별한 처리를 할 필요가 없어 집터를 조성하기가 매우 쉬운 마을이다.

일반적으로 마을이 배산임수의 경사 지형에 입지하면 대지 뒤쪽에 단차(段差)가 생긴다. 전통마을에서는 그곳을 현대의 주거지처럼 옹벽으로 처리하지 않고, 단이 진 낮은 꽃밭으로 조성한다. 이렇게 장대석, 사괴석, 자연석으로 계단형의 경사면을 축조하고 단에 수목을 심어 경사지를 처리한 것을 노단이라고 한다. 노단은 비가 내릴 때 경사면의 유속을 감소시켜 토양 침식과 양분 유실을 방지하고, 토지 전면에 수분을 고루 배분해 토양이 건조해지는 것을 방지한다.[2] 도래마을에서는 주거지 뒤와 옆의 가장자리에서만 높낮이 차이가 크고 경사가 비교적 급한데, 옹벽이나 노단 대신 자연 토사각으로 경사면을 만들고 초목을 심었다.

도래마을의 지형 조건만을 언뜻 보면 그렇게 특이한 내용은 없다. 그렇다면 이제 마을 사람들의 혈연관계에 따른 사회구조를 파악하고 그것을 지형 조건과 연결시켜보자. 과연 도래마을의 자연조건은 마을의 사회구조와 어떤 대응관계를 이루고 있을까?

동성과 타성

본래 김씨, 나씨, 최씨들이 살던 도래마을에 풍산 홍씨가 처음 자리 잡은 것은 조선 단종조(재위 1452~1455년) 무렵이다. 당시 홍수(洪樹)라는 이가 수양대군의 쿠데타로 화를 입게 되자, 아버지 남평공(南平公) 홍이(洪伊)가 남평현령(南平縣令)을 지낸 인연이 있던 나주를 피신처로 택해 노안면 금안동에 터를 잡았다. 이후 홍수의 증손인 홍한의(洪漢義)가 이웃인 다도면 풍산리 도래마을의 강화 최씨 집안에 장가들어 정착함으로써 도래마을은 점차 풍산 홍씨 씨족마을로 변모해갔다.[3] 이렇게 도래마을이 씨족마을로 변하기 시작한 것은 지금부터 550년 전쯤의 일이다. 한편 홍이의 후손은 19개 파로 나뉘는데, 그중 석계공파(石磎公派)와 봉교공파(奉敎公派)가 도래마을의 주류를 이루게 된다.

풍산 홍씨로 유명한 사람이 한둘이 아니겠으나, 이 마을과 관련 있는 사람으로는 벽초(碧初) 홍명희(洪命憙, 1888~1968)가 있다. 그는 충북 괴산 출신으로 일제강점기에 민족운동을 펼쳤으며, 계급의 관점에서 자본주의의 모순을 겨냥한 소설 《임꺽정(林巨正)》을 썼다. 이 단 한 편의 소설로 유명작가가 된 그는 광복 후 조선문학가동맹 중앙집행위원장이 되기도 했으나 곧바로 월북해 북한에서 부수상까지 지냈다. 그런데 벽초의 조부 홍승목(洪承穆)이 이 마을 출신이다. 벽초의 조부는 이곳에서 태어나 괴산의 벼슬아치 집안에 양자를 갔다. 그는 일제강점기에 조선총독부 중추원 찬의(贊議)가 되어 친일의 오점을 남겼지만, 그의 아들 곧 벽초의 부친 홍범식(洪範植)은 경술국치 때 금산군수로 있던 중 일제에 항거해 자결했다. 벽초가 20대 초에 겪은 이 슬픔이 그의 인생행로를 바꾸어놓았으리라.

한번은 답사 중에 마을 앞쪽에 있는 양벽정(洋碧亭)에서 노인분들과 한담을 나누었다. 왜 그런 이야기가 나왔는지는 기억나지 않지만, 한 분이 간디의 암살을 비폭력 무저항주의에 대한 이념적인 반발로 이해할 수 있다는 입장을 논리적으로 날카롭게 피력했다. 그때 벽초를 둘러싼 진보성의 뿌리를 보는 듯해 정신이 바짝 들었던 기억이 난다.

현재 도래마을에는 풍산 홍씨 석계공파와 봉교공파, 그리고 강화 최씨들이 함께 거주하고 있다. 1982년에는 풍산 홍씨가 84.1%(94호 중 79호), 최씨가 10.6%(10호)를 차지하고, 타성은 3호에 불과했다. 마을의 토지도 풍산 홍씨가 85%를 점했다.[4] 그러나 1990년에 오면 풍산 홍씨가 69호 중 45호로, 그 비중이 65.2%로 준다. 점차 풍산 홍씨의 비중이 작아지기는 하지만 풍산 홍씨의 위세는 여전해서 타성이 이 마을에 들어오는 일은 드물다. 1960년대에 자신의 경작지에서 가까운 도래마을로 이사해온 임 아무개 씨 댁처럼 간혹 타성 가구가 들어오기는 하나 마을의 주류와 어울리기는 쉽지 않다.

마을의 네트워크: 일상적·비일상적 관계 맺기

풍산리는 도래마을을 비롯해 그 북쪽에 인접한 행정(杏亭), 건너편 은사, 남쪽의 방축(방죽간), 효막골 등 5개의 자연마을로 이루어진다. 남북방향으로 좁게 펼쳐진 들판을 따라 자리 잡은 이들 마을은 일상적인 관계를 맺어 하나의 생활권을 이룬다. 이 마을들에서는 계(契), 시제, 노인회 등의 사회조직도 공동으로 운영한다.

행정의 샛길 안길에서 직각으로 뻗어나와 각각의 집으로 연결되는 골목이다.

　새터라고도 불리는 행정은 말 그대로 도래에서 가지 쳐 나간 작은 새 마을로, 주민들은 행정과 도래를 한 마을로 인식한다. 흥미로운 것은 행정의 공간을 이루는 기본 틀이 본 마을인 도래와 동일하다는 점이다. 두 마을 모두 지방도에서 한 줄기의 안길이 직각으로 뻗어나오고, 다시 일정한 간격으로 샛길이 안길에서 직각으로 가지 쳐 나왔다. 그리고 샛길에서 다시 직각으로 꺾어서 주택으로 진입한다. 지방도에서 오자면 동선을 세 번 직각으로 꺾어야 집 안으로 들어올 수 있다. 주거지 뒤쪽(북쪽)에 긴 띠 모양의 방풍림을 둔 것도 공통점이다.

도래마을과 행정의 주거지 구조가 공통점을 갖는 데서 우리는 주거지가 임의로 만들어지는 것이 아니라 일정한 밑그림을 바탕으로 형성됨을 알 수 있다. 이런 머릿속의 그림, 곧 공간 인식의 틀을 '인지 쉐마(cognitive schema)'라고 한다. 인지 쉐마는 환경심리학에서 사용되는 용어로, 환경에서 상대적 위치와 환경적 속성들에 관한 정보를 수집·조직·저장·회상·해독하는 능력을 말한다. 우리에게 이런 능력이 없다면, 집에서 직장이나 학교로 가는 일상적인 이동도 할 수 없을 것이다. 도래마을 사람들은 암묵적으로 마을은 이렇게 구성돼야 한다는 인지 쉐마를 공유하고 있었으며, 새로운 마을인 행정도 동일한 원칙을 바탕으로 만들고 유지해온 것이다.

은사마을은 도래와 논을 사이에 두고 마주한다. 도래에 중심 정자인 양벽정이 있다면, 은사에는 귀래당(歸來堂)이 있다. 은사마을도 풍산 홍씨들이 주민의 대부분을 차지하는 씨족마을이다. 들판을 사이에 두고 대칭으로 공간을 조성한 이 두 마을은 혈연을 바탕으로 서로 친밀하게 일상적인 관계를 맺었다.

또한 도래마을은 상당한 거리에 있는 마을들과도 시제를 함께 지내는 등 비일상적인 관계를 맺고 있다. 풍산 홍씨 봉교공파의 시제는 나주시 다도면 송학리에 있는 추송마을에서, 석계공파의 시제는 나주시 남평읍 이남리에서 지낸다. 한편 인접 마을인 은사마을에서 해나다 음력 10월에 두 파의 합동시제를 지내므로, 도래는 은사마을과 일상적으로는 물론 비일상적으로도 가장 긴밀한 관계를 맺고 있다. 이렇게 다른 마을에서 시제를 지내므로 전형적인 씨족마을임에도 도래에는 재실이 없다. 여기서 우리가 발견하는 중요한 사실은, 전통마을은 인접한 마을들과 하나의 일상적인 네트워크를 이룰 뿐 아니라, 혈연에 바탕을 둔 사회관계를 통해 멀리 있는 마을들과도 비일상적으로 관계를 맺는다는 점이다. 마을이 독립적으로 존재하는 거주 단위가 아니며, 마을에 어떤 공동공간을 둘 것인가의 문제조차 그 마을을 넘어선 생활권에 따라 결정된다는 사실에서, 우리는 마을공동체를 넘어 지역공동체가 작동했음을 알 수 있다.

자연조건과 사회관계: 파(派)-지형-조경

도래마을은 1991년에 쓴 〈농촌 동족마을 공간구조의 특성과 변화 연구〉라는 내 박사학위논문의 사례 마을 중 하나다. 당시 나는 도래마을의 형성과정을 추적하면서 마을이 '후면→전면, 외곽→내부, 산재→밀집'의 방식으로 조성되었음을 발견했다. 두 파, 곧 후곡의 봉교공파와 동녘의 석계공파 종가를 시발점으로 하여 주거지의 후면인 풍악산과 평지가 만나는 부분에서 아래쪽 전면으로, 그리고 좌우 양쪽에서 중심부로 대지가 형성되어갔다. 그리고 마지막 단계로 이미 형성된 대지들 사이에 있던 텃밭 등이 대지로 바뀌었다. 이렇게 종가가 자리 잡은 후 지속적인 분가를 통해 각 파의 영역을 확보한 결과, 후곡은 봉교공파의 주거지로, 동녘은 석계공파의 주거지로, 그리고 내촌은 강화 최씨의 주거지로 발전했다. 그중 석계공파는 점차 도래마을에서 다수를 점했고 현재 동녘은 물론 후곡에도 많이 거주하고 있다.

나는 연구를 통해 마을의 형성과정뿐 아니라 대지의 규모에도 일정한 경향이 있음을 발견했다. 큰 규모의 대지들은 대개 주거지 뒤쪽에 위치하며, 작은 대지들은 안길에 접하거나 가까이에 있다. 특히 300평 이상의 대지는 모두 주거지 가장 뒤쪽에 위치한다. 곧, 마을 형성 초기에 주거지 뒤쪽에 대지를 조성해 지은 집일수록 위계가 높다. 이렇듯 종가를 시작으로 점차 분가가 이루어지면서 주거지가 발전해나간 유형은 씨족마을 특히 배산임수형 입지에 형성된 마을에서 흔히 발견된다.

마을의 세부 지형을 보면, 앞쪽을 제

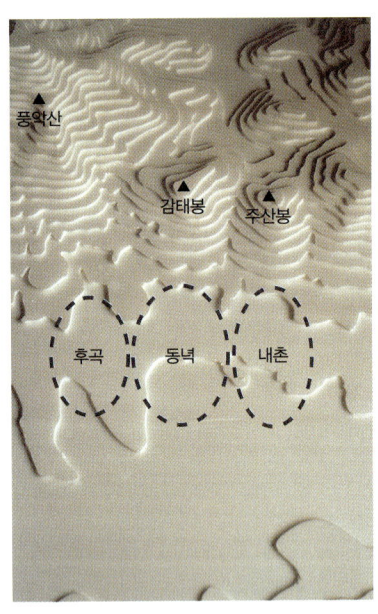

도래마을의 지형 모형과 주거지 구성 앞쪽을 제외한 삼면에서 마을 중심을 향해 점차 지세가 낮아진다.

도래마을의 조경 마을 남쪽에서 내촌을 본 모습이다. 내촌과 동녘 사이에 대나무숲을 조성해 아늑한 주거지 영역을 만들어냈다.

외한 삼면에서 마을 중심을 향해 점차 지세가 낮아진다. 특히 주거지 뒤쪽(동쪽) 및 북쪽 경계에서는 2~3m의 지형 차이가 있어서 집들이 주거지 외부로 잘 드러나지 않는다. 서로 다른 씨족이 나누어 점유하는 세 주거지의 주변 지형을 세밀히 분석하면, 마을 앞(서쪽)을 제외한 삼면이 둘러싸인 아늑한 곳부터 집터를 마련해 나갔음을 알 수 있다.

    도래의 세 주거지는 모두 지형으로 둘러싸여 있으나 이것만으로 영역을 뚜렷이 규정하기는 어렵다. 그러나 도래마을에는 세 주거지를 아늑하게 둘러싸는 띠 모양의 조경이 매우 발달해 각 주거지의 영역이 뚜렷이 인식된다. 각 주거지의 뒤나 옆은 지형 차이에 더해 높이가 10m 정도 되는 대나무 또는 측백나무 띠로 차단된다. 따라서 도래마을을 뒤나 옆에서 보면 집들이 잘 드러나지 않는다.

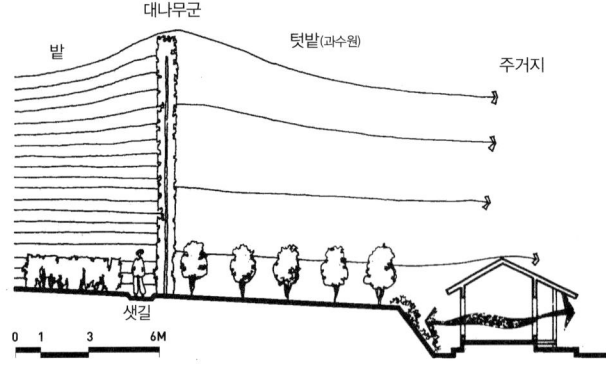

후곡 뒤쪽의 단면도 세부 지형과 기능적인 조경을 활용해 겨울철 북풍을 효과적으로 차단하고 있다.

이 대목에서 하나의 의문이 떠오른다. 이렇게 겸손하게 자신을 낮추고 감추는 것이 우리의 전통 주거관이라면 집을 드러내고 과시하는 이 시대의 천박한 풍조는 도대체 어디에서 비롯된 것일까. 왜 집이 배경이 되어야 한다는 생각은 하지 못하고 집 자체를 드러내려 애쓸까, 다 돈 때문일까? 물론 여기서 간단히 대답할 문제는 아니겠으나, 그것은 우리 사회가 그만큼 전통적인 주거의식에서 멀어졌기 때문이리라. 주거 형태의 계승에만 관심을 쏟아온 우리의 태도를 바꾸어 과거에서 겸손하고 소박한 삶의 태도를 배운다면 집을 둘러싼 천박한 과시 현상들은 사라지지 않을까.

도래의 조경 이야기에 한 가지를 더하려 한다. 그것은 조경이 영역을 만들기 위한 목적만이 아니라 환경적인 목적도 가지고 있었다는 점이다. 도래마을 주변부의 조경은 기능적으로는 방풍림이다. 마을의 오른쪽 앞(북서쪽), 주거지와 다소 떨어진 곳에 풍산교회가 있는데, 그 뒤쪽으로 10m 정도 높이의 소나무군이 방풍림을 이루고 있다. 특히 후곡 뒤에는 높이가 12m 정도 되는 대나무와 20~30m의 소나무가 섞여 띠 모양의 방풍림을 이룬다. 이렇게 다른 수종을 섞어 심으면 밀폐도가 더욱 높아져 방풍 효과를 얻을 수 있다. 도래마을의 전체적인 지형은 남북으로 개방되어 있지만 세부 지형과 이런 기능적인 조경을 활용해 겨울철 북풍을 효과적으로 차단하고 있다. 다만 후곡과 동녘의 안길 남쪽에 있는 집들은 지형과 녹

후곡 뒤쪽의 방풍림 후곡 뒤에는 높이가 12m 정도 되는 대나무와 20~30m의 소나무가 섞여 띠 모양의 방풍림을 이룬다. 이렇게 다른 수종을 섞어 심으면 밀폐도가 더욱 높아져 방풍 효과를 얻을 수 있다.

지로 겨울철 주풍을 차단하기가 어려워 대개 부속채를 안길가(북쪽)에 두어 바람을 막는다. 이렇게 함으로써 겨울철 찬바람뿐만 아니라 안길에서 집으로 시선이 침입하는 것을 차단하는 효과도 얻었다.

이렇게 도래마을에서는 세 문중이 각기 지형조건을 살펴 주거지를 조성하고 조경을 더해 뚜렷한 거주 영역을 만들었다. 그것을 요약하면 이렇다. '풍산 홍씨 봉교공파-풍악산-후곡', '풍산 홍씨 석계공파-감태봉-동녁', '강화 최씨-주산봉-내촌'.

마을 사람들과 여러 차례 대화를 나누면서 도래마을에 공존하는 세 파 사이를 감도는 긴장감을 감지할 수 있었다. 하지만 그들 사이에 어떤 심각한 갈등이

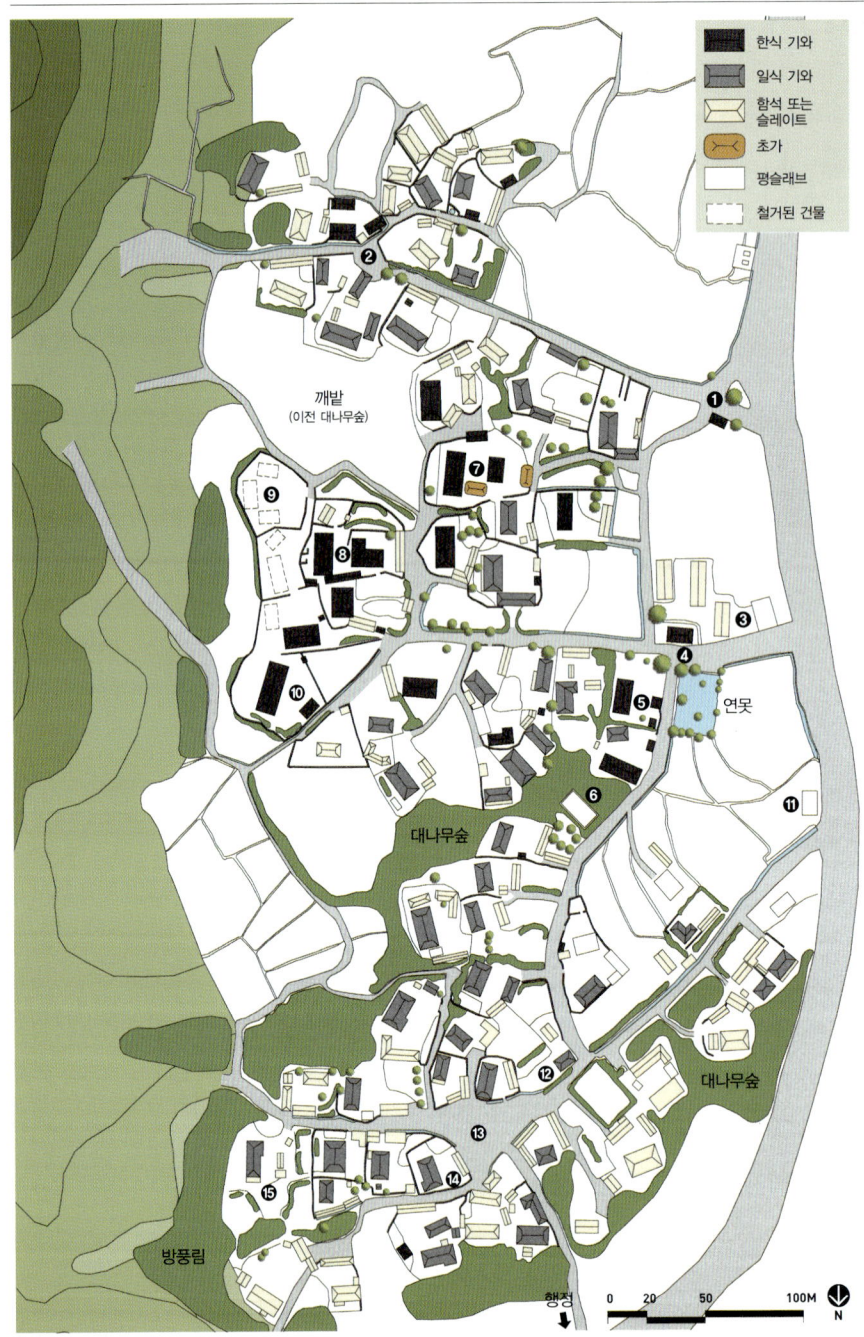

도래마을 배치도

❶ 도천정
❷ 내촌 마을마당
❸ 공판장+건강관리센터
❹ 영호정
❺ 양벽정
❻ 노인정
❼ 홍기헌가옥
❽ 홍기응가옥
❾ 석계공파 종가 터
❿ 홍기창가옥
⓫ 상점
⓬ 우산각
⓭ 후곡 마을마당
⓮ 홍정석가옥
⓯ 봉교공파 종가 (홍호돈가옥)

한국건축문화연구소, 《제2차 농촌주거환경 조사연구보고서》, 한샘, 1989의 배치도를 바탕으로 수정·작성한 것이다.

있었던 것은 아니다. 2003년 5월 10일, 동녘의 홍기웅 씨 댁 앞 마을마당에서 만나뵌 홍춘성 할아버지(당시 93세)는 "마을에 다툼이 없었다"고 잘라 말했다. 파마다 안길을 가지고 있고 세 주거지 사이가 조경으로 분절되었다 해서 문중 간에 무슨 대립이나 있었던 양 지레짐작해서는 곤란하다.

안길 : 정자–마을마당–종가(주산)를 잇는 축

도래마을 지형의 흐름을 세밀히 살펴보면, 감태봉을 향해 뻗은 동녘의 안길을 기준으로 북쪽 부분은 남서향, 남쪽 부분은 서향으로 낮아진다. 안길의 방향과 주택 안채의 좌향은 대체로 이러한 주거지의 방향성을 따르고 있다. 결과적으로 도래마을에서는 남서향과 서향의 집들이 전체 주택의 절반 이상을 차지한다.

    처음으로 주택설계 과제를 했던 대학 2학년 시절, 나는 되도록 서향의 방이 나오지 않도록 애썼다. 어린 시절을 보낸 집이 서향집이었는데, 여름철 오후에는 도저히 집 안에 있을 수 없었던 끔찍한 기억이 있기 때문이다. 전통마을에서 주택들은 좋은 향을 택하기보다 마을 지형의 흐름에 순응했다. 우리 조상들은 주거를 만들 때 지형을 다른 어느 자연요소보다도 우선시했다. 그러다 보면 서향집도 북향집도 나오게 된다. 내 어린 시절의 집도 그런 면에서 전통을 따랐다. 요즘 아파트단지에서는 일단 땅을 평평하게 만들고 모든 집들을 남향으로 배치하는데, 이는 우리의 전통과 상반되는 편의주의적이고 경제 중심적인 주거관의 발로다. 조금이라도 값이 더 나가는 남향집을 만들려고 지형이라는 주거공간 만들기의 출발점을 지워버림으로써 전통적인 주거의식을 뒤집고 있는 것이다.

    사실 집의 깊이 방향으로 방들이 한 켜로 구성되는 홑집에서는 방의 앞뒤로 창문을 낼 수 있으므로 향이 그다지 중요하지 않다. 북향집이라도 남쪽으로 창문을 크게 내면 남향집처럼 되기 때문이다. 도래마을 집들의 안채에서도 앞뒤에 모두 툇간을 설치해 향의 불리함을 극복했다. 도래에는 안방·대청·건넌방 등 주요 실의 뒤쪽에 툇마루를 설치한 집이 15채 있는데, 그중 7채가 서향집이다. 후툇마루는 향의 불리함에 대응해 집의 앞뒤를 모두 활용하려는 하나의 장치다. 이 장치를 통해 서향집은 동향집으로, 북향집은 남향집으로 변신한다.

도래마을에서는 외부도로와 마을길이 만나는 결절점(node)이 여러 곳 있다. 안길은 남쪽에서 각각 주산봉, 감태봉, 풍악산을 향해 일직선으로 뻗은 세 갈래 길이다. 이것들은 마을 앞쪽에서 서로 연결된다. 세 갈래의 안길은 세 주거지의 앞을 통과하는 지방도와 T자로 만나는데, 그 접점에서 시작해 정자(남쪽부터 도천정·양벽정·우산각)와 마을마당을 거쳐 종가에 이른다. 다만 강화 최씨들이 모여 사는 내촌에는 종가가 없어 안길은 뒷산인 주산봉 쪽으로 넘어간다. 이 세 갈래의 안길이 도래마을 공간의 축이다. 한편, 안길과 지방도가 만나는 두 지점에는 각각 상점이 있어서 구매는 물론 일상의 사회적 접촉이 일어나는 장소가 된다. 전통마을을 많이 다녀본 사람들에게 도래의 안길은 다소 넓어 보일 것이다. 이는 1970년대 새마을사업의 흔적이다.

세 가닥의 안길을 내고 각각의 길에 면해 정자를 둔 것은 도래마을의 사회질서를 고려할 때 쉽게 이해되는 현상이다. 도래마을은 전체적으로 풍산 홍씨의 씨족마을이지만, 세부적으로는 거주자들의 파가 서로 다른 세 부분의 주거지로 나뉜다. 각각의 파가 하나의 안길을 중심으로 작은 공간체계를 이룬 것이다. 이들 주거지는 반(班)으로 편성되어 있는데, 내촌은 1반(23호), 동녘은 2반(23호), 후곡은 3반(35호)이다. 안길을 같이 이용하는 2, 30호의 집들이 같은 반으로 편성된 데서, 마을의 기초 사회집단을 형성하는 중요한 방법은 주거 진입로를 공유하는 것임을 알 수 있다.

도래마을에서 안길은 단순한 이동통로가 아니라 마을의 사회질서를 반영하는 사회적 상징성을 가지고 있다. 석수(石手)의 아들로 태어나 건축가이자 소설가로 살았던 토머스 하디(Thomas Hardy, 1840~1928)가 1886년에 쓴 소설 《캐스터브리지의 읍장(The Mayor of Casterbridge)》에도 잘 묘사되어 있듯이, 길은 문학적으로 또 철학적으로 인생의 행로를 의미한다. 도래의 길에는 그런 상징성에 '문중 공간의 중심축'이라는 사회적 의미가 포개져 있다.

한편, 3개의 사회집단은 결합되어 하나의 더 큰 정주 단위를 이루므로, 세 갈래의 안길은 마을 앞, 정자들이 있는 부분에서 서로 연결되어 도래마을이라는 좀 더 큰 정주 단위의 길체계를 이룬다. 또한 주거지 뒤쪽에는 안길의 끝부분을 서로 이어주는 오솔길이 나 있다. 이렇게 안길들을 앞뒤에서 서로 연결해놓음으로써 세 주거지 사이를 쉽게 오갈 수 있는 동선체계가 마련되었다. 마을을 직접 답사해보면 안길을 앞뒤에서 서로 이어주는 길들이 왜 요긴한지 깨닫게 된다. 그것들로 인해 도래마을의 공간은 셋이면서 동시에 하나로 작동한다.

지형의 흐름을 따른 세 갈래의 안길은 주거지 중 지형이 가장 완만하게 상승하는 지점들의 집합체다. 현재는 명확하게 드러나지 않지만 안길들은 각각 씨족의 일파가 거주하는 세 주거지 남쪽 경계를 이룬다. 대지들은 주로 안길의 북쪽에 형성되었다. 이와 같이 안길이 주거지 경계 부분에 위치하면, 안길이 주거지 중앙을 관통하는 경우와 달리 모든 집들이 일정한 향을 확보하기가 쉽다. 안길가에는 텃밭이 조성되어 사적인 공간인 주택과 공적인 공간인 안길이 적절히 거리를 유지하고 있다.

각 주택으로 접근하는 길인 샛길은 하나의 대지에서 종결되는 막다른 골목형이다. 이 짧은 골목으로 안길과 각 필지가 연결된다. 이 골목은 사적이지도 그렇다고 공적이지도 않은 중간 성격의 느낌을 준다. 한편, 후곡에서 마을 북쪽 '행정'을 잇는 샛길은 일제강점기에는 막아두었으나 생왕(生旺)의 기운이 들어오는 길목이라고 해서 광복 후에 다시 뚫렸다고 한다. 이렇듯 길은 사람이 이동하고 바람이 통하는 통로이자 사회적·정신적 의미와 상징성을 갖는 다의적(多義的)인 공간이다.

우리 전통마을에서 마을마당을 제대로 조성해놓은 예는 그리 많지 않다. 대개 마을길을 조금 넓혀 마을마당같이 썼다. 그러나 도래마을에서는 세 주거지 모두, 안길이 주거지 안쪽에서 몇 갈래로 갈라지는 지점에 마을마당을 만들어놓았다. 동녘에서는 홍기응 씨 댁 앞의 바깥마당이 마을마당 역할을 한다. 내촌과 후곡에는 좀 더 넓은 마을마당이 조성되었다.

놀이기구가 설치된 후곡의 마을마당은 농작물 건조장이자 어린이 놀이터의 역할도 한다. 그 동쪽에 면해서 홍정석가옥이 자리 잡고 있다. 1975년에 붉은 벽

홍기응가옥의 대문간 대문간 앞에는 마을마당 역할을 할 수 있을 정도로 너른 바깥마당이 조성되었다.

돌조의 팔작지붕으로 지어진 이 집은 지붕 용마루의 곡률(曲率)이 매우 뚜렷하다. 도래는 물론 인근 전남 지역에 있는 집들의 조형적인 특색은 과장된 곡선으로 처리한 용마루에 있다. 풍악산을 배경으로 앞에 큰 마을마당을 두고 있는 홍정석가옥의 용마루는 더욱 인상적이다. 이 집에서 또 하나 눈길을 끄는 것은 안채 앞에 조형적으로 높이 세운 붉은 벽돌조의 굴뚝이다. 집 안쪽에서 보면 답답할 수 있을 텐데도 이렇게 높은 굴뚝을 집 앞 정중앙에 둔 것은 마을마당에서 시선이 침입하는 것을 막고 마을마당과 집을 구분하려는 의도에서다. 이같이 전통마을에서 집을 만드는 일은 집만의 문제를 넘어 마을과 맺는 관계까지 고려해야 하는 일이었다.

괴고정 철근콘크리트 구조에 시멘트 기와를 이은 근대 분위기의 못생긴 정자였는데 최근 도천정으로 대체되었다.(왼쪽)
도천정 역사적 건물을 복원하는 최근의 사회 분위기를 타고 새로 지어진 전통 한옥풍의 정자다.(오른쪽)

남녀노소가 이용하는 도래의 정자들

세 주거지가 본격적으로 시작되는 지점에 각각 정자가 한 채씩 배치되었다. 본래 도래마을의 정자들은 해당 주거지에 거주하는 문중을 밖으로 드러내는 상징적인 요소였다. 또한 정자는 주민들이 일상적으로 접촉하는 장소가 됨으로써 문중의 결속을 다지는 데 기여했다. 후곡에 있는 우산각을 제외하면, 정자 부근에는 오래된 느티나무가 있어서 주거지 입구에 장소성을 부여하는 동시에 여름에는 시원한 그늘을 만들어주었다. 그러나 과거와 달리 이제는 도천정(道川亭), 양벽정, 우산각, 영호정(永護亭), 계은정(溪隱亭) 등 도래마을의 여러 정자들이 문중이 아니라 연령과 성별이라는 새로운 기준으로 나뉘어 이용된다. 그것들을 하나씩 살펴보자.

내촌 입구에는 강화 최씨들의 정자인 괴고정이 자리 잡고 있었다. 원래는 한옥형 정자가 있었다고 하나 내가 1985년에 처음 본 괴고정은, 철근콘크리트 구조에 시멘트 기와를 이은 전면과 측면 각각 2칸, 모두 4칸 규모의 소박한 건물이었다. 나는 답사 중에 이 정자에서 어른들과 어린이들이 어울려 있는 모습을 보곤 했다. 그런데 1999년에 이 정자가 철거되고 도천정이라는 이름의 새 정자가 건축되었다. 이 두 정자의 모습에서 근대와 현대 시기에 우리 사회를 풍미한 건축관을

양벽정 도래마을에서 가장 크게 격식을 갖춰 지은 정자로, 마을의 중심시설이다. 평소에는 남자 노인들의 공동공간으로 사용된다.

읽을 수 있다. 근대의 정자는 비록 못생겼지만 소박하고 진솔한 맛이 있었다. 그와 달리 현대의 정자인 도천정은 왠지 거만해 보인다. 정부 보조금이 있었다고 하나 동네의 논을 팔아가며 정자를 번듯하게 새로 지은 이유는 무엇일까? 도천정을 보며, 우리의 아름다운 마을들을 파괴하는 주범은 바로 새로움 그리고 거대함에 대한 맹신이 아닌지 생각해본다.

마을 중앙부, 동녘의 안길에 접한 곳에서 마을 앞쪽(북서서향)을 향하고 있는 양벽정은 도래의 여러 정자 중 가장 격식을 갖추었다. 전면 5칸, 측면 2칸, 모두 10칸 규모이며 온돌이 3칸, 마루가 7칸이다. 양벽정은 1940년대에 풍악산 북쪽에

마을의 중심축 양벽정과 감태봉을 잇는 선이 도래마을 공간의 중심축이다.

있는 문중 산인 식산(食山)에서 목재를 채취해 지었다. 이 정자는 오늘날에도 여전히 남자 노인들의 공동공간으로 활발하게 이용되고 있다. 양벽정과 마을 뒤 감태봉을 잇는 선은 도래마을 전체 공간의 중심축으로, 마을공간을 구성하는 기준선이다.

　우산각은 후곡의 주거지 입구에 자리 잡고 있다. 유독 이 정자는 고유한 이름이 아닌 일반명사로 불린다. 전라도 지역에서는 마을 입구나 주거지와 들판 사이에 세워진 정자를 흔히 모정, 시정, 우산각 등으로 부른다. 그곳은 마을에서 공동으로 집회나 휴식을 하는 장소다. 철근콘크리트로 지은 도래의 우산각은 오늘날 주로 마을의 여자 노인들이 휴식하고 모임을 갖는 장소이다. 전라도의 모정은 대개 마루로만 구성되어 여름철에 주로 사용하나, 이 우산각은 온돌방 2칸, 마루 4칸, 부엌 2칸으로 이루어져 사시사철 사용할 수 있다. 우산각은 전면 4칸, 측면 2칸으로 2:1의 비례를 가지고 있는데, 이러한 평면비례는 전라도 모정의 공통적인 특성이다.5 언젠가 답사 중에 우산각에서, 한 번도 제대로 쉬어보지 못한 나 같은 현대인들에게 휴식의 모범을 보이는 할머니들을 물끄러미 보다 보니 안도현의 〈모정 아래〉라는 시가 떠올랐다.

한 때의 잠든 일꾼들

모두 와불(臥佛) 같다

미륵님들은

왜 누워 계시나?

쌔빠지게 놀 줄도 모르는 사람들,

쉴 줄도 놀 줄도 모르는 사람들,

좀 쉬라고,

휴식이란 이렇게 하는 거라고,

몸소 모범을 보이며 누워 계신 게야

영호정은 풍산리를 이루는 도래, 행정, 은사, 방축, 효막골 등 다섯 마을이 공동으로 사용하는 건물이다. 마을 사람들은 영호정을 도천동(道川洞)의 정각(亭閣)이라는 뜻으로 동각(洞閣)이라고 부른다. 전면 4칸, 측면 2칸의 한옥 건물에 유리문을 설치하고 콘크리트블록 담을 둘러서 서당·마을회관·청년회관 등으로 사용하기도 했으나, 2005년에 유리문과 담을 헐어버리고 정자의 본래 모습과 기능을 되찾았다.

계은정은 마을 앞쪽에 세워진 정자들과 달리 주산봉 중턱, 마을 영역의 뒤쪽 경계 부분에 세워졌다. 전면 3칸, 측면 2칸, 모두 6칸 규모의 정자로, 그중 온돌이 1칸, 마루가 5칸이다. 정자의 앞쪽은 노단 형식으로 잘 정리하고 배롱나무 등을 심어놓았다.

양벽정과 계은정 : 마을과 지역의 연결고리

양벽정은 온 마을 사람들이 모이는 사회적 장소다. 양벽정과 연못이 있는 주거지 앞쪽은 사람들의 활동이 집결되는 마을의 중심공간이다. 세 갈래의 안길이 이곳

양벽정의 공간구성 앞으로 마루칸과 긴 처마를 두어 서쪽에서 비추는 저녁 햇살을 차단한다.

에 모이므로 대부분의 주택에서는 마을 입구로 가는 도중에 이 중심공간을 거친다. 마을의 내외부를 이동하는 과정에서 자연스레 마을 중심공간을 거치도록 길 체계가 구성된 것이다. 이러한 좋은 접근성은 주거지의 중심공간이 갖춰야 하는 기본 요건이다.

양벽정은 도래마을의 중심시설일 뿐 아니라 풍산리를 이루는 다섯 마을에서 같이 사용하는 공동시설이다. 다섯 마을 주민들은 음력 정월 초사흗날 양벽정에서 음식을 추렴해 같이 새해를 축하하고 세배를 한다. 이때 지난해에 수확을 가장 많이 한 사람이 음식을 낸다. 과거 양벽정은 마을 전체 노인회관과 동계(洞契)의 모임 장소 구실도 했다. 노인회는 풍산리 다섯 마을에 사는 65세 이상의 노인들이 참여하는 조직이다.

　우리 답사팀도 양벽정을 조사활동의 베이스캠프로 사용하곤 했다. 모여서 작전(?)을 짜고 준비한 도시락을 먹고, 무더운 날에는 쭉 누워서 잠시 낮잠을 자기도 했다. 양벽정은 서향 건물이지만 온돌방 앞에 마루가 있고, 그 앞으로 길게 내민 처마가 여름날 석양의 햇빛을 차단해주어 낮잠을 자기에 안성맞춤이다.

　1996년 후곡과 동녘 사이에 노인정이 신축되었다. 양벽정이라는 좋은 시설이 있음에도 새로운 노인정이 필요했던 이유가 무엇일까? 당시 마을 이장인 홍방석 씨에게 새 노인정을 짓게 된 까닭을 물어보았다. 그가 설명한 이유는 이렇다. "양벽정은 본래 마을의 공동시설이 아니라 석계공파의 시설이다. 석계공파는 도래에 가장 많이 모여 살지만, 인근 봉황면 등지에도 거주하고 있다. 도래마을에 살지 않는 석계공파 문중 사람들은 양벽정이 도래의 공동시설로 사용되는 데 대해 은근히 불만을 표시했다. 그러던 차에 정부의 보조를 얻어 노인정을 지었다." 시대가 바뀌어 문중과 혈연보다는 마을을 근거로 한 공동체의식이 공동활동의 바탕이 되는 현실에서 명실상부한 마을 공동시설이 필요했던 것이다.

　마을공간에서 양벽정과 대칭되는 위치에 지은 정자가 계은정이다. 계은정은 마을공간에서 벗어나 조용히 마을과 주변 경관을 내려다볼 수 있는 지점에 위치한다. 동녘과 내촌 사이의 오솔길로 산을 오르다 보면 연못이 나오고 그 오른쪽 위로 계은정이 비스듬히 드러난다. 계은정에 가까이 가면서 그것을 올려보면 한 장의 수채화를 보는 듯한 팔작지붕의 정자가 날아갈 듯 경쾌하고 아름답다.

　계은정은 마을공간을 무한한 자연과 연결시키는 매개물이다. 멀리 보이는 경치를 읊은 주련(柱聯)이 기둥마다 매달려 있어 계은정의 이런 성격을 드러낸다. 이같이 주변 경관으로 시선을 열어주는 정자를 통해 무한한 공간으로 정신을 확장시키는 것은 조선시대 사대부들의 자연관이었다. 계은정은 조망 좋은 곳에 누정을 지어 현실 환경에서 벗어나지 않고도 자연적 삶을 즐겼던 사대부들의 전통을 잇고 있다.[6] 계은정에서 앞을 보면 멀리 송림제라는 저수지가 바다처럼 펼쳐지는 모습이 인상적이다. 양벽정이 풍산 홍씨의 사회적 관계를 통해 도래를 주변 지역과 연결시켜준다면, 계은정은 시각적 접근을 통해 마을 영역과 주변 자연 경

계은정 도래마을에서 유일하게 마을 뒤편에 위치하는 정자로, 마을공간을 무한한 자연과 연결시키는 매개물이다.

관을 연결시켜준다. 계은정은 숨어서 먼 곳을 본다는 '조망-은신 이론(Prospect-Refuge Theory)'에 딱 들어맞는 사례다.

오늘날 계은정은 거의 사용되지 않는다. 마을 사람들이 줄었고 정자에서 유유자적할 만한 여유도 줄었기 때문이다. 본래 계은정은 석계공파의 한 개인(홍연석 씨의 조부)이 건립한 정자여서 마을 사람들이 이용에 여전히 부담을 느끼기 때문일지도 모른다. 아무튼 이렇게 좋은 위치에 있는 정자가 방치되는 것은 안타까운 일이다.

2001년 8월 1일은 유난히 더웠다. 우리 답사팀은 그날 저녁 계은정에서 풍류를 맛보며 일정을 마무리하려 했다. 학생들이 앞장서고 나는 그 뒤에서 지친 몸을 이끌고 있었는데, 먼저 계은정에 오른 학생들이 갑자기 이리 뛰고 저리 뛰는 소동이 벌어졌다. 계은정 마루에 걸려 있는 벌집을 건드린 것이다. 동네 노인들이 자연과 함께했던 계은정을 뜻밖에도 벌들이 점령하고 있었다. 안경이 나뒹굴고 집

양벽정 앞의 연못 계은정 연못에서 시작한 물은 마을공간을 관통하고 양벽정 앞의 연못에 모인다. 이 연못은 수공간과 녹지가 어우러진 환경친화적인 장소다.

중 공격당한 머리를 감싸며 괴로워하는 학생들의 모습이 아직도 생생하다. 가만히 있어도 땀이 줄줄 흐르는 무더운 여름날, 농촌마을을 헤집고 다니다 벌에 쏘이기까지 한 학생들의 마음을 헤아리자니 지도교수인 내 마음도 벌에 쏘인 듯했다.

양벽정과 계은정 앞에는 각각 연못이 있다. 도래마을의 물은 높은 곳에 있는 계은정 연못에서 시작해 마을공간을 관통하고 가장 낮은 곳에 있는 양벽정 앞의 연못으로 흘러든다. 계은정 앞의 연못은 마치 저절로 생겨난 웅덩이처럼 자연스럽다. 사람의 손길을 최소화하는 전통조경 수법이 만들어낸 소박한 연못이다. 여름에 이 연못은 녹음에 둘러싸여 더욱 시원한 장소가 된다.

양벽정 앞의 연못은 도래마을을 흐르는 세 줄기 수로의 물이 모이는 지점이다. 이렇게 물이 모인다는 것은 양벽정 앞의 연못을 향해 주변 지형이 낮아짐을 뜻한다. 지하수가 분출되는 지점에 조성된 이 연못은 과거에 동녘의 수로와 연결되어 마을에서 물이 순환하는 고리역할을 했다. 양벽정 연못 주변과 중앙에 있는

3개의 작은 섬에는 느티나무, 미루나무, 사철나무, 향나무, 백양목, 측백나무 등을 심었다. 연못에 서식하는 잉어가 수목과 공생하는 곤충의 분비물을 섭취하고 연못의 침전물이 수목의 퇴비가 됨으로써 연못과 수목들 사이에는 서로 지지하는 관계가 성립한다. 도래마을의 두 연못에서는 수공간과 녹지가 어우러져 보기 드문 환경친화적 경관을 연출하고 있다.

  양벽정과 계은정같이 마을 사람들 모두를 묶어주는 사회적 장소가 있었기에 주민들은 결속을 유지할 수 있었다. 나는 처음 답사한 날부터 도래마을이 대동(大同)하는 모습을 볼 수 있었다. 그날은 1985년 8월 30일, 음력으로 7월 15일 백중(百中)날이었다. 농촌에서 음력 7월은 농번기를 보내고 한편으로는 가을 추수를 앞둔 시기로 잠시 한가한 짬을 낼 수 있는 때다. 이때 맞는 백중에는 농사일을 멈추고 잔치와 놀이판을 벌여 노동의 고단함과 지루함을 달래고, 더위로 쇠약해진 건강을 회복한다. 도래 사람들은 그 백중날 마을 청소와 풀베기를 하고서 흥겨운 잔치 분위기로 들어갔다. 정자마다 사람들이 모여 앉아 이야기를 나누며 술과 음식을 즐겼다. 그때 일본의 연구자들과 마을을 실측조사하던 나는 주민들이 권하는 음식을 극구 사양했다. 조사자는 거주자에게 폐를 끼쳐서는 안 된다는 나름의 준칙 때문이었다. 그러나 손님을 소홀히 대하지 않는 남도의 집요한 인심을 나의 다짐으로 막아내기에는 역부족이었다. 한번 선을 넘고 나면 쉬 무너지는 법. 가는 집마다 막걸리와 포도주, 그리고 맛있는 음식을 대접받다 보니 조사 성과가 형편없는 하루가 되었다. 그러나 그때 사람들이 연령별로 또 성별로 마을 여기저기에 모여 흥겨운 시간을 보내던 장면은 모둠살이의 아름다움이 무엇인가를 자문할 때마다 내 눈앞에 선명하게 떠오른다.

사라진 종가와 남은 한옥들

세 문중이 나란히 모여 사는 도래마을에는 세 채의 번듯한 종가가 있을 법한데, 사실은 그렇지 않다. 최씨의 종가는 본래 이 마을에 없었다고 하며, 석계공파의

홍기응가옥 안채 도래마을에 있는 대부분의 집들이 그렇듯이 부엌 앞에 작은 정지방(왼쪽 끝)을 두고, 전면 2칸의 대청 앞에도 문짝을 달았다.

홍기응가옥 담장의 유머 구멍을 통해 대문간을 드나드는 사람을 확인할 수 있다.

종가는 1980년에 철거되었다. 그리고 봉교공파의 종가인 홍호돈가옥은 규모가 축소되어 신축된 상태다. 두 종가의 본래 상태를 추적해보니, 원래 각각 주산의 주요한 맥 아래, 지형으로 둘러싸인 자리에 위치했다. 그 위치는 주거지의 가장 뒤편으로, 주거지 중 지형의 표고가 가장 높은 곳이다. 종가를 시작으로 위계가 낮은 집일수록 앞쪽 좀 더 낮은 곳에 자리를 잡았다.

종가는 변변치 않지만 도래마을에는 여전히 볼 만한 집들이 있다. 중요민속자료로 지정된 홍기응가옥과 홍기헌가옥, 그리고 전남민속자료로 지정된 홍기창가옥 등은 둘러볼 가치가 충분하다. 이 집들은 모두 석계공파의 주거지인 동녘에 자리 잡고 있다. 다수파답게 석계공파는 마을의 전통을 애써 이어가고 있다.

1886년에 지어진 홍기응가옥은 안채와 사랑채를 비롯해 사당, 곳간채, 행랑채 등을 갖춘 격식 있는 한옥이다. 문화재청 홈페이지에는 홍기응가옥이 종가라고 소개되어 있으나, 종가는 이미 철거되었고 이 집에는 석계공파의 차종손인 홍갑석(작고한 홍기응 씨 아들) 씨가 거주하고 있다. 이 집의 곳간채에는 흥미롭게도 음식과 종자를 서늘하게 보관할 수 있는 지하 저장고가 있다. 요즘 유행하는 김치 냉장고의 원조 격이 되는 아이디어 제품이다. 이러한 지하 저장고는 이 마을의 다른 집들에도 있는데, 우리 조상들의 기발한 발상에 감탄하지 않을 수 없다.

홍기응가옥에는 재미있는 아이디어가 또 하나 있다. 사랑채와 행랑마당 사이

홍기헌가옥 대문간의 지붕구조 앞뒤 방향으로 걸쳐진 3개의 부재가 충량이다.

담장에 수키와를 마주 엎어서 만든 구멍이 그것이다. 이 구멍은 사랑마루에서 대문간을 들어서는 사람을 확인하려는 것으로, 오늘날 현관문에 설치하는 비디오폰의 원조 격이다. 나는 홍기응가옥을 보면서 현대건축에서도 공간구성의 논리와 미학적 완결성에 대한 강박관념에서 벗어나 유머와 여유가 있으면 좋겠다는 생각을 해본다. 아이디어 상품을 개발하려는 사람들도 전통마을을 열심히 답사하면 소득이 적지 않을 것이다.

  홍기헌가옥은 활 모양으로 휘어진 샛길을 따라 접근한다. 이 주택의 문간채는 20세기에 지어진 5칸 겹집의 초가인데, 남쪽(집에 들어가면서 오른쪽) 끝의 대문간에 드러난 지붕구조가 눈길을 끈다. 가운데로 충량(衝樑: 건물의 가장자리 칸에서 한쪽 끝은 보 위에, 다른 쪽 끝은 건물의 가장 바깥쪽 기둥 위에 올려놓은 보)을 길게 하나 보내고, 그에 직각으로 캔틸레버(cantilever: 수평부재의 한쪽만 지지하고 다른 한쪽은 받치지 않은 상태로 내미는 형식) 형식의 부재를 보내서 다시 2개의 충량을 지지함으로써 추녀의 무게를 받는 방식이다. 마을의 다른 집들은 대개 1970년대에 새마을사업을 하면서 초가지붕을 시멘트 기와지붕으로 개량했거나 아예 벽돌조로 다시 지었다.

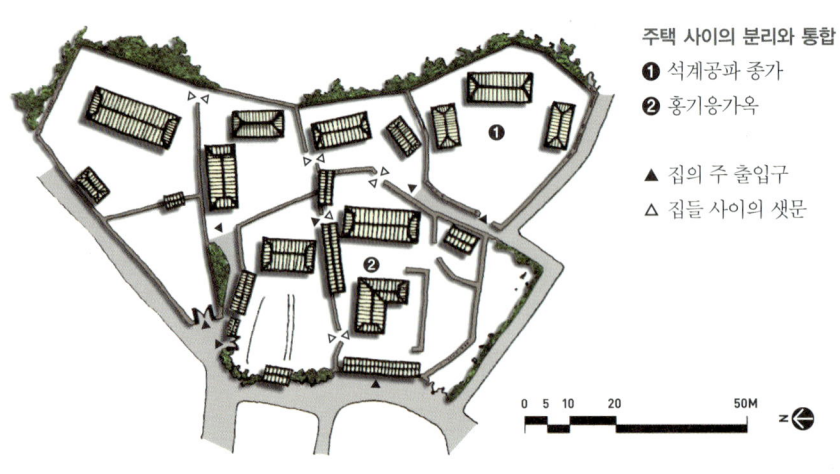

주택 사이의 분리와 통합
❶ 석계공파 종가
❷ 홍기응가옥

▲ 집의 주 출입구
△ 집들 사이의 샛문

주택 사이의 분리와 통합

우리의 전형적인 마을은 집들이 모여서 배치되는 집촌이다. 주택에서는 사생활 보호가 필요하므로 집촌을 이루는 주택들 사이에는 기본적으로 서로 거리를 두려는 분리의 힘이 작용한다. 그렇지만 마을 사람들이 혈연관계로 구성되는 씨족마을에서는 친척 간이기도 한 이웃 사이에 일상적인 왕래가 잦으므로 주택들 사이가 서로 연결될 필요성도 있다. 곧, 분리와 연결이라는 모순되는 요구가 있는 것이다. 연결과 분리의 변증법적인 균형이 필요하다고나 할까. 그래서 씨족마을 주택들은 독립적인 주거 영역을 확보하면서도 동시에 서로 연결될 수 있는 장치를 가지고 있다.

도래마을의 집들에는 이러한 이중적 관계가 잘 나타나 있다. 과거 석계공파의 종가, 차종손이 거주하는 홍기응가옥, 그리고 이들에 인접한 네 집 등 모두 여섯 집은 각각 대문과 담장으로 독립된 주거 영역을 형성하면서도 인접한 주거로 왕래할 수 있는 샛문을 두어 서로 연결되었다. 이 집들의 거주자들은 서로 형제관계 혹은 그에 버금가는 친밀한 혈연관계로 맺어져 있었다. 여기서 샛문은 일상생활에서 그런 긴밀한 관계를 유지하기 위한 하나의 물리적 장치라고 할 수 있다. 그러나 이제는 종가와 그 옆집은 철거되었고 주택들 사이를 통합시켜주던 샛문들은 폐쇄되어 이전의 재미있고 아름다운 모습을 찾아볼 수 없다.

도래마을을 답사할 때면 언제나 인간의 사회구조가 자연조건에 대응하고 조화를 이루는 모습에 새삼 진기한 느낌을 받는다. 지금은 밭을 개간해서 많이 손상되었지만 뒷산에서 내려온 드넓은 녹지가 마을공간으로 마치 녹색 잉크처럼 스며들어 마을과 자연이 생태적으로 연결되는 모습 또한 인상적이다. 이처럼 도래마을은 마을공동체 공간을 환경친화적으로 만든 모범 사례다. 그런데 답사 횟수를 더하며 알게 된 것은 도래마을이 주는 진기함이 우연의 소산이 아니라는 사실이다. 그것은 주변 자연환경을 살피고 사회관계와 관련지어 활용하며 부족한 점들은 인간의 노력을 기울여 보완함으로써 성취한 결과였다. 대도시 근교에 있어 변화의 바람을 타기 쉬운 마을이지만 도래마을에 축적된 조상의 노력과 지혜가 오랫동안 잊히지 않기를 바랄 뿐이다.

9

공동체를 위한 자기 조절과 그 속에 숨은 질서

닭실마을

과거 마을 어귀였던 남산 기슭에서 본 닭실마을 백설령을 중심으로 펼쳐진 산자락을 따라 좁고 긴 주거지가 조성되었다. 주거지 앞에는 문전옥답이 있다.

"하늘이 내린 터, 경희궁의 아침에는 문화가 있습니다." 이것은 언젠가 신문에서 본 한 주상복합 아파트단지의 분양 광고 문구다. 하늘, 경희궁, 문화, 서로 큰 상관은 없지만 좋은 말임에는 틀림없는 단어들이 아파트를 파는 데 동원되고 있다. 경희궁을 독차지하겠다는 듯한 이름 덕에 그 아파트는 시쳇말로 대박을 터뜨렸다고 한다. 내가 사는 아파트에서는 자고 일어나면 매일같이 앞동의 숫자만 보이는데, 넓은 궁궐 터라면 정월 대보름날 둥근 보름달도 마음 놓고 볼 수 있고 참 좋을 것 같다. 그런데, 누가 경희궁을 독차지하면 다른 서울 시민들은 어떻게 되는 것인가? 그나저나 경북 봉화의 오지에 있는 닭실마을에서 난데없이 서울 한복판에 있는 아파트가 생각나는 것은 무슨 까닭일까?

닭실마을은 주변 산세가 알을 품은 닭 모양 같다 하여 붙여진 이름이다. 대박을 터뜨릴 이름은 아니지만 '닭실'이라는 이름은 참 귀엽다. 그래서 나는 그것을 우리 집 강아지 이름에 붙이려고 하다가 아이들의 강한 반대에 부딪혔던 적이 있다. 속마음은 알 수 없으나, 그들이 겉으로 내세운 반대 이유는 '닭실이'가 개의 이름보다 닭의 이름 같다는 것이었다.

그런데 내가 이 닭실마을을 가끔씩 다시 찾는 이유는 그 이름 때문도, 널리 알려진 이 마을의 한과 때문도 아니다. 그것은 이 마을에 처음 왔을 때 마주친 아주 인상 깊은 장면 때문이다. 그때 나는 36번 국도 쪽에서 충재종택(沖齋宗宅)을 찾아 가지런한 돌담이 이끄는 대로 안길을 걸어가다가 무심코 오른쪽을 올려다보았다. 당시 내 눈앞에 펼쳐진 장면은 자못 감동적이었다. 마치 한 무리의 사람들이 단체사진을 찍을 때처럼, 집들이 서로 다른 집을 가리지 않은 채 조금씩 비켜서서 모두 자신의 존재를 알리고 있었기 때문이다. 나는 그 광경을 바라보면서 무엇이 저런 독특한 배치를 만들어냈을까, 들쑥날쑥 몹시 불규칙해 보이는 저 집들이 혹시 어떤 비밀스런 질서를 따르고 있는 것은 아닐까 하는 생각을 떠올렸다.

개인과 공동, 경쟁과 조화

우리 주거문화에서 언제부턴가 '공동'이라는 의식이 약해지기 시작했다. 그것은 교육을 비롯한 사회생활 전반에서 경쟁을 지나치게 강조하는 우리 사회 분위기와 직접 관련이 있을 것이다. 오늘날 주거지에서 벌어지는 경쟁은 햇빛을 두고 벌이는 일조권 분쟁과 앞을 내다보는 시야와 관련된 조망권 분쟁에서 단적으로 드러난다.

예나 지금이나 일조와 조망은 주거환경을 이루는 핵심 요소이다. 과거에는 어땠을지 모르나, 오늘날 양보의 미덕에 기대어 주거환경 문제를 해결하기는 어렵다. 그래서 일조권과 조망권에 대한 규정이 환경권이라는 이름으로 건축 법규의 중요한 부분을 차지한다.

1970년대에 본격적으로 등장하기 시작한 우리의 아파트단지에서는 일자형 배치가 대다수를 차지한다. 그런 아파트단지에서 집들은 모두 남향을 하려고 남쪽으로 얼굴을 내밀다 결국 앞집만 바라보는 신세가 된다. 찬란한 햇빛과 시원한 시야를 향한 조절되지 않은 욕심이 서로를 가리는 답답한 단지를 만들어내는 것이다. 또한 서로 좀 더 좋은 조망을 얻으려는 욕심을 내세우다 보니 급기야 조망을 돈으로 환산하는 시대가 되었다. 이미 조망권은 아파트 값의 결정적 요인으로 대두되었다. 같은 단지와 평수라도 매매 상한가가 하한가의 150%를 웃도는 서울 시내 아파트에서는 대부분 한강이나 산을 조망하는 것이 가능하다.[1] 한강변 아파트에서는 한강을 바라볼 수 있느냐 없느냐에 따라 아파트 가격이 적게는 천만 원에서 많게는 1억 원까지 차이 난다.[2] 몸값이라는 말이 버젓이 쓰이는 세상이니 조망인들 돈으로 계산하지 못할 것이 없겠지만 돈으로 모든 것을 해결하려는 세태에 씁쓸함이 밀려온다.

내가 닭실마을에서 보았던 그 인상 깊은 장면은 서로 '최상'을 고집하는 것이 아니라 모두에게 돌아가는 '최적'을 추구한 결과일 것이다. 닭실마을에서 공동생활을 매우 중시해온 사실이 이런 추정을 뒷받침한다. 마을에 문맹이 많았던 일제강점기, 닭실마을 사람들은 야학을 열어 서로 글을 깨우쳐주려고 노력했다. 주거

닭실마을의 집들 안길에서 중구대 쪽을 올려다본 모습이다. 집들이 서로를 가리지 않기 때문에 안길에서 올려다보면 모든 집의 존재를 확인할 수 있다.

지 맨 뒤쪽, 가장 높은 곳에 있었던 서당을 비롯해 주거지 중앙부에 있는 권영섭 가옥의 사랑방 등 마을 곳곳에서 야학을 열었다. 종가 가족이 풍류를 즐기는 데만 사용했을 법한 청암정(靑巖亭)에서, 심지어 입향조인 충재(沖齋) 권벌(權橃, 1478~1548)의 불천위 제사를 모시는 갱장각(羹牆閣)에서도 마을 사람들은 공동활동으로서 야학을 열었다.

    같은 아파트단지에서 일조와 조망을 두고 경쟁을 벌이는 도시의 현실과, 서로 좋은 것을 독차지하려는 욕심을 조절하고 나눔의 공동생활을 실천해온 닭실마을을 비교하며 경쟁과 조화에 대해 다시금 생각해본다. 경쟁력이 실력이라는 말보다 더 좋은 의미로 쓰이는 세상에서 조화는 현실에서 힘을 얻지 못하는 순진한 말에 불과해 보인다. 그렇지만, 과연 그 둘 중 어느 것이 자연의 본성에 가까운 것인지, 또 무엇이 진정으로 아름다운 것인지 알고 싶다. 인간도 결국 하나의 자연

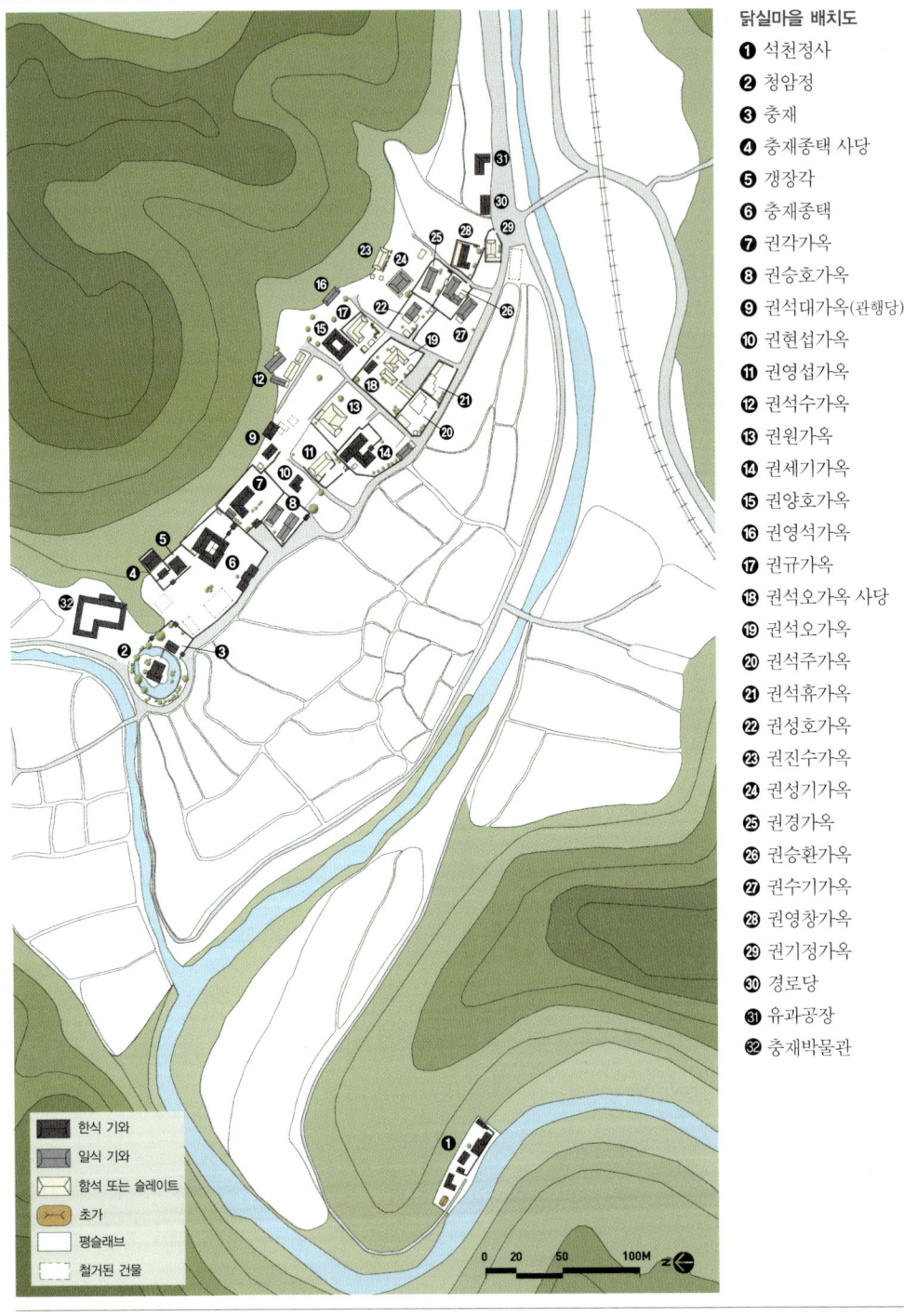

물이므로 자연의 섭리를 따르는 것이 마땅하리라. 그럼, 산과 들에 있는 풀, 나무, 꽃들은 어떻게 경쟁하며 또 어떻게 조화를 이루고 있을까?

자연 속 조화의 비밀, 황금비

식물을 유심히 관찰하면 공통점이 하나 발견된다. 그것은 하나의 뿌리에서 자라난 많은 가지, 이파리, 꽃잎, 열매들이 모두 사이좋게 하늘을 향하고 있다는 사실이다. 어느 것이 다른 것보다 월등히 유리하게 햇빛과 빗물을 받는 모습은 찾아볼 수 없다. 그래서 위에서 식물의 잎들을 내려다보면 서로 정확히 겹치는 것이 드물다.

식물의 잎은 줄기를 중심으로 일정한 간격으로 나선형을 이루며 돋아난다. 첫 번째 잎 바로 위, 정확히 같은 위치에 다른 잎이 올 때까지 그리는 나선의 회전수를 a라 하자. 그리고 첫 번째 잎을 제외하고 그동안 만나게 되는 잎의 수를 b라고 하자. 여기서 a/b를 잎차례라고 하는데 이는 식물 종에 따라 달라진다. 예를 들면, 사과나무는 2/5, 질경이는 3/8, 부추는 5/13이다.

신기한 것은 잎차례의 분모와 분자가 모두 '피보나치수열'을 이루는 수라는 점이다. 그밖에도 식물에서 피보나치수가 나타나는 경우는 많다. 꽃잎의 수, 해바라기 씨앗이나 솔방울, 파인애플 등의 비늘이 일정한 방향으로 그리는 나선들의 수가 그런 예다. 해바라기 씨앗을 자세히 보면 두 방향의 나선을 그리는데, 시계방향과 반시계방향 나선의 수가 각각 34와 55인 경우가 많다. 꽃 크기에 따라 나선의 수는 달라지나 언제나 피보나치수에 해당한다.

라틴어로 '좋은 자연의 아들(filius Bonacci)'을 뜻하는 피보나치(Fibonacci)라는 별명으로 잘 알려진 '피사의 레오나르도(Leonardo of Pisa)'는 중세 유럽의 가장 탁월한 수학자로 꼽힌다. 그가 수학계뿐 아니라 나같이 수학을 두려워하는 사람들에게까지 널리 알려진 것은, 1202년 그가 제시한 다소 엉뚱해 보이는 문제에서 시작되었다. 그 문제란, "한 쌍(암수)의 다 자란 토끼가 매달 한 쌍의 새끼를 낳고, 새끼는 두 달 뒤부터 생산을 시작한다면, 한 쌍의 새끼 토끼가 1년에 몇 쌍의 토끼를 생산하겠는가?" 하는 것이다. 달별로 토끼 쌍의 수를 계산하면 1, 1, 2, 3, 5, 8, 13, 21, 34, 55, 89, 144, ……가 된다. 그런데 이는 앞의 두 항을 더하면 다음 항이 되는 재미있는 수열이다. 19세기에 와서 여기에 '피보나치수열'이라는 이름이 붙여진다.

피보나치가 제시한 이 문제는 재미있으나 실은 비현실적인 이야기다. 중세의 토끼는 어땠는지 모르겠으나(?) 내가 어렸을 때 키운 토끼는 두 달이 아니라 네 달은 지나야 임신을 했고 새끼도 대여섯 마리씩 낳았다. 아무튼 이 문제가 뒤에 수많은 자연·문화현상에 적용되리라고는 피보나치 자신도 생각지 못했을 것이다.

피보나치수열이 갖는 또 하나의 매우 중요한 특성은 인접한 두 항 사이의 비율이 황금비를 중심으로 커졌다 작아졌다 하면서 점차 황금비에 접근한다는 사실이다. 곧, 1/1=1, 2/1=2, 3/2=1.5, 5/3=1.666…, 8/5=1.6, 13/8=1.625, 21/13=1.615…, 34/21=1.619…, 55/34=1.617…, 89/55=1.618…이 되어 항이 증가할수록 황금비 1.618…에 가까워진다. 곧 피보나치수열과 황금비는 직접 관련되는 비례체계인 것이다.

닭실마을을 이야기하다 말고 난데없이 황금비를 꺼내는 것이 의아할 것이다. 혹시 금계포란형(金鷄抱卵形)의 마을 형국에서 황금빛으로 빛나는 닭이 연상되어서일까? 물론 그렇지 않다. 황금비는 자연 속에서 조화를 이루는 유기물에 내재된 질서체계인데, 닭실마을 집들의 배치에서도 자연스런 조화가 느껴지므로 둘 사이에 어떤 관련성이 없을까 하는 생각 때문이다.

황금비는 한 선분을 둘로 나눌 때 전체와 긴 선분의 비율이 긴 선분과 짧은 선분의 비율과 일치하는 비율이다. 이를 조금 딱딱한 수학 방정식을 사용하여 표현하면, 짧은 선분의 길이를 1, 긴 선분의 길이를 x라고 할 때 전체 길이는 x+1이 된다. 선분이 황금비로 나뉘면, (x+1) : x = x : 1, 곧 $x^2-x-1=0$이 된다. 이때 x가 황금비 1.6180339887…이다. 그것은 순환하지 않고 무한히 계속되는 소수로서, 일정한 분수로 표현할 수 없는 수 곧 무리수이다. 그것을 분수 형식으로 표현하면 다음과 같이 한없이 계속된다.

$$1 + \cfrac{1}{1 + \cfrac{1}{1 + \cfrac{1}{1 + \cdots}}}$$

이때 분모와 분자에서 모든 수가 1로 표현되어 매우 천천히 어떤 수에 가까워진다. 따라서 황금비는 무리수 중의 무리수라고 할 수 있다.

황금비는 피타고라스(Pythagoras)가 발견한 것으로 알려져 있으나, 위의 방정식을 푼 사람은 기원전 300년경 그리스에 살았다고 전하는, 기하학의 창시자 유클리드(Euclid)다. 그가 자신의 저서인 《원론(스토이케이아)》(영어로는 'Elements')에서 1.618…을 밝힌 뒤로 그리스 사람들은 이 신비한 숫자를 건축에 널리 사용해왔다고 한다. 그 대표 건물이 인류 역사상 가장 아름다운 건물 중 하나이며 서양 건축미학의 원조로 꼽히는, 아테네의 파르테논(Parthenon) 신전이다. 1.618…은 점차 수학의 영역을 넘어 식물학, 천문학, 건축, 미술, 음악, 문학, 심리학, 심지어 증권 시세 분석 등 다양한 분야에서 매우 인기 있는 미학적 분석 도구 또는 창작의 도구로 애용돼왔다.

내가 아는 한, 작품에 황금비를 적용했다고 가장 확실히 입증된 예술가 가운데 한 사람은 헝가리의 작곡가 벨러 버르토크(Béla Bartók, 1881~1945)이다. 시각예술이 아닌 음악에서 황금비가 가장 확실히 적용되었다니 다소 뜻밖으로 들릴지도 모르겠다. 이 뜻밖의 이야기를 헝가리 음악학자인 렌드바이(Ernö Lendvai)가 그의 저서 《벨러 버르토크의 음악 분석》에서 상세히 입증하고 있다.[3] 한 예로, 버르토크가 완숙기인 1937년에 쓴 〈두 대의 피아노와 타악기를 위한 소나타〉 제1악장을 분석해보자. 총 443마디로 구성되는 이 악장에서 제시부와 발전부를 거쳐 재현부가 시작되는 것은 274마디부터다. 그런데 274는 443을 황금비 1.618…로 나눈 수에 해당한다.

버르토크의 예와 달리, 황금비가 적용되었다는 주장들 중에는 임의적인 지점에 자를 들이대거나 오차를 대수롭지 않게 생각함으로써 그 결과가 '사실'에서 벗어났을 가능성이 있는 것들이 많다. 황금비가 적용되었다고 의심 없이 받아들여지고 있는 파르테논 신전도 예외가 아니다. 사실은 출처마다 파르테논의 정면 치수가 달라서 황금비의 적용 여부를 정확히 입증하기가 어려운 상태다. 르네상스의 만능 예술가 레오나르도 다빈치는 황금비 적용에 대한 주장에 단골로 등장하는데, 긍정과 부정의 양론이 팽팽하다. 〈모나리자〉(특히 얼굴 부분)에 황금비가 사용되었다는 주장에는 반론이 많다. 또한 그가 황금비를 바탕으로 〈비트루비우스 인체도(Vitruvian Man)〉를 그렸다는 주장에는 부인할 근거도 뒷받침할 근거도 없는 상태다. 사람 몸에서 황금비의 구성이 발견된다는 주장 또한 널리 알려져 있으나, 사람마다 편차가 많은 인체의 속성상 일반화하기는 어렵다.

　근대건축의 거장 르코르뷔지에(Le Corbusier, 1887~1965)는 인체의 황금비 구성에 바탕을 두고 '모듈러(Modular)'라는 비례체계를 고안했다. 그는 많은 프로젝트에 그것을 적용했는데, 언제나 효과가 좋았던 것은 아니다. 그가 모듈러를 적용하여 1952년에 건축한 프랑스 마르세유(Marseille)의 〈뤼니테 다비타시옹(l'Unité d'habitation)〉이라는 집합주택은 천장 높이가 사람이 손을 들었을 때의 높이인 226cm로 정해졌다. 경제성을 위해 천장 높이를 되도록 낮춘 한국 아파트의 경우가 보통 230cm이니, 그것은 천장 높이로는 너무 낮았다. 거주자들이 불만을 토로함에 따라 그후 같은 종류의 건물에서는 천장 높이를 늘렸다.

　이렇게 인간이 만든 예술작품에 황금비가 적용되었다는 주장들을 면밀히 따져보면 사실과 어긋나거나 입증하기 어려운 것이 많다. 하지만 나무와 꽃, 조개 등의 생물과 여러 자연현상에서는 황금비가 확실히 그리고 일관되게 발견된다. 그래서 황금비를 자연의 섭리를 담은 질서체계의 표시라고 볼 수 있다. 황금비가 많은 예술가들을 사로잡아온 이유도 바로 그것이 자연현상이 갖는 아름다움의 근원이기 때문이다.

가장 불합리한 수의 합리성

피보나치수열과 황금비가 자연에서, 특히 식물에서 자주 발견되는 이유는 무엇일까? 자연의 비례들을 관찰한 지는 수백 년이 되었지만 학자들이 그 이유를 해명한 것은 그리 오래되지 않았다. 그중에서 1837년 브라베(Bravais) 형제가 제시한 이유는 매우 설득력이 있다. 그들은 잎의 위치를 중심 줄기와 직선으로 이을 경우 순차적으로 나는 두 잎이 대략 137.5도를 이룸을 발견했다. 그런데 놀랍게도 여기에 황금비가 숨어 있다. 360÷1.618=222.5도인데, 이것을 360도에서 빼면 137.5도가 된다. 그래서 이것을 '황금각(golden angle)'이라고 부른다.

그러면 순차적으로 나오는 요소들이 왜 황금각을 이루는 것일까? 그것은 황금각이 공간을 낭비하지 않고 가장 효율적으로 요소들을 배열할 수 있는 각도이기 때문이다. 이것은 황금비가 무리수 중의 무리수임을 상기하면 쉽게 이해된다. 만일 순차적으로 나오는 잎들 사이의 각도가 137.5도 아니라 120도라고 해보자. 그러면, 모든 잎들이 3개의 방사선 위에 겹쳐서 놓이게 되고 그 사이에는 많은 공간이 생긴다. 120도가 아니라 360도를 유리수로 나누어 얻어지는 어떤 각도도 마찬가지 이유로 불합리하게 된다.[4] 말하자면, 137.5도는 360도를 어떤 유리수나 무리수로 나누어서 얻어지는 각도보다도 잎이 덜 겹치도록 배열하는 각도다. 말뜻으로 보면 가장 불합리한 수, 곧 무리수(無理數) 중의 무리수인 황금비가 가장 합리적인 해답인 것이다.

황금비를 따름으로써, 하나의 뿌리에서 성장하는 식물의 모든 요소들이 균형 있게 조화를 이루며 배열되는 합리적인 결과가 얻어진다. 잎차례를 예로 말하면, 어떤 잎 위에 되도록 적은 수의 잎이 겹침으로써 위의 잎이 아래 잎으로 가는 햇볕과 비를 차단하는 일이 가장 적어진다. 질경이를 예로 들면, 잎이 8개가 나올 때까지, 곧 그것이 식물로서 충분히 성장할 때까지 위에서 보아 잎들이 서로 겹치는 일이 일어나지 않는다. 꽃잎도 황금각의 배열을 따름으로써 꽃술을 허점 없이 감싸면서도 꽃잎을 최대로 노출시켜 벌레들을 유혹해 꽃가루받이가 가장 잘 이루어지게 된다.

이렇게 황금비는 자연 속에서 같은 입장에 있는 요소들이 조화롭게 공존하는 비례이다. 일찍이 생물학자 톰슨(D'arcy W. Thompson, 1860~1948)은 "황금비는 대립하는(어느 면에서 경쟁관계에 있는) 요소들이 지나침이나 부족함이 없이 조화를 이루는 것을 상징하는 비례로 볼 수 있다"라고[5] 말함으로써 황금비의 의미를 적확하게 간파한 바 있다.

하늘이 내린 삶터

닭실을 둘러보면, 이렇게 자연과 하나가 되어 평화롭게 은신할 수 있는 터는 드물다는 생각이 든다. 이것은 나만의 생각이 아니다. 일제강점기에 우리 풍수를 연구한 학자인 무라야마 지준(村山智順)도 경주의 양동마을, 풍산의 하회마을, 임하의 내앞마을과 함께 닭실을 삼남(三南)의 4대 길지(吉地)로 꼽았다.[6] 이 희귀한 삶터 닭실마을은 1963년 마을 단위로는 처음으로 국가지정문화재가 된다. '내성유곡 충재 관계 유적'이라는 이름으로 '사적 및 명승 제3호'가 된 것이다. 2009년에는 '봉화 청암정과 석천계곡'이라는 이름의 '명승 제60호'로 변경되어, 닭실마을의 뛰어난 경관이 다시 인정받았다.

　닭실마을은 경상북도 봉화군 봉화읍 유곡1리, 봉화읍에서 1.6km 정도 떨어진 곳에 자리 잡고 있다. 귀여운 이름 닭실은 유곡(酉谷)을 이르는 우리말이다. 봉화는 한반도에서 손꼽히는 오지다. 전국에서 땅값이 제일 싼 곳으로 봉화군에 있는 어느 산을 꼽는 것을 보면 봉화가 얼마나 외진 곳인지 알 수 있다. 태백산과 소백산 사이에 있는 봉화는 선달산, 문수산 등 해발 1,000m가 넘는 산들로 둘러싸여 있는데, 닭실마을은 그 안에서 다시 해발 200~300m의 야산으로 둘려 있다. 닭실마을과 주변 지역은 《택리지》에서 묘사된 대로 "깊은 두메로, 병란과 세상을 피해서 살 만한 곳"이다. 그래서 이곳은 6·25전쟁의 피해도 덜했다. 지금 봉화에서 울진으로 가는 36번 국도를 통해 닭실마을로 가다 보면 마을이 훤히 드러나지만, 일제강점기에 그 국도가 생기기 전까지 마을로 가는 주 접근 방향이었던 삼계서원(三溪書院) 쪽에서 석천정사(石泉精舍)를 거쳐 마을로 들어가면 남산을 끼고 돌 때까지 마을의 존재를 예상하기 힘들다. 남산이 마을을 완전히 가려서 울창한 낙락장송들 사이로 난 진입로에서는 마을이 조금도 보이지 않기 때문이다.

　닭실은 안동 권씨의 씨족마을이다. 입향조인 충재 이래로 닭실에는 안동 권씨 판서공파(判書公派)가 대를 이어 살고 있는데, 현재 충재종택에는 충재의 18대손 가족이 거주하고 있다. 권벌은 타고난 수재였던 것 같다. 열 살 때 이미 문장의 대구(對句)를 맞추어 사람들을 놀라게 한 그는 약관(弱冠)에도 이르기 전인 1496년(연산군 2)에 진사가 되고 30세인 1507년(중종 2) 문과에 급제해 관직에 진출한다. 그는 영천군수·예조참판 등 여러 벼슬을 지내나, 훈구파와 사림파 사이를 조정하며 개혁에 참여하다가 조광조를 비롯한 개혁파 사림들이 제거된 기묘사화(己卯士禍, 1519) 때 파직되어 고향인 안동으로 돌아온다. 다음 해인 1520년 충재는 닭실마을로 들어와 정착하는데 그의 나이 43세 때의 일이다. 기묘사화 때는 충재 외에도 많은 사람들이 벼슬에서 물러나 낙향했다. 그렇게 낙향한 인물들은 좀 더 안전하고 오래 거주할 수 있는 자신의 터전을 조성했다. 사화라는 극단적인 사회 변동을 통해 오히려 지방 곳곳에서 훌륭한 마을들이 만들어졌으니 역사의 아이러니가 아닐 수 없다.

　충재는 일찍 출세했으나 당시는 명석한 젊은 관료가 순탄한 삶을 살 수 있는 그런 세상이 아니었다. 그는 성년이 되면서 무오사화(戊午士禍, 1498)와 갑자사화(甲子士禍, 1504)를 지켜보았고, 삼척부사로 있으면서 기묘사화를, 재상의 위치에서 을사사화(乙巳士禍, 1545)를 몸소 겪었다. 그의 삶은 사화와 함께했다고 해도 지나친 말이 아니다. 아마도 그에게는 기묘사화 이후에 닭실마을을 개척하고 이곳에서 지낸 13년이 가장 행복한 시간이 아니었을까 싶다.

　충재는 1533년(중종 28)에 복직되어 우찬성(右贊成: 조선시대 의정부의 차관으로 종1품 벼슬)까지 올랐는데, 명종이 즉위한 1545년의 을사사화로 다시 파직된다. 그리고 1547년(명종 2)에 양재역 벽서사건에 연루되어 전남 구례를 거쳐 평안도 삭주(朔州)에 유배되고, 이듬해 그곳에서 죽음을 맞이한다. 충재의 시신은 자신이 개척한 닭실마을로 운구되어 장례가 치러진다. 1592년에 충재를 모시기 위한 삼계서원이 닭실마을 어귀에 세워지지만, 때마침 발발한 임진왜란 때문에 1601년(선조 34)에야 충재의 위패가 모셔졌다. 중층의 문루인 관물루(觀物樓)를

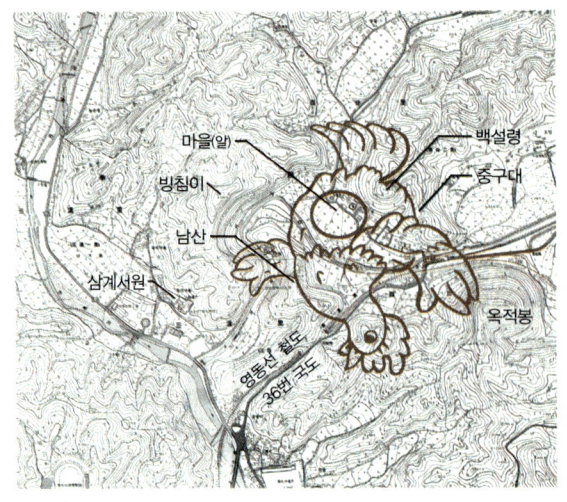

닭실마을 형국도 마을은 옥적봉과 남산이라는 두 날개와 백설령이라는 꼬리 사이에 아늑하게 품긴 달걀에 해당한다.

통해 삼계서원으로 들어가면 오른쪽에 '충재 선생 신도비'가 서 있다.

    닭실의 풍수 형국은 금계포란형, 곧 알을 품은 닭의 모양이다. 사실 마을에서 닭의 모습을 연상하기는 어려웠는데, '닭실마을 형국도'를 그려보니 마을의 형국을 잘 이해할 수 있었다. 마을은 옥적봉과 남산이라는 두 날개와 백설령이라는 꼬리 사이에 아늑하게 품긴 달걀에 해당한다. 그런데 이 형국도를 보면 끔찍하게도 영동선 기찻길과 36번 국도가 닭의 목을 자르고 지나간다. 영주와 강릉을 잇는 영동선은 인근 거촌리를 거치는 것이 합리적이나 굳이 우회시켜서 닭의 목을 잘랐다. 일제가 마을을 두 번 죽이려 한 것인데, 일제강점기에 이와 비슷한 교활한 작태들이 적지 않게 저질러졌다. 좋은 지기(地氣)를 절단해 훌륭한 인물이 나는 것을 막음으로써 식민지를 고착화하려는 것이 그 이유였음은 잘 알려진 그대로다.

    닭실마을 앞으로는 '앞에 있는 고랑'이라는 뜻에서 흔히 '앞거랑'이라고 부르는 시내가 안길과 나란히 흐른다. 앞거랑은 마을의 평화로운 정취를 더욱 그윽하게 해주는데, 물이 깊지 않고 매우 맑으며 바닥에는 세월이 다듬어준 깨끗한 바위가 깔려 있어서 발을 한번 담그고 싶은 충동을 자아낸다. 앞거랑은 주거지 앞에서 청암정 옆을 지나온 서쪽거랑과 만나 석천정사 앞을 S자를 그리며 휘돌아나간다.

그리고 이 시내는 삼계서원 앞을 흐르는 동막천과 합쳐져서 낙동강 지류인 내성천에 합류한다.

마을의 주거지는 문수산 지맥인 백설령(280m)과 중구대(252m)를 주산으로 삼아 앞거랑과 서쪽거랑 사이에 조성되었다. 주거지 앞쪽은 주거지와 같은 폭의 안산인 남산(262m)이 아늑하게 막아준다. 주거지는 지형을 따라 흐르는 듯 좁고 길다. 집이 지어진 대지도 주거지 형태에 따라 앞뒤로 좁고 옆으로 긴 모양이어서, 뒤뜰은 간략하게 처리되고 대신에 옆마당, 특히 햇볕이 잘 드는 남동쪽 옆마당이 발달했다. 주거지의 앞쪽 경계를 이루는 안길과 앞거랑 사이에는 문전옥답이 있다.

지형에 맞춰 노래하는 집들

전통마을이 대개 그렇듯이, 닭실마을도 마을공간의 뒤로 갈수록 표고가 높아진다. 안길은 주거지와 농경지 사이에 표고 205m 등고선과 나란히 형성되어 주거지의 앞쪽 경계를 이룬다. 안길은 이렇게 지형에 순응하여 경사가 거의 없다. 이처럼 도로를 낮은 지형의 등고선과 최대한 일치시켜 도로의 경사도를 최소화하면, 자연지형의 손상을 줄이고 지표수의 이동 등 도로의 배수처리 문제도 줄일 수 있다. 또한 도로 높이가 집터보다 낮으므로 길을 지나는 사람의 시선에 집 안이 드러나지 않는 이점도 있다.

남동–북서방향으로 곧게 나 있는 안길에서 일정한 간격으로 직각을 이루며 샛길들이 갈려나와 산기슭을 향해 짧게 뻗어 있다. 샛길은 모두 다섯 갈래인데, 등고선과 직각을 이루므로 경사가 상당하다. 지형이 완만하게 상승하는 지점, 곧 등고선 사이의 간격이 넓은 곳에 난 샛길일수록 길게 발달했는데, 특히 주거지 가운데 부분, 백설령과 중구대 사이의 매우 깊은 계곡을 따라 조성된 샛길이 가장 길다. 이 샛길 동쪽에 면하여 권석주가옥과 권석오가옥의 담이 이어진다. 한 단 한 단 높아지는 이 담에서, 가장 완만한 샛길임에도 그 경사가 상당함을 확인할 수 있다. 이곳의 경사도는 약 15%, 각도로는 8.5도로, 도래마을 주거지의 평균 경사도 5%의 3배에 해당한다. 이 샛길 중간쯤에는 경사로를 오르는 힘겨운 발길을 이끌어주려는 듯 키 큰 참나무 한 그루가 서 있다.

    닭실마을의 주거지를 가만히 들여다보면 언뜻 여섯 마디로 구성된 악보가 연상된다. 청암정이 있는 표고 200m 지점부터 권석수가옥이 있는 220m 지점까지의 주거지에 5m 간격으로 등고선 5개를 그려보자. 일정한 간격으로 나 있는 샛길들은 악보의 세로줄이 되고, 등고선을 따라 배치된 집들은 오선지에 그려진 음표가 된다. 이렇게 집의 길이 방향을 등고선에 맞추면 대지의 높낮이를 조금씩만 조정해도 집을 앉힐 수 있다. 조경 또한 등고선을 따라 이루어졌다.

    도-도 등 음높이가 동일한 두 음 사이의 음정은 1도, 두 음 사이의 거리가 온음 2개면 장3도, 온음 하나와 반음 하나의 거리면 단3도라고 한다. 오선지의 선들 사이에 3도의 음정 차이가 있는 것처럼 인접한 두 등고선에 걸친 닭실의 집들 사이에는 5m의 높이 차이가 있다. 집들은 음표처럼 위아래 그리고 옆의 집들과 조화를 이루며 보기 좋은 화음을 만들어낸다. 이렇게 건축은 '동결(凍結)된 음악'이다.

가장 긴 샛길 같은 높이로 쌓은 담이 연이어 단을 이루는 데서 주거지의 경사도를 짐작할 수 있다.

서로 양보하여 조망과 일조를 골고루 얻다

"길이 385m, 폭 73m의 남동-북서방향으로 긴 8,518평(28,159m²)의 땅에 안마당

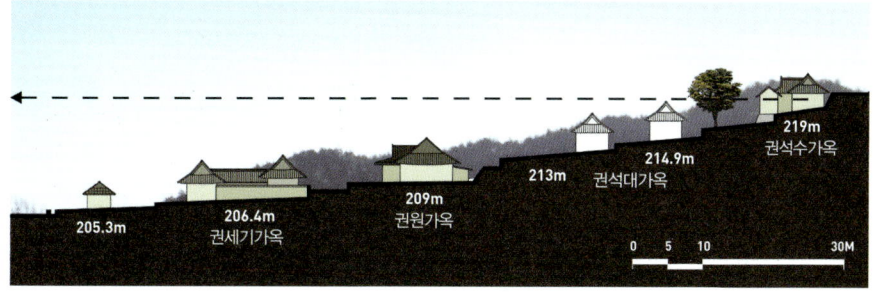

주거지 단면도 주거지 중앙에 난 가장 긴 샛길을 따라 자른 후 북서쪽, 곧 충재종택 쪽을 바라본 장면이다. 권석대가옥은 다른 집들과 일직선 위에 있지 않고 좀 더 멀리 있다. 숫자는 해당 대지의 평균 높이다.

과 한 채의 부속채가 딸린 집 26호를 배치하되, 다른 집으로 인해 앞과 남쪽 방향이 가려지지 않도록 하라"는 문제를 기가 막히게 잘 푼 마을이 닭실이다. 현재 닭실마을에 있는 살림집은 23호인데, 여기에 독립 영역을 형성하고 있는 청암정과 충재종택 사당, 그리고 권석오가옥 사당을 더하면 26호가 된다.

닭실마을은 이 문제를 거의 5세기라는 오랜 시간을 두고 풀어왔다. 과연 현대의 건축가들이라면 이 문제를 어떻게 풀어낼까? 아마도 그들에게 이 정도의 문제는 누워서 떡먹기일 것이다. 안마당과 부속채가 딸렸다고는 하나 26호를 넣기에 주거지 면적이 넉넉하기 때문이다. 다만, 근래에 개발된 주거지에서 닭실마을같이 유기적이고 자연스런 배치를 찾아볼 수 없었으니, 그들이 얼마나 자연스런 배치안을 만들어낼지는 의문이다.

불규칙해 보일 정도로 자연스런 배치를 담고 있는 닭실마을에서 조망과 일조의 문제가 거의 완벽하게 해결되었다는 사실이 놀랍다. 집들에 들어가서 앞을 내다보면 대개 안산인 남산이 시원하게 내다보인다. 집들이 대체로 남서향을 하였으나, 조금씩 다른 향을 취하여 앞집이 뒷집의 시선을 가리는 경우가 드물기 때문이다. 26채 중에서 앞쪽을 향한 시선에 다른 집이 들어오는 경우는 7채이다. 그런데 그중 4채(권석대·권석수·권영석·권진수가옥)는 모두 주거지의 가장 높은 곳인 표고 215m 이상의 지점, 앞집 대지보다 5m 정도 높은 곳에 자리하여 앞집이 시

충재종택 사랑채에서 앞을 본 모습 대문간이 사랑채 중앙의 대청과 일직선에 놓여 있는 데서 앞쪽 남산을 향한 시선을 중시했음을 알 수 있다. 대문간의 상인방과 하인방이 원형을 이루어 전면으로 향하는 시선을 더욱 강조한다.

선을 가리지 않는다. 따라서 이 집들을 제외하면 단지 3채(권원·권규·권경가옥)만 앞을 향한 시선에 앞집이 놓여 있다.

    일조의 문제도 마찬가지로 훌륭하게 해결했다. 식물이 그렇듯이 사람들의 시선도 해가 드는 남쪽 방향으로 향할 때가 많으므로 남쪽 방향의 시선을 가리지 않을 때 비로소 일조의 문제가 온전히 해결된다. 닭실마을 집들의 일조 방향을 선으로 그렸을 때 선들이 겹치지 않고 비교적 일정한 간격으로 그려지는 데서 남쪽 방향의 시선이 거리낌 없이 확보됨을 알 수 있다. 사람이 거주하는 공간이 아니어서 일조가 큰 의미를 갖지 않는 사당 2채를 제외한 24채 중에서 남쪽 방향에 다른 집이 오는 경우는 6채뿐이다. 그중 4채(권석대·권석수·권영석·권진수가옥)는 높은 곳에 자리 잡은 집들이어서 조망과 마찬가지로 남쪽 방향의 시선을 앞집이 가리지 않는다. 따라서 이 집들을 제외하면 단 2채(권성기·권영창가옥)만 햇빛이 오는 남쪽 방향으로 앞집이 들어온다.

권세기가옥의 배치 앞의 사랑채와 뒤의 안채 모두 남쪽(사진 찍은 방향)에서 햇빛을 잘 받도록 배치되었다.

두세 채 예외는 있으나, 닭실마을 살림집에서 조망과 일조의 문제는 시원하게 해결되었다. 권승호가옥이나 권세기가옥에서 볼 수 있듯이, 심지어 같은 집의 안채와 사랑채도 서로 일조를 방해하지 않도록 세심하게 배열되었다.

그럼, 이렇게 집들이 골고루 좋은 조망과 일조를 얻게 된 비결은 무엇일까? 높은 곳에 있는 권석대가옥의 택호가 '지나감을 본다'는 뜻의 '관행당(觀行堂)'인 데서 모든 집들이 조망을 중시했음을 짐작할 수 있다. 또한 ㄱ자집들이 한결같이 남동쪽을 향해 팔을 벌리고 북서쪽을 등진 데서 모든 집들이 일조를 중시했음을 알 수 있다. 그렇다면 모두들 가장 좋은 일조를 얻겠다고 밀치고 나서지 않고 서로 조금씩 양보하고 조절하는 일이 어떻게 가능했을까?

닭실마을에서는 집들이 서로 조금씩 몸을 틀어 뒷집에 시선과 햇빛을 터주고 있다. 공동체를 위해 자기를 조절하는 아름다운 모습이다. 주거지는 지형에 따라 남서향을 취했지만 집들은 각기 조금씩 다른 향을 택했다. 어느 집도 정남향을 하

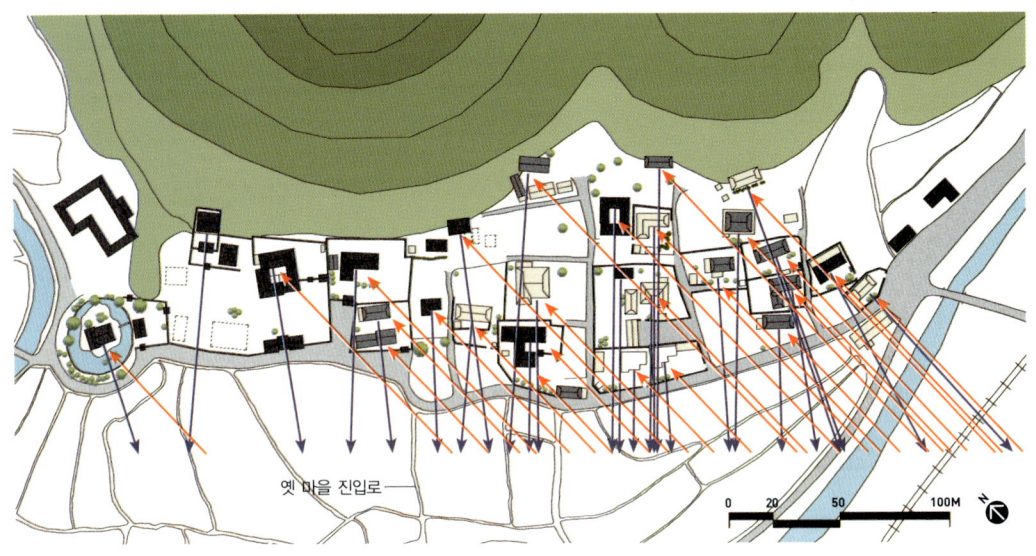

조망·일조 분석도 파란 선은 조망을, 빨간 선은 일조를 나타낸다. 서로 다른 집의 조망이나 일조를 가리지 않도록 집들이 세심하게 배치되었다.

겠다고 고집하지 않은 것이다. 집의 위치나 높이는 서로를 배려해 정했다. 권세기 가옥을 뒷집인 권원가옥에 비교적 바짝 붙여 지을 수 있었던 것은, 두 집터 사이에 높이 차이가 있을 뿐 아니라 과거 안마당을 둘러싸는 ㅁ자집이었던 권원가옥 안채와 사랑채의 기단이 모두 높아서 시야를 가리지 않았기 때문이다. 이렇게 변화가 많은 지형은 집들이 비교적 좋은 향을 택하면서도 서로 방해하지 않고 골고루 시선을 확보하는 데 도움이 된다. 이런 면에서 무조건 지형을 평탄하게 한 뒤에야 주거지를 조성하는 현대의 건축방법은 대단히 잘못된 것이다.

    그러나 아직 의문은 남는다. 이 모든 양보와 지형의 이점이 있다 해도, 보이지 않는 어떤 원칙이 작용하지 않고서는 집들 사이에 조망과 일조의 최대공약수가 얻어질 수는 없지 않았을까?

자연스러움 속에 숨겨진 놀라운 질서

나는 한 마을에 대한 답사를 여러 차례 반복하면서 이전에 작성한 마을 배치도와 주택 평면도들을 계속 수정·보완해왔다. 또한 항공사진을 구해 실측한 결과와 비교하며 좀 더 정확한 도면을 만들어왔다. 닭실마을에 대해서도 그런 작업을 하면서 무언가 정량적이고 객관적인 방법으로 마을을 분석하리라 마음먹고 있었다.

그런 다짐을 한 지 3년이 흐른 2004년, 항공사진과 대조작업까지 마친 닭실마을 배치도를 가지고 분석을 시작했다. 오랫동안 궁금했던 것이 해명될 시간이 와서 자못 긴장이 되었지만, 한편으로는 혹시 예상이 빗나가면 어떡하나 하는 걱정도 들었다. 이런 수학적 분석에서는 분석 대상을 편의적으로 선택하거나 작은 오차를 눈감으면 엉뚱하게 왜곡된 결과가 나올 수 있기 때문에 배치도 분석을 여러 차례 반복해서 확인하느라 시간이 지체되었다.

조마조마한 마음으로 이 모든 자기검증 과정을 거친 후 나는 탄성을 지르지 않을 수 없었다. 불규칙하고 무질서해 보이는 집들이 정연한 하나의 도형을 따르고 있었기 때문이다. 한마디로 닭실마을의 집들은 피보나치수열로 이루어지는 등각나선형으로 배열되었다. 등각나선은 황금비를 바탕으로 그려지는 것이다. 그 도형은 집들 사이의 간격을 균등하게 조절하여 모든 집들의 조망과 일조의 조건을 최적화해주는 해답이었다. 불규칙해 보이는 현상 속에 가장 합리적인 질서가 숨어 있었던 것이다. 그간 마음속으로만 믿고 있던 조상들의 지혜가 황금비로 드러나는 자연의 질서와 정확히 합치됨을 확인하는 순간이었다. 뒤에서 소개할 원터마을에서 연못이 매우 적합한 자연정화 기능을 하고 있음을 확인했을 때와 같은 놀라움을 다시 느꼈다.

분석과정을 이야기하기에 앞서 먼저 등각나선에 대해 알아볼 필요가 있겠다. 등각나선은 '나선' 하면 쉽게 떠올리는 '아르키메데스 나선(Archimedes spiral)'과는 다른 독특한 나선이다. 후자는 우리가 화단에 호스로 물을 뿌린 후 그것을 돌돌 감을 때 생기는 모양으로, 나선을 이루는 인접한 선들 사이 간격이 일정하다. 그러나 전자는 나선이 중심에서 밖으로 진행될수록 나선을 이루는 인접한 선들

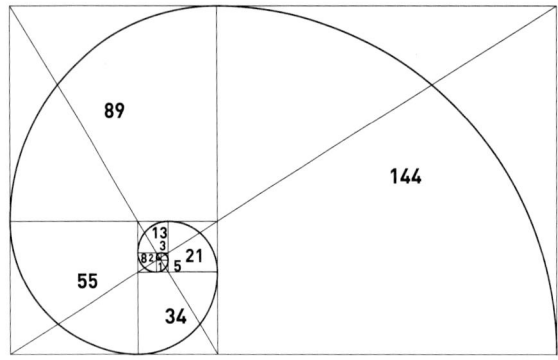

등각나선의 작도 한 변의 길이가 피보나치수인 정사각형을 계속 이어나가고, 각 정사각형의 대각 꼭짓점을 1/4 원호로 이으면 등각나선이 만들어진다.

사이의 간격이 기하급수적으로 증가한다. 그래서 등각나선을 로그나선 또는 대수나선(logarithmic spiral)이라고도 한다.

아르키메데스 나선은 나선의 접선들이 중심과 이루는 각도가 일정하지 않으며 나선이 커갈수록 90도에 수렴한다. 곧, 나선이 점차 원형을 닮아간다. 이에 비해 등각나선은 나선의 회전 수에 관계없이 그 각도가 일정하다. 곧, 중심에서 나선의 어느 지점을 직선으로 이어도 그 직선이 동일한 각도로 나선을 자르는 것이다. 그래서 데카르트(René Descartes, 1596~1650)는 1638년 이 도형에 '등각나선'이라는 이름을 붙였다.

등각나선은 피보나치수열, 곧 황금비와 긴밀히 관련된다. 한 변의 길이가 피보나치수인 정사각형을 계속 이어나가고, 각 정사각형의 대각 꼭짓점을 1/4 원호로 이으면 등각나선이 만들어진다. 황금비가 그렇듯이 등각나선도 자연에서 종종 발견된다. 등각나선의 큰 특징은 크기가 커지더라도 형태가 동일하게 유지된다는 점이다. 이런 성질을 '자기유사성(self-similarity)'이라고 하는데, 이는 자연물이 성장할 때 요구되는 성질이기도 하다. 앵무조개도 등각나선을 따라 성장한다. 앵무조개는 몸이 자라면서 그것을 담을 껍질을 계속 키워야 하는데, 이때 형태를 유지하면서도 아주 단순하고 효율적으로 성장하는 방식은 등각나선을 따르는 것이다. 더 이상 쓰지 않는 작은 튜브 둘레로 점점 큰 튜브가 등각나선을 그리며 성장하여

앵무조개의 성장과 등각나선 앵무조개는 중심과 약 80도를 이루는 등각나선형으로 성장한다.

앵무조개는 자라는 몸을 계속 큰 방으로 옮겨 담는다.

송골매가 먹이를 사냥할 때도 등각나선을 그린다. 먹이를 향해 수직으로 내려오면 더 빨리 먹이를 낚아챌 수 있을 텐데도 송골매는 빙 돌아서 먹이를 공격한다. 송골매의 두 눈이 이마 중간이 아닌 머리 양쪽에 하나씩 붙어 있어서 수직으로 내려올 경우 먹이를 주시할 수 없기 때문이다. 날카로운 시력으로 유명한 송골매지만 보지 않고도 먹이를 사냥할 수는 없는 노릇이다. 그래서 송골매는 먹이, 곧 등각나선의 중심점과 약 40도를 이루도록 머리를 위치시키고 한 눈을 먹이에 고정한 채 등각나선을 그리며 내려오는 것이다. 그밖에도 소용돌이, 태풍, 은하수의 별들에 이르는 많은 자연현상이 등각나선을 취한다.

이제 닭실마을의 분석과정을 좀 더 자세히 밝히려 한다. 닭실마을의 주거지는 비교적 일정한 간격으로 발달한 3개의 샛길을 중심으로 세 구역으로 나뉜다. 주거지의 북서쪽부터 1·2·3구역으로 번호를 지정하면, 주거지는 대체로 1구역에서 3구역으로 성장했다.[7] 이렇게 물리적으로 구분된 세 구역은 각각 안동 권씨 판서공파의 세 지파(支派)에 대체로 대응한다. 곧, 1구역에는 하당파(荷塘派), 3구역에는 선암파(仙岩派)가 모여 산다. 닭실에 있는 두 집이 겸와파(謙窩派)에 속하는데, 그중 한 집인 권원가옥은 2구역에 있다.

각 구역에는 중심이 되는 집(이하 '중심주택') 주위로 여러 집들이 불규칙하게

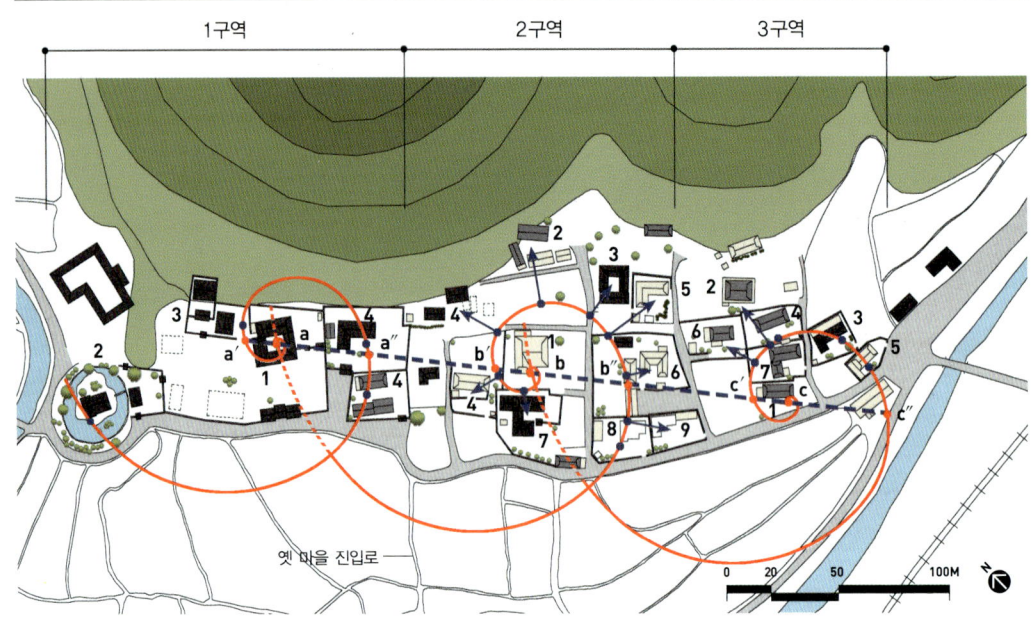

등각나선을 이용한 주거지 분석도 번호는 해당 구역에서 집이 지어진 순서이다. a는 충재종택, b는 권원가옥, c는 권수기가옥이다.

분산 배치되어 있다. 중심주택은 해당 구역에서 맨 처음 지어진 집이다. 안마당을 집의 중심이라고 볼 때, 각 구역에서 집들의 안마당은 중심주택 안마당을 중심으로 3차원적으로(경사진 지형으로 인해) 그려지는 등각나선에 놓이거나 그 바깥에 접하여 위치하는 경향이 있다. 결과적으로 닭실의 집들은 거의 동일한 간격으로 배열된 같은 크기의 세 등각나선을 이룬다. 각 구역에서 집들이 지어진 순서를 살펴보면, 등각나선 위에 순차적으로 배열되지 않고 중심주택 양쪽을 之자형으로 왔다 갔다 하면서 지어지는 경향이 있다. 이는, 가능하면 기존 주택들과 충분한 거리가 확보되는 지점에 새 집을 지으려 했던 의도를 보여준다. 등각나선은 회전을 하면서 중심점에서 거리가 일정한 비율로 증가한다. 따라서 닭실마을에서 중심주택과 인접 주택 사이의 거리는 북쪽에서 남쪽으로 오면서 점차 멀어진다. 그래서 중심주택의 정남향에 오는 집, 곧 중심주택의 일조를 방해할 가능성이 있는 집이 중심주택에서 가장 멀리 떨어지게 된다.

　세 구역의 주거지 중심에는 각각 충재종택, 권원가옥, 권수기가옥이 있는데 이 집들의 안마당이 각 등각나선의 중심이 된다. 세 중심을 이으면 직선이 되는데, 중심들 사이의 거리는 거의 동일하다. 곧, 충재종택의 안마당 중심(a)과 권원가옥의 중심(과거의 안마당 중심, b) 사이의 거리는 118m, 권원가옥의 중심(b)과 권수기가옥 안마당 중심(c) 사이의 거리는 120m로, 두 거리 사이의 차이는 1.7%에 불과하다. 중심주택들이 서로 같은 간격을 확보하고 있다는 사실은 각 구역이 균등한 공간을 점유하고 있음을 말해준다.

　이와 함께 세 등각나선의 중심을 통과하는 직선을 그으면 선분이 5개 만들어지는데 그것들의 길이는 대체로 동일하다. 곧, $a'a''$(58.2m)≒$a''b'$(58.4m)≒$b'b''$(61.7m)≒$b''c'$(58.1m)≒$c'c''$(62.5m)이다. 그런데 집들이 등각나선을 정확히 따른다고 보았을 때, 이 선분들은 중심주택 양쪽에 배치되는 집들 사이의 간격에 해당한다. 따라서 중심주택 이외의 집들도 서로 같은 간격으로 배치되는 경향이 있었다.

　한편, 등각나선의 중심을 통과하는 직선은 나선을 이루는 인접한 선들 사이의 간격을 황금비로 나눈다. 따라서 중심주택들 사이를 연결하는 직선 위에 놓인 어떤 집에서 그 왼쪽에 인접한 중심주택까지의 거리($b'a$ 또는 $c'b$)와, 그 집에서 자기 구역의 중심주택 건너편에 있는 집까지의 거리($b'b''$ 또는 $c'c''$) 사이의 비는 황금비가 된다.

　그럼, 닭실마을에서 이렇게 황금비로 이루어진 등각나선이 발견된 것은 어떤 의미를 갖는가? 무엇보다도, 자연스러움의 이면에 정연한 질서가 있음을 발견한 것에 큰 의미가 있겠다. 닭실마을에서는 주위를 아무리 둘러보아도 직선, 원 등의 순수기하학 형태는 보이지 않으나 이것이 곧 무질서를 의미하는 것이 아님을 확인한 것이다. 한편, 앵무조개의 예에서 잘 알 수 있듯이, 등각나선은 고정불변의 질서가 아니라 계속 성장하고 진화하는 살아 있는 질서다. 곧 닭실마을은 마치 유기체처럼 살아 움직이면서도 일정한 질서를 따르고 있었다. 등각나선이 자연현상에서 종종 발견되는 질서임을 생각할 때, 비록 사람이 만들었지만 자연현상만큼이나 자연스런 마을에서 등각나선이 발견된 것은 그리 놀랄 일이 아닐지도 모르겠다.

등각나선을 이용한 닭실마을 읽기

닭실마을에 숨겨진 놀라운 질서를 논리적으로 입증하기 위해 구역별 분석 내용을 자세히 살펴보자. 1구역의 중심주택인 충재종택은 하당파의 파종가다. 18세기 후반에 편찬된 닭실마을 향토지인 《석천지(石泉志)》에는 다음과 같은 기록이 있다. "충재가 1520년 입향하여 지은 초기의 소규모 주택을 그의 아들과 손자인 청암(靑巖) 권동보(權東輔, 1517~1591)와 석천(石泉) 권래(權來, 1562~1617)가 증축하여 60여 칸을 이루었다. 그 구성은 일(日) 자 모양으로 양 끝을 누(樓)로 꾸며 행랑을 내려다보게 되고, 그 중간이 안채로 좌우가 높고 안뜰이 좁고 작았다. 1678년에는 이 집의 동쪽 10보 미만 되는 곳에 터를 닦고 옛집의 일부만 남기고 대대적으로 고쳐 지었다. 그리고 그후에 다시 서쪽 옛 터에 종택을 옮겨 지었다."[8]

이 기록을 보면 충재종택은 충재가 닭실마을로 입향한 해인 1520년에 마을에서 가장 일찍 틀을 잡은 살림집으로서, 집터의 이동이 있었으나 결국 본래 충재가 정한 곳으로 되돌아왔다. 충재종택은 1940년 마을에 큰 화재가 났을 때 불탔으며 지금의 집은 1948년에 다시 지은 것이다. 그렇지만 역시 집의 위치에는 별다른 변화가 없으므로, 그것이 1번 구역에서 가장 오래된 살림집 터임은 틀림없다.

1구역에서 등각나선 위에 놓이지 않은 건물은 총재종택의 대문채뿐이다. 그런데 '조망·일조 분석도'에서 보듯이, 대문채는 가운데 대문간을 통해 충재종택에서 앞쪽으로 향하는 시선을 열어주며 일조를 전혀 방해하지 않는다. 1구역에서 집들이 지어진 순서는 1(1520), 2(1526), 3(1600), 4(2집: 1940)이다. 중심주택을 기준으로 서쪽에 먼저 건물들이 들어서고 충재종택 일곽을 조성한 뒤에 동쪽 집들을 지었다.

2구역의 중심인 권원가옥은 본래 1600년경에 지어진 것으로, 2001년에 불타서 다시 짓기 전까지 이 구역에서 가장 오래된 집이었다. 이 집은 본래 안마당을 중심으로 하는 ㅁ자집이었으나, 양옥형으로 다시 지어지는 바람에 건물이 안마당을 일부 차지하게 되었다. 그러나 건물 위치에는 변함이 없다.

2구역에서 등각나선 위에 있지 않는 살림집은 권영석가옥과 구역의 서쪽 경계 부분에 2001년 새로 지어진 권현섭가옥 등 두 집뿐이다. 권영석가옥은 주거지의 가장 높은 곳에 있기 때문에 조망과 일조에서 앞집의 영향을 받지 않는다. 2구역에서 집들이 지어진 순서는 1(1600), 2(1910), 3(1930), 4(2집: 1940), 5(1945), 6(1962), 7(1965), 8(1978), 9(2000)이다. 대체로 볼 때 중심주택 양쪽을 왔다 갔다 하며 집들을 지었다.

3구역의 중심인 권수기가옥은 1910년에 지어진 것으로, 이 구역에서 가장 오래된 집이다. 이 집의 위치는 구역의 물리적 중심에서 벗어나 앞으로 치우쳐 있다. 3구역에서 등각나선 또는 그 바로 외곽에 오지 않는 살림집은 권진수가옥과 권승환가옥이다. 그것들은 등각나선의 내부에 들어와 있다. 권진수가옥은 2구역의 권영석가옥과 마찬가지로 주거지의 가장 높은 곳에 있어서 앞집의 영향을 받지 않는다. 3구역에서 집들이 지어진 순서는 1(1910), 2(1915), 3(1920), 4(1930), 5(1940), 6(1968), 7(1976)이다. 중심주택 뒤쪽에서 기존 주택들 사이의 공간을 찾아 之자 순서로 집들이 지어졌다.

3구역에서 가장 늦게 지어진 권승환가옥은 닭실마을의 등각나선에 의한 분석에서 가장 뚜렷한 예외이다. 분석 논리에 따른다면, 그것은 구역의 중심인 권수기가옥의 서쪽이나 남쪽으로 안길 건너편에 지어졌어야 한다. 그러나 그러지 못할 이유가 있었다.

본래 닭실마을은 석천정사가 있는 쪽에서 접근이 되었으며, 지금부터 30년 전까지만 해도 마을의 주 진입로는 주거지 앞을 흐르는 앞거랑 쪽에서 백설령을 바라보고 뻗어 있었다. 이 진입로는 현재 평범한 농로가 되어버렸지만, 그것이 안길과 만나는 지점에서 안길이 심하게 굴곡된 것은 과거 진입로의 영향이다. 이렇게 진입로가 마을 앞쪽에 있었을 때는 주거지의 안길 건너편에도 한두 집이 있었다. 그러나 뒤에 현재의 경로당 쪽으로 마을 입구를 옮김에 따라 옛 진입로가 좁은 농로로 전락했으며, 안길 건너편에 있던 집들은 사라지고 그 집터는 논으로 바뀌었다. 곧, 권승환가옥이 지어진 1976년에는 경로당과 청암정을 잇는 안길이 주거지의 뚜렷한 경계가 되어 그 너머에 외딴집을 짓기는 어려웠던 것이다. 아무튼 등각나선에 의한 분석에서 거의 유일한 예외인 이 집은, 뒷집인 권경가옥의 조망과 권성기가옥의 정남향, 곧 일조 방향을 가리고 있다. 이 집은 등각나선의 원칙을 따르지 못함으로써, 다른 집의 조망과 일조를 배려하는 미덕을 갖추지 못한 것이다.

그런데 이 모든 자세한 분석 내용에도 몇 가지 의문을 제기할 수 있다. 예상되는 첫 번째 의문은, 닭실마을에서 산 조상들이 황금비나 등각나선을 알았을 리 만무한데 그래도 이것이 의미 있는 결과인가 하는 점이다. 말하자면 우연의 일치가 아닌가 하는 것이다. 이렇게 어떤 원리를 의식했는지 여부를 묻는 것은 사실 창작에서 단골로 등장하는 질문이다.

물론 등각나선은 조상들이 사용한 것이 아니고 내가 '발견'한 것이다. 중요한 것은 어떤 원리나 방법을 의식적으로 사용했는가보다 발견된 원리나 방법이 어떤 의미를 갖느냐에 있다고 생각한다. 송골매가 황금비를 염두에 두고 먹이를 사냥할 리는 만무하지만, 그렇다 해서 송골매가 그리는 등각나선이 합리성과 효율성을 갖는다는 사실에 어떤 변화가 있는 것은 아니다. 마찬가지로, 의식적이든 아니든 집의 배열이 결과적으로 등각나선을 그림으로써 얻어진 효과에는 변화가 없다. 물론 조상들이 무의식적으로 집들을 그렇게 배치했음이 분명하지만, 여기서 무의식이란 황금비에 대한 무의식을 말하는 것이지 조화를 이루는 공존 방식에 대한 것이 아니다. 조상들은 오랜 경험에 바탕을 둔 나름의 논리를 가지고 있었으며, 그것이 매우 합리적이고 효율적이었다는 사실이 이런 도형을 통한 분석으로 확인되었다. 조상들이 황금비에 바탕을 둔 등각나선을 '무의식적으로' 만들어냈다는 사실이 오히려 닭실마을의 구성 논리가 자연의 섭리에 가까움을 암시하는 것은 아닐까?

또 하나의 의문은 근래 닭실마을에서, 특히 2구역에서 여러 채가 철거되었는데 과연 과거의 상황에서도 이런 분석이 가능하겠느냐는 것이다. 물론 집들이 더 많았다면 나선에 접하지 않는 집들이 나왔을 것이며, 이런 분석이 지금처럼 명료하게 맞아떨어지지 않을 가능성이 있다. 그러나 여러 자료를 통해 적어도 마을에 큰 화재가 난 1940년 이후에는 등각나선의 분석을 여전히 적용할 수 있음을 확인했다.

마을 사람들의 증언에 따르면, 근래에 철거된 채들은 안채와 사랑채 등의 살림채보다는 사당 등 부속 건물이 대부분이다. 나는 근래의 변화를 알아보려고 닭실마을을 오래 연구한 강선중 박사에게 자료를 부탁했다. 고맙게도 그는 내 연락을 받자마자 1983년에 실측해 그린 배치도를 포함해서 많은 귀중한 연구자료를 보내주었다. 그가 작성한 도면을 현재의 상황과 비교해보니, 살림집 2채와 부속채 1채가 새로 지어졌고 작은 부속채 4채가 사라졌으며, 몇몇 집이 같은 위치에 다시 지어졌다. 근래에 살림채가 오히려 늘어난 것이다. 이밖에도 1983년 이전에 철거된 것으로 보이는 2구역의 한 집(1번과 2번 주택 사이에 있던 집)은 정확히 등각나선 위에 놓인다. 따라서 근래에 일어난 살림집의 변화를 추정해보아도 등각나선에 접하는 원칙이 지켜졌음을 알 수 있다.

이어지는 의문은 1·2구역의 중심주택과 1구역의 사당과 정자를 제외하면 모두 20세기에 지어진 집들인데, 100년도 채 안 된 집들의 배치를 분석하는 것이 무슨 의미가 있느냐 하는 것이다. 이 의문은 오래된 과거일수록 의미가 있다는 전제를 깔고 있다. 사실 현재의 집들 이전에 어떤 집들이 어디에 있었는지를 정확히 추적하는 것은 만만치 않은, 때로는 불가능한 작업이다. 문헌자료가 미비하므로 나이 드신 분들의 구술에 바탕을 두고 추정해야 한다. 그런데 내가 여기서 그런 역사적 추적을 하지 않은 것은 그 작업이 어렵기 때문만은 아니다. 내가 마을을 답사하며 찾고자 하는 것은, 오늘날의 우리와 큰 상관이 없는 과거의 영광이 아니라 오늘까지 살아 있는, 아니 내일까지도 살아 있을 교훈이기 때문이다. 역사가 본래 그런 것이겠지만, 마을공간에서 현재는 가까운 과거에 바탕을 두고 있고 가까운 과거는 먼 과거에 바탕을 두고 있다. 곧 현재는 먼 과거와 긴밀히 연관된다. 특히 주거건축은 모든 건축 유형 중에서도 지속성이 가장 커서 급격한 변화가 좀

처럼 일어나지 않는다. 심지어 마을이 이전되거나 증식하여 새로운 마을이 만들어질 때도 이전 방식이 유지되는 경향이 있다. 한 예로, 도래마을에서 가지 쳐 나간 새 마을인 '행정'은 기본적으로 도래마을과 동일한 공간구성 논리를 가지고 있다. 따라서 마을공간이 지닌 현재의 특징에서 우리가 얻으려는 교훈을 발견할 수 있는 것이다.

마지막 의문은, 한 마을의 사례를 가지고 우리 마을의 보편적 질서라고 할 수 있는가 하는 점이다. 일반인이나 전문가 모두 이렇게 보편성 또는 일반성을 묻는 질문을 즐겨 한다. 그러나 이 책을 앞에서부터 읽은 독자라면 이런 질문은 하지 않으리라고 생각한다. 나는 우리 마을의 가장 큰 미덕이 다양성에 있다고 줄기차게 주장하고 있기 때문이다. 다른 마을에는 닭실과 다른, 그러나 마찬가지로 의미 있는 질서가 있을 것이다. 그리고 그것을 알아내기 위해서는 등각나선과 다른 분석 도구가 필요하리라.

자연과 조화를 이루는 두 가지 방식

> 고을 북쪽에 있는 내성촌(奈城村: 닭실마을)은 이상(二相: 좌찬성과 우찬성) 권벌이 살던 옛 터로서 청암정이 있다. 정자는 못 복판 큰 돌 위에 있어 섬과 같으며, 사방은 냇물이 고리처럼 둘러서 제법 아늑한 경치가 있다.
>
> ─ 이중환, 《택리지》 중에서 [9]

닭실마을에는 청암정과 석천정사라는 두 정자가 있다. 건축과 자연의 아름다운 조화를 보여주는 이 정자들을 보기 위해서라도 닭실마을에 한번 가볼 필요가 있다. 그런데 이것들이 자연과 조화를 이루는 방식은 서로 크게 다르다.

1526년(중종 21)에 충재가 지은 청암정은 주거지의 북서쪽 끝에 위치하여, 남동쪽에서 이어져온 마을 안길에 동그랗게 마침표를 찍어준다. T자형으로 생긴 이 정자는 북서쪽만 폐쇄적이고 나머지 세 면은 개방되었다. 9칸 건물로 바닥에는

충재에서 본 청암정 돌다리를 건너 건물 뒤쪽에서 안으로 들어간다. 청암이라는 이름은 자연, 인물 그리고 건물을 하나로 묶어준다.

모두 마루가 깔렸다. 이 정자가 지어진 바위가 거북같이 생겨서 처음에는 구암정(龜岩亭)이라고 불렀는데, 뒤에 충재의 큰아들 권동보의 호를 따서 청암정으로 바꾸었다. 그런데 청암정이 놓인 바위와 석천정사 앞을 흐르는 시내에 깔린 반석은 실제로 푸른빛을 띠고 있다. 그래서 청암이라는 이름은 자연, 인물 그리고 건물을 하나로 묶어준다.

거북에게는 물이 필요하므로 거북바위 주위를 파고 밖의 시냇물을 끌어들여

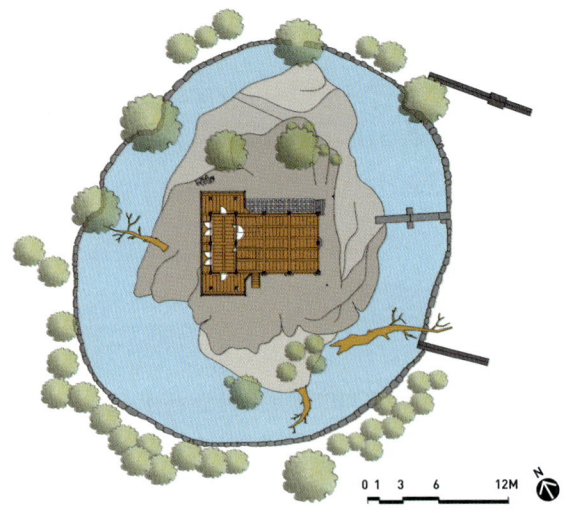

청암정 배치 평면도 T자형으로 생긴 이 정자는 북서쪽만 폐쇄적이고 나머지 세 면은 개방되었다. 자연요소인 바위와 건축이 하나된 모습을 보여주는 아름다운 정자이다.

연못을 조성했다. 이렇게 자연과 인공이 결합하여 바위섬이 만들어졌다. 연못 주위로는 소나무, 느티나무, 향나무 등과 장미 같은 꽃나무를 심었다. 청암정은 주변 자연요소들의 중심으로서, 그것을 둘러싸는 바위·연못·나무들과 함께 매우 정적인 분위기를 자아낸다.

연못 밖에서 정자로 가는 작은 돌다리를 건너면, 극단적인 정쟁(政爭)이 난무하는 속세에서 벗어나 자연에 둘러싸여 영원한 휴식을 취할 수 있는 별천지가 등장한다. 그래서 연못의 물과 나무들로 차례로 둘러싸인 청암정은 어디로 가는 통로가 아니라 움직임의 최종 목적지다. 마을의 다른 집들과 마찬가지로, 청암정에서는 남산이 바라보일 뿐 별다른 경치가 눈에 들어오지 않는다. 더욱이 정자 앞에 큰 나무들이 있어서 앞이 시원하게 내다보이지도 않는다.

한편, 마을에 전해 내려오는 '유곡팔경(酉谷八景)' 중에서 청암정에 관한 것은 '연못〔靑巖菏池〕'과 '저녁 비〔靑巖暮雨〕' 등 두 가지인데, 모두 멀리 있는 것이 아니라 중심에서 본 인근 자연을 지칭한다. 이런 사실들은 정자가 밖을 향하기보다는 밖에서 들어오는 종착점임을 암시한다. 정자 건물의 디자인도 이런 추론을 뒷받침한다. 멀리 내다보기 위해 땅바닥에서 성인의 키만큼 높이 들어올려지는 다른 정자들과 달리, 청암정은 통풍을 위해 바위에서 3자(90cm) 정도만 높였다.

중심에 대한 의식이 너무 앞섰기 때문일까? 아니면 세상에서 벗어나도 벗들과 함께하고픈 마음 때문이었을까? 청암정은 기단 역할을 하는 바위 크기에 비해 규모가 다소 과도하다. 그렇지만 건물과 바위가 하나가 된 청암정은 우리 정자건축의 걸작이라고 할 만하다. 그래서 일찍부터 명사들의 찬사가 이어졌다.

1565년(명종 20), 이곳에서 멀지 않은 안동시 도산면 토계리의 도산서당에 거처하던 퇴계는 닭실을 방문하고 정자가 바위, 연못 등 자연물과 어우러지는 아름다운 모습을 두 수의 시로 노래했다. 이 시들을 새긴 현판이 정자 안에 걸려 있는데, 그중 한 수를 충재의 후손인 고(故) 권숙 선생의 번역을 참고해 옮겨보면 다음과 같다.

충재공은 예전부터 깊은 뜻을 품었으나	我公平昔抱深衷
끊임없던 화복은 순간의 번개같이 공허하네.	倚伏茫茫一電空
지금껏 정자는 기이한 암석 위에 있고	至今亭在奇巖上
변함없는 연꽃은 오래된 연못 속에 있네.	依舊荷生故沼中
눈에 가득한 구름에 소박한 즐거움을 품고	滿目煙雲懷素樂
뜰 한쪽에서 자라는 난에서 남겨진 교훈을 보네.	一庭蘭玉見遺風
나같이 못난 사람이 공의 거둠에 힘입어서	鯫生幾誤蒙知獎
흰머리 날리며 시를 읊으니 그 회포 한이 없어라.	白首吟詩意不窮

퇴계가 이곳에 온 것은 아마 정자를 감상하려는 것보다 충재를 추모하는 정이 컸기 때문이리라. 퇴계는 충재보다 23살이나 아래인데, 1533년 밀양부사로 부임하는 충재를 한양에서부터 수행할 만큼 그 인연이 오래되고 각별했다. 이 인연은 후대에까지 이어져서, 충재의 5대손인 권두경(權斗經)은 《퇴계선생언행록》을 편집해 충재가 모셔진 삼계서원에서 간행했다. 한편, 전서(篆書)의 대가인 미수 허목은 88세 때인 1682년, 충재를 흠모하고 정자의 아름다움을 찬미하는 마음으로 '靑巖水石(청암수석)'이라는 편액 글씨를 썼다. 미수는 그해로 천수를 다하고

충재 청암정 동쪽에 있는, 건축한 이의 호와 같은 이름의 서재다. 겨울철에 충재는 온돌방이 없는 청암정 대신 이 작은 서재에서 후학을 교육했다.

죽었으니, 이 편액이 그의 마지막 작품인 셈이다.

청암정 동쪽 옆에는 '충재(沖齋)'라는, 건축한 이의 호와 같은 이름의 서재가 있다. 3칸 반의 작은 규모로 지어진 이 서재는, 너무 큰 청암정 옆에 있어서인지 더욱 작고 아담해 보인다. 겨울철에 충재는 온돌방이 없는 청암정 대신 이 작은 서재에서 후학을 교육했다.

그런데 이 건물의 처마는 돌출 길이가 1.4m로 건물 크기에 비해 유난히 깊다. 전면 6칸 반에 측면 2칸 반으로 충재보다 훨씬 규모가 큰 원터마을 작은종가의 앞처마 깊이가 1.3m인 것을 감안하면, 충재의 처마 깊이는 이례적이다. 집이 서향이어서 저녁 때 집 안 깊이 들어오는 뜨거운 햇살을 차단하려고 이렇게 깊은 처마를 설치한 것이다.

석천정사는 1565년 청암 권동보가 건립했다. 이미 청암의 부친인 충재가 1526년에 동구 밖 시냇가의 긴 바위에 돌로 축대를 쌓아 터를 마련해두었으니, 대를 이어 건축을 구상하고 실현한 것이다. 청암은 아버지가 유배지에서 죽자 관직을 버리고 고향으로 돌아와 산수를 벗 삼아 지냈다. 석천이라는 이름은 자신의 맏아들 권래의 호를 딴 것이다. 석천은 청암의 동생 권동미(權東美)의 둘째 아들로, 청암의 양자로 들어와 종손이 되었다. 청암정과 석천정사 모두 이름을 건립자 자신의 호가 아니라 아들의 호를 따서 지은 데서 건축이 미래지향적인 생각에서 이루어졌음을 엿볼 수 있다.

석천정사는 1655년(효종 6), 을미년(乙未年)에 홍수로 떠내려가서 한동안 자취를 감추었다. 뛰어난 인재들이었던 권두인(權斗寅)과 권두경 등 충재의 5대손에 이르러 닭실마을 안동 권씨의 전성기를 이루는데, 그들이 비로소 석천정사도 다시 짓는다. 1710년(숙종 36)의 일이다. 이렇게 전통건축은 그 시대의 인물들과 성쇠를 같이한다.

달걀 모양으로 고여 있는 물 가운데에 노른자처럼 중심성을 가진 청암정과 달리 석천정사 일곽은 흐르는 물을 따라 선적(線的)으로 조성되었다. 시내가 건축의 경계가 되고 건축이 시내의 경계가 되는 모습은 양동마을 근처에 있는 독락당의 '계정'을 연상시키는데, 시내와 건물 모두 이곳이 좀 더 규모가 크다. 마을로 들어가는 사람들을 반기는 듯, 석천정사의 담과 건물은 길게 늘어서 있다. 청암정이 정적인 목적지라면 석천정사는 동적인 길목이다. 정사 뒤로는 남산의 평평한 구릉이 받치고 있고, 앞으로는 청회색의 반석이 평평하게 펼쳐져서 수평적인 분위기를 더해준다. 정사의 담에 씌워진 기와지붕과 중심 건물인 수명루(水明樓) 쪽마루의 계자난간이 시내를 따라 하나의 긴 직선을 이룬다. 수명루가 좀 더 낮았더라면 수평성이 더욱 살았으리라는 아쉬움이 든다.

청암정이 주변으로 자연물을 배치하고 스스로 중심이 된 인위적인 정자라면, 석천정사는 자연의 흐름을 그대로 따름으로써 자연과 하나가 되고 있다. 전자가 '목적'이라면 후자는 '과정'을 의미한다. 자연과 조화를 이루는 이 두 가지 방식

석천정사 시내, 축대, 담과 난간 그리고 지붕이 나란히 평행선을 이루는 수평적인 건축이다.

은, 현실적으로는 세도가로서 지역의 중심인물이면서 정신적으로는 자연을 따르는 소박한 성리학자였던 당시 인물의 이중적인 측면을 반영하는 것 같다.

미래를 위한 조화의 질서

석천정사 앞 시냇가의 넓은 바위에 앉아 속삭이듯 흐르는 냇물을 바라본다. 발을 담그기가 미안할 정도로 맑아 좀 머뭇거렸지만 그 물에 손을 씻고 발을 담그니 경사진 주거지를 오르내리며 답사한 피로가 씻겨 내려가 신선의 세계로 들어가는 듯하다. 반석을 가까이서 보니 마냥 매끈한 것이 아니라 넓적한 주걱으로 퍼낸 듯 우묵한 자국이 반복되어 풍부한 질량감이 느껴진다. 자연이 오랜 세월에 걸쳐 조각한 작품이다. 한 가지 거슬리는 것은 닭실마을의 서쪽 산인 '빙침이'에 버티고 선 '자연보호'라는 간판이다. 간판을 너무 잘 세워서 닭실마을 어디에서도 보는 이를 입체적으로 괴롭힌다.

    어린 시절 내가 살던 집 근처에도 이런 평평한 바위가 있어서 단골 소풍장소로 쓰였다. 그래서인지 옛 추억 하나가 생각난다. 어느 날, 동양철학자인 아버지는 내게 역수(易數)가 인체와 사계절 그리고 다른 많은 자연현상에 적용되는 신비한 수임을 알려주셨다. 놀라는 나에게 아버지는 "수리로 진리를 증명할 수 없다면, 그것은 그 수리가 아직 충분히 연구되지 않았기 때문이다"라고 말씀하셨다. 최근 나는 절대온도의 개념을 수립한 영국의 물리학자인 켈빈 경(Lord Kelvin, 1824~1907)도 어느 강의에서 정확히 똑같은 이야기를 했음을 알았다.[10] 동서를 막론하고 숫자로 진리를 표현할 수 있다는 믿음이 있어온 모양이다.

    우리 전통마을의 조화와 아름다움을 분석하는 데 수리적인 연구가 꼭 필요한 것은 아니겠지만, 포괄적인 의미에서 정량적인 연구는 필요하다고 생각한다. 그간 마을에 대해 상당한 양의 연구가 진행되었지만, 그것들은 대개 정성적(定性的)인 것이었다.

    한편, 마을을 비롯한 우리 전통 건축공간의 특징은 정량적인 연구로 분석될 수 없는 미묘하고 차원 높은 것이라는 인식도 있다. 물론 진실은 증명되지 않아도 존재하는 것이겠으나, 현상들에 내재된 질서를 정교하고 객관적인 방법으로 밝혀서 이론화하지 않는 한 그것을 새로운 창작의 토대로 활용할 방도가 없다. 기본 자료가 많이 축적되었어도 마을 연구가 새로운 주거공간을 만드는 작업으로 이어지지 못하고 동어반복의 소용돌이에 휘말리곤 하는 것은 마을에 숨겨진 질서들이 체계적인 이론으로 정립되지 못했기 때문은 아닐까?

전통과 새로운 창작의 관계를 생각할 때, 앞서 황금비를 적용한 음악가로 소개한 버르토크의 연구와 창작은 우리에게 많은 암시를 준다. 서양음악사에서 전통을 가장 훌륭하게 계승한 현대 음악가로 평가되는 그는, 자신의 조국인 헝가리와 루마니아를 비롯해 슬로바키아 등지의 전통 민속음악을 광범위하게 채집하고 연구해 창작의 토대로 삼았다. 그는 "내 현악 4중주들의 선율세계는 본질적으로 민요의 그것과 다르지 않다"고 말한 적이 있다.[11] 그는 황금비 등 비례체계에 바탕을 둔 형식적 완결성과 민요 리듬의 생동감을 결합해 20세기에 가장 독창적인 음악세계를 펼쳤다.

그의 이러한 창작 방식은 그보다 조금 앞선 19세기 국민주의 음악가들의 방식과는 큰 차이가 있다. 국민주의 음악가들은 자신의 조국에 전해 내려오는 농민의 노래들을 피상적으로만 이해한 채 모티브를 채용하는 경우가 많았다. 특히 리스트와 브람스가 작곡한 '헝가리안(Hungarian)' 곡들은 카페에서 집시들이 연주하는 기악곡에 바탕을 둔 것으로, 그들은 사실상 농민음악을 전혀 알지 못했다. 민속음악에 대한 이런 피상적인 접근을 비판한 버르토크의 말에서 우리는 전통을 계승하는 태도에 대한 명확한 지침을 발견한다.

> 농부들과 같이 생활하며 농민음악을 현장에서 연구하지 않는 한, 새로운 음악에 그것의 영향을 깊고 영속적이게 할 수는 없다. 우리의 음악에 도입해야 하는 것은, 말로는 표현할 수 없는 농민음악의 특성이다. 농민문화의 총체적인 분위기에 의해 그것이 새로운 음악에 스며들도록 해야 한다. 농민음악의 모티브를 사용하거나 그것을 모방하는 것은 우리의 음악에 새로운 장식을 더해줄 뿐이며 그 이상은 아니다.[12]

닭실마을의 모든 집들이 등각나선이라는 질서를 바탕으로 조망과 일조를 같이 누렸음을 밝혔듯이, 좀 더 깊이 있고 정교한 분석의 틀이 있다면 마을공간에 숨겨진 질서를 객관적으로 밝히는 일이 가능할 것이다. 그리고 마치 현대음악에서 버르토크가 그랬듯이, 우리가 그런 질서를 현대의 공간을 만드는 데 사용한다면 건축 창작의 새로운 지평을 열 수 있으리라. 전통마을 공간이 내포한 '조화의 질서'야말로 미래의 건축공간 구성에서 무엇보다 의미 있는 특성일 것이다.

10

역사에서 얻은 환경친화적 해법들

원터마을

원터마을 전경 정자와 열녀비각 같은 상징적인 건물들만 밖으로 드러나고 주택들은 그 뒤에 소박하게 자리 잡고 있다.

한국 마을의 모습을 가장 잘 보여주는 곳을 하나 꼽으라고 하면, 어느 마을을 들 수 있을까? 물론 대답하기가 쉽지 않다. 또 생각하기에 따라 대답이 달라질 수도 있다. 어쩌면 그것은 보통의 마을일 텐데, 대개 그런 마을은 사람들의 관심을 별로 끌지 못한다. 사람들은 보통 특출한 것들에 관심이 많다. 그러나 마을을 연구하는 내게는 한국 마을의 보편적인 특성을 밝히는 것이 더 중요한 공부거리다. 그래서 나는 예외적이거나 특수한 마을보다는 평범한 마을을 더 중요하게 생각한다. 이러한 맥락에서 나와 원터마을의 긴 인연이 시작되었다. 원터마을은 나에게 우리의 전통적인 삶터에 대해 많은 것을 가르쳐주었다.

　　경북 김천시 구성면 상원리, 김천과 거창을 잇는 3번 국도변에 위치한 원터마을은 대부분의 가구가 농업에 종사하는 한국의 전형적인 농촌마을이다. 조선시대에 상좌원(上佐院)이라는 원(관영 숙소)이 있어 '원터'라 불리게 된 이 마을은 1510년경 연안 이씨 부사공파(副使公派)의 씨족마을로 성립되었다. 조상에 대한 자부심을 간직한 문중 사람들이 대대로 모여 살고 있는 원터마을은 우리에게 그리 잘 알려진 인물을 배출한 마을도, 대단한 한옥들이 있는 마을도 아닌, 그야말로 평범한 마을이다. 한국의 전통마을이라면 다들 하회나 양동을 떠올리지만, 그런 으리으리한 마을들에 우리 마을의 보편적인 모습이 담겨 있지는 않다. 그것들은 어디다 내놓고 자랑할 특별한 대상일지언정 우리 삶터의 전형적인 단면을 보여주지는 못한다.

　　원터는 세상 사람들의 관심을 끄는 마을이 아니기에 거기에서는 마을공간을 보존해 남에게 내보이려는 어떠한 욕심도 찾아볼 수 없다. 현실의 필요와 삶의 논리에 따라 충실히 공간을 형성하고 변경해온, 전통의 왜곡도 단절도 없는, 건강한 마을일 따름이다. 원터는 나의 글이나 강의에 가장 많이 등장하는 마을이어서 내 강의를 듣고 여러 학생들이 원터마을을 다녀왔다. 그런데 돌아온 그들의 표정엔 실망의 기미가 역력하다. '왜 그런 마을을 가보라고 했냐'는 눈치다. 잘 보존된 한옥마을을 기대했는데, 그게 아니어서 실망스러웠나 보다. 그러나 도(道)란 평범함 속에 숨어 있는 것이거늘…….

역사에서 얻은 환경친화적 해법들　**403**

나는 오랫동안 우리 전통마을의 일반적인 특성에 관심을 가져왔고, 전통마을에서 새로운 건축의 방향과 단서들을 찾으려 했다. 그런 내게는 원형을 힘겹게 보존하고 있는 마을보다 시대에 따라 변화하는, 여러 조건에 대응해 자생적인 변모를 거듭해온 마을이 더 소중하게 느껴진다. 원터는 끊임없이 변모하면서도 본래 가지고 있던 질서의 틀을 여전히 명료하게 보여주는, 거주지로서 '지속성'을 가진 마을이다. 그래서 나는 원터마을을 좋아하고 그것을 24년째 글과 강의에 등장시키고 있다.

1996년부터 전통마을에 대한 나의 관심은 '환경친화성'으로 옮겨갔고, 새삼 원터마을을 주목하게 되었다. 주로 평범한 민가로 이루어진 원터마을은 거주지의 환경친화성을 공부하기에 더없이 좋은 대상이었다. 사회규범의 영향으로 형식적인 측면이 강조된 양반층의 상류주택보다 일반 민가가 자연조건에 더 민감하고 유연하게 대응해오지 않았을까?

역사의 소용돌이를 견뎌온 마을의 뼈대

원터마을을 처음 방문한 것은 1988년 7월 27일, 박사과정 시절에 내가 속한 무애건축연구실에서 실측조사 대상지를 선정하기 위한 답사 때였다. 한여름이었던 그때, 원터에서는 조무래기들 대여섯이 외지에서 온 방문객은 거들떠보지도 않은 채 도랑에서 무언가를 잡고 있었다. 난 발걸음을 멈추고 그 평화로운 광경을 한동안 물끄러미 바라보았다. 그 뒤로도 나는 혼자 혹은 국내외 연구자들과 함께 여러 차례 이 마을을 다녀갔다. 그중에서 처음 마을을 다녀간 지 10년이 되던 1998년, 오랜만에 다시 원터를 찾았을 때는 감회가 자못 컸다. 지난 10년 동안 이 마을에서는 무슨 일이 일어났을까?

나 같은 외지인이 자세히 알 수는 없겠지만 마을이 성립되고 500년의 세월 동안 원터마을은 분명 많은 변화를 겪어왔다. 재해도 여러 차례 있었다. 아름다운 정자인 방초정(芳草亭)이 떠내려간 1723년(경종 3)의 대홍수, 흔히 사람들이 병자

작은종가의 안채 이보다 더 규모가 컸던 종가의 안채가 6·25전쟁 때 파괴되는 바람에, 작은종가의 안채가 마을에서 가장 크고 격식을 갖춘 주택이 되었다. 이 안채는 1900년대 후반에 지어진 것으로 추정된다.

년(丙子年) 대홍수라고 말하는 1936년의 물난리, 그리고 마을을 대부분 침수시킨 2002년의 홍수 등 몇 차례의 수해가 있었다. 마을이 감천(甘川)이라는 하천 가까이에 있으며, 마을의 표고가 낮고 하천 바닥은 높아서 역사에 기록된 홍수는 대개 원터마을에도 큰 상처를 남겼다. '단 냇물'이라는 뜻의 감천이 원터마을 사람들에게는 쓸 때도 있었다. 화재도 부분적으로 마을을 파괴하고 변화시켰다. 이 마을에서 유일하게 격식을 갖춘 사랑채였던 작은종가의 사랑채는 1990년대 초에 화재로 자취를 감추고 허전한 빈자리를 남겼다.

이른바 99칸 집이었다고 전하는 종가를 비롯해 마을 주택의 상당수를 파괴한 6·25전쟁과 그 뒤를 이은 재건사업, 그리고 1970년대 새마을운동 등 인위적인 변화의 계기도 있었다. 한때 정부는 이 마을에 잠업(蠶業)을 주선했고 모두들 정부의 지원을 받아 흙벽돌로 잠실용 부속 건물을 지었다. 1970년대 중반까지만 해도 소득이 괜찮았으나 중국산 명주가 밀려들면서 마을 사람들은 점차 잠업을 포기할 수밖에 없었고 잠실 건물은 애물단지로 전락했다. 내가 처음 원터를 찾았을 때만 해도 문간채를 겸한 긴 잠실 건물은 마을 경관에 중요한 요소였으나 그후 그것은 철거 대상 1호가 되었다. 1980년대부터 이 마을에도 도시의 바람이 불기 시작했고, 1995년에는 마을이 속한 금릉군이 김천시에 통합되면서 급기야 도시

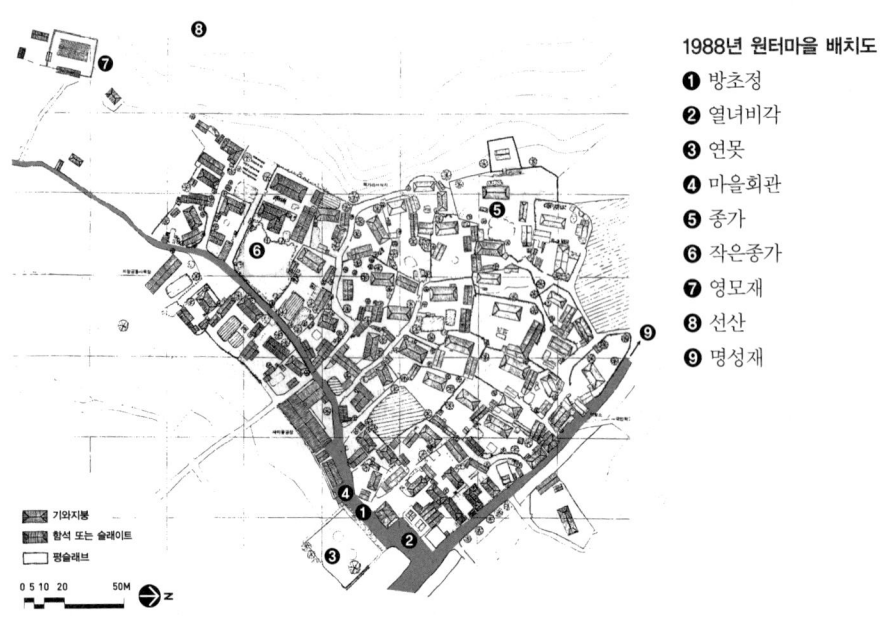

무애건축연구실, 《경북 금릉 농촌주거 실측조사 보고서》, 1988. 10 인용. 회색으로 칠해진 부분이 안길이다.

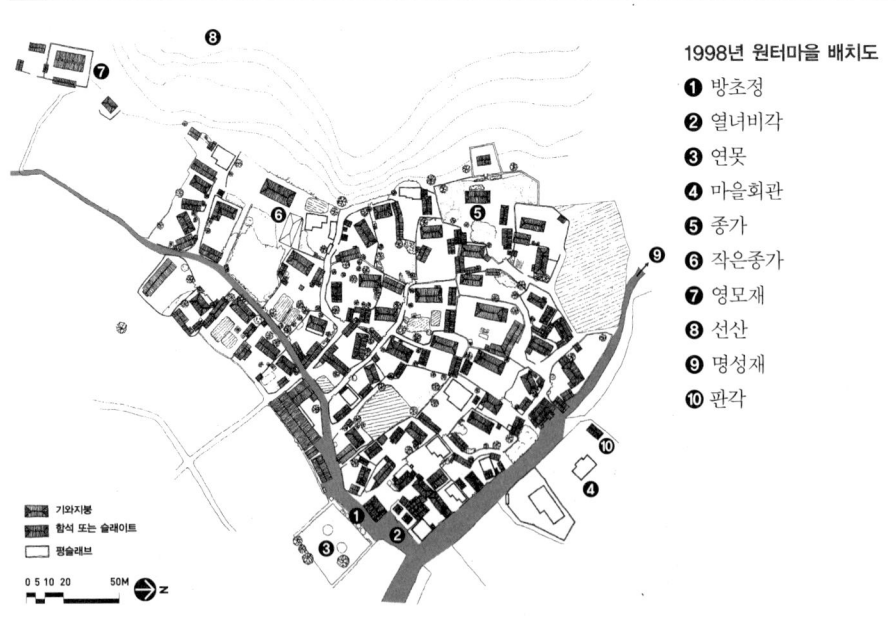

무애건축연구실, 《경북 금릉 농촌주거 실측조사 보고서》, 1988. 10 참조. 회색으로 칠해진 부분이 안길이다.

의 직접적인 영향권에 놓였다. 한마디로 원터마을은 우리 농촌사회를 휩쓴 역사적 사건들을 두루 겪으면서 나름의 현실 대응논리를 개발하며 생존해왔다. 내가 원터마을에 각별한 애정을 갖는 이유는, 지극히 어려운 사회경제적 환경 속에서도 꿋꿋이 마을을 꾸려나가는 농촌 사람들의 건강한 모습이 좋아서다. 마을 인구는 다소 감소하고 있지만 원터에서는 여전히 사람 사는 활력이 느껴진다.

그러면 역사의 소용돌이 속에서 원터마을의 공간은 어떻게 변모했을까? 나는 일단 마을을 처음 접한 1988년부터 10년간 원터마을이 어떻게 변화했는지 알아보기 위해 1988년에 작성한 마을 배치도에 변화한 부분을 표기해나갔다. 이 작업을 통해 그간 58호의 주택 중 14호가 크게 바뀌었음을 확인했다. 거의 네 집에 한 집 꼴로 새로운 유형의 집을 지었거나 기존 주택을 철거했으니 마을 전체가 많은 변화를 겪은 셈이다. 그렇게 바뀐 집에 들어가보면 그것이 10년 전에 있던 집과 외관이나 공간구성에서 어떠한 관련성도 없음을 쉽게 알 수 있다. 그런데 강산도 변한다는 10년이 흘러 이렇게 집들이 바뀌었는데도 원터마을은 내게 낯설게 느껴지지 않았다. 그 이유는 무엇일까? 그것은 마을의 주요한 부분에서 변하지 않은 구석이 있기 때문이다. 그럼 어디가 바뀌고 어디가 변함없는 것일까? 이는 숨은그림찾기를 하듯 1988년과 1998년의 실측도면을 유심히 비교해보면 알 수 있다. 하지만 도면에 나타나지 않은 변화도 있으므로 여기서는 마을의 틀을 이루는 '길'과 '영역'이라는 요소를 통해 원터의 변화를 살펴보기로 한다.

우선, 마을공간의 뼈대를 이루는 길에는 어떤 변화가 있었을까? 원터마을에서는 마을 입구와 종가 및 작은종가 쪽을 잇는 V자형 안길이 있다. 10년간 안길에 나타난 변화는, 안길의 북쪽 갈래와 나란한 수로를 일부 복개했고, 남쪽 갈래에서는 하수관을 묻고 역시 길과 나란히 있던 배수로를 매립한 것이다. 안길은 조금씩 확장되기는 했어도 대체로 주거지의 경계를 이루는 점에서는 변함이 없다. 원터에서 샛길은 하나의 대지에서 종결되는 막다른 골목형인데, 이들 샛길에도 별다른 변화가 없다. 집터의 경계를 따라 심은 감나무가 샛길에 드리우는 그늘도 여전하다. 변화라면, 안길과 마찬가지로 샛길과 나란히 있던 배수로에 하수관을 파묻어서 길이 다소 넓어진 것뿐이다.

이러한 안길과 샛길의 변화는 다분히 도시의 영향이다. 근대 시기 우리나라에서 일어난 도시 개발의 역사는 물길을 지워나간 역사라고 할 수 있을 정도로 온갖 수단을 동원해 물길을 덮고 땅을 늘려나갔다. 그것이 환경적으로 얼마나 나쁜지를 깨달은 것은 매우 최근이다. 많은 논란이 있었어도 2003년 7월, 청계천 고가도로와 하천을 복개한 콘크리트판을 뜯어내는 대대적인 사업에 착수한 것은 그러한 인식의 변화를 보여준다. 청계천 복원이 7년만 일찍 시작되었어도 원터마을에서 주차장을 만들려고 안길을 복개하는 어처구니없는 일은 벌어지지 않았을지 모른다. 아무튼 도시의 좋지 않은 면을 흉내낸 결과, 작은종가로 가는 안길 옆 수로에 살던 모래무지만 볼 수 없게 되었다.

원터마을에서 10년간 변화가 없었던 것들 중 하나는 마을의 영역 구성이다. 우리의 전통마을이 대개 그렇지만, 원터마을은 뚜렷한 영역성을 가지고 있다. 영역이란 개인이나 집단이 통제하고 점유하는 일정한 공간의 범위를 말한다. 그러한 영역의 특성, 곧 영역성은 경계와 입구를 규정하는 방식으로 표출된다. 원터마을에서는 자연요소와 조경으로 마을 영역을 규정하는 방식이 매우 독특하다. 일차적으로 마을 영역을 삼면에서 둘러싸는 산의 능선으로 자연스럽게 마을 경계가 규정된다. 자연지형으로 판단해 이미 하나의 영역이 될 만한 장소에 마을이 자리잡은 결과이다. 또한 마을 영역의 경계 지점에 대나무, 배롱나무 등으로 독특하게 조경하여 영역의 범위를 뚜렷이 나타내고 있다.

그렇다고 마을 영역이 답답하게 느껴지는 것은 아니다. 마을 앞쪽에 있는 방초정은 사회적 성격을 갖는 마을의 중심시설이다. 비록 주로 뒤쪽 주거지에서 접근해야 하는 시설이지만, 방초정은 마을 앞을 향해 배치되었고 마을 앞 경관을 좀 더 멀리 바라볼 수 있도록 바닥이 지면에서 2.1m 들어올려졌다. 방초정에 오르면 기둥마다 걸려 있는 많은 주련들이 인상적이다. 거기에는 각 모퉁이에서 바라보이는 경관을 읊은 시구가 적혀 있다. 우리는 여기서 마을공간이 정자를 통해 시각적·심리적으로 주변 경관으로 확대되고 있음을 발견한다. 또한 마을 영역만이 아닌 주변의 광역적 자연환경까지 살피면서 정자와 같은 전통마을 시설들을 배치했음을 알 수 있다.

방초정 마을의 중심시설인 방초정은 마을공간 어디에서도 아름다운 모습을 드러내 사람들의 발길을 이끈다.

방초정에서 본 연못과 마을 앞쪽 경관 양파를 재배하는 계절이라 연못의 물을 방류해 연못 바닥이 드러나 있다. 연못 주위로 마을 사람들이 신성하게 여기는 버드나무가 자태를 뽐내고 있다.

 전통마을의 영역은 하나의 동질 공간이 아니라 서로 다른 성격을 가진 세부 영역들로 구성되는 복합체다. 원터마을은 그런 구성을 잘 보여주는데, 마을 입구부터 뒤쪽으로 가면서 사회적 영역, 개인적 영역, 의식(儀式) 영역 또는 정신적 영역이 차례로 펼쳐진다. 방초정과 그 앞의 연못을 중심으로 하는 사회적 영역은 주로 남자들이 활동하는 공간이다. 방초정 옆에는 성리학적 사회질서를 유지하는 데 중요한 미덕인 정절을 상징하는 열녀비각이 있다. 여자는 성리학적 규범을 실천하고 죽었을 때에야 비로소 마을의 사회적 영역에 들어갈 수 있었다.

 마을의 중심시설인 방초정은 마을공간 어디에서도 아름다운 모습을 드러내 사람들의 발길을 이끈다. 마을공간과 외부가 만나는 지점에 위치하므로 외부인들은 방초정에서 마을 사람들과 첫 대면을 한다. 우리나라 농촌마을 어디서나 볼 수 있는 틀에 박힌 모양의 '근대화 상점'이 열녀비각 옆에 지어진 것도 그것이 생김새야 어떻든 사회적 성격을 갖기 때문이다. 내가 원터에 갈 때마다 상점에서 막걸리 잔을 기울이는 동네 어른들을 뵐 수 있었는데, 갈수록 그 어른들이 줄어드는

방초정에서 본 열녀비각 성리학적 사회질서를 유지하는 데 중요한 미덕인 정절을 상징한다.

데서 새삼 인생무상을 느낀다. 인생은 짧고 마을의 영역은 세대에서 세대로 변함없이 이어진다.

사회적 영역의 안쪽으로 종가까지 이어지는 영역이 개인적 영역이다. 주택들로 이루어진 이 공간은 가족을 중심으로 거주생활이 일어나는 영역이다. 마지막으로, 조상에 대한 제사와 천지신명께 고사를 지내는 의식 영역은 마을의 가장 뒤쪽에 위치한다. 남쪽부터 재실인 영모재(永慕齋), 선산, 또 다른 재실인 명성재(明誠齋), 종가의 사당 등이 줄지어 자리한 의식 영역은 일상생활의 세속적 영역이 아니라 정신적 영역이다.

이러한 원터의 세 영역 중 개인적 영역은 특히 근대화 이후 변화가 많이 일어났지만 나머지 두 영역은 거의 변화 없이 유지되었다. 단지 1998년 완공된 새로운 마을회관이 마을 안쪽, 안길의 북쪽 갈래에 면해 배치되어서 사회적 영역이 마을 앞쪽에서 안길을 따라 안쪽으로 확장되는 현상이 나타났을 뿐이다. 그런데 이렇게 원터마을의 영역성을 지속시킨 힘은 어떤 외부 요인이 아니다. 그것은 문중을 중심으로 결속한 주민들이 조상들이 만든 공간 질서를 존중해온 결과일 따름이다.

한편, 원터마을에는 경상북도 유형문화재로 지정된 귀중한 물건이 하나 있다. '가례증해 판목(家禮增解版木)'이 그것이다. 《가례증해》는 1771년 이 마을 출신 학자인 경호(鏡湖) 이의조(李宜朝)가 《주자가례》를 일일이 예를 들어 해설하고 자신의 학설을 첨가해 지은 책이다. 이 책은 사계(沙溪) 김장생(金長生)의 《가례집람(家禮輯覽)》(1599) 이래 진행된 노론의 가례 연구를 9권 10책으로 집대성한 예법 해설서로, 마을에서 멀지 않은 직지사에서 3년에 걸친 작업 끝에 1794년(정조 18) 475매의 판목으로 완성되었다. 의식 영역에 있는 명성재에 '가례증해 판목'을 보관해왔으나, 1996년 새 마을회관 옆에 지어진 판각(版閣)으로 옮겼다. 의식 영역에 있던 마을의 보물이 사회적 영역으로 옮겨온 것인데, 이는 과거의 정신적 자산이 오늘날 사회적 관심의 대상이 되었음을 암시한다.

10년이라는 시간 범위를 넘어 원터마을의 긴 역사를 더듬어보니 마을공간에 적지 않은 변화가 있었다. 하나의 큰 변화는 1960년대에 나타났는데, 주거지 경계를 이루던 안길 바깥쪽으로 대지가 조성되면서 안길 북쪽 갈래의 위치가 확대된 주거지 외곽으로 옮겨졌다. 그러나 그런 변화가 있었어도 안길이 주거지의 경계를 이루는 마을 공간구성의 논리, 곧 마을의 공간구조에는 변함이 없다.

1950년대에 작은종가 앞에 있던 정자인 화수정(花樹亭)이 철거되는 등 주요한 건물들도 변화를 겪었다. 그러나 마을 전면에 버티고 서 있는 방초정과 열녀비각, 그리고 마을 뒤쪽의 재실, 영모재 등과 같이 마을을 상징하는 여러 건물들은 오랜 시간 동안 별다른 변화 없이 잘 유지되고 있다. 마을의 기본 구성요소인 집들이 많이 변화된 반면, 그것들을 엮어주는 마을의 골격 그리고 상징적인 건물들에는 변함이 없는 것이다. 이런 구조의 지속성으로 인해 마을의 이미지가 유지된다. 그래서 원터는 10년 전과 마찬가지로 내게 친근하게 느껴졌던 것이다. 자생적으로 살아 움직여온 마을이라는 유기체에서 개체들은 활발하게 변화하지만 그것들이 모여 이루는 공간구조는 쉽사리 바뀌지 않는다는 중요한 사실을 원터마을을 통해 알 수 있다. 이런 관점에서, 새로운 주거단지를 조성할 때도 그것이 과연 사람들의 마음에서 마음으로 이어질 만한 지속성 있는 공간구조를 갖추었는지 따져보아야 한다.

나는 원터마을을 조사·연구하면서 여러 가지 교훈을 얻었는데, 그중에서도 환경친화적 거주지의 특성을 찾아낸 것은 무엇보다도 큰 소득이었다. 원터마을은 교과서적인 환경친화성을 가진 마을이라고 잘라 말할 수 있다. 내가 주창하는 환경친화적 거주지의 세 가지 요건, 곧 '자연조건에 대한 적응 능력', '자원의 순환', 그리고 '에너지 절감 시스템'에 따라 원터마을의 환경친화성을 분석해보면, 이런 나의 단정에 동의할 수 있을 것이다.

환경친화적 해법 하나 : 자연조건에 대한 적응 능력

원터는 낙동강 상류인 감천을 중심으로 남서-북동방향으로 형성된 저지대 양쪽, 점차 지형이 높아지는 협곡의 동사면(東斜面)에 자리 잡았다. 원터마을에는 풍향 변화가 많지만, 남서-북동방향으로 개방된 지형의 영향으로 계절에 관계없이 북동풍이 많이 분다. 마을 주변 지형은 전체적으로 서고동저이며, 서쪽에서 내려오는 2개의 골짜기 사이에 마을이 위치한다. 전형적인 배산임수의 입지로, 마을 북쪽은 높은 지형이 병풍처럼 막아준다. 마을 앞에는 감천과 농경지가 있으며, 뒤와 옆은 산림으로 둘러싸여 있다. 원터의 집들에서 안채가 취한 좌향은 대부분 남동향인데, 이는 지형의 흐름을 자연스럽게 따른 결과다. 다만 종가와 그 부근 주택들은 세부 지형의 영향으로 동향을 취해 마을 입구를 향하고 있다.

대체로 북쪽이 높고 남쪽은 저지대로 개방된 원터마을의 지형은 겨울철 바람을 막고 여름철에는 바람을 맞을 수 있는 좋은 조건이다. 지형의 흐름을 보면, 앞쪽을 제외한 삼면에서 방초정이 있는 마을 앞쪽의 가운데 지점을 향해 점차 낮아진다. 이렇게 마을을 둘러싸는 세부 지형으로 자연스레 주거지의 영역감이 형성되며, 방풍 등 미기후의 조절이 쉬워진다. 그러나 이런 지형 조건에서는 장마철 빗물의 배수가 그다지 원활하지 않은 것이 문제다. 게다가 마을 앞 가까이에 있는 감천

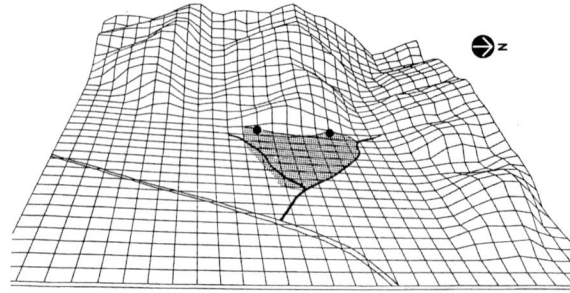

컴퓨터그래픽으로 표현한 원터마을 지형 북쪽과 서쪽의 높은 지형이 마을을 감싸고 있다. 점으로 표시된 큰종가와 작은종가의 위치는 뒷산의 맥이 내려와 맺어진 지점이다. 주도로를 표시했고, 주거지는 짙게 표시했다.

이 범람해 홍수 피해를 입기도 쉬운 조건이다. 실제로 원터는 여러 차례 홍수에 시달렸다.

1451년 감천 건너편에 있는 마을인 '지품'에 정착한 연안 이씨의 조상 연성부원군(延城府院君) 이말정(李末丁)도 대홍수를 겪었다고 한다. 그는 사후에 원터의 뒷산에 묻히는데, 원터마을 입향조가 된 그의 손자 이세칙(李世則)이 마을 앞을 흐르는 물의 위협이 있어도 이곳에 자리를 잡은 것은 조상의 묘를 가까이 두려는 충정 때문인 것으로 보인다. 이러한 입지의 단점을 보완하기 위해 원터 사람들은 마을 남쪽에 제방을 쌓아 빗물의 유입을 막고 하천 범람으로 인한 피해를 예방하려고 노력해왔다. 그 결과, 마을 밖 남쪽에서는 주거지의 모습이 잘 드러나지 않는다.

일반적으로 마을의 토지 이용은 집들이 들어선 주거지, 연료와 목재 그리고 묘지 터를 제공하는 산림, 논과 밭의 농경지 등으로 나누어볼 수 있다. 원터마을에서는 이런 서로 다른 용도의 토지들을 어떻게 자연조건에 맞춰 이용해왔을까?

원터의 주거지는 표고 110~120m, 지형 경사도 20%까지의 지역에 분포하며, 주택·공동시설·길·수로·텃밭·녹지 등으로 구성된다. 주거지의 평균 경사도는 약 5%로, 앞에서 뒤로 지형이 매우 완만하게 상승한다. 주거지 범위는 표고 및 경사도 등의 지형 조건으로 명확히 구분된다. 산림의 경사도가 약 35%인 반면 주거지 맨 뒤쪽의 경사도는 20%로, 지형의 경사가 급히 변화하는 지점부터 주거

주거지 뒤쪽의 경사 녹지 참나무 위에 하얗게 앉아 있던 왜가리들은 마을 앞쪽에 들어선 공장의 매연으로 인해 인근 지역으로 떠나버렸다.

지가 형성되었다. 이에 따라 주거지 뒤쪽은 지형으로 범위가 명확하게 한정되며, 앞쪽과 왼쪽(북쪽)은 안길 및 수로로, 오른쪽(남쪽)은 농경지로 경계가 지어진다. 이렇게 주거지의 경계를 명확히 하면, 주거지가 무질서하게 확산되는 것을 억제하고 토지 이용의 효율도 높일 수 있다. 주거지에서 집들 사이는 콘크리트블록 담으로 구분되어 있다. 과거에는 집들 사이에 산울타리가 있었는데, 그때 주거지의 분위기는 지금보다 훨씬 부드러웠을 것 같다. 사실 농촌지역에서 종종 보는, 콘크리트블록 담 위에 깨진 유리조각을 꽂아두는 살벌한 경계 만들기 방식은, 방범의 필요성 때문에 생긴 것이라기보다는 맹목적으로 도시를 동경하고 흉내낸 결과물로 보인다.

산림은 마을 뒤쪽(서쪽), 표고 120m 이상 지역에 분포한다. 산림과 주거지가 만나는 부분에는 주로 참나무(상수리나무)를 심었다. 종가와 작은종가 뒤편, 그리고 본 주거지 건너편의 양지뜸 뒤쪽에는 대나무숲이 띠 모양으로 조성되었는데, 그곳에도 부분적으로 참나무가 섞여 있다. 마을의 남서쪽 급경사지에도 참나무군이 형성되어 있다.

원터마을 뒤쪽은 경사도가 30% 이상 되는, 생물상(生物相)이 풍부한 경사 녹지다. 바람, 습도, 일조 등의 조건이 다양해 여러 종의 생물이 공존하는 경사 녹지는 환경생태학적으로 중요한 요소다.[1] 원터마을 뒤쪽의 경사 녹지에는 천연기념

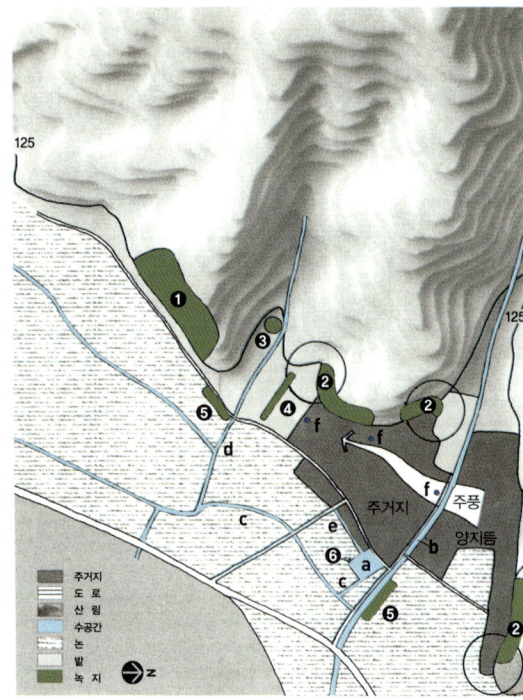

원터마을 자연조건과 토지 이용 분석도
서로 다른 토지 이용이 결합된 부분을 원으로 표시했다.

❶ 참나무 면녹지
❷ 대나무 선녹지
❸ 은사시나무 점녹지
❹ 은사시나무 선녹지
❺ 백일홍나무 선녹지
❻ 버드나무 점녹지

a 연못
b 올뱅이도랑
c, d, e 수로
f 우물

물인 왜가리가 집단으로 서식하고 있었다. 그러나 1970년대에 마을 앞쪽에 들어선 젓가락 공장에서 내뿜는 매연을 견디지 못하고 왜가리들은 이곳을 떠나 인근 지역으로 옮겨갔다. 지금은 그 자리에 왜가리 대신 그들의 서식지였음을 알리는 안내판만 녹슬고 있다. 글씨가 거의 남아 있지 않은 그 안내판을 보면 좋은 환경을 찾아 떠날 수 있는 왜가리들의 신세가 사람보다 낫다는 생각이 든다. 왜가리보다는 늦었지만 결국 마을 사람들도 반대를 하여 그 공장은 1987년에 폐쇄되었다.

　원터의 주거지는 뒤를 제외한 삼면이 농경지로 둘러싸여 있다. 논은 마을 앞 하천변까지 분포한다. 논에서는 벼농사와 함께 양파, 마늘 등을 재배하는 이모작이 행해진다. 밭은 주거지의 북쪽과 남쪽 경계 부분에 작은 규모로 분포한다.

　원터마을에는 세 지점에서 주거지, 농경지, 산림 등 세 가지의 토지 이용 방식이 결합되어 있다. 이 지점들에서는 주거지와 농경지, 그리고 산림에서 서식하는 생물들이 각기 서로 공존하면서 먹이사슬을 형성한다. 이렇게 서로 다른 용도의 토지가 결합하여 공존하는 방식은 환경생태적 다양성에 큰 도움이 된다. 같은 면적의 두 토지를 놓고 어느 곳이 생물 서식에 적합한지를 분석해보면, 다양한 성격의 토지가 결합된 곳에 많은 생물의 서식지가 형성된다. 이런 다양한 토지 이용 방식을 토대로 원터마을 뒷산에는 왜가리를 비롯한 여러 야생생물이 서식하고 있었다.

마을공간의 녹지는 방풍림으로서 미기후를 조절하고, 영역의 특성을 부여하는 기능을 한다. 그러한 기능에 따라 녹지를 이루는 수종과 형태가 선택된다. 그러면 원터마을에서는 어떤 종류의 나무를 어디에 어떻게 심었을까?

원터마을의 녹지는 대체로 한 곳의 면(面)녹지, 여러 곳의 선(線)녹지, 그리고 두 곳의 점(點)녹지로 구성된다. 마을의 남쪽 급경사지에 참나무를 무리 지어 심어 만든 면녹지는 마을 영역의 경계가 되며, 산림의 토양 유실을 막는 기능도 한다. 원터마을이 속한 과거 금릉군 지역의 관속(管束)식물 분포 상황을 보면, 소나무 군락과 소나무-상수리나무 군락이 가장 우세하다.[2] 따라서 향토 수종을 선택해 면녹지를 조성했음을 알 수 있다. 이렇게 그 지역의 주된 수종을 선택하면 자연과 인공조림이 잘 어우러지는 산림을 조성할 수 있다.

선녹지로는 마을 남쪽과 앞쪽(동쪽) 수로변에 줄지어 심겨 마을 입구를 표시하는 배롱나무군, 주거지 뒤쪽 세 곳에서 영역의 경계를 강조하며 방풍림 역할을 하는 대나무군, 주거지 남쪽 경계 부분에 일렬로 심겨 역시 영역의 경계를 표시해주는 은사시나무군을 들 수 있다.

쭉쭉 뻗은 대나무와 달리 구불구불한 모양의 배롱나무는 역동적으로 보인다. 또한 여름철에는 분홍색 꽃을 피워 마을로 드나드는 사람들을 가장 먼저 반긴다. 잠깐 피었다가 지고 마는 다른 꽃들과 달리, 배롱나무 꽃은 여름부터 가을이 무르익을 때까지 100일 동안 핀다. 그래서 배롱나무를 흔히 백일홍나무라고 부른다. 정말 꽃이 100일 동안이나 피어 있는 것일까? 그렇지는 않다. 꽃 하나하나가 100일 가는 것이 아니라 작은 꽃들이 연속으로 피기 때문에 사람들이 착각하는 것이다.[3] 아무튼 나무에 핀 꽃이 오래가기 때문에 원터 사람들은 1년 중 3분의 1은 꽃

마을 남서쪽 입구의 배롱나무군 마을 바깥쪽에서 본 모습이다. 휘어 돌아가는 길을 따라 심긴 배롱나무들이 영역의 전이를 암시한다.

을 보며 마을을 드나드는 행복한 사람들이다.

원터마을에서 가장 위계가 높은 종가와 작은종가는 뒤에서 집을 감싸는 지형과 대나무숲에 의해 그 위계가 이중으로 강조된다. 이렇게 마을 뒤쪽이나 옆면의 지형과 조경은 영역의 특성을 뚜렷이 해주는 환경심리적 기능과 함께 주거지 뒤에서 불어오는 겨울철 계절풍을 막아주는 환경 조절의 역할도 한다.

우리의 마을공간에서 흔히 볼 수 있는 대나무는 빽빽이 심을 수 있어 방풍에 유리한 수종이다. 예전에는 가구나 생활용품의 재료가 되어 경제적 가치도 있었다. 또한 상징적 의미도 있어서 과거 선비들은 그것을 보며 성정을 닦았다 한다. 고려 말의 문신인 근재(謹齋) 안축(安軸, 1287~1348)은 1330년에 강릉도 존무사(存撫使)로 나가 공관에 병장(屛帳)을 만들면서 병풍에 대나무를 그리게 하고 다음과 같은 글을 쓴다.

종가 뒤쪽의 지형과 조경 종가의 사당은 지형과 대나무 띠로 아늑하게 둘러싸여 있다.

대나무의 맑음을 보면, 염치를 생각하게 되어 백성의 재산을 상하게 하지 않는다. 대나무의 바름을 보면, 절개를 바꾸지 않게 된다. 대나무의 텅 빔을 보면, 대중을 너그럽게 받아들여 가혹한 마음이 없어진다. 대나무의 곧음을 보면, 시류에 아부하지 않고 홀로 꿋꿋이 서 있게 된다.

—《근재집(謹齋集)》중에서

재실 뒤의 은사시나무군과 방초정 앞 연못가의 버드나무군은 점점이 심긴 점녹지라 할 수 있는데, 모두 상징성을 가지고 있다. 종가와 마찬가지로 재실 또한 지형과 조경으로 둘러싸여 위계와 상징성이 강조되었다. 한편, 연못가의 버드나무는 물과 어우러져 독특한 분위기를 자아낸다. 버드나무는 그 자태부터 품위가 있는데, 마을 주민들은 "가지도 건드리지 않는다"고 표현할 정도로 이 나무의 손상을 피하고 조심했다.

　이렇게 원터마을 사람들은 참나무·배롱나무·대나무·버드나무 등의 속성을 깊이 이해한 바탕 위에 그것들 각각에 의미를 부여하고, 그 성격을 고려해 심는 장소와 방식을 선택했다. 우리는 원터마을에서 조경으로 의미 있는 장소를 만드는 방식을 배운다. 원터마을의 조경은 요즘 흔히 보는, 건축법에 규정된 조경 면적과 나무 그루 수 채우기에 급급한 조경, 또는 나무는 아무 데나 많이 심으면 좋다는 막가파식 조경과는 다르다. 그것은 우리에게 조경계획의 참모습을 보여준다.

환경친화적 해법 둘: 자원의 순환

　평균 10%의 완만한 경사를 타고 원터마을 뒤편으로 조금 거슬러 올라가면 섬박골이라 불리는 골짜기가 나온다. 이 섬박골에서 내려와 주거지의 북쪽 경계를 지나는 물길은 마을의 입지 선정에 중요한 요인으로 작용했을 터이다. 이 물길은 마을에서 올뱅이도랑이라고 불리는 작은 개울이 된다. 올뱅이는 다슬기를 일컫는 이 지역의 말로, 이 도랑에 다슬기가 많아서 붙여진 이름이다. 원터 사람들은 시원한 녹색의 올뱅이국깨나 끓여 먹었을 것 같다. 그리고 마을의 남쪽 뒤에서 내려오는 아주 작은 물줄기가 주거지의 남쪽 경계를 이룬다.

　이 두 물줄기는 마을 앞 농경지를 지나 감천으로 연결된다. 감천은 큰 물건을 세탁하고 여름철에 목욕을 하거나 민물고기를 잡는 등 마을 사람들의 일상생활이 일어나는 장소다. 이렇게 마을 입지를 수계(水系)의 측면에서 보면, 마을 뒤 계곡에서 시작된 수로가 주거지 양쪽으로 흐르는 것이 특징이다. 이는 수자원을 쉽게 확보하고 마을 앞 농경지 또는 하천으로 방류되는 물의 양을 적절히 조절할 수 있는 좋은 입지다.

　전통사회에서 농촌마을에 거주하기 위해서는 물, 농경지, 목초지, 연료, 건축 재료 등 여러 가지 자원이 필요했다. 마을 생활에서 물은 식수, 방화용수, 세탁·목욕 등을 위한 생활용수, 그리고 농업용수 등으로 사용되는 무엇보다도 중요한 자원이었다. 더욱이 물을 확보하는 데는 다른 자원을 얻는 것보다 훨씬 많은 노력과 비용이 들었다. 마을에서 여러 자원을 획득하는 데 드는 비용을 비교한 지리학자인 치솜(Michael Chisholm)에 따르면, 건축 재료를 얻는 데 1이 든다면 연료와 목초지는 3, 농경지는 5가 드는 반면 물을 얻는 데는 무려 10이 든다.[4] 따라서 좋은 물을 가까이서 확보할 수 있어야 마을 입지로서 조건을 갖춘 것이다.

우리의 전통마을도 대개 수자원이 원활히 확보되는 곳에 위치한다. 마을 이름에 '골'이나 '곡(谷)' 또는 그와 같은 의미인 '실', '일'이라는 접미어가 많은 것은 이런 마을 입지의 특성을 보여준다. 안동지방의 지명 중 35%가 이런 접미어를 가지고 있다고 한다.[5] 특히 원터마을이 자리 잡은 곳과 같이, 골이 깊은 산기슭의 완만한 경사면에서는 지하수를 충분히 얻을 수 있다. 골이 깊으면 물의 양이 풍부하며, 산록사면(山麓斜面)은 몇 개의 경사 변환점을 갖고 있어서 지하수대가 높고 풍부해 물의 확보에 유리하다.[6]

전통마을에서 물은 자원으로서 갖는 가치뿐만 아니라 사회적 의미도 갖는다. 마을에서는 전통적으로 우물을 통해 상수를 얻었다. 어린 시절 물지게를 지어본 사람들은 잘 알겠지만, 물은 참으로 무겁다. 게다가 지게의 균형을 잡는 것도 참 힘들다. 우물에서 부엌의 큰 물독까지 물지게를 지어 나르는 것은 농촌마을에서 아침저녁으로 치러야 하는 큰일이었다. 따라서 집들에서 우물까지 평균 동선의 길이를 최대한 줄일 필요가 있었다. 그 합리적인 방안은 몇 개의 우물을 주거지 내에 균등하게 분산하는 것이다. 실제로 마을들에서는 이런 합리적인 방법에 따라 우물을 배치했다. 모두 다섯 반(班)으로 구성된 원터마을에서도, 1950년대 이후에 조성된 한 반을 제외하고, 반마다 하나씩 고르게 공동우물이 분포한다. 네 곳의 우물은 주거지를 구성하는 사회조직이자 공간 영역인 반을 엮어주는 구심적인 요소로 작용했다. 이렇듯 마을에서 우물은 일상생활의 중심이자 사회적 공간이었다.

원터마을 앞쪽에는 정자와 연못이 있는데, 이는 전형적인 우리 전통마을의 모습이다. 마을 길들은 방초정이라는 정자로 연결되고, 물길인 하수로들은 연못으로 연결된다. 이렇게 동선이 모이는 지점에 있기 때문에 연못 그리고 그와 짝을

하수 자연정화 기능을 가진 연못 연못은 아름다운 경관 요소일 뿐 아니라 하수를 정화하는 정화지 역할도 한다.

이루는 방초정은 거주자들의 만남을 자연스럽게 유도한다. 그리고 수공간을 매개로 한 빈번한 접촉은 마을 주민들이 강한 공동체의식을 형성하도록 돕는다. 이렇게 우물과 연못은 상수와 좋은 경관을 제공하는 것 이외에 사회적 의미도 갖는다.

이모작을 하는 원터마을에서는 논농사와 함께 양파와 마늘 등의 작물을 논에 재배하는데, 5월 말까지는 이 밭작물을 재배하는 시기다. 밭작물은 수분이 많으면 재배가 곤란하며, 반대로 논농사에는 많은 물이 필요하다. 따라서 1년을 주기로 10월 중순부터 5월 말까지는 논에 물을 차단하고 6월부터는 물을 채워야 한다. 이런 주기에 따라 마을 외부에 있는 보의 방류가 조절되고 그와 연결된 연못 물의 양도 변화한다. 이렇게 연못은 경작지에 물을 공급하는 바로미터이기도 하다.

어렵게 확보한 물을 한 번 사용하고 버리는 것이 아니라 재활용한다면 수자원 낭비가 적어질 것이다. 기본적으로 마을에서 수자원은 지형의 자연 경사를 이용해 순환된다. 뒤의 〈표 1〉에서 보듯이, 원터마을에는 다양한 수공간이 분포하는데, 연못은 마을에서 수자원이 순환하는 데 중심고리 역할을 한다. 연못을 단지 경관 요소로만 보기가 쉬운데, 사실 연못은 환경적으로도 매우 중요한 기능을 한다. 무엇보다 연못은 마을에서 생기는 생활하수와 빗물의 정화지(淨化池) 기능을 한다. 그럼, 물이 마을공간을 순환하면서 어느 정도나 정화되는 것일까?

마을공간에서 발생한 빗물과 생활하수는 바닥이 이끼와 잡초로 덮인 수로를 따라 흐르는 동안 부분적으로 자연정화되며, 다시 연못에 모여 침전작용을 거침으로써 상당 부분 정화되는 것으로 보인다. 수로나 늪지의 수초는 암의 발생 원인이기도 한 질산염과 인산염을 흡수·처리하는 효과가 크다. 연못에서 침전과 생물학적 작용에 의해 정화된 하수는 다시 수로를 통해 논으로 연결된다. 일정한 간격으로 연못 바닥의 침전물을 청소해주면 연못의 정화지 기능이 유지된다. 연못을 흘러나온 물은 다시 논으로 이어지는 수로에서 더욱 정화된다. 논에서 요구되는 양 이상의 물은 논 앞을 흐르는 하천으로 방류된다. 이렇게 방류되는 물은 하천을 오염시키지 않을 정도로 상당히 정화된 상태일 것이다.

이것은 내가 원터마을에서 추정해본 물의 순환과 정화의 메커니즘이다. 그러나 이는 심증일 뿐이었다. 그러던 중 심증만 가지고 있던 연못의 하수 자연정화 기능을 시험함으로써 전통마을 연못의 환경적인 성능을 과학적으로 입증해보고 싶어졌다. 2002년 6월 4일, 나와 두 학생은 아이스박스를 둘러메고 다시 한번 원터마을로 갔다. 남들은 놀러갈 때 가지고 가는 아이스박스를 들고 마을로 간 이유는 채취한 물의 시료를 일정한 온도 이하로 유지해야 변질되지 않기 때문이다. 물의 시료가 가득 담긴 아이스박스를 들고 학교로 돌아와 환경을 전공하는 김건하 교수의 도움으로 시험을 했다.

그 결과, 적어도 시험을 한 시기에 원터마을 연못은 정화지 기능을 매우 효과적으로 수행하고 있었다. 시험 결과는 놀라울 정도로 이상적이었다. 비로소 나의 심증이 증명된 것이다. 그 자세한 내용을 학회 논문집에 발표했는데,[7] 여기서는 '원터마을 배치도 및 수체계도'를 보면서 그 개요만 소개하고자 한다.

원터의 마을공간에서 하수와 빗물의 경로를 파악하고 여덟 곳에서 시료를 채취했다. 주택들에서 배출되는 하수는 올뱅이도랑 아니면 연못으로 유입되고 있었

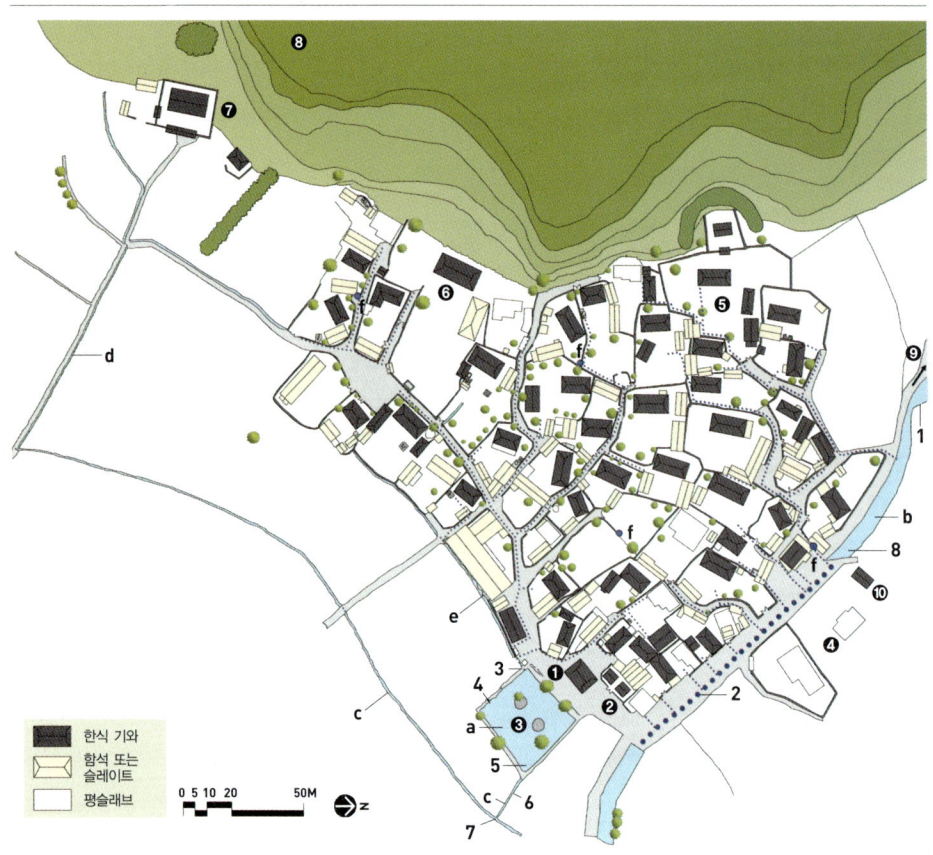

원터마을 배치도 및 수체계도

❶ 방초정   ❹ 마을회관   ❼ 영모재   ❿ 판각
❷ 열녀비각 ❺ 종가   ❽ 선산
❸ 연못   ❻ 작은종가   ❾ 명성재

점선은 복개되거나 매립된 배수로를 나타낸다. 알파벳은 수공간을, 선으로 연결된 숫자는 수질시험을 위해 시료를 채취한 지점을 나타낸다.

〈표 1〉 원터마을 수공간의 상태(단위: M. 2002년 6월 4일 기준)

위치/이름	폭	길이	깊이	수심	유속	바닥 상태
a-연못	25.6	30.0	1.0	0.2	정지	진흙
b-올챙이도랑	6.0	·	0.9	0.1~0.2	느림	잡초, 이끼
c	0.6	·	0.4	0.1	정지	잡초
d	0.5	·	0.4	0.0	정지	잡초
e	0.3	·	0.3	0.1	느림	이끼
f-우물			현재는 사용 안함			

다. 마을 주택 총 57호 중 올챙이도랑으로 하수를 방류하는 주택은 25호이고, 상주인구는 33명이다. 한편 연못으로 하수를 방류하는 주택은 32호이고, 상주인구는 59명임을 확인했다.

그리고 여덟 곳에서 채취한 시료들 각각에 대해 부유물질과 유기물질을 분석하는 실험을 수행했다. 부유물질은 크기가 0.1μm(마이크로미터) 이상 2mm 이하인 입자성 물질로, 물을 탁하게 만든다. 그 성분은 대부분 유기물로서 플랑크톤 및 세균 등의 미생물을 다량 함유하고 있어 물을 흐리게 하고, 햇빛이 물 속에 투과되는 것을 어렵게 함으로써 수중식물의 광합성을 방해한다. 부유물질에 대해서는 SS(Suspended Solid)를, 유기물질을 분석하기 위해서는 화학적 산소요구량(CODcr)과 용존성 화학적 산소요구량(SCOD)을 측정했다. 그리고 연못으로 하수가 유입되는 지점 3과 연못에서 하수가 방출되는 지점 5에서 각각의 수치를 비교했다. 그 결과 SS, COD, SCOD 등 모든 인자들이 연못을 거치면서 효과적으로 제거되어 생활하수가 상당히 자연정화되고 있음이 밝혀졌다. SS와 생화학적 산소요구량(BOD)에서 모두 수질환경보건법상 방류수의 기준에 근접하는 수치를 보였다. 원터마을 연못에서 나오는 물이 그대로 하천에 방류된다 해도 별다른 문제가 되지 않음을 입증한 것이다.

이와 함께 연못에서 하수가 체류하는 시간도 따져보았다. 그것을 학술용어로 '수리학적 체류시간(HRT)'이라고 하는데, 조사 당시 면적 717㎡, 평균 수심

18.3cm인 원터의 연못에서 하수가 체류하는 시간은 30.2일이었다. 오염물질의 자연정화 공법 가운데 하나인 늪지처리 공법에서 이상적인 수리학적 체류시간을 일반적으로 27~30일로 설정하고 있음에[8] 비추어볼 때, 원터의 연못은 마을 규모에 아주 적절한 크기였다.

마을에서는 하수 이외에도 분뇨, 주방 쓰레기, 농업생산 부산물 등 각종 유기성 폐기물이 배출된다. 그러나 그 대부분은 외부로 방출되지 않고 마을 내에서 처리되거나 농업생산에 재활용된다. 주방 쓰레기와 가축의 오물은 퇴비로 활용되며, 분뇨는 대개 감자 등 일부 밭작물에 퇴비로 쓰인다. 농업생산의 부산물인 겨는 계분(鷄糞)과 혼합되어 농촌지역에서 가장 각광받는 퇴비가 된다. 퇴비작업은 대체로 농경지에서 이루어지나, 주택의 대지 내에도 유기성 쓰레기를 퇴비로 처리하는 장소가 마련된다. 대지의 경계 내에 텃밭이 있으므로 주방 쓰레기와 농업생산 부산물 등은 대지 내부에서 상당 부분 순환된다. 명절 때 쓰레기차가 2, 3일만 오지 않아도 쓰레기 천지가 되고 마는 요즘의 아파트단지와 달리, 쓰레기차가 없어도 마을공간이 깨끗이 유지되는 비결은 바로 이런 자원의 순환에 있다.

환경친화적 해법 셋: 에너지 절감 시스템

원터마을은 북서쪽이 차단되고 남동쪽으로 개방된 곳에 자리 잡았다. 이는 에너지 측면에서 유리한 입지이나 동쪽 경사면에 마을이 위치한 관계로 일조시간이 짧은 것이 문제다. 특히 원터마을의 전통주택 평면은 실들이 앞뒤 두 겹으로 구성되는 겹집형이어서, 실내공간이 비교적 깊고 채광면이 제한되어 채광 조건이 좋지 않다.

마을 사람들은 집이 통풍은 잘되나 겨울철 보온이 나쁘다고 말한다. 벽체는 두꺼운 토벽으로 어느 정도 보온성이 있으나 개구부의 보온 성능이 낮기 때문에 실내공간이 썰렁하다. 그래서 근래에는 겨울철 실내 보온을 위해 툇마루에 필요에 따라 자유롭게 여닫을 수 있는 유리문을 설치하기도 한다. 개구부를 통한 열

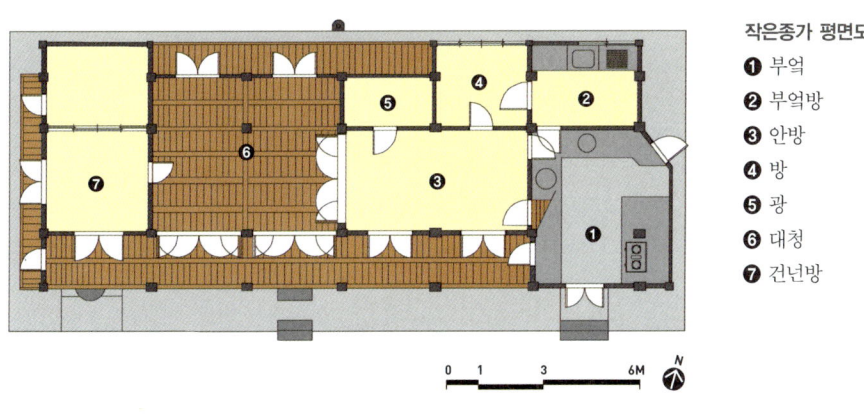

무애건축연구실, 《경북 금릉 농촌주거 실측조사 보고서》, 1988, 175쪽 참조.

손실이 많아 겨울철 보온이 취약한 한옥에 유리문을 설치하면 보온에도 도움이 되고, 바람·먼지·벌레를 막을 수 있어 좋다고 한다.

전통한옥의 단열 성능은 취약한 편이지만 마을과 한옥은 에너지 측면에서 합리적인 시스템을 가지고 있다. 우선 원터의 주거지 내부는 주변부보다 지형이 낮아 방풍에 유리하다. 또한 대지들이 대체로 남북방향으로 길게 형성되어 안채를 대지 뒤쪽에 남향으로 배치할 경우, 안채 앞에 충분한 공간이 확보되어 겨울에 따뜻한 남쪽 햇살을 잘 받을 수 있다.

다음으로 원터마을 주택들을 에너지 측면에서 살펴보자. 필지 안에서 부속채는 주로 북쪽이나 북동쪽에 배치되어 겨울철 북쪽에서 부는 찬바람을 차단해준다. 대지의 경계선을 따라서는 대개 감나무를 심었다. 낙엽수인 감나무는 유실수라는 이점과 함께 여름철에는 무성한 잎으로 햇빛을 거르고 겨울철에는 잎을 모두 떨어뜨리고 햇빛을 받아들여 미기후를 조절하는 역할을 한다. 작은종가의 공간 배열을 관찰하면, 툇마루·광 등 난방이 필요하지 않은 공간을 난방이 요구되는 공간 주위에 배치함으로써 열적인 완충 효과를 얻고 있다. 완충공간의 켜는 겨울철 실내공간의 열 손실을 감소시키며, 태양열로 가열된 공기가 그 안쪽의 주된

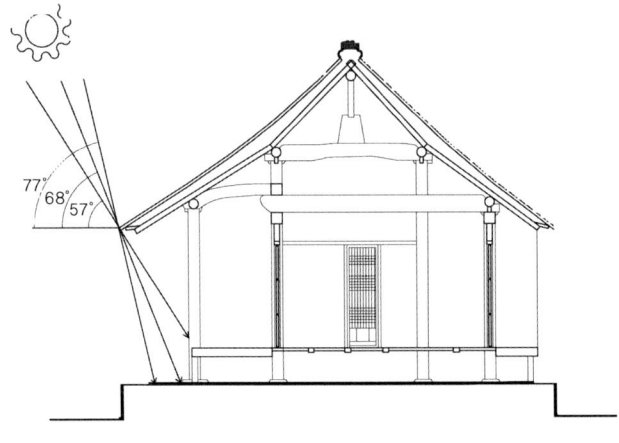

일사각과 전통주택의 단면 구성 지역과 향에 따라 돌출 길이가 다른 전통주택의 처마는, 여름철에는 햇빛을 차단하고 겨울철에는 햇빛을 받아들여 기후를 조절해준다.

실내공간으로 들어가게 한다.

주택의 처마 또한 열의 완충공간을 형성해 여름철에는 마당의 가열된 공기, 겨울철에는 한랭한 공기가 실내로 침입하는 것을 억제함으로써 주택 내부공간의 보온에 도움을 주는 건축 요소다. 그러면 작은종가 안채를 표본으로 처마의 역할을 분석해보자. 이 주택에서 처마는 앞(대략 남향)으로 1.3m, 오른쪽(서향)으로 1.0m, 왼쪽(동향)으로 0.4m, 뒤(북향)로 0.3m 돌출되었다. 앞처마의 경사는 37도다. 원터마을이 위치한 북위 36도 지역에서 일사각은 하지(6월 22일) 때 77도, 8월 15일은 68도, 9월 15일은 57도다. 기단에서 처마 아래 끝까지의 높이는 2.7m다. 이때 처마와 기단이 툇마루 끝에서 1.3m 돌출한 남쪽면의 일조상태를 보면, 하지 때 기단의 48%, 8월 15일에는 기단의 84%, 9월 15일에는 기단 전부와 툇마루 일부에 햇빛이 내리쬔다. 곧, 여름철에는 남쪽의 햇빛이 주택 내부공간으로 직접 들어오지 않아 냉방 부하가 작아지며, 겨울철에는 툇마루까지 비추므로 태양열에 의한 난방 효과로 난방 부하가 적어진다. 에너지 측면에서 볼 때 매우 합리적인 단면 구성이다.

작은종가의 안채는 마당보다 0.6m 높은 기단 위에 놓이고 맞바람이 통하도록 개구부가 구성되어 통풍이 원활하다. 특히 여름철에는 대청 전면에 설치된 문을 들어올려 완전히 개방할 수 있다. 이러한 가변성을 가진 문을 분합문 혹은 들어열개문이라고 하는데, 그것은 때에 따라 벽이 되기도 하고 천장이 되기도 하는 신기한 문이다. 이렇게 벽은 벽, 천장은 천장이라는 고정관념을 깸으로써 사용자는 스스로 환경을 조절할 수 있게 된다. 더워도 창을 열지 못하고 에어컨을 켜야 하는, 그래서 자신 주변의 환경조차 조절할 수 없다는 좌절감을 안겨주는 요즘의 집들과는 다른 면이다.

이렇게 원터마을은 환경친화적인 거주지의 요건을 두루 갖춘 마을이었다. 근래에 안길을 복개하고 샛길 수로를 매립하는 등 환경적으로 바람직하지 않은 일들이 있었으나, 원터마을에서 긴 역사를 통해 실천해온 환경친화적 해법들을 추적하는 일은 다행히 아직 가능하다. 그래서 우리에게 원터는 비록 평범하나 소중한 마을이다.

전통마을에서 발견하는 환경친화적 해법들은 '환경'을 화두로 내세우는 이 시대에 큰 교훈으로 다가온다. 그것들은 앞으로 우리가 환경적으로 좀 더 나은 주거지를 만드는 데 직접적인 참조가 될 것이다. 답사를 마치고 원터마을을 떠나오는데, 바닥이 들여다보이는 올뱅이도랑의 맑고 시원한 물에서 다슬기를 잡으며 즐거워하던 아이들의 모습이 다시 눈앞에 떠오른다.

11

부족함을 극복하는 지혜

외암 마을

외암마을 전경 주변에 너른 농경지가 있어서 주거지가 허해지기 쉬우나 마을 앞쪽 수목들이 주거지를 아늑한 공간으로 만들어준다. 뒤로 보이는 높은 산이 마을의 주산인 설화산이다.

전통마을이라고 해서 언제나 환경생태학적으로 완벽한 조건에서 형성되는 것은 아니다. 우리 국토 전체에서 찾아보아도 그러한 이상적인 입지는 그리 많지 않을 것이다. 또한 마을 입지가 단지 환경 조건만을 따져서 정해지는 것도 아니다. 이런저런 사회문화적인 이유로 환경적으로 불리한 입지에 조성된 마을도 많이 있다. 심지어 일반 마을들과는 반대로 북사면(北斜面)에 위치해 마을의 향은 물론 주택들까지 대부분 북향을 한 곳도 있다. 대전시 동구 이사동의 '상사마을'이 그런 곳이다.

　　상사마을이 이렇게 불리한 입지 조건을 갖게 된 까닭은, 애초에 마을 주변 은진 송씨의 선산을 관리하는 산지기 마을로 출발해 점차 오늘날과 같은 은진 송씨들의 거주지로 변모했기 때문이다. 결과적으로 조상의 산소들은 좋은 향을 가졌으나 집들의 향은 불리해졌다. 은진 송씨 입향조인 한천(寒泉) 송성준(宋星駿, 1797~?)이 마을에 정착한 것은 1820년경이다. 그 시기 국토의 웬만한 곳에는 이미 고을이나 마을이 조성되어 있어서, 좋은 입지 조건을 가지면서도 미개발 상태인 마을 터를 찾기가 쉽지 않았을 것이다.

　　우리에게 민속마을로 잘 알려진 외암마을도 상사마을만큼 불리한 조건은 아니나 아늑한 주거지를 만들기 어려운 지형 조건을 갖고 있다. 1/25,000 지형도를 통해 마을 주변 지세를 살펴보면 외암마을의 불리한 입지 조건을 쉽게 파악할 수 있다. 우선, 이 마을은 산기슭에 기대어 있지 않다. 마을과 산 사이에는 논이 있는데 서쪽에는 '평촌들', 북쪽에는 '설라리들'이 자리 잡고 있다. 더욱이 마을의 북쪽과 서쪽으로 큰 개울이 흐르고 있어서 마을 오른쪽의 산, 곧 풍수에서 말하는 우백호가 매우 허하다. 한국의 전통마을은 대체로 앞쪽을 제외한 삼면이 산으로 둘러싸인 곳에 자리 잡는데 외암마을의 입지는 그런 전형적인 입지와 거리가 있다. 그래서 겨울에 북서계절풍에 노출되는 등 환경적으로 불리하다.

　　그러나 막상 외암마을에 들어오면 허한 기운이 느껴지지 않는다. 무언가 보완장치를 통해 입지의 불리함을 극복하고 아늑한 거주지를 만들어냈다는 이야기다. 무슨 비결이라도 있었던 것일까?

　　앞에 장승이 서 있는 다리를 건너 외암마을로 들어가면 주거지 중앙을 동서

방향으로 관통하는 안길을 따라 발걸음을 옮기게 된다. 이 안길은 주거지 뒷부분의 외암사당에서 끝난다. 그런데 안길에서 벗어나 주거지 안쪽으로 들어가보니 특이하게도 좁은 도랑이 마을을 누비고 있었다. 그것은 다른 마을에서 흔히 보는 간단한 배수로가 아니었다. 여름에는 이 도랑에 맑은 물이 흐른다. 유럽이나 중국의 강남지방 또는 일본에서는 물길을 주거지에 적극적으로 도입하지만, 우리의 마을들에서 배수로 이외의 수로는 대개 주거지 외곽의 경계를 이룬다. 그래서 외암마을 주거지를 누비는 낯선 물길의 의미가 더욱 궁금해진다.

외암마을에 올 때마다 나는 이 두 가지 의문에 사로잡히곤 했다. 이 의문들을 풀기 위해서는 마을의 조경과 수공간을 실측조사하고 해석하는 일이 필요하리라.

외암마을의 과거와 현재

외암마을은 충남 아산시 송악면 외암리 1구 중에서 오양골이라 불리는 곳이다. 조선시대에 외암마을 서쪽으로 인접한 송악면 역촌리(역말)에는 시흥역(時興驛)이라는 역이 있었다. 그 역말을 거두어 먹이던 곳이라 하여 외암마을을 오양골이라고 부른다. 양반마을에 걸맞지 않는 이름이라는 생각도 든다.

아산 시내에서 39번 국도를 따라 남쪽 유구 방향으로 8km 정도 가면 송악면 소재지를 지나는데 그 동쪽으로 약 0.5km 지점에 외암마을이 위치한다. '외암'이라는 이름은 마을 뒤쪽으로 바라보이는 설화산의 우뚝 솟은 바위에서 비롯되었다.

마을에는 이미 500여 년 전부터 강씨(姜氏)와 목씨(睦氏)들이 살았으며, 그 뒤 일정 기간 동안 평택 진씨(陳氏)들이 주로 살았다고 한다. 이후 16세기에 예안 이씨 이사종(李嗣宗, ?~1589)이 참봉(參奉) 진한평(陳漢平)의 장녀와 혼인해 입향하고, 조상의 묘역을 마을 남서쪽 멀리에 있는 봉수산(옛 이름은 송악산)에 조성함으로써 예안 이씨들이 마을에 거주하게 되었다. 딸만 셋을 둔 진한평은 많은 재산을 보유하고 있었고 이사종이 그것을 물려받으면서 외암마을에 온전히 터를 잡은 것으로 보인다. 그 뒤 입향조 이사종의 5대손 외암(巍巖) 이간(李柬, 1677~

외암마을 주거지를 누비는 도랑 우리 전통마을에서는 보기 드물게 주거지 내부에 수로가 형성되어 있다.

1727)이 유일(遺逸)로 천거되면서 문정공(文正公)이라는 시호를 받고 사후에 불천위로 모셔지면서 외암마을은 예안 이씨 씨족마을로 자리를 굳힌다.[1]

전통적으로 우리 조상들은 '4대 봉사'라 하여 4대조에 해당하는 신위들만 사당에 모시고 기일 제사를 지냈다. 4대조를 넘는 조상의 신위는 묘지 앞에 묻는데 이를 매안(埋安)이라고 한다. 그러나 따로 별묘를 지어 불천위를 모시기도 했는데, 성리학 전통에서 불천위는 가문의 가장 큰 영광이자 자랑이었다.

외암마을은 2001년부터 문화재보호법에 따라 중요민속자료로 지정·관리되고 있다. 민속마을로 지정되면서 외부에 알려져 마을을 찾는 이들이 급격히 늘었다. 평일에도 매일 수백 명, 토요일과 일요일에는 천 명이 넘는 관람객들이 몰려오고 있다고 한다. 외암마을은 민속마을로 지정된 일곱 마을(외암 이외에 낙안읍성, 하회마을, 성읍마을, 양동마을, 왕곡마을, 한개마을) 중에서 수도권에서 가장 가까운 마을이라 관람객이 더욱 많으며, 수시로 TV 드라마와 영화를 찍어서 마을은 언제나 어수선하다. 민속마을로 지정되면서 타지의 타성들이 많이 들어온 반면,

마을의 주축을 이루던 예안 이씨들은 오히려 자신들의 거주지를 떠나고 있다. 최근 마을 방문객이 급증함에 따라 외지인들이 주민등록만 이전하고 실제 거주하지는 않는 경우도 나타나고 있다. 망국적인 부동산 투기의 악령이 외암마을까지 침투하고 있는 듯하다. 2010년 현재 외암마을에는 70호의 집들이 있는데, 그중 20호 정도가 빈집이고 마을 인구는 192명에 불과하다. 1990년까지만 해도 가구 수(64가구)의 과반(36가구: 총 가구 수의 56.3%)을 차지했던 예안 이씨들이 2001년에는 사람이 사는 전체 55가구 중 20가구로 36%를 차지하고 있을 뿐이다.[2]

그 결과 외암마을은 씨족마을의 고유한 풍모를 잃어가고 있으며, 씨족마을 특유의 공동체의식도 점차 약화되고 있다. 예안 이씨 문중에서 희사한 마을 입구의 모정에 한가로이 앉아 사람들을 기다리는 마을의 풍경을 이제는 더 이상 찾아볼 수 없다. 또한 이 마을에는 노인회가 없는데, 주민들은 마을회관이 제대로 유지·관리되지 않아서 모일 장소가 마땅하지 않기 때문이라고 한다.

말이 났으니 말이지, 주거지 가운데 부분을 차지하고 있는 마을회관은 그 위치부터 잘못 선정되었다. 혹시 은연중에 중심에 주요 시설을 두는 서양의 주거지 구성 방식을 따른 것은 아닌가 하는 의구심도 든다. 현대의 주거단지 계획에 매우 큰 영향을 미친 서양의 근린주구(近隣住區, Neighborhood) 이론에서는 중심과 주변 개념을 바탕으로 공간을 동심원적으로 구성한다. 그러나 이런 방식은 우리의 전통마을과는 아무런 관련이 없다. 씨족마을에서는 마을회관 격인 정자가 언제나 주거지의 가장 앞쪽, 안길에 면해서 자리 잡고 있다. 따라서 마을 안팎을 오가는 사람들은 정자를 거치지 않을 수 없고 그곳에서 마을 사람들과 자연스럽게 만난다. 방치된 마을회관을 보면 왜 오래된 지혜를 과거에 묻어두고 있는지 답답한 마음이 든다.

자연환경: 산과 물

마을의 자연환경을 이해하기 위해 먼저 지형 조건을 살펴보자. 외암마을은 표고

▲ 봉수산(조산)　　　　　　　▲ 광덕산

외암마을 주변 지형도

441m의 설화산을 주산으로 하고 멀리 남서쪽에 위치한 표고 535m의 봉수산을 조산(朝山)으로 하는 국(局)에 자리 잡고 있다. 설화산은 마을 남쪽 약 4.8km 지점에 있는 표고 698m의 광덕산에서 북쪽으로 뻗은 맥인데, 외암리 북동쪽에 이르러 방향을 바꾸어 서남쪽으로 머리를 돌리고 있다. 광덕산에서 설화산으로 흐르는 표고 400m 내외의 맥이 내맥(內脈)이며 좌청룡이다. 마을 사람들은 외암리의 내맥을 회룡고조(回龍顧祖: 용이 제 몸을 휘감아 제 꼬리를 돌아보는 모양)의 형국으로 본다.

설화산 너머에는 고려 말에 최영 장군이 사위 맹사성(孟思誠)에게 물려주었다고 하는 맹씨행단이 있다. 맹씨행단은 남한에 현존하는 가장 오래된 한옥인데, 역시 설화산을 주산으로 하고 있다. 예전에 설화산 북쪽 하천 건너편에는 온양의 관아가 있었으며, 설화산은 온양의 안산이었다. 이렇게 설화산은 외암마을을 포함한 주변 지역에서 정주지를 구성하는 중요한 기준으로 작용했다. 또한 설화산에는 마을 사람들이 치성을 드리는 제당이 있어서, 봉우리가 뚜렷한 설화산이 주변 마을 사람들에게 정신적인 의지처의 역할도 했음을 알려준다.

외암마을의 우백호는 역촌리를 관통해 흐르는 개천인 역천(驛川)과 나란히 달리는 표고 348m의 황산 능선이다. 그리고 안산은 마을 남서쪽에 있는 표고 184m의 나지막한 면잠산(眠蠶山)이다. 모양이 잠자는 누에 같다 하여 그런 이름이 붙여진 면잠산을 마을 사람들은 면적산이라고도 부른다. 조산은 외암리 예안 이씨의 세장지지(世葬之地: 대대로 묘를 쓰는 땅)가 있는 유곡리 남서쪽의 봉수산이다. 백호는 산세가 다소 낮고 개천이 관통하는 탓에 상당히 취약하다.

면잠산이 북쪽으로 꼬리를 내민 것처럼 보이는 곳이 밤람동산, 속칭 바람동산이다. 이 작은 구릉이 있어서 마을 영역이 좀 더 아늑하게 느껴진다. 밤람동산 위에는 교회가 하나 있는데 그 교회에서 마을을 가장 잘 내려다볼 수 있다. 그런데 이 교회는 우리가 오늘날 자연을 보는 시각을 그대로 드러낸다. 사실 지금 교회가 있는 곳은 인간이 만든 구조물이 들어갈 자리가 아니다. 인공물은 좀 더 겸손한 자리로 가고 주변에서 쉽게 눈에 띄는 그 언덕은 자연 그대로 유지하는 것이 주변 거주환경을 고려할 때 올바른 판단일 것이다.

외암마을 주택들은 표고 50m에서 175m 사이에 자리 잡고 있다. 주거지의 평균 경사도는 일반적인 씨족마을 주거지의 경사도보다 다소 급한 25%다. 이런 경사 지형에서 집들은 대체로 등고선과 나란히 배치된다. 외암마을 주거지는 세부 지형을 활용해 조성되었기 때문에 집의 뒤쪽은 자연지형으로 어느 정도 아늑하게 둘려 있다. 이것은 1/5,000 지형도를 보면 쉽게 확인할 수 있다. 그래서 주거지 뒤쪽에서 앞을 내다보면 집들은 몸통을 땅으로 가리고 지붕만 살짝 드러낸다. 비록 마을 주변 지세가 아늑한 영역을 만들어주지는 못하지만, 완만한 경사지를 최대한 이용해 집들을 배치한 외암마을 내부에서는 별달리 허전함이 느껴지지 않는다.

참판댁 큰집의 문간채 집 뒤로 배치의 기준이 된 설화산이 우뚝 서 있다. 마을의 여러 집들이 주산인 설화산과 안산인 면잠산이 만드는 개념적인 축을 최대한 따랐다.

주변 산세는 마을공간을 구성하는 데 직접적인 영향을 미쳤다. 솟을대문을 통해 마을 안산인 면잠산 봉우리가 정확히 눈에 들어오는 참판댁 큰집에서 그것을 확인할 수 있다. 주산인 설화산과 안산인 면잠산이 만드는 개념적인 축이 마을의 주거지 영역에서 다소 벗어나 있는 것으로 보이나, 참판댁 큰집을 비롯한 여러 집들이 그 축을 최대한 따랐다.

다음으로 수계를 살펴보자. 설화산 계곡에서 내려온 맑은 물줄기가 마을 주거지의 남쪽 경계를 따라 흐른다. 우리 전통마을에서는 이렇게 수로가 주거지 경계를 이루는 모습을 흔히 본다. 설화산 계곡에서 서쪽으로 흘러내리는 마을 남쪽 개울은 풍수에서 볼 때 혈(穴), 곧 마을 앞을 지나는 내득수(內得水)에 해당하는데, 강당골에서 내려오는 개울과 마을 입구에서 만난다. 두 물줄기가 합류하는 마을 동구 부분은 수구(水口)가 된다. 합쳐진 두 개울은 북서쪽으로 흘러 역촌리에서 다시 다른 물줄기와 합류하는데, 그 지점을 외수구로 볼 수 있다.

외암마을이 배출한 대학자 외암 이간의 문집에서도 이 같은 지리 인식을 볼 수 있어서 흥미롭다. 그는 외암 주변 산수를 오산(五山)과 오수(五水)로 나누어 극찬했고, 외암오산·외암오수라는 열 편의 칠언절구 시를 남겼다. 특히 그는 지명을 신비로운 동물과 연관시켜 시적으로 표현했다. 그가 언급한 오산은 주산인 설화산을 비롯해 광덕·월라(황산)·송악·면잠이고, 오수는 용추(龍湫)·인곡(獜谷)·반계(磐溪)·역천·온정(溫井)이다. 여기서 용추는 강당골을, 인곡은 설화산 계곡에서 내려오는 개천, 반계는 두 개천이 합류하는 동구, 역천은 역촌리의 합수지점, 그리고 온정은 온천을 말하는 것으로 판단된다.[3]

우리 전통마을은 대개 뒤쪽 계곡에서 내려오는 물줄기를 끼고 조성되지만, 외암은 특히 풍부한 물줄기에 면하고 있다. 비나 눈이 많이 내린 직후에는 설화산 계곡에서 마을 주거지 남쪽으로 흘러내리는 물이 수로에 가득하다. 이 물에는 물고기도 많이 살아서 외암마을에서는 개울에서 잡은 민물고기로 죽을 쑤어 먹는다. 특히 밤에 고기를 잡아서 밤참으로 즐겨 먹는다고 한다. 어죽의 재료가 되는 민물고기는 중태미(버들치의 방언), 미꾸라지, 피라미, 구구락지(동사리의 방언), 빠가사리(동자개의 방언), 메기, 붕어 등 여러 종류다. 이런 물고기를 넣고 고추장을 풀어서 쌀을 넣고 끓이면 어죽이 된다. 여기에 국수와 수제비, 라면사리 등을 곁들이면 일품요리가 된다.[4]

마을의 공간구조: 길과 집

외암마을의 길을 안길과 샛길로 나누어 살펴보면 마을의 공간구조를 파악하는 데 도움이 된다. 안길은 마을 입구에서 시작하여 느티나무를 거쳐 마을 뒤쪽 외암사당에 이르는, 서에서 동으로 점차 높아지는 일자형의 길이다. 길의 폭은 3~5m 정도인데, 길 양쪽을 따라 조성된 돌담으로 마을의 안길은 뚜렷이 규정된다. 다

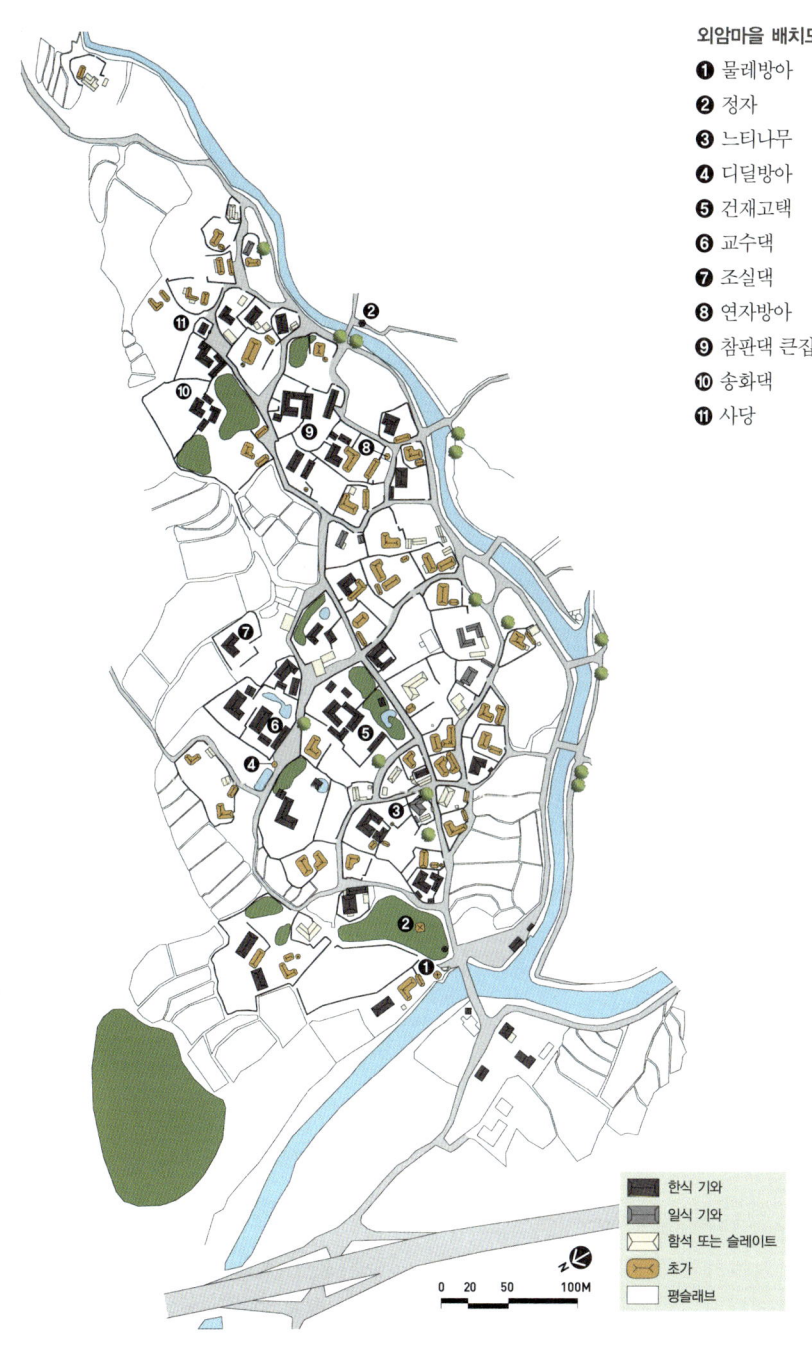

아산시, 《아산 외암민속마을 종합정비계획》, 2002. 2 참조.

외암마을의 길 외암마을에서 샛길들은 대개 T자형으로 만나 고리 모양을 이룬다.

만, 건재고택 부분에서는 기와를 얹은 토석담을 안길을 따라 높이 쌓았다.

　길과 주택 사이에 텃밭과 바깥마당이 끼어드는 샛길과 달리, 담으로 그 경계가 뚜렷이 규정된 안길에서는 방향성이 강하게 느껴진다. 안길에 면한 필지에서 필지 외곽에 건물을 배치할 때는 건물 외벽 바깥으로 다시 돌담을 둘러 되도록 건물 외벽이 담을 겸하지 않도록 했다. 낙안읍성처럼 고밀도 주거지가 아니므로 필지에 여유가 있어 이런 처리가 가능했다. 이렇게 안길을 규정하는 요소인 돌담이 외벽의 개입 없이 연속되므로 안길은 좀 더 통일성 있는 공간이 되었다.

　안길에서 일정한 간격으로 뻗어나간 샛길은 끝이 서로 연결되어 고리를 이룬다. 필지가 샛길과 접할 때는, 길과 주거 영역 사이에 텃밭이나 바깥마당을 두어 건물과 샛길이 직접 만나지 않도록 했다. 이때는 앞쪽 외곽에 있는 건물 외벽이 그 자체로 주거 영역의 경계가 된다. 이처럼 외암마을 주택들은 안길과 샛길에 서로 다른 논리로 대응하면서 마을공간을 구성한다.

외암마을에서 안길과 샛길은 십자형으로 만나기도 하고 T자형으로 만나기도 한다. 그런데 우리의 전통마을에서 마을길이 십자형으로 만나 사방으로 통하는 일은 드물다. 십자형 교차로는 이동을 원활히 해주는 특성이 있지만 전통마을에서는 그런 길의 구성을 의도적으로 피했다. 전통마을의 길에는 이동의 목적만 있는 것이 아니기 때문이다. 특히 길의 한쪽 끝이 자연경관으로 이어져 나갈 경우 다른 한쪽은 또 다른 길이나 건물로 막히는 것이 보통이다. 마을길이 주거지 양쪽의 산림으로 이어지는 대구의 옻골마을에서 이런 특징을 잘 볼 수 있다. 옻골마을에서는 어느 길이든 한쪽은 다른 길과 T자형으로 만나거나 스스로 굴절된다. 외암마을에서도 안길을 관통해 십자를 이루는 샛길의 양쪽 끝은 산이나 개울로 이어지지 않고 다른 길과 T자형으로 만남으로써 막힌다. 여기서 우리는 길의 구성에서도 허한 것을 기피한 조상들의 공간관을 엿볼 수 있다.

집들은 남서향을 취하고 있어 샛길에서 집의 정면 방향으로 바로 진입하며, 집 앞에는 대개 바깥마당을 두었다. 외암마을에서 발달한 바깥마당은 본래 타작과 같은 농작업을 하는 공간이었으나, 요즈음은 농작업이 대부분 농경지에서 이루어지므로 그 본래의 기능을 상실한 상태다. 그러나 바깥마당이 있어서 공간적으로 훨씬 여유 있는 마을 경관이 만들어졌다. 바깥마당은 개별적인 영역인 주택과 공동 영역인 길이 만나는 중간 성격의 공간 요소로서 두 영역을 완충해준다. 주거지를 공과 사로 날카롭고 경직되게 나누는 현대의 공간계획에서는 이런 중간 요소를 간과하기 쉽다. 그러나 새로운 주거지를 계획하는 데 이러한 중간 요소를 적절히 배열한다면 더욱 여유 있고 풍부한 거주공간을 만들어낼 수 있을 것이다.

부족함을 극복하는 지혜 하나 : 상징성과 실용성을 갖춘 물길

다른 마을과 비교할 때 외암마을에서 가장 독특한 요소는 주거지 내부로 유입된

개울물 유입구 주거지 맨 뒤쪽에는 설화산 계곡에서 내려온 개울물을 마을로 끌어들이는 유입구가 설치되어 있다. 겨울철에는 이렇게 널빤지로 막아놓는다.

물길이다. 인공의 수로를 흐르는 물은 주거지 바깥의 개울에서 꽐꽐 흐르는 자연의 물이 아니라 조용히 흐르는 순화된 물이다.

　주거지 맨 뒤쪽에는 설화산 계곡에서 내려온 개울물을 마을로 끌어들이는 유입구가 설치되어 있다. 일단 주거지 안으로 이 물이 들어오면 모든 집에서 물을 끌어들여 사용할 수 있도록 유입구의 위치를 주거지 가장 뒤로 정했다. 유입구를 통해 주거지로 들어온 물은 주로 안길의 북쪽 부분을 수놓듯 빙글빙글 돌고 마을 앞의 개울로 이어진다. 주거지 남쪽을 흐르는 개울에서 상대적으로 멀리 있는 집들은 주거지에 조성된 물길을 통해 물을 가까이서 접한다. 이에 따라 외암마을에서는 거의 모든 집들이 물을 지척에 두고 있다. 다만, 겨울철에는 주거지의 수로에 개울물이 유입되지 않도록 유입구를 널빤지로 막아놓는다. 추운 날씨로 수로가 얼어 동파되는 것을 방지하려는 유지·관리 차원의 고려인 듯하다.

　마을 사람들은 주산인 설화산의 이름에 불 화(火) 자와 같은 발음이 있어 화기(火氣)가 있다고 본다. 그래서 그것을 제압하려고 물을 마을 안으로 끌어들였다고 설명한다. 오행사상(五行思想)에서는 수극화(水克火)라 하여 수와 화는 상극(相克)이다. 따라서 외암마을 안을 흐르는 물은 화기를 제압하는 상징적 의미를 갖는다.

　수로를 흐르는 물은 유사시에 실제로 방화수로 사용되므로 실용적인 의미도

안길과 주택을 나누어주는 물길 물길을 건너 공적인 영역에서 사적인 영역으로 들어갈 때 미묘하고 독특한 느낌을 받는다.

갖는다. 외암마을의 주택은 대부분 초가집이다. 이렇게 집들이 나무와 볏짚 등 자연재료로 지어진 마을에서 가장 무서운 것이 불이다. 초등학생 시절, 밤잠을 자다가 갑자기 밖이 소란스러워 나가보면 동네 사람들이 모두 일렬로 서서 물이 든 양동이를 손에서 손으로 전해주고 있었다. 놀란 마음에 어린 나도 속옷 차림으로 그 줄을 비집고 들어가 물 양동이를 옆 사람에게 건네주었다. 한바탕 소동이 지나간 후 아침이 되면 숯덩이로 변한 집 한 채가 눈에 띄었다. 그때 물이 흐르는 수로가 그 집 앞에 있었다면 좀 더 빠르고 쉽게 불을 끌 수 있었을 것이다.

수로의 물에는 또 다른 실용적 의미가 있다. 수로의 물을 조경수로 사용하는 것이다. 건재고택, 교수댁 등 격식을 갖춘 몇몇 한옥에서는 수로의 물을 모아 연못을 조성했다. 또한 비가 많이 올 때는 수로가 빗물의 배수로 역할을 하는 것은 물론이다.

불이 나면 수로의 물을 방화수로 사용하지만 일상적으로는 생활용수로 사용

아산시, 《아산 외암민속마을 종합정비계획》, 2002. 2 참조.

한다. 수로가 주거지 중앙에 이르러서는 빨래터로 연결되는데, 지금 흔적만 남아 있는 이 빨래터는 마을 사람들이 수로의 물을 공동으로 사용했음을 보여준다. 또한 수로는 집의 안팎을 드나들며 집들 사이를 연결해준다. 이렇게 해서 수로의 물은 마을공동체를 느끼게 하는 하나의 매개체가 되어 그 안에 사회심리적인 의미를 담게 된다.

또한 공적인 공간인 길과 사적인 집 사이에 놓인 수로는 공간구성의 요소로서 작용한다. 마을공간에서 물길을 건너 집으로 들어가면 영역이 바뀌는 미묘한 느낌을 받는다. 이는 모든 요소를 공과 사로 날카롭게 나누고 그 사이에 불가침의 장벽을 설치하는 현대의 우리에겐 낯선 모습이다.

이와 같이 외암마을에서 주거지 내부로 도입된 물은 순화된 자연요소로서 마을공간과 개인공간 모두에서 흥미롭게 쓰이고 있다. 그것은 마을 사람들에게 상징적, 실용적, 사회심리적, 공간구성적으로 다양한 의미를 갖는 중요한 요소였다. 이렇게 우리의 전통마을에서는 하나의 자연요소에도 복합적인 의미가 깃들어 있다. 이는, 상징성을 취하면 실용성이 없고, 실용성을 좇으면 상징성이 없는 요즘의 디자인과는 다른 측면이다. 상징적인 디자인에 실용성이 없으면 그것은 일종의 사치가 되며, 반대로 실용적인 디자인에 상징성이 없으면 무미건조한 기능 지상주의의 산물이 되고 만다.

부족함을 극복하는 지혜 둘 : 아늑한 주거지를 만드는 녹지체계

외암마을의 녹지는 매우 아름답다. 산림청과 '생명의 숲 가꾸기 국민운동본부'가 공동 개최한 '제2회 아름다운 숲 전국대회'의 마을숲 부문에서 가장 아름다운 숲으로 선정되었을 정도다. 그런데 그것을 더욱 가치 있게 하는 것은 녹지가 심미적 기능에 실용적인 기능까지 갖추고 있다는 점이다.

마을 북서쪽 구릉에 조성된 소나무숲은 마을의 불리한 지세를 보완하는 동수의 기능을 갖는다. 북서쪽이 허하다는, 결정적으로 불리한 마을 입지를 보완하려

랜드마크가 되는 상징목
마을공간 어디에서도 눈에 띄는 이 느티나무는 마을에서 방향감각을 갖는 데 도움을 준다.

는 의도를 보여주는 조경이다. 마을 입구의 개울을 건너면 왼쪽에 나타나는 소나무숲도 마찬가지의 의미를 갖는다. 주거지를 아늑하게 가려주는 이 동수는 수구막이의 역할도 겸한다. 마을공간을 흐른 물길이 마을 밖으로 빠져나가는 지점이 수구인데, 그것이 허하지 않도록 하는 것을 수구막이라고 한다. 이중환도 《택리지》에서 "무릇 수구가 엉성하고 널따랗기만 한 곳에는 비록 좋은 밭 만 이랑과 집 천 칸이 있어도 다음 세대까지 내려가지 못하고 저절로 흩어져 없어진다. 그러므로 집터를 잡을 때는 반드시 수구가 꼭 닫힌 듯하고 그 안에 들이 펼쳐진 곳을 눈여겨보아 구할 것이다"라며, 수구를 허하지 않게 구성하는 것이 중요함을 지적했다.

마을 안으로 들어와도 안길의 북쪽, 주거지 경계 부분으로는 대나무나 소나무 군락이 선 또는 면으로 조성되어 있다. 이에 비해 마을 남동쪽 개울가로는 키 큰 나무들이 서로 간격을 두고 점점이 심겨 있다. 전자가 주거지 영역의 경계를 표시하고 방풍을 위한 것이라면, 후자는 앞이 너무 트여 생기는 심리적인 허함을 줄이려는 의도를 보여준다.

안길을 따라 마을 안쪽으로 들어올 때 무엇보다도 눈에 띄는 것은 커다란 느티나무다. 멀리서도 눈에 띄어 어떤 지역을 상징하고 그 지역의 공간에서 방향감각을 갖는 데 기준이 되는 요소를 랜드마크라고 한다. 서양의 주거지에서는 성당

수목이 연출하는 안길의 공간감 개인의 대지 안에 있는 나무들이 공동공간인 안길에 그늘을 드리워준다.

종탑과 같은 인공 구조물이 랜드마크가 되는 것이 일반적인데, 외암마을에서는 자연요소인 나무가 그 역할을 하고 있다. 높이 21m, 줄기 지름 3m의 이 느티나무는 안길과 샛길이 십자로 만나는 지점에 위치한다. 이같이 길이 교차하는 결절점(node)은 사람들이 가장 자주 지나치는 중요한 곳이다. 그 위치를 통해 느티나무가 이 마을에서 갖는 중요성을 이해할 수 있다. 이 상징목은 여름에 그늘을 드리워 사람들이 발길을 멈추고 모일 수 있는 장소를 만들어준다.

이 느티나무의 나이가 560살 정도라고 하니, 예안 이씨들이 이 마을에 정착하기 이전부터 마을의 역사를 말없이 지켜보고 있던 유일한 생명체라고 할 수 있다. 마을 사람들은 매년 음력 정월 14일에 장승제와 느티나무제를 지내며 마을의 평안을 빈다.[5] 나무 둘레에 단을 높여 놓은 데서도 이 느티나무가 마을 사람들에게 신앙의 대상이 되는 소중한 존재임을 알 수 있다. 예전에는 나무에 근접하지 못하도록 쇠사슬을 둘러놓기도 했다. 소중한 나무를 보호하려는 마음을 너무 거칠게 드러냈던 것이다. 다행히 최근에 그 보기 흉한 쇠사슬을 철거했다.

외암마을과 원터마을에서 보듯이 우리나라의 많은 마을들에서는 마을공간에 상징목을 두고 그것을 보호해왔다. 이러한 조경의 상징성은 현대 주거지에서는 사라진 우리의 소중한 전통이다. 애니미즘에 맞닿아 있는 이 전통은 자연요소를 소중히 가꾸고 인간과 자연이 공존하는 환경을 유지시켜온 하나의 장치였다.

이밖에도 외암마을 주거지 앞쪽에는 마을길을 따라 까치집이 지어진 높은 은행나무들이 점점이 심겨 있다. 이렇게 담장을 따라 개인의 대지 안에 심긴 나무들은 주거지의 허함을 보완해주고 인접한 길을 부드러운 공간으로 만들어준다. 낙엽수인 이 나무들은 여름철에는 안길에 그늘을 만들어주고 겨울철에는 햇볕을 쪼일 수 있게 해준다. 이와 같이 아늑한 주거지를 만들어내기에는 부족한 입지의 한계를 인위적인 조경을 통해 극복하는 다양한 모습을 외암마을에서 찾아볼 수 있다.

자연친화적인 건축공간과 재료

예부터 외암리를 삼다(三多)마을이라고 한다. 제주도는 바람·돌·여자가 많아서 삼다도라고 하는데, 외암마을에서 삼다란 돌이 많다는 석다(石多), 말이 많다는 언다(言多), 양반이 많다는 반다(班多)를 뜻한다. 그래서 외암마을 건축에는 돌이 많이 쓰였다. 자연석은 외암마을 경관을 특징짓는 재료인데, '삼다' 중에서 여전히 남아 있는 것은 돌뿐이다.

마을의 담장은 모두 돌담으로, 이를 모두 이으면 5.3km나 된다고 한다.[6] 줄눈이나 속흙 채움 없이 막돌로만 돌담을 쌓아올렸는데 이러한 담을 돌각담이라고 한다. 돌각담은 돌만으로 이루어지기 때문에 배수가 잘되고 겨울철에 얼어서 파괴되는 문제가 없다. 따라서 외암마을에서는 참판댁 큰집 같은 양반주택의 담장조차 기와를 얹지 않았다.

길과 돌담 안길에 면한 돌담(왼쪽)이 샛길에 면한 돌담(오른쪽)보다 높다.

    돌담의 두께는 위로 갈수록 줄어들어 맨 윗부분에서는 80~90cm가 된다. 돌담의 높이는 일정하지 않지만 모두 성인의 눈높이인 1.5m 이하다. 이는 담 양쪽 공간을 나누어주면서도 시각적으로는 완전히 차단하지 않는 높이다. 이로써 아늑하지만 답답하지 않은 사적인 영역이 조성된다. 두 공간 사이가 눈높이 이상의 물체로 차단되면 두 공간은 서로 폐쇄적이고 배타적으로 느껴지는데, 외암마을에서는 개별 공간과 공동의 공간인 길이 서로 완전히 분리되지 않고 적절히 '분절'되어 있다. 한편, 안길에 면한 돌담보다 샛길에 면한 돌담의 높이가 더 낮은 경향이 있다. 샛길은 안길보다 공적인 성격이 덜하다는 점을 생각하면, 돌담이 길의 성격에 논리적으로 대응하고 있음을 알 수 있다.

    외암마을에서는 자연재료가 독특한 경관과 공간을 만들어낸다. 마을에서 가장 격식을 갖춘 한옥인 참판댁 큰집에서는 돌각담이 외곽을 둘러싸고 있는데, 문간채 앞까지 돌담을 둘러서 대문간 앞에 좁은 골목이 만들어졌다. 한편 외암마을

조실댁 건물과 돌담이 모두 가운데로 시선을 모으는 ㄱ자형인 이 집은 사람을 집 쪽으로 이끄는 듯하다.

에서 돌담이 연출하는 가장 극적인 모습을 조실댁에서 엿볼 수 있다. 45도 방향에서 이 집으로 다가가면 건물 모양이 반복된 듯 ㄱ자형으로 조성된 돌담이 우리를 집 쪽으로 이끈다. 또한 집에 문간채가 없어도 돌담으로 적절하게 가려져 집 안이 밖으로 마냥 드러나지 않는다.

외암마을의 돌담은 좋은 경관을 위해서 또는 환경친화적 건축을 위해서 도입된 것이 아니다. 외암마을의 지질 구조는 땅 밑으로 일정한 지층에 이르기까지 호박돌로 이루어져 있다.[7] 따라서 경작지를 개척하고 집터를 조성하면서 걷어낸 돌을 모아 담을 만들었을 뿐이다. 땅바닥에 있던 돌들을 차곡차곡 쌓아 담장을 만든 것이니, 자연요소의 위치가 조정되었을지언정 재료는 자연 그대로다. 이렇게 주어진 조건과 순리에 따라 경관을 만들고 거주환경을 가꿀 때, 자연이 크게 변형되지 않으면서 아름답고 건강한 미학이 탄생함을 외암마을에서 깨닫는다.

외암마을의 재래 민가들은 담장의 돌뿐만 아니라 지붕의 볏짚, 사립문의 싸리나무와 대나무 등 대부분 자연재료로 건축되었다. 이렇게 자연에서 얻을 수 있는 재료를 사용한 건축이 주변 경관과 조화를 이루지 못할 리 없다. 그런데 경제논리만으로는 이런 외암마을의 환경친화적 아름다움을 결코 지킬 수 없다. 근시안적인 경제관을 바탕으로 한 인위적인 치장이야말로 우리 마을이 가진 환경친화성에 가장 위협적인 일이다. 우려되는 것은 이미 인위적인 디자인이 마을에 거칠게 침투하고 있는 것이다. 마을 입구에 무질서하게 자리 잡은 장승, 열녀비각, 그리고 신도비를 보라. 마을 안길을 따라 서 있는 주철제 가로등은 또 어떤가. 마을의 자연스럽고 아름다운 경관을 유지하기 위해서는 어설프게 무엇을 더하기보다 불필요한 일을 하지 않는 것이 중요하다. 생활의 절실한 필요에 따라 신중하게 궁리된 것들만이 외암마을의 아름다움과 함께할 수 있을 것이다.

외암마을은 겨울에 북서계절풍에 노출되는 등 환경적으로 불리한 곳에서 시작되었다. 이 마을의 첫 답사부터 나는 늘 "불리한 조건 속에서도 어떻게 오랜 기간 주거지로 유지돼왔는가" 하는 의문을 가졌다. 여러 차례 답사와 조사를 하면서 얻은 하나의 대답은, 마을에 살아온 사람들이 자연을 그대로 받아들인 것이 아니라 좀 더 나은 거주환경을 만들기 위해 일관되게 노력함으로써 점차 바람직한 주거지로 만들어졌다는 생각이다. 그 노력이란 바로 자연요소를 최대한 이용한 건축과 조경으로 불리한 자연조건을 극복하려는 것이다. 이렇게 자연요소로 자연을 조절하는 것이야말로 차원 높은 환경친화적 방법이라 할 수 있다.

우리는 외암마을처럼 불리한 입지 조건을 환경친화적 요소들로 극복해 바람직한 주거지를 만든 마을에서, 이상적인 입지에 자리 잡은 마을에서 얻는 것 이상의 교훈을 얻는다. 이런 마을들에서 발견하는 지혜야말로 쓸 수 있는 땅이 갈수록 줄어들고 자연경관이 많이 훼손된 오늘날 좀 더 환경친화적인 주거지를 만드는 데 꼭 필요한 가르침일 것이다.

12

지속 가능한 거주공간을 찾아서

왕곡마을

왕곡마을 전경 주거지 남서쪽 언덕에서 본 두백산과 북동쪽 마을 입구의 모습이다. 주거지 주변부와 내부에 텃밭이 많아서 집들이 듬성듬성 보인다.

1986년 8월 1일, 서울에서 새벽 5시 5분에 출발하는 첫 고속버스를 타고 속초로 향했다. 그리고 딱 5시간 만에 속초에서 거진·대진 쪽으로 가는 버스로 바꾸어 탔다. 7번 국도를 따라 북쪽으로 가는 버스 안에서 '언제나 이 길로 쭉 올라가 북녘의 마을들을 답사할 수 있을까?' 하는 생각을 하는데, 기사가 내리라는 손짓을 한다. 내릴 준비를 하는 사이 왼쪽 차창으로 커다란 호수가 스친다.

버스에서 내려 바다 반대쪽으로 10분 정도 걸었으나 길이 점점 오르막이 될 뿐 마을이 있을 것 같지가 않다. 그러나 잠시 후, 나중에 이름을 안 '한고개'가 정점에 달했을 때 키 큰 소나무들이 빽빽한 인상 깊은 장소가 나타났다. 소나무 가지들 틈으로 앞을 살피니 기와지붕들이 여럿 보인다. 이렇게 나는 멀게만 느껴졌던 왕곡(旺谷)마을에 첫발을 디뎠다.

예상하기 힘든 곳에 자리 잡은 은거지

왕곡마을은 강원도 고성군 죽왕면 오봉1리에 속한다. 마을이 두백산, 공모산(골무를 닮았다고 해서 골무산이라고도 함), 순방산, 제공산(밭 넘어 산이라 해서 밭도산이라고도 함), 호근산(송지호 갯가와 닿았다 해서 갯가산이라고도 함) 등 5개의 산봉우리로 둘러싸여 있어서 오봉리라 부른다. 마을이 산들로 둘러싸여 있어 밖으로 드러나지 않으므로 입구에 이르기 전에는 마을의 존재를 예상하기 힘들다.

왕곡마을은 양근 함씨(강릉 함씨라고도 함) 조상들이 은거지로 선택한 곳이다. 고려 말 공양왕의 최측근으로 알려진, 홍문관(弘文館) 박사 출신 함부열(咸傅烈, 1371~1442)이 이성계의 조선왕조 건국에 반대해 왕곡마을 근처 고성군 간성읍 금수리로 내려오고 그의 손자 함영근이 마을로 들어옴으로써 왕곡마을은 함씨들의 마을이 되기 시작했다. 왕곡마을의 역사는 이렇게 14세기 말까지 거슬러 올라간다. 2011년 현재 마을에 사는 함정균(83세) 씨는 함부열의 19세손이니 함씨들은 마을에서 17대째, 600년 이상 살고 있는 것이다.

충신이 역적이 되고 역적이 개국공신이 되던 조선 개국기에 공양왕에 대한 충절을 선택한 함부열은, 이성계 편에 선 형 함부림(咸傅霖)과도 결별하고 속세를 떠나는 심정으로 가장 외진 곳을 찾았다. 후세 사람들은 함부열의 이런 극적인 선택을 존경해 그를 고려조 마지막 충신의 한 분으로 모시지만, 당시 신정권에 반대한 그가 후손들이 안전하게 대를 이어 살 만한 곳을 찾기는 쉽지 않았을 것이다.

함부열이 찾은 곳은, 이중환이 《택리지》에서 "서쪽에 고개가 너무 높아 낯선 땅 같다"라고 한 간성 땅이었다. 그의 손자는 그중에서도 산으로 둘러싸인 우묵한 곳을 찾아 최종 은신처로 선택했다. 영서로 통하는 진부령이나 미시령, 선유령 등의 길목에서 벗어나 있는 왕곡마을은 은신처로서는 보기 드문 장소였다.

왕곡마을 입구에는 '동학의 빛 왕곡마을'이라는 기념비가 있다. 이는 1889년 동학의 2대 교주인 해월(海月) 최시형(崔時亨)이 관의 눈을 피해 수개월간 왕곡마을 김함도의 집에 숨어 있었던 것과 1894년 갑오년 9월, 동학군이 함일순가옥에서 10여 일간 머물며 전력을 가다듬은 것을 기념하는 조형물이다. 이렇듯 왕곡마을은 근대기에도 은신처의 역할을 톡톡히 했다.

이전에는 남북방향의 도로가 왕곡마을 앞을 지나갔으나 일제강점기에 동해안 쪽으로 7번 국도가 개설되면서 그 도로는 사라지고 마을은 통과교통에서 멀어졌다. 동해북부선 철도 역시 7번 국도와 나란히 달린다. 이렇게 해서 왕곡은 근대 이후에도 여전히 외진 곳으로 남았다. 많은 우리 마을들이 일제강점기에 무분별하게 변형된 데 반해 왕곡마을은 일제의 개발을 비껴감으로써 그 원형을 유지할 수 있었다.

이토록 외지다 보니 한동안 버스가 들어오지 않아 생활의 불편이 컸다. 아이들은 마을에서 북쪽으로 5리 정도 떨어진 공현초등학교를 걸어다니고 중·고등학교는 국도까지 걸어가서 다시 버스를 타고 가야 했다. 장을 한번 보려 해도 국도까지 걸어가 버스를 타고 20분 정도 가서 간성읍 오일장을 이용해야 했다. 2003년에야 마을에 버스가 들어왔고 지금은 아침저녁으로 한 차례씩 버스를 운행해 교통 사정이 조금은 나아졌다.

분단과 전쟁으로 시작된 위협

일제강점기까지도 은거지의 모습을 유지해온 왕곡마을은 광복 이후 심각한 위기를 맞는다. 마을이 38선 북쪽에 있다 보니 국토가 남북으로 분단되는 시기에 큰 혼란을 겪게 된 것이다. 마을에서 나와 7번 국도를 따라 북쪽으로 조금 더 가면 통일전망대가 있고 휴전선이 가로막는다. 왕곡마을은 광복 이후부터 휴전협정이 맺어진 1953년까지 북한 정권 아래에 있었다. 이때 지주층이던 함씨 몇 집은 야밤을 타 남으로 피신했다고 한다. 그 뒤에 휴전선이 동해안 쪽에서 갑자기 북쪽으로 휘어져 올라감에 따라 마을은 남한에 편제되었다. 이에 따라 마을을 떠났던 함씨들이 돌아왔으나, 오히려 최씨 여러 가구는 북한으로 들어갔다고 한다.

6·25전쟁 때에는 마을에서 불과 36.7km 거리에 있는 월비산(금강산 남동쪽의 산)에서 동부전선 최대의 격전이 벌어졌다. 특히 1953년 7월 27일 휴전이 될 때까지 오랫동안 351고지를 둘러싸고 벌어진 전투는 한국전쟁사에 가장 처절한 전투의 하나로 기록된다. 당시 격전지에서 후방으로 그리 멀지 않은 고성군 일대는 많은 피해를 입었고, 특히 351고지로 접근하는 길인 7번 국도변 마을들은 대부분 파괴되었다.

7번 국도에서 불과 1.3km 안쪽에 있는 왕곡마을에서도 늘 포성을 들으며 마음을 졸였을 것이다. 그러나 의외로 왕곡마을은 이렇다 할 피해를 입지 않았다. 피해가 작았던 것은 무엇보다도 마을이 높은 산으로 둘러싸여서 함포사격을 피했기 때문으로 보인다. 그래서 공현진리 등 인근 국도변 마을에서 좀 더 안전한 왕곡마을로 피난을 오기도 했다.[1]

물론 격전지 배후에 있는 마을이 전쟁의 작은 피해까지 피해갈 수는 없었다. 마을의 함성식가옥 주인은 "가족이 인근의 삼포리로 피난 갔다 와보니 집의 한쪽 날개가 없어졌더라고요"라고 말했다. 왕곡마을에 들어온 아군이 집을 뜯어서 불을 때버렸기 때문이다. 난리 통에는 이런 어처구니없는 일이 많았다. 전쟁이 끝난 지 반세기가 지난 2004년, 일제강점기 때 함씨의 조부가 지은 그대로 집을 복원하는 공사가 한창이었다. 전쟁의 상처가 아무는 데는 얼마나 긴 시간이 필요한가.

또한 포탄 한 발이 함호근가옥 장독대에 떨어진 일도 있었다. 그러나 천만다행으로 그 자리에는 사람이 없었고 포탄은 불발되었다. 이 다행스런 일은 사람들이 왕곡마을을 이른바 '병화불입지(兵禍不入地)' 곧 전쟁의 피해가 발생하지 않는 곳이라고 굳게 믿는 계기가 되었다.

새로운 위협, 산불

2000년대 전반, 왕곡마을로 갈 때의 기억이 생생하다. 강릉 쪽에서 65번 고속도로로 접어들면 시선이 닿는 곳은 어디나 온통 새까맸다. 1996년과 2000년에 고성 일대에서 일어난 큰 산불의 흔적이었다. 당시 군부대에서 시작된 불이 세찬 바람을 타고 엄청난 지역을 잿더미로 만들었다. 2004년 3월에도 왕곡마을 인근 고성군 간성읍 금수리, 바로 함부열이 은거했던 지역의 야산에서 불이 났다. 이 지역 사람들은 이상하게 선거가 있는 해마다 큰 산불이 난다며 악몽에 시달렸다.

강원도 고성 일대의 산불은 긴 역사를 가지고 있다. 조선왕조 《순조실록》을 보면 1804년(순조 4) 3월에도 영동 지역에서 큰 산불이 났다. 당시 강원감사 신헌조(申獻朝)가 "이달 3일 사나운 바람이 크게 일어나 산불이 크게 번졌는데, 삼척·강릉·양양·간성·고성·통천에 이르는 바닷가 여섯 고을에서 민가 2,600여 호, 원우(院宇) 3곳, 사찰 6곳, 창고 1곳, 각종 곡식 600섬, 배 12척, 염분(鹽盆: 바닷물을 고아 소금을 만들 때 쓰는 큰 가마) 27좌(坐)가 불타고, 타 죽은 사람이 61명이다"라고 임금에게 보고하니 임금이 크게 놀랐다는 기록이 있다. 이는 조선시대 최대의 산불로 기록된다. 근대에는 그다지 큰 산불이 없었으나, 2000년 4월에 초대형 산불이 일어났다. 그때 고성·강릉·동해·삼척 등 2만 3천여 ha의 산림이 잿더미가 됐는데, 이는 강원도 전체 산림 면적의 1.7%에 해당한다. 당시 정부가 이 지역을 '특별재난지역'으로 선포할 정도로 심각한 재해였다.

2000년대 전반에는 왕곡마을 남동쪽 공모산 줄기를 제외하고는 주위의 산이 모두 벌거숭이였다. 묘목들만 듬성듬성 애써 녹색 빛을 띠고 있을 뿐 산들은 털

공모산 마을 북서쪽 순방산 자락에서 본 모습이다. 근처에서 일어난 몇 차례의 산불에도 무사한 공모산은 마을 영역을 동해 바다로부터 숨겨준다.

뽑힌 닭처럼 맨살을 그대로 드러내고 있었다. 마을 또한 속옷만 입은 사람마냥 너무 노출이 되어서 아늑한 거주공간의 느낌을 주지 못했다. 1996년 4월, 고성 일대를 불바다로 만든 산불이 왕곡마을까지 접근해 마을 사람들은 새벽 3시경에 간성 등지로 피신하는 소동을 벌였다. 6·25전쟁 이후 다 끝난 줄 알았던 한밤중 보따리 싸기가 재현된 것이다. 불은 주거지 뒤쪽 가장자리에 있는 대밭까지 모두 태웠으나 다행히 집 뒤에서 꺼졌다. 불이 난 지 10년이 지날 때까지 왕곡마을 주거지 뒤쪽에서는 불에 타고 남은 나무의 검은 밑동들을 볼 수 있었다.

왕곡마을 사람들 사이에는 마을 형국이 물에 떠가는 배의 모양, 곧 행주형이라 화재를 면한다는 믿음이 있다. 또한 공모산은 전쟁과 화재 같은 재난을 막아주는 산이라고 믿는다. 그래서 1996년의 큰 산불도 집 뒤에서 멈췄다는 것이다. 그러나 1996년 산불은 주거지를 태우지 않았을 뿐 왕곡마을에도 상처를 남겼다. 두백산이 민둥산이 되면서 산 중턱에 있던 당목인 소나무도 불타버린 것이다. 나무들이 불타버리자 산 정상에 있는 TV 송신탑만 날카롭게 드러났다. 마을 사람들은 흉하게 드러난 그 철제 탑이 좋지 않은 일을 불러왔다고 말한다. 그 뒤 마을의 어느 아주머니가 7번 국도 부근에서 교통사고로 사망한 일이 있었는데, 평온하던 왕곡마을에 그런 불상사는 처음이었다고 한다.

위기를 넘기고 지속하는 마을

나는 그간 우리 전통마을들을 조사하면서 마을들이 근·현대기에 몇 차례 지속가능성의 위기를 맞았다는 사실을 발견했다. 지난 100년 동안 마을의 지속가능성을 해친 3대 사건을 꼽으라면, 일제의 통치, 6·25전쟁의 파괴, 그리고 새마을운동의 개발을 들 수 있다. 그것들은 전국의 마을들을 대대적으로 왜곡하고 파괴해 마을의 물리적 환경만이 아니라 마을에 담긴 전통문화도 크게 손상시켰다. 전쟁의 파괴력은 다시 말할 필요도 없거니와 근대화를 내세우며 무분별하게 개발을 진행한 두 차례의 사건도 그에 버금가는 파괴력을 보여주었다.

　이 책에 소개한 마을들이 비교적 원형을 잘 보전하고 있는 것은 이 세 사건의 영향을 상대적으로 덜 받았기 때문이다. 그렇지만 낙안읍성·양동마을·성읍마을 등은 일제강점기의 무분별한 개발로 적잖게 변형되었으며, 한개마을·원터마을 등은 6·25전쟁으로 마을의 많은 부분이 파괴되었다. 또한 도래마을·닭실마을·원터마을 등에서는 전통한옥들을 대체한 이른바 '새마을 양식'의 건물들을 쉽사리 발견할 수 있다.

　유독 왕곡마을은 일제의 영향을 그다지 많이 받지 않았으며, 광복 이후 벌어진 두 사건의 영향 또한 크게 받지 않았다. 물론 왕곡마을도 세 차례의 위기에서 자유롭지는 못했기에 근대 이후로는 그렇게 편히 은거할 수 있는 곳이 아니었다.

게다가 근래에는 화마로 인해 마을이 하마터면 송두리째 잿더미로 변할 뻔했다. 그렇다면 이렇게 아슬아슬하게 버텨온 왕곡마을을 과연 지속 가능한 마을이라고 말할 수 있을까?

전쟁이든 개발이든 지속가능성의 위기는 외부세력의 접근으로 발생한다. 그리고 그런 접근은 교통과 통신을 통해 이루어진다. 오늘날 적어도 우리나라에서 현대의 교통과 통신망에서 자유로운 곳이 없다는 사실은, 곧 어떤 지속가능성의 위기가 왔을 때 그것을 완전히 피할 수 있는 곳은 없다는 말이 된다. 지리산 청학동이 그런 곳이 아닐까 생각하는 사람이 있을지 모르지만, 청학동 서당에서도 인터넷 홈페이지를 통해 전국의 어린이들을 모집하고 있는 것을 보면 그곳 또한 더 이상 별천지가 아니다. 이제 사회의 변동과 혼란을 온전히 피할 수 있는 마을은 더 이상 없다고 봐야 한다.

이렇게 위기에서 원천적으로 벗어나지 못하는 상황에서 마을이 지속 가능하려면 그 위기를 어떻게 슬기롭게 극복하느냐가 관건이 된다. 곧, 지속 가능한 마을이란 조금의 위기도 맞지 않은 마을이 아니라 여러 번의 위기를 맞고도 그것을 잘 피하거나 극복한 마을인 것이다. 이런 면에서 전쟁과 산불의 가공할 만한 위협을 가까스로 피해 거주지로서 온전한 모습을 지켜나가는 왕곡마을이야말로 지속 가능한 거주지의 좋은 선례이다.

다섯 영역으로 겹겹이 둘러싸인 마을

왕곡마을이 일련의 위기를 면한 것이 우연이 아니라면 이 마을에 오늘날에도 교훈이 될 지속가능성의 지혜가 숨어 있지 않을까? 왕곡마을은 어떻게 일련의 재난을 피할 수 있었을까? 왕곡마을이 어떤 입지에 어떤 방식으로 자리 잡았는지 살펴봄으로써 이 의문에 대한 해답을 얻게 될 것이다.

왕곡마을에는 남동쪽, 북동쪽, 남서쪽 등 세 곳에 입구가 있다. 마을 앞쪽 외곽을 지나는 큰길에서 안길이 갈라져나온 지점에 있는 남동쪽 입구를 주 입구로 보고 나머지를 부수적인 입구로 보면 이야기는 간단하겠으나, 그렇게 보기는 어렵다. 북동쪽 입구에 소나무가 빽빽이 심겨서 입구의 성격이 부각되며, 그 가까이에 마을의 중요한 상징물인 '양근 함씨 4세 효자각(楊根咸氏四世孝子閣)'이 있어서 북동쪽 입구 또한 마을의 주 입구로서 손색이 없기 때문이다. 결국 북동쪽과 남동쪽 입구를 서로 대등한 마을 입구로 보고, 인접한 적동마을로 이어지는 남서쪽 입구를 부수적인 입구로 보는 것이 타당하겠다.

두 곳의 대등한 마을 입구는 마을에 2개의 영역이 존재함을 암시한다. 주거지 남동쪽에서 두백산을 향해 올라오는 안길은 '함희석(咸熙錫, 1845~1918) 효자비' 부근, 곧 북동쪽에서 내려온 마을 접근로가 안길과 교차하는 지점에서 물안골을 향해 서쪽(왼쪽)으로 방향을 조금 튼다. 이 또한 2개의 영역을 암시한다. 주거지에서 성씨의 분포를 조사해보면 이런 암시가 뚜렷한 사실로 드러난다. 약속이나 한 듯, 북쪽 영역에는 양근(강릉) 함씨들이, 남쪽 영역에는 강릉 최씨들이 주로 모여 살고 있다. 이로부터 왕곡마을은 주거지 중앙, 길의 교차점을 중심으로 남·북의 두 영역으로 구성됨을 알 수 있다. 과거에는 북쪽 영역은 금성마을로, 남쪽 영역은 왕곡마을로 그 이름도 달랐다. 이렇듯 본래 왕곡은 2개의 작은 마을로 구성되었다.

성씨가 서로 다른 두 영역을 각각 1차 영역이라고 한다면, 그것들을 통합한 영역 곧 오늘날의 왕곡마을을 2차 영역이라고 할 수 있다. 더 나아가 왕곡마을을 둘러싸는 산봉우리들을 이어보면 좀 더 큰 영역이 그려진다. 2차 영역을 둘러싸는 표고 100m 이상의 산봉우리들 5개를 곡선으로 이으면 달걀 모양의 3차 영역이 드러난다. 그리고 3차 영역을 이루는 적동마을 뒷산을 순방산으로 바꾸고 적동마을 남서쪽 산봉우리를 추가하면 북서쪽으로 조금 더 확대된 4차 영역이 된다. 여기에는 용궁(龍宮) 김씨들이 모여 사는 오봉2리 적동마을이 포함된다. 다시 북서쪽에 있는 오음산(표고 249m)까지 4차 영역을 확대하면 5차 영역이 된다. 영역이 확대됨에 따라 산봉우리가 하나씩 추가되어 5차 영역의 경계는 7개의 봉우리로 만들어진다.

3차에서 5차에 이르는 영역을 만드는 산봉우리들은 그것들로 둘러싸인 1·2

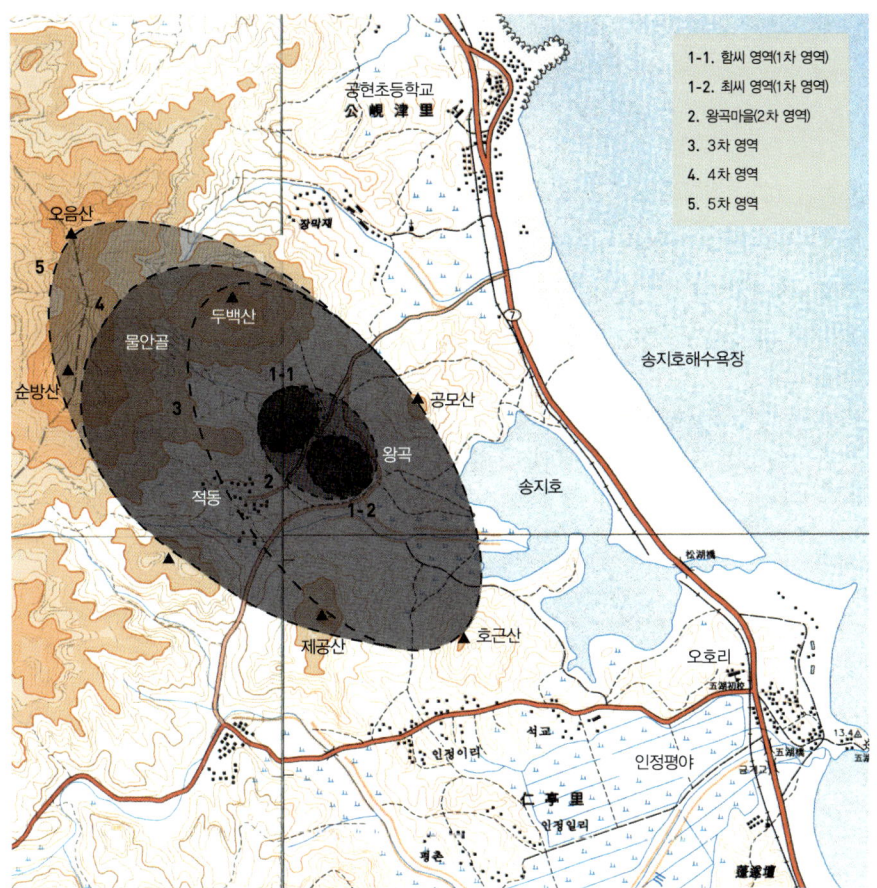

왕곡마을의 영역 구성 표고 100m 이상의 산은 갈색으로, 영역을 관통하는 도로는 조금 흐린 색으로 표시했다. 이 도로는 현대에 확장되었다.

차 영역을 마치 달걀의 노른자인 양 은밀하고 안전하게 숨겨준다. 송지호 양쪽에 있는 공모산과 호근산 사이는 조금 더 넓게 열려 있으나, 다른 산봉우리들은 서로 500~1,000m 정도의 거리를 두고 비교적 고르게 분포해 영역을 허점 없이 감싸고 있다. 북쪽과 서쪽은 특히 표고 200m 이상의 오음산, 순방산, 두백산이 삼각형을 이루며 가로막고 있어서 겨울철 찬바람이 차단되고 더욱 견고한 영역감이 조성된다. 이렇게 왕곡마을은 마치 겹겹의 켜로 이루어진 양파처럼 다섯 켜의 영

마을 뒤쪽의 산과 계단식 논 왼쪽의 순방산, 오른쪽의 두백산, 그리고 그 사이로 멀리 오음산 봉우리가 보인다. 주거지 앞으로는 계단식 논이 펼쳐진다.

역들로 둘러싸여 있다.

 왕곡마을 사람들은 마을의 형국을 행주형으로 보는데, 마을 안에서 배의 형상을 연상하기는 어렵다. 그러나 지형도에서 마을을 둘러싸는 영역들을 분석해보면 3차에서 5차에 이르는 영역의 모습은 모두 영락없이 유선형의 배다. 집들의 높은 굴뚝에서 연기라도 피어오른다면, 마을은 송지호를 거쳐 동해안으로 진수할 채비를 갖춘 거선이 된다.

 마을을 겹겹이 에워싸는 영역들의 북서쪽에는 오음산이 버티고 있다. 오음산은 왕곡마을을 둘러싸는 영역들의 주인이 되는 주산이다. 이 산에 오르면 장현(장막재), 왕곡, 적동, 서성, 탑동 등 산 주위에 분포하는 5개 마을에서 들려오는 닭소리와 개 짓는 소리까지 들을 수 있어 오음산이라는 이름이 붙여졌다고 한다. 거꾸로 말하면, 산으로 둘러싸인 왕곡마을은 인접한 마을에서 나는 소음조차 들리지 않는 독립적인 영역이다. 한편 오음산은 다섯 마을에서 모두 정신적인 의미를 부여하는 산으로, 관(官)이 주도하는 기우제를 이곳에서 지내기도 했다. 그때 짚으로 만든 사람 모양의 허수아비를 매장해 희생을 상징했다고 한다.

 마을 영역이 높은 산들로 에워싸여 있기에 왕곡마을은 통과교통에서 벗어나

마을 앞쪽으로 펼쳐진 산들 공모산(왼쪽)과 호근산이 마을 앞 송지호 쪽을 부드럽게 막아준다.

있었다. 이것이 마을의 영역감이 오랫동안 깨지지 않고 지속되었던 주요한 이유다. 지금은 7번 국도에서 갈려나온 이차선의 포장도로가 왕곡마을 앞을 관통하지만 이는 근래에 나타난 변화다. 본래 2·3차 영역은 7번 국도에서 갈려나온 산길로만 접근할 수 있었다.

이같이 뺑 두르는 산들로 겹겹의 영역이 형성되고 그 안에 거주지가 안전하게 숨겨진 환경 조건은 왕곡마을을 지속 가능하게 해준 첫 번째 요인이다. 바다에 면한 지역에서 이만큼 아늑하게 숨겨진 장소를 찾기는 매우 어려울 듯하다. 순방산 쪽에서 바라보면, 지형이 낮은 곳에 있는 공모산·호근산·제공산 등 삼총사가 더욱 오뚝하다. 어느 신선이 내려와서 송지호를 파낸 후 그 흙으로 만든 산 같기도 하고, 밝은 회색의 사막 대신 푸른 바다를 배경으로 서 있는 이집트 기자(Giza)의 피라미드군 같기도 하다.

이중환은 지금부터 250여 년 전 《택리지》에서 거주지가 지속 가능하기 위한 중요한 요건으로 마을을 겹겹이 에워싸는 것을 들었다. 왕곡마을은 이중환이 제시한 이 요건에 꼭 들어맞는 마을이다.

높은 산이나 그늘진 언덕이나 거꾸로 흘러들어오는 물이 힘 있게 마을 터를 막아주
면 좋은 곳이다. 막은 것이 한 겹이라도 좋으나 세 겹, 다섯 겹이면 더욱 좋다. 이런
곳이라야 온전하게 오랜 세대를 이어나갈 터가 된다.

— 이중환, 《택리지》 중에서[2]

바람을 가두고 물을 얻다

안길을 따라 올라가 길이 희미해지는 지점에 이르면 각종 새들이 지저귀는 소리
와 함께 바람소리와 물소리가 갑자기 커진다. 바람과 물소리가 모두 새소리만큼
이나 맑다. 거기서 조금 더 산기슭으로 올라가 마을 앞을 내다보면 송지호와 그
너머로 동해바다가 보인다.

중국의 곽박(郭璞, 276~324)이 쓴 풍수의 경전인 《장경(葬經)》에 '장풍득수
(藏風得水)'라는 말이 나온다. "바람을 가두고 물을 얻는다"는 뜻인데, 풍수라는
말이 여기서 시작되었다고 한다. 왕곡마을은 절묘하게 바람을 가두고 물을 얻는
다. 마을 동쪽으로 송지호해수욕장이 있는 바다가 가까우나 마을이 우묵한 지형
에 있어서 바닷바람이 세지는 않다. 또한 육지바람은 서쪽의 태백산맥이 막아준
다. 방위로 북서쪽인 주거지 뒤쪽에는 대나무가 띠를 이루고 있다. 이 대나무는
흔히 산죽이라 불리는 조릿대. 우리가 잘 아는 쭉쭉 뻗는 왕대는 주로 충청도
이남에서 자라는 반면, 조릿대는 추운 지방이나 고지대에서 자란다. 함정균가옥
뒤로는 키 큰 참나무들이 열 지어 있어 산죽의 띠와 더불어 마을로 부는 찬바람을
잘 막아준다.

마을 뒤 좁은 계곡을 따라 오음산과 순방산 사이로 파고드는 남동-북서방향
의 긴 골짜기가 물안골(무랑골)이다. 계곡을 따라 논밭이 조성되어 있을 정도로 골
짜기가 길고 깊다. 그래서 이 계곡의 물은 웬만한 가뭄에도 마르지 않는다. 이 물
은 주거지 윗부분에서 두백산 옆에서 흘러내리는 몇 줄기의 작은 물길과 만나 하
나의 큰 수로를 이룬다. 지금은 집집마다 수도가 들어와 집에서 주로 빨래를 하지

안길 물안골에서 내려오는 물길의 자연스런 흐름을 따라 부드러운 곡선형의 안길이 만들어졌다.

만 과거에는 주거지를 관통하는 이 수로에 공동빨래터가 있었다. 마을을 거쳐 마을 어귀를 빠져나간 물은 적동마을에서 내려온 물과 합쳐져 송지호로 연결된다.

수로가 주거지 중앙을 자연스런 곡선 흐름으로 관통하고 안길 또한 이를 따라 자유로이 곡선을 그린다. 전통마을에서는 대개 물길이 주거지 경계에 놓이는데 그런 면에서 왕곡마을은 예외적이다. 그러나 물길의 북동쪽에 집들이 밀집해 있고 남서쪽에는 듬성듬성 있는 것으로 보아, 먼저 물길의 북동쪽에 주거지가 형성된 다음 택지가 부족하자 물길을 넘어 주거지가 확장된 것으로 추정된다. 물길의 남서쪽에 북동쪽에서 분가해나간 차남 이하의 집들이 많은 것도 이를 뒷받침한다.

한 몸을 이룬 채와 비밀스런 뒷마당

왕곡마을의 집들을 보면 일단 두 가지가 눈에 띈다. 하나는, 앞 마당에 담을 두르지 않고 대문도 없다는 점이다. 다른 하나는, 채 앞에 툇마루가 없고 문이 기단 위로 높이 설치되어서 그리로 드나들기가 어렵다는 점이다. 이로 인해 왕곡의 집들은 국토 반대편에 있는 제주도 성읍마을의 집들만큼이나 색다르게 느껴진다.

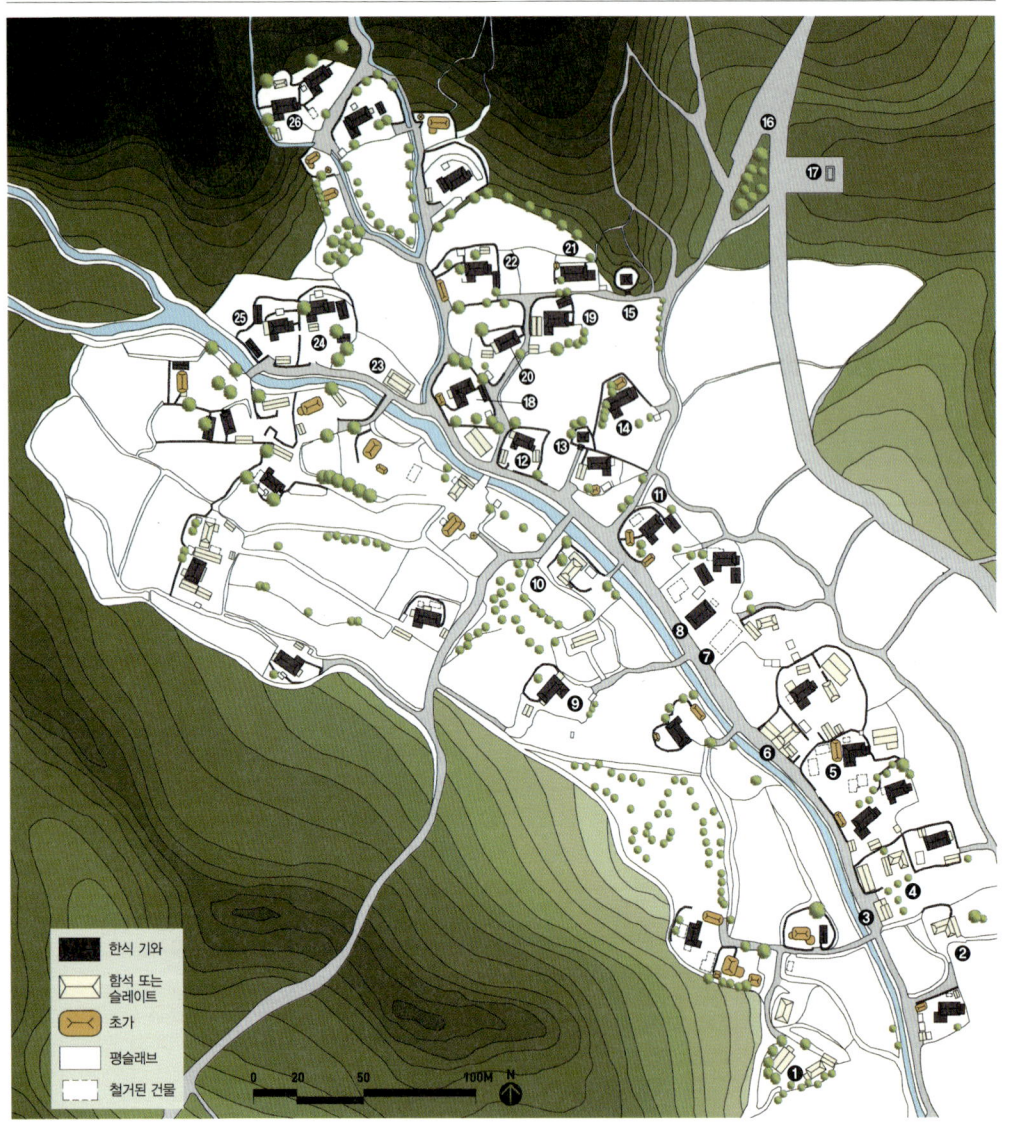

왕곡마을 배치도

❶ 오봉교회
❷ 함성식가옥
❸ 방앗간
❹ 윤종덕가옥
❺ 전윤덕가옥
❻ 최현철가옥
❼ 농협창고 자리
❽ 마을회관
❾ 최창손가옥
❿ 전씨 할아버지댁
⓫ 함문식가옥
⓬ 박두현가옥
⓭ 함희석 효자비
⓮ 함전평가옥
⓯ 양근 함씨 4세 효자각
⓰ 마을 입구(북동쪽)
⓱ 동학기념비
⓲ 함대균가옥
⓳ 함형찬가옥
⓴ 함호근가옥
㉑ 함탁영가옥
㉒ 함석영가옥
㉓ 건조장
㉔ 함정균가옥
㉕ 함세균가옥
㉖ 함용균가옥

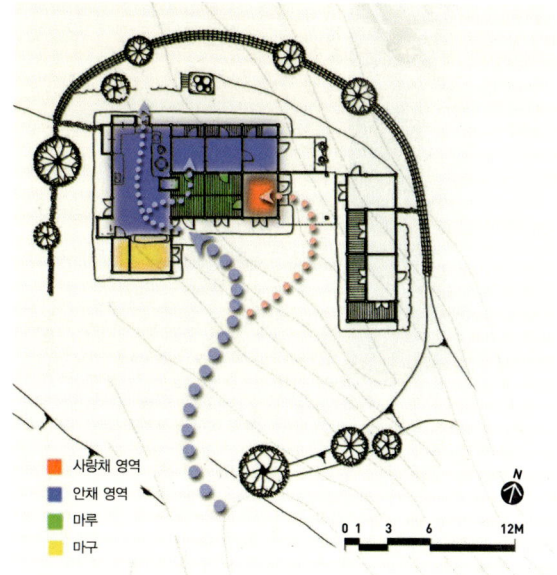

함정균가옥의 영역 구성 왕곡마을 집의 전형을 보여주는 함정균가옥은 19세기 중엽에 지어졌으며, 현재 문화재로 지정되어 있다. 안채와 사랑채 영역이 하나의 채로 통합되었고, 마루가 두 영역을 연결하는 동시에 분리한다.

왕곡의 집들이 가진 두드러진 특징은 안채와 사랑채 그리고 마구라고 불리는 외양간이 서로 독립되지 않고 하나의 몸채를 이루는 것이다. 곤충으로 치면 암수한몸에 해당하는 독특한 모습이다. 암수한몸의 곤충을 암놈이라고도 수놈이라고도 할 수 없듯이, 왕곡마을의 채를 안채라고도 사랑채라고도 할 수 없다. 그래서 그것을 본채라고 부르기로 한다.

이 집들을 암수한몸인 곤충에 비유하면 달팽이가 아니라 지렁이에 해당한다. 양성선(兩性腺)이라는 곳에서 알과 정자가 함께 만들어지는 달팽이와 달리, 지렁이의 난소와 정소는 서로 다른 곳에 생긴다. 이처럼 왕곡의 집은 안채와 사랑채, 앞마당과 사랑마당이 연결되어 있지만 뒤섞이지 않고 미묘하게 분절되어 있다. 서로 다른 채에 속하는 안방과 사랑방 사이에는 문이 없다. 그래서 안방과 사랑방은 마루를 매개로 간접적으로만 연결된다. 다른 방들은 정지 곧 부엌을 통해 집 밖과 연결되지만, 사랑방은 그 측면에 기단이 조성되거나 툇마루가 설치되어 사랑마당을 통해 별도로 출입한다. 그리고 사랑방의 측면 툇마루 아래에 함실(아궁

함정균가옥의 뒷마당 활꼴의 옹벽과 담 그리고 본채로 둘러싸인 제법 너른 마당이다. 반달형 마당의 가운데에 두 단을 높여 장독대를 만들었다.

이가 있는 간이부엌)이 있어서 사랑방은 별도로 난방이 된다.

본채 앞의 마당은 다른 마을들에서 보는 안채로 둘러싸인 안마당과 다르다. 따라서 그것을 채 앞에 있다는 뜻에서 '앞마당'이라고 부르는 것이 적당하겠다. 앞마당에는 담을 두르지 않고 대문도 없어 매우 개방적이다. 사랑방 옆으로는 매우 작은 사랑마당을 조성한다. 사랑마당과 앞마당 사이는 미묘하게 구분할 뿐 담으로 차단하지 않는 것이 보통이다. 예외로 함형찬가옥에서는 앞마당과 사랑마당을 물리적으로 나누었다. 이 집의 사랑마당에는 토석담을 둘렀고, 앞마당과 사랑마당 사이에는 일각대문을 설치했다.

본채 뒤에는 뒷마당이 있다. 앞마당과 달리 담을 높이 두른 폐쇄적인 느낌의 뒷마당은 집에서 가장 내밀한 곳이다. 뒷담은 겨울철 찬바람을 막아주고, 뒷담 바깥의 마을길로 뒷마당이 드러나지 않도록 시선을 차단해준다. 이렇게 담은 침입을 막아줄 뿐 아니라 시선과 찬바람을 차단해 공간을 아늑하게 만들어준다. 뒷마당은 가장자리에 세운 옹벽의 형태에 따라 보통 반달이나 사다리 모양으로 만들어진다. 집터가 경사지에 조성되면 뒷마당의 뒤쪽 옹벽은 토압을 받는데, 옹벽은 긴 직선일 때보다 활꼴일 때 흙이 미는 힘을 더 잘 견딘다. 따라서 왕곡마을 뒷마당 뒤쪽의 옹벽은 역학적으로도 합리적인 모양이다.

뒷마당은 다른 마을 한옥들에서 흔히 보는 작은 뒤뜰과 달리 상당히 넓은 공

옆에서 본 최창손가옥 집 옆의 언덕에 오르면 본채 뒤쪽 너른 뒷마당이 눈에 들어온다. 장독대를 설치하고 그 옆에 백목련나무를 심은, 부드럽고 아늑한 분위기의 공간이다.

간이다. 그래서 그곳에 수도와 장독대를 설치하고 가사작업을 한다. 그뿐 아니라 꽃나무를 심고 화단을 꾸미기도 한다. 뒷마당을 조금 더 넓게 만들고 그 안에 부속채를 둔 집들도 많다. 함전평가옥의 뒷마당에는 초가삼간 형식의 부속채가 있다. 과거 삼대가 한 집에 살 때는 이 부속채를 어린 자녀들이 사용했는데 지금은 창고로 쓴다.

뒷마당은 앞마당과 차단되어 있으며 부엌과 안방을 통해서만 출입이 가능하다. 부엌과 안방은 주로 여성이 사용하는 공간이므로, 이것은 뒷마당이 여성의 공간임을 말해준다. 본채 앞쪽에는 툇마루가 없지만 뒤쪽에 툇마루가 있는 집들이 많다. 툇마루는 건물과 외부공간을 연결해주는 요소이므로, 뒷마당이 본채와 연결되어 활발히 사용되었음을 알 수 있다.

언젠가 왕곡마을 뒷마당에 놓인 장독대를 보면서 뒷담이 높고 본채가 앞을

최창손가옥 배치 평면도
❶ 정지
❷ 안방
❸ 마루
❹ 사랑방
❺ 도장
❻ 마구
❼ 다락
❽ 앞마당
❾ 사랑마당
❿ 뒷마당

가려 장독대가 햇볕을 충분히 쬐기 어려울 텐데 어쩌나 하는 생각을 했다. 일조량이 부족하면 장독에 담긴 발효식품이 맛있게 숙성되기 어렵기 때문이다. 나중에 보니 장독들에 신식 뚜껑을 씌워놓았다. 이 뚜껑은 햇볕을 최대한 쪼이도록 투명한 재료로 만들어졌는데 측면으로는 바람이 통하게 되어 있었다. 예전에는 새하얀 모시천으로 장독을 덮었는데, 다 좋았으나 갑자기 오는 비에는 대책이 없었다. 그래서 갑자기 비가 내리면 모여서 수다를 늘어놓던 아주머니들이 각자의 장독대를 향해 돌진하곤 했다. 그런 문제를 누군가 아이디어를 내서 해결한 것이다.

본채의 방들은 성격에 따라 앞마당이나 뒷마당 또는 사랑마당에 면한다. 사랑방은 사랑마당과 앞마당에 동시에 면하고, 공적이고 개방적인 성격의 마루는 앞마당에 면하며, 안방과 도장(곡물 저장공간) 같은 사적이고 폐쇄적인 공간은 뒷마당에 면한다. 정지 곧 부엌만은 앞뒤 마당에 모두 면해 집을 이루는 공간들을 연결하고 아우른다.

산봉우리는 왕곡마을을 숨기고, 마을은 집을 숨기고, 다시 집은 뒷마당을 숨기고 있다. 마을 밖에서 안으로, 다시 집 안으로 시선을 조금씩 옮기면 양파처럼 여러 겹으로 싸인 공간을 만나게 된다. 언뜻 보기에 모든 방들이 마루를 중심으로 모여 있는 왕곡의 집은, 거실을 중심으로 방들이 배열된 현대의 아파트와 비슷해 보인다. 그러나 크기만 다를 뿐 각각의 성격이 모호한 아파트의 방들과 달리, 왕곡마을에서는 각각의 방이 그 성격에 맞는 마당과 연결되어 집을 구성하는 공간들의 다양한 성격이 뚜렷이 드러난다.

대대로 이어져온 겹집

왕곡마을에 처음 왔을 때 나는 오봉교회의 예배당에서 하룻밤을 묵었다. 그때 한여름이었는데도 밤이 되니 날씨가 서늘해져서 한기를 느꼈다. 산간지방이라 그러려니 했는데, 나중에 통계를 보니 이 지역의 여름 기온이 생각보다 많이 낮았다. 1971년부터 2000년까지 30년간의 자료를 볼 때, 왕곡마을이 있는 강원도 속초 일대의 가장 추운 1월과 가장 더운 8월의 평균기온은 각각 -0.2°C와 23.7°C이다. 그에 비해 서울의 1월과 8월 평균기온은 -2.6°C와 25.4°C이니, 왕곡마을(북위 38°20′)이 있는 지역은 그보다 위도가 아래에 있는 서울(북위 37°34′)보다 겨울철은 온화하며 여름철에는 건조하고 시원하다. 이 지역의 온화한 겨울 날씨는 겨울철 일조시간과 관련된다. 1월과 8월의 1일 평균 일조시간을 보면, 서울이 각각 5.1시간과 5.0시간인 데 비해 속초는 5.9시간과 5.0시간으로, 겨울철 이 지역의 1일 일조시간은 서울보다 0.8시간이 길다.

한편, 속초 지역의 연평균 상대습도는 66%로 중부지방에서 가장 낮다. 이것이 이 지역에서 자주 일어나는 산불과 무관하지 않을 것 같다. 다만 겨울철에는 눈이 많이 와서 1월의 평균 강수량이 53.1mm인데, 이는 서울의 강수량 21.7mm의 2배를 넘는 수치다.(눈이 올 경우 강수량은 눈을 녹인 물의 깊이다.) 왕곡마을에서는 겨울철에 눈이 1m 이상 쌓이는 경우가 많다. 왕곡마을의 집들에서 지붕 뒤쪽(북쪽)에 앞쪽보다 두꺼운 서까래를 사용하는 것은 지붕에 쌓여 오랫동안 녹지 않는 눈의 무게를 지탱하기 위해서다.

여러 관점에서 우리의 전통주택을 분류할 수 있는데, 그중 하나는 칸이 집의 깊이 방향(앞뒤 방향)으로 한 켜로 설치된 홑집과 두 켜로 설치된 겹집으로 나누는 것이다. 왕곡마을에 있는 49채의 집들은 모두 겹집이다. 그러면 왕곡의 집들을 한결같이 겹집으로 지은 이유는 무엇일까? 왕곡의 집들 대부분은 작고한 함호근 씨의 네 형제가 지었다고 하는데, 모두 목수였던 그들은 왜 시기에 관계없이 동일한 유형의 집을 지었을까? 내가 대전의 옛 도심에 지어진 집들을 분석해보니 1950년대는 일식 주택, 1960년대는 재래주택, 다시 그 이후는 양옥으로, 시기에 따라 다른 모양의 집들을 지었다. 이렇게 시간에 따라 집의 유형도 변해가는데 왕곡마을에서는 왜 오랫동안 같은 유형의 집을 지은 것일까?

흔히 추운 지방에서 겹집을 많이 짓는다고 알려져 있다. 겹집은 같은 부피의 홑집에 비해 외피 면적이 작아 열 손실이 적으므로 함경도와 강원도 등 산악의 추운 지역에 많고, 열 손실이 상대적으로 큰 홑집은 비교적 온화한 지방에 분포한다는 것이다. 겨울철에 겹집이 홑집에 비해 열환경적으로 유리한 것은 사실이다. 왕곡마을의 집들을 보면, 정지(부엌)와 마루 사이에 칸막이가 없고 정지와 마구 사이에는 구유만 설치되어 있어서 정지는 마루 및 마구와 공간적으로 연결된다. 이에 따라 정지의 아궁이와 부뚜막에서 나오는 온기가 마구와 마루로 전달된다. 또한 정지를 통하지 않고 함실이 있는 측면을 통해 출입하는 사랑방을 제외하면 모두 정지를 거쳐 방으로 출입한다. 마루와 사랑방 앞쪽에 외부로 통하는 개구부가 있으나 그것은 출입을 위한 문이 아니라 밖을 내다보거나 채광과 통풍을 위한 창이다. 기단에서 개구부 하단까지의 높이가 60~70cm가 되는데도 디딤돌이 없는 것을 보면 기단에서 직접 방으로 들어가지 않고 정지를 통해 출입했음을 알 수 있다. 이렇게 정지를 통해 실내로 드나들면 겨울철 찬바람이 방 안으로 직접 들어오는 일이 적어진다.

반면에 여름철에는 겹집이 불리하다. 겹집은 두 켜의 공간(방)이 앞뒤로 겹쳐 있으므로 맞바람이 잘 통하지 않아 홑집에 비해 통풍이 잘 안 되기 때문이다. 더욱이 왕곡마을의 집들에서는 부엌 앞에 마구가 있어서 부엌에서도 맞바람이 통하지 않을 것 같다. 그러나 마당의 구성이 이런 문제를 해결해준다. 여름철 한낮에 뒷마당에 그늘이 지므로 주위보다 기온이 낮아진다. 반면, 개방적인 앞마당은 내리쬐는 태양 복사열로 인해 기온이 상승한다. 결과적으로 방문을 열어두면 뒷마당의 차가운 공기가 방들을 통해 앞마당 쪽으로 이동한다. 바람은 안방의 작은 뒷문을 지나며 속도가 빨라져 안방 앞의 마루 쪽으로 분다. 이렇게 기온 차이로 일어난 맞바람으로 인해 방 안은 시원하게 된다.

겹집은 영세한 경제력 아래서도 자연에 대처해 몸을 보호하고 작업공간을 실내에 확보할 수 있는 유용한 구조다. 그러나 실내와 외부의 연결이 쉽지 않고 통풍과 채광이 불리하다는 단점도 있다. 그래서 19세기에 접어들어 서민들의 경제력이 향상되고 생활 편의를 추구함에 따라 겹집을 통풍과 채광이 유리하고 외부와 연결이 쉬운 홑집으로 대체하는 경향이 나타났다.[3] 그러나 대부분 19세기 중엽 이후에 지어진 왕곡마을의 집들은 여전히 겹집을 유지하고 있다. 심지어 마을의 유일한 가겟집인 최현철가옥은 1930년대 중반에 지어졌음에도 겹집의 형태를 그대로 따랐다.

이렇게 볼 때 왕곡마을에서 겹집이 지속되는 이유는 기후 때문만이 아니다. 이곳의 서울철 평균기온이 홑집이 일반적으로 분포하는 서울보다 오히려 높다는 사실도 그러한 기후결정론이 타당하지 않음을 말해준다. 시각을 좀 더 넓혀보자. 일본에는 겹집과 유사한 평면구성을 한 田자형 집이 많은데 주로 고온다습한 지역에 분포한다. 그러므로 우리는 더 이상 기후에 미련을 두지 말고 겹집을 지속 가능하게 한 다른 이유를 찾아보자.

근래에도 왕곡마을에서 여전히 겹집이 선택되는 이유는, 겹집이 왕곡마을의 주택 유형으로 정착되는 과정에서 그 장점이 충분히 인식되고 그것이 대대로 전해졌기 때문이다. 그럼 그 장점이란 무엇일까? 왕곡마을에서 관찰한 겹집의 가장 두드러진 장점은, 모든 주거공간을 하나의 채로 통합하여 구성함으로써 집터를 적게 차지하고 동선이 짧아진다는 것이다. 경사가 급한 산지에서는 집터를 넓게 조성하기 어려우며, 눈이 많이 오면 채 사이를 이동하는 것이 더욱 번거롭다는 사실을 생각하면 이것은 큰 장점이다. 또한 이런 겹집은 정지와 사랑방을 통해서만

함탁영가옥 좁고 긴 대지에 적응하기 위해 마구를 본채 측면에 붙여서 일자형 집을 만들었다.

채의 안팎을 드나들므로 본채와 그 뒤의 뒷마당을 쉽게 폐쇄할 수 있어 주거공간의 방어와 관리가 비교적 쉽다는 장점도 갖는다. 외진 산간지역에 있는 마을이라 과거에는 주거공간의 방어가 매우 중요했을 것이다. 이처럼 왕곡마을이 놓인 자연조건에 꼭 필요한 장점들을 두루 갖추었기에 겹집은 이 마을에서 대를 이어 지속되고 있다.

특색 있는 마구의 디자인

왕곡마을의 집들을 조사해보니, 일자형 본채에 마구를 직각방향으로 덧붙인 ㄱ자형 집이 51채 중 33채(64.7%)로 대부분이었다. 그중 돌출된 마구 부분이 북서쪽, 곧 집 앞에서 보아 왼쪽에 있는 가옥이 24채로 큰 비중을 차지했다. 이런 형태는 겨울철 태양열을 더 많이 획득하고 북서풍을 차단할 수 있어 에너지 측면에서 유리하다.

반대로 돌출 부분을 오른쪽에 둔 집들은 대개 안길의 남서쪽에 있었는데, 돌출 부분으로 안길 쪽을 막아 앞마당이 좀 더 아늑한 공간이 되었다. 또한 마구가 안길 쪽으로 오면 마구에서 나오는 두엄을 집 밖으로 내가기가 편리하다. 이것도

함석영가옥 몸채에 마구를 덧붙여서 진입로 쪽을 막고 채와 앞마당의 사생활을 보호한다. 판벽과 판문으로 이루어진 진입로 쪽 벽체가 매우 폐쇄적으로 보인다.

저것도 아닌 집, 곧 돌출 부분이 안길 쪽도 북서쪽도 아닌 경우가 몇 채 있는데, 이때는 별도의 부속채를 안길 쪽에 두어 역시 아늑하게 앞마당을 조성했다.

함탁영가옥에서는 예외적으로 마구가 본채와 일직선으로 배치되었다. 집터가 주거지의 가장 뒤쪽 경사지에 좁고 길게 조성되어서 그런 대지에 적응하기 위해 집을 일자로 길게 구성한 것이다. 결과적으로 앞마당의 공간감이 약해지고, 팔작지붕의 본채 옆에 맞배지붕의 마구를 붙임으로써 지붕 연결이 어색해졌다.

마을의 집들이 모두 겹집 형태로 빵빵하게 생겼고 대개 팔작 기와지붕을 이고 있어서 서로 구분하기가 쉽지 않다. 그래서 집들을 구분하려면 몸채보다는 마구를 기준으로 하는 것이 좋다. 몸채 부분과 달리 마구의 지붕은 집집마다 특색이 있기 때문이다. 왕곡마을의 마구에서는 가적지붕(한쪽으로 경사지게 덧댄 지붕), 맞배지붕, 우진각지붕, 팔작지붕 등 거의 모든 한옥의 지붕 형식을 찾아볼 수 있다.

사람의 공간이 아닌 소의 공간으로 집을 구분해야 한다는 사실이 흥미롭다.

마구에 씌운 여러 형태의 지붕들 중에서 앞쪽으로 낮아지는 가적지붕이 가장 간단하면서도 가장 오래된 기법으로 생각된다. 그런데 몸채에다 가적지붕을 덧달면 마당에서 마구의 지붕은 사람의 눈높이 정도까지 낮게 내려온다. 그래서 내부에서는 마구의 바닥을 정지보다 한 단 낮게 하여 공간의 높이를 확보한다.

몇몇 집에서는 마구에도 팔작지붕을 이어놓았다. 함대균가옥은 팔작지붕을 인 마구의 용마루 높이가 몸채의 그것과 같아서 제대로 된 ㄱ자집이 되었다. 마구는 높을 필요가 없으므로 이런 경우 마구 위쪽에 다락을 만들어 수납공간으로 사용한다. 최창손가옥의 마구에도 팔작지붕을 이었는데, 마구에서는 소를 키우고 그 위 다락은 공부방으로 이용했다. 아래에는 집안의 재산목록 1호가 있고 위에서는 자녀가 공부하며 집안의 미래를 밝히는 모습, 상상만 해도 정겹다. 과거에는 마구에 소가 있고 개와 닭은 마구와 정지를 자유롭게 오가며 사람들과 공존했다. 그러나 2004년에는 왕곡마을의 두 집에서만 소를 키우고 있었고, 대부분의 집에서 마구는 창고로 쓰이거나 욕실로 개조되었다.

사회적 지속가능성 : 두 성씨의 공존

마을에는 김씨·박씨·윤씨가 각각 한 집, 전씨가 두 집 있을 뿐, 주로 양근 함씨와 강릉 최씨가 모여 살고 있다. 두 성씨 이외의 타성들은 대개 근래에 이 두 성씨와 혼인관계를 맺어서 마을로 들어왔다. 따라서 왕곡은 양동마을과 같이 두 성씨가 주류를 이루는 양성 마을이라고 할 수 있다.

함씨들이 가장 자랑스럽게 내세우는 선대의 행적은 6명의 효자들을 기리는 2개의 효자비에 나타나 있다. '양근 함씨 4세 효자각'과 '함희석 효자비'가 그것이다. 북동쪽 마을 입구 부근의 산기슭에 세워진 '양근 함씨 4세 효자각'은 함성욱부터 4대에 걸쳐 5명의 효자가 부친에게 단지주혈(斷指注血)한 매우 극적인 사연을 담고 있다. 그런데 그 사연 못지않게 이 효자각의 자연스런 생김새가 보는 이

양근 함씨 4세 효자각 타원형의 낮은 담이 지형에 박힌 듯 자연스러워 보이는 효자각을 둘러싸고 있다. 홍살문, 팔작지붕, 겹처마, 단청, 이 모든 장식 요소들이 단칸의 이 건물이 갖는 상징성을 말해준다.

의 마음을 끈다. 효자각을 둘러싼 낮은 담은 땅에서 자라난 듯하다. 여기서 자연스러움이 느껴지는 이유는, 주변에 널린 돌들을 이용해 담을 쌓고 마치 산들이 왕곡마을을 불규칙한 타원형으로 둘러싸듯, 담이 경직된 기하학에서 탈피해 자연스런 타원형으로 비각을 둘러싸고 있기 때문이다.

반면 최씨들은 마을공간에 이렇다 하게 내세운 것이 없다. 과거에는 경제력도 함씨들에 비해 한층 떨어졌다. 마을 사람들은 일제 때 최씨들이 함씨들의 땅을 소작하기도 했다고 말한다. 대부분 자신의 농지를 소유한 자작농이었던 함씨들과 달리, 최씨들은 대체로 소작농이었던 것으로 보인다. 이런 경제 조건의 차이로 인해 광복 직후 함씨들은 우익 성향을, 최씨들은 좌익 성향을 띠었다. 이렇게 두 문중 사이에 경제력의 균형은 이루어지지 않았으나 그것이 별다른 문제가 되지는 않았던 것 같다. 양동마을의 대등한 두 가문인 손씨와 이씨들이 벌인 미묘한 경쟁도 여기서는 감지되지 않는다. 더욱이 마을에서 좌·우익이 나뉘는 민감한 상황에서도 두 성씨 사이의 갈등은 별달리 노출되지 않았다. 왕곡은 그만큼 하나의 공동체로서 존재했다.

그럼 양성 마을 왕곡의 이런 사회적 지속가능성은 어떻게 생겨난 것일까? 그 단초를 입향(入鄕)의 사연에서 찾아보자. 함씨와 최씨 모두 14세기 말 비슷한 시기에 마을에 들어온 것으로 전한다. 최씨들이 이 마을로 들어온 직접적인 이유는 알려지지 않았지만, 왕곡마을의 입지 조건으로 보아 그들도 함씨들과 마찬가지로 은거지를 찾아 들어왔을 것으로 추측된다. 그래서 이 두 가문은 무엇보다도 은거지를 찾아 들어온 조상들의 절박한 심정에 서로 공감하며 혈연의 한계를 뛰어넘는 동병상련의 동질감을 느껴온 것이 아닐까.

공동체의식의 형성에 좀 더 확실하게 기여한 것은 마을의 번영과 풍년을 비는 제사, 곧 동제(洞祭)였다. 많은 마을들에서 음력 정월 보름날에 동제를 지내는데, 왕곡에서는 서낭제라 불리는 동제를 매년 음력 1월 3일에 지낸다. 다른 마을들보다 조금 일찍 한 해를 시작하는 의식을 경건하게 치렀던 것이다. 서낭제를 지내는 서낭당은 원래 북동쪽 마을 입구에 있던 당목이었는데, 6·25전쟁 때 그 나무가 베어져서 두백산 중턱에 있는 소나무로 위치를 옮겼다.[4] 마을 사람들이 모두 참여하는 이 서낭제는 왕곡마을의 가장 중요한 공동활동으로서 마을이 통합된 하나의 공동체였음을 보여준다. 은신처인 마을의 안녕을 위협하는 일들을 겪으면 겪을수록 마을 사람들은 서낭제의 필요성을 더 절실히 느꼈을 것이다.

서낭제는 모든 마을의 동제가 그렇듯이 평등한 행사다. 제사를 주관하는 제주(祭主)는 특정한 신분이나 문중에서 세습하지 않고 그해에 부정(不淨)한 일이 없는 집의 가장 중에서 선출한다. 제사 준비와 진행과정에도 모든 마을 사람들이 평등하게 참여한다. 비용 또한 마을 사람들이 균등하게 나누어 낸다. 이렇게 서낭제를 같이 올림으로써 마을 사람들은 같은 동신(洞神)의 가호 속에 살아가는 운명공동체임을 느꼈을 것이다.

서낭제가 사회적 지속성을 위한 장치로서 큰 의미를 가진 만큼 소를 잡아 제물로 올리는 등 아주 성대하게 지냈다. 근래에는 간소화되어 소머리와 4개의 족을 사서 제사를 지냈는데, 1996년의 산불로 당목이 타버려서 그마저도 중단되었다. 산불은 자연환경을 파괴했을 뿐 아니라 마을의 사회적 환경까지도 위협하고 있다. 과연 마을 사람들이 자발적으로 또다시 당목을 지정하고 서낭제를 부활해 사회적 지속가능성을 살려갈지 귀추가 주목된다.

서낭제와 함께 평등한 마을공동체를 이루는 데 기여한 것으로 집의 형태를 들 수 있다. 전통적으로 지붕과 대문은 주택에서 신분을 상징하는 대표 요소였다. 그런데 왕곡마을의 집들은 대개 팔작지붕의 기와집이고, 모든 집에 대문을 설치하지 않았다. 마치 똑같은 군복을 입고 계급장을 뗀 군인들처럼 서로의 신분을 드러내지 않는 집의 형태가 마을 사람들의 평등한 관계에도 영향을 미쳤을 것이다.

답사 중에 함전평가옥을 둘러보다가 왕곡마을 사람들이 다정하게 어울려 생활하는 장면을 목격한 적이 있다. 정오가 다 되어갈 무렵 함전평가옥으로 60대 남자 한 분이 왔다. "전평이 있는가?" 대답이 채 들리기도 전에 소형 트럭이 집 앞에 도착하고 차 안에서 재촉하는 소리가 들린다. 곧 함전평 씨가 넥타이를 매만지며 부리나케 앞마당으로 뛰어나오더니 나를 보고 묻는다. "나 어때?" 아침부터 마을의 집안 형님댁에서 마신 술이 덜 깨서 더욱 상기된 그의 얼굴을 향해 나는 엄지손가락을 치켜세웠다. 그는 밝은 표정으로, 어릴 적 같이 공부한 친구의 둘째 아들 결혼식이 있어 송지호 너머 바닷가 오호리의 복지회관에 간다고 말했다. 당시 자신의 집 사랑방에 마련한 마을 서당에서 친할아버지를 훈장으로 모시고 자신을 포함한 함씨 어린이 11명과 최씨 어린이 2명이 같이 배웠다고 한다. 이렇게 함씨와 최씨들은 성씨의 차이, 경제력의 차이, 이념의 차이를 넘어 600년 넘게 공존해오고 있다.

두 아웃사이더의 삶

2004년 당시 75세였던 전씨 할아버지는 이 마을에 있는 큰집, 전윤덕가옥에서 둘째 아들로 출생했다. 왕곡마을에서 정선 전씨는 그의 집과 큰집, 두 가구밖에 없다. 그의 조부가 인근 간성읍 간촌리에서 마을로 들어왔으니 전씨 할아버지는 이주자 3세인 셈이다. 함씨와 최씨, 이 두 성씨의 중간에 끼어 산 그의 삶을 보여주기나 하듯, 그의 집도 두 성씨의 영역 사이에 있다. 전씨 할아버지의 집을 사이에 두고 함씨와 최씨의 거주 영역이 갈리는 것이다. 전씨 할아버지의 집 본채는 마구가 돌출된 ㄱ자형이 아닌 일자형 집으로, 그 양쪽에는 별도의 부속채들이 있다. 본채 지붕은 팔작 슬레이트지붕으로 되어 있었으나, 본래는 우진각 초가지붕이었다. 마을에서 보기 드문 집 모양에서, 사람도 집도 주류에 속하지 않음을 알 수 있다.

전씨 할아버지가 출생한 큰집은 주거지 앞쪽에 위치한다. 그가 그곳에서 주거지 중앙으로 분가한 것은 그만큼 전씨 가족이 마을에 뿌리를 내린 표시로 이해된다. 큰집에 사는 형수는 마을의 함씨 집안 출신이다. 여기서 후손들이 왕곡마을의 주류와 섞여 마을에서 지속되기를 바란 전씨 할아버지 부친의 포석을 읽을 수 있다. 결과적으로 전씨들은 연고가 없는 왕곡마을에 들어와 두 세대라는 비교적 짧은 시간에 온전히 정착했다.

비주류여서 겪는 불편함이나 외로움은 전씨 할아버지에게 큰 문제가 아니었다. 그는 그런 것과는 비교되지 않을 고난의 삶을 살았다. 그의 집을 실측한 2001년 10월 28일, 조사를 막 끝냈을 때 갑자기 폭우가 쏟아져 집 밖에 나가지 못하고 우물쭈물하는 사이에 나는 본의 아니게 그의 인생역정을 듣게 되었다.

그것은 분단 상황에서 왕곡마을이 겪은 위기가 한 개인에게 그대로 드리워진 이야기였다. 그는 인민군에 입대했다가 유엔군에 귀순했으며 1951년에서 1953년까지 3년간 부산, 거제, 광주의 포로수용소를 전전했다. 마지막에 광주의 포로수용소로 간 것을 보면 그가 1952년 4월 거제도 포로수용소에서 '송환거부 북한군인'으로 분류되었던 것 같다. 다 알려진 대로, 거제도 포로수용소에서는 포로들 사이에 이념이 갈리어 잔혹한 충돌이 계속되었으니, 포로수용소에서 살아남는 것은 전쟁터에서 살아남는 것 못지않게 어려운 일이었을 것이다. 전씨 할아버지는 나를 바라보며, 수용소 시절 꿈에 나타나곤 했던 골무산과 송지호가 포로수용소에 갇힌 자신을 지켜줬다고 말했다.

오봉교회 고딕 성당의 새마을 버전이라고 할 만한 건물이지만, 장 목사가 그렇듯이 이 교회는 소박하고 겸손하게 오랫동안 지속되고 있다.

수용소에서 맞아 쑤시는 허리만큼이나 전씨 할아버지를 괴롭히는 것은 당시 매달 44,600원씩 부과되는 의료보험료였다. 그는 이념의 갈등을 온몸으로 힘겹게 이겨내 사회적 지속성을 쟁취했지만 경제적 지속성은 여전히 위협받고 있었다. 그 다음 해에 걱정이 되어 마을 이장께 전화를 해보니 전씨 할아버지가 돌아가셨다고 한다.

전씨 할아버지와 함께 떠오르는 또 한 분의 아웃사이더가 있다. 왕곡마을의 남쪽 언덕에는 흰색 페인트로 깨끗이 칠해진 자그마한 교회가 한낮의 햇살을 받고 있다. 내가 처음 왕곡마을에 온 1986년 8월 1일에는 대전의 신학대학을 갓 졸업한 젊은 전도사 부부가 1979년에 신축된 그 교회를 지키고 있었다. 나는 그날 밤 그 교회의 예배당에서 신세를 졌다. 그때 한 손에는 수박을 들고 다른 손으로는 모기를 쫓으며 늦게까지 그들과 이야기를 나누었다. 그날 잠을 청하며 나는 그 부부가 오랫동안 이 마을에 있으리라고는 생각하지 않았다. 이른바 개척교회인 이곳에서 경험을 쌓고 대처로 나가서 큰 포부를 펼칠 것으로 생각했다.

2004년 어느 날 다시 왕곡마을에 와서 혹시 하는 마음으로 목사님을 찾았다. 마침 교회 건너편 윤종덕가옥을 들여다보니 초등학교에 다니는 남매가 있어서 그의 소재를 물었다. 그들은 집 밖으로 나와 언덕의 교회 쪽을 바라보더니, "어? 차가 없네. 목사님 안 계신가 봐요"라고 한다.

"목사님 성함은 혹시 아니?" "그럼요. 장 아무개 목사님인데요." 남매는 목사님 이야기에 표정이 밝아지며 묻지도 않은 목사님 자랑을 했다. 그 아이들 둘이 왕곡마을에 사는 초등학생의 전부인데 장 목사는 매일 남매를 공현초등학교까지 태워준다고 한다.

날이 저물어도 장 목사가 돌아오지 않아 기별이라도 남기려고 교회로 올라가니 부인이 계셨다. 그에게 인사를 하고 자초지종을 말한 후 "여기 오래 계시네요"라고 하니, "우리가 좋아서 있습니다"라고 말한다.

다음 날 다시 왕곡마을에 와서 장 목사를 만났다. 왕곡마을의 첫 답사 후 그에게서 받았던 엽서의 내용까지 기억하고 있는 내 눈앞에는 아들이 대학생이 된 반백의 중년 성직자와 청년 전도사가 같이 서 있었다.

장 목사가 연고도 없고 학군도 좋지 않은 이곳에서 20년 이상 거주한 비결을 다시 단도직입적으로 물을 필요는 없었다. 왕곡이 민속마을로 지정된 이후 마을 사람들이 겪는 혼란과 문제를 아주 정확히 지적한 그의 이야기가 이미 대답이 되었기 때문이다. 그의 대답에서 나는 자신의 거주지 그리고 그곳에서 같이 사는 사람들에 대한 이해와 애정이야말로 사회적 지속가능성의 중요한 요건임을 깨달았다. 윗집에서 아이들이 뛴다고 곧바로 경비실에 이르고, 우리 집에서 우리 애가 뛰는데 뭐가 잘못이냐고 티격태격하다가 "에이, 이사 가야겠네!"라고 합창하는 현대 주거단지의 반대편에, 낯선 곳에서 지속가능성을 스스로 발견하고 키워나간 전씨 할아버지와 장 목사가 있었다.

경제적 지속성의 표지들

다른 모든 조건들이 좋아도 경제적인 안정이 없다면 그곳은 거주지로서 지속되기 어렵다. 이런 면에서 오래 지속된 왕곡마을이 경제적 지속가능성을 가지고 있으리라 쉽게 짐작할 수 있다. 전통 농경사회에서 경제적 안정은 충분한 면적의 농토가 없이는 불가능한 일이다. 그래서 대개 주변에 농지가 많은 마을이 부촌이고, 농지가 적고 척박한 곳에 있는 마을은 빈촌이었다.

최근 왕곡마을 사람들은 마을과 동해바다 사이에 있는 송지호에서 재첩을 채취해 전국에 판매함으로써 상당한 소득을 올리고 있다. 하루에 가구당 60kg을 채취할 수 있는데, kg당 가격이 1,500원이니 하루 종일 채취하면 9만 원을 번다. 농촌의 소득으로는 적은 액수가 아니다. 그러나 이는 불과 몇 년 사이의 일이며 여름 한 철만 재첩의 채취가 허용되니 그것이 주 소득이 되기는 어렵다. 왕곡마을 사람들의 주업은 예나 지금이나 대부분 농업이다. 따라서 왕곡마을의 경제적 지속성을 살펴보기 위해서는 먼저 농경지의 분포를 파악해야 한다.

왕곡마을의 주거지 안, 가옥과 가옥 사이에는 텃밭이 있는데 그것들을 모두 합하면 상당한 면적이 된다. 이 텃밭들은 오랜 시간을 두고 지형의 경사를 따라 계단식으로 애써 개간한 땅이다. 텃밭으로 인해 왕곡은 일반적인 집촌 형태의 마을보다 가옥 밀도가 낮다. 논은 주거지 주변부를 비롯해 7번 국도에서 마을에 이르는 골짜기, 그리고 마을 앞에서 송지호까지 남동쪽으로 펼쳐져 있다. 특히 제공산과 호근산 너머로 넓게 자리 잡은 인정평야의 많은 부분을 이 마을 사람들이 소유하고 있다. 강원도에서 이만한 농토가 있는 곳을 찾기가 쉽지 않을 것 같다. 《택리지》에는 "깊은 산중이라도 들이 펼쳐진 곳이라야 제대로 된 터가 된다"라는 말이 있는데, 왕곡마을이 바로 그런 곳이다.

비교적 너른 들을 갖춘 왕곡마을은 농가 소득도 높은 편이어서 일제강점기에는 '자력갱생 모범부락'으로 꼽혀 도백(도지사)이 자주 다녀갔다고 한다. 1960년대에 마을 방앗간을 갖추었고 1970년대에는 상당히 큰 농협창고를 지었으며, 1990년대에는 주거지 안쪽에 수확한 벼를 말리는 건조장까지 설치하는 등 쌀 관련 시설을 지속적으로 설치해온 데서 마을에서 거둬들이는 곡식의 양이 여전히 상당함을 짐작할 수 있다.

경제력은 집에도 반영되었다. 대부분의 집에서 본채에 기와지붕을 이었으며, 마구를 설치하고 재산 가치가 컸던 소를 집집마다 길렀던 점 등은 모두 마을의 경제력을 말해준다. 특히 자작농이었던 함씨들의 집에는 경제적인 여유를 보여주는

박두현가옥의 굴뚝 본채 주위의 담과 하나가 된 굴뚝은 팔작지붕과도 조화를 이룬다. 위로 올라갈수록 작은 돌을 사용해서 안정감 있게 보인다.

요소들이 많다. 함정균가옥을 보자. 집에 쓰인 재목들이 모두 굵직굵직한 것은 눈 때문이라고 치더라도, 마루 한편에 붙박이로 설치된 보기 드물게 큰 뒤주와 집 앞에 있는 개인용 디딜방아의 흔적은 수확량의 규모를 짐작케 한다.

왕곡마을의 주택들에서 조형적으로 가장 눈에 띄는 것은 굴뚝이다. 토담 쌓는 방식으로 탑처럼 만들어진 이 굴뚝들의 크기와 중량감은 웬만한 봉수대와 맘먹는다. 이렇게 굴뚝이 마을 경관에 토속적이면서 묵직한 느낌을 주는 모습을 다른 마을에서는 찾아보기 힘들다. 굴뚝을 높이 설치한 것은 마을에 바람이 많이 불어서 굴뚝으로 바람이 역류하는 것을 막기 위한 것으로 보인다. 그러나 이것은 높이에 관한 설명일 뿐이다. 분명 이렇게 심혈을 기울여 굴뚝을 만든 다른 상징적인 이유가 있지 않았을까?

굴뚝 밖으로 나는 연기는 거주자의 존재를 확인시켜주고 밥을 지을 수 있는 형편을 말해준다. 굴뚝에 연기가 솟을라치면 마을에서 뛰놀던 아이들도 "아이고, 밥 먹을 때가 되었구나!" 하고 집으로 향하곤 했다. 밥 짓는 연기를 내뿜는 굴뚝은 풍요로운 생활을 상징하기 때문에, 충남 논산시 노성면에 있는 명재고택(明齋古宅)과 같은 성리학자의 집에서는 굴뚝을 높이 설치하는 것을 자제했다. 생활이 어려웠던 시절에는 높은 굴뚝이 자칫 주변에 이실감을 줄 수도 있기 때문이다. 이런 면에서 볼 때 조형적으로 강조된 굴뚝은 왕곡마을의 경제적 지속성을 상징하기도 한다. 모두들 어느 정도 먹고살 만했기에 높고 큰 굴뚝을 통해 경제적 안정감을 드러내는 것을 주저하지 않았으리라.

왕곡마을의 굴뚝 디자인은 모두 조금씩 다르고 각기 특색이 있다. 돌과 흙으로 쌓아 담과 하나가 되고 팔작지붕과 완벽한 조화를 이룬 박두현가옥의 굴뚝같이 조화의 미를 보여주는 것이 있는가 하면, 함세균가옥의 굴뚝같이 옛 산성의 봉수대처럼 단순한 형태로 쭉 뻗어올라 강한 생명력을 상징하는 것도 있다. 함세균가옥의 굴뚝은 기와를 겹겹이 쌓아올려 만들었는데, 꼭대기에 올린 잘생긴 장독이 마치 봉화의 불꽃 같다. 홀쭉하지도 뚱뚱하지도 않은 건강한 모습의 이 굴뚝은 왕곡마을 굴뚝의 최고봉이라 할 만하다.

굴뚝은 이렇게 상징성과 조형성을 가질 뿐 아니라 영역을 나누는 공간 구성

함세균가옥의 굴뚝 마을에서 가장 아름다운 비례를 갖춘 굴뚝이다.

요소의 역할도 한다. 함형찬가옥에서 보듯이, 뒷마당과 사랑마당 사이에 있는 큼직한 굴뚝은 성격이 다른 두 공간을 분명하게 나누어준다.

전통마을에서 만난 근대와 탈근대

안길에서 보면 공모산을 사이에 두고 비슷한 크기의 마을회관과 농협창고가 사이좋게 나란히 있었다. 마을의 전체적인 행사는 대부분 마을회관에서 이루어지고, 마을 공동의 물건은 50평의 농협창고에 보관되었다. 왕곡마을의 공동성을 상징하는 이 두 건물은 그것들이 지어진 2000년대와 1970년대의 사회의식을 극명하게 대비시켜준다. 1970년대에 이런 마을회관을 지었으면 반근대적이라고 지탄받았을 테고, 2000년대에 이런 창고를 지었으면 아직도 근대의 개발지상주의에서 벗어나지 못했냐는 비아냥거림을 들었을 것이다. 건축 양식이란 이렇게 30년도 못 버티는 덧없는 것인가.

    농협창고는 여느 농촌마을처럼 '새마을 양식'으로 지어졌다. 새마을 양식이란 1970년대와 1980년대 초에 우리 농촌을 휩쓴 새마을운동의 과정에서 지어진 건물들에 내가 붙여본 말이지만, 그것은 근대건축의 핵심적인 특징을 갖추고 있어서 하나의 근대적 양식으로서 손색이 없다. 새마을 양식의 건물들은 전통 건물의 자연재료와 달리 시멘트벽돌, 콘크리트블록, 함석, 슬레이트, 유리 등 새로운 인공재료로 지어졌다. 이 재료들은 모두 투명하거나 무채색이며 직선을 만들어내기에 적합하다. 사실 함석이나 슬레이트로 한옥 지붕에서 보는 것 같은 곡선을 만들기는 대단히 어렵다. 또한 시멘트 모르타르는 전통 건물에 근대의 껍데기를 씌우는 데 애용되었다. 그것을 한번 바르면 자연재료의 물성을 드러내는 전통 건물의 울퉁불퉁한 질감이 감추어지기 때문이다. 이렇게 새마을 양식은 새로운 재료를 사용해 근대건축의 큰 특징인 추상성을 확보했다.

    반면에 마을회관은 한옥 형태로 지어졌다. 그것은 마을의 다른 많은 집들과 마찬가지로 기단 위에 앉은 팔작지붕의 집이다. 한참을 더 쓸 수 있었던 2층 양옥 건물의 마을회관을 21세기를 맞아 철거하고 2000년에 한옥형 마을회관을 새로 지었다. 양옥형 마을회관 이전에 이런 한옥이 있었던 것도 아니니 이것을 복원이라고 할 수는 없다. 그러면 현대에 지어진 이 전통 양식의 건물을 무엇이라고 해야 할까? 근대 양식을 대체했으니 탈근대 건물이라고 할까?

이 마을회관은 민속마을이 새롭게 낳은 자식이다. 사실 왕곡마을이 민속마을이 아니었으면 양옥형 마을회관을 그대로 쓰든지 서쪽 언덕 너머에 있는 적동마을의 마을회관처럼 전원주택형으로 바꾸었을 것이다. 그런데 이 마을회관이 만들어진 방식은 새로운 것이 아니다. '독립기념관'이 잘 보여주듯, 속이야 어떻든 겉만은 과거 양식으로 만드는 일이 1970년대와 1980년대에 우리 사회를 풍미했다. 그 결과 모처럼 오래된 사찰에 간 사람들이 대웅전과 그와 같은 양식의 화장실을 혼동하는 사태가 벌어지고 있다.

과거 양식을 복제하는 것은 진정한 의미에서 창작이 아니다. 또한 전통의 본질이 껍데기에 있는 것도 아니니 진정한 전통의 계승도 아니다. 이제 건축문화의 시계를 뒤로 돌리는 그런 방식에서 탈피해, 진정한 우리 시대의 양식을 창출하기 위해 전통건축의 내적인 본질을 고찰하고 그것을 이 시대의 새로운 재료와 구법(構法)으로 재현하는 연구와 창작이 필요하다.

서로 다른 양식의 혼재는 마을의 역사를 대변해주는 동시에 마을공간을 풍부하게 해준다. 기왓장을 층층이 쌓아올려서 힘 있는 굴뚝이 되었듯이 그런 시간의 흔적들이 마을의 역사적·문화적 깊이를 말해주는 것이다. 이런 측면에서 농협창고도 왕곡마을에서 나름의 의미를 가졌다. 그러나 2007년 농협창고는 철거되고 그 자리는 관광객을 위한 체험장과 주차장으로 대체되었다. 멀쩡한 창고를 없앤 이유는 단지 이곳이 민속마을이기 때문이다. 슬레이트와 콘크리트로 지어진 건물이 나타내는 근대 또한 한 세대 이전의 역사임을 생각하면 그 창고도 민속마을의 소중하고 당당한 구성요소였다. 그러나 근대를 전통과 대립하는 것으로 보는 의식은, 한 세대를 넘겨 이미 역사적 의미를 획득한 근대 산업건물을 파괴해버렸다. 농협창고가 남아서 방앗간과 함께 왕곡마을의 경제적 지속가능성을 후손들에게 전했으면 더 좋았을 텐데 참으로 아쉽다.

보존에서 보전으로

왕곡마을은 2000년에 외암마을과 함께 국가지정문화재인 중요민속자료로 지정되어 민속마을에 합류했다. 마을 인구는 1986년에 280명이던 것이 점점 줄어 2009년에는 111명, 41가구가 되었다. 23년 만에 인구가 40%로 줄었으니 사회적 지속성의 위기가 아닐 수 없다. 그 위기는 민속마을 정책이 주민들의 생활에 가하는 제약과 무관하지 않다. 그런 제약 중 가장 심각한 것은 집의 원형을 유지하도록 강요하는 것이다.

다른 문화유적과 달리 일상생활이 일어나는 주거에서 원형 유지 또는 복원의 문제는 대단히 풀기 어려운 과제다. 과거에 고정된 주택에서 현대의 생활을 영위한다는 것은 불가능에 가깝기 때문에 원형 유지를 추구하는 민속마을에서는 필연적으로 거주자의 생활문제가 대두된다. 왕곡마을에서도 애써 살 만하게 수리한 집을 원상 복구하라는 당국에 대한 불만의 소리가 높다. 언젠가 현지조사 중에 최윤철가옥의 아주머니는 근심이 드리운 얼굴로 내게 물었다. "초가로 다시 안 바꾸면 싹 밀어버린다는데 그게 정말이래요?"

결국 해법은 원 거주자를 이주시키고 문화재 당국 또는 지방자치단체가 주택을 매입하는 것, 아니면 현대의 주거생활을 영위할 수 있도록 부분적으로 원형의 변경을 허용하는 것, 이 두 가지 중에서 선택할 수밖에 없다. 문화재의 원형을 조금도 변경할 수 없도록 규정한 현재의 문화재보호법에 따르면 후자는 허용되지 않는다. 그래서 왕곡마을에서도 군(郡)에서 집을 수리한 다음 매입하고 관리와 활용은 외부 전문회사에 위탁하는 방법을 택하고 있다. 그러나 나는 민속마을이 진정으로 성공하기 위해서는 후자의 방법을 택해야 한다고 본다. 전자의 방법은 주거공간을 박제된 문화재로 전락시키는 것이며, 사람이 살지 않는 그곳에서 어떠한 역사적·문화적 분위기를 경험하고 교훈을 얻기란 어렵기 때문이다.

그러면 마을과 주택들이 문화재로서 가치와 진정성을 유지하면서도 거주자들의 생활을 수용할 수 있는 방안은 무엇인가? 민속마을에서도 현대의 생활을 영위할 수 있다면 그야말로 지속 가능한 민속마을이 되지 않을까? 현지조사를 해보니 거주자들의 다수가 70대 이상의 노령층이었는데, 그들은 50cm 가까운 단 차이가 나는 안방과 부엌을 오가는 것을 매우 힘들어했다. 젊은 사람들은 운동이 된다고 좋아할지 몰라도 노인들에게 수직 이동은 매우 힘겨운 일이다. 그래서 함탁영가옥에 혼자 사는 김씨 할머니는 2003년 겨울, 욕실로 개조한 마구와 정지 사이에 있는 '사랑방'으로 거처를 옮겼다. 이로써 안방에서 마루와 정지를 거쳐 마구(욕실)를 오가는 긴 동선을 단축하고 수직 이동도 줄였다.

겹집이어서 집이 어두운 것도 문제다. 이전과 달리 이제는 방 안에서 지내는 시간이 길어졌기 때문이다. 그래서 부엌문 등 나무판자로 된 판문을 유리를 낀 알루미늄 창틀 문으로 바꾸어 집 안을 밝게 한 집이 많다. 또한 많은 집들에서 마구를 욕실로 바꾸고 마구와 정지 사이에 현관을 만들었다. 정지는 바닥을 높여 다른 방들과 바닥 높이를 같게 하고 입식 부엌으로 만들었다. 이 같은 현지조사 자료를 바탕으로 전통마을을 지속 가능한 주거공간으로 유지하는 방안을 마련할 수 있을 것이다.

역사적·문화적으로 의미가 큰 마을을 민속마을로 지정하여 '보전'하는 것은 필요한 문화정책이다. 자본주의의 논리에 맡겨서는 어떤 마을도 고유한 모습을 유지하기 힘들기 때문에 관의 개입은 어느 정도 불가피하다. 그런데 여기서 보전(保全, conservation)이란 보존(保存, preservation)과는 다른 말이다. 두 말이 비슷해서 혼용되기도 하지만 엄밀한 뜻은 서로 다르다. 전자가 원형의 근간을 유지하면서 새로운 조건에 맞게 다소의 변경을 수용하고 유지·관리해나가는 것을 말하는 반면, 후자는 원형을 그대로 유지하는 것을 말한다.

여기서 보전이라는 용어를 쓰는 것은, 민속마을이 과거의 일정한 시점에 얼어붙은 하나의 화석이 되어서는 곤란하다는 뜻에서다. 그래서는 마을이 생명력을 가질 수 없다. 진정한 민속마을은 유기체처럼 살아 있어서 시간의 두께를 더해가야 한다. 왕곡마을로 말하자면 그것의 시계가 19세기 중엽에 완전히 멈추어서는 안 되며, 오히려 19세기의 요소들을 풍부하게 가지고 있는 현대마을이 되어야 한다. 그러기 위해서는 주민들의 생활을 세심히 살피는 정교한 정책을 수립해야 한다.

이제 우리의 전통마을에서 심지어 민속마을에서도 복원보다는 지속이 필요한 시점이 아닐까 한다. 왕곡마을을 오가며 산불이 난 곳에 급히 심은 소나무들의 잎이 누렇게 죽어가는 것을 보았다. 산불로 민둥산이 된 것이 보기 싫다고 성급히 나무를 심고 있지만 그것이 오히려 생태계 질서를 교란시켜 산림의 회복을 더디게 한다는 것이 산림 전문가들의 지적이다. 숲이 어느 정도 자연 복원되어 토양의 양분이 복구될 때까지 나무를 심지 않는 것이 낫다고 한다. 사람들이 마을에 사는 모습도 오랜 세월을 두고 그 토양에 맞게 형성된 것이다. 거기에 섣불리 외적인 충격을 가하면, 무리한 식목으로 산림 생태계가 교란되듯 그들의 삶이 혼란을 겪게 된다. 마을을 보존하려는 관(官), 보존된 마을을 보고 싶어 하는 사회, 그러나 무엇보다도 중요한 것은 주민들이 안심하고 살 수 있는 지속 가능한 민속마을을 이루는 것이다.

키워드로 읽는 마을 답사 노하우

전통마을에서 무엇을 보고 느끼면 좋을까? 제대로 또 효과적으로 전통마을의 본질과 가치를 발견할 수 있는 답사방법은 무엇일까? 여기서는 지난 26년간 꾸준히 전통마을을 답사한 내 경험을 바탕으로 10가지의 키워드를 통해 마을 답사 요령을 정리해보려 한다. 물론 답사에 정석이 있는 것은 아니나, 내 경험을 참고해서 독자들 나름의 답사방법을 찾기 바란다.

마을 답사는 보통 관찰과 대화, 이해와 느낌, 그리고 기록의 순서로 진행된다. 전통마을에서 관찰과 대화의 대상은 자연, 영역과 그것을 이루는 장소들, 그리고 사람이다. 말 없는 대상과의 대화는 그것이 '왜 거기에 그런 모습으로 있는지' 말을 걸어봄으로써 시작된다. 관찰과 대화를 통해 대상을 이해하고 나면 비로소 어떤 느낌을 얻게 된다. 그리고 이해와 느낌이 울림과 감동으로 이어질 때 그 대상을 글, 사진, 스케치 등의 방식으로 기록하면 그것은 영원히 내 마음속을 떠나지 않는다.

동선

마을공간에서는 어디서부터 어떤 순서로 발길을 옮겨가는 것이 좋을까? 일반적으로 마을의 큰 틀을 먼저 파악하고 차차 세세한 공간으로 발걸음을 옮기는 것이 좋다. 우선 마을 어귀에서 발걸음을 멈추고 폭넓은 시각으로 주변 산세와 물길의 흐름을 살핀다. 그리고 마을 입구로 다가가면서 주변 자연환경과 마을공간이 어떻게 만나는지 살펴보고, 지형의 리듬에 맞추어 집들이 배치된 모습을 감상하자.

다음으로 여러 갈래의 길들 중에서 주도로인 안길을 파악한다. 안길은 대개 마을 입구에서 종가로 이어지는 좀 더 곧고 너른 길이다. 그리고 안길을 따라 마을을 관통해 걸으면서 마을공간의 뼈대와 마을 사람들이 함께 사용하는 공동공간을 확인한다. 마지막으로 다시 안길을 따라 내려오면서 좁은 샛길들로 접어들어 좀 더 내밀한 곳에 조성된 아름다운 한옥들과 흥미로운 공간들을 관찰하고 체험하자.

시선

전통마을은 크게 보고 또 세밀하게 보아야 그 온전한 모습이 드러난다. 안에서 밖으로, 그리고 밖에서 안으로, 이렇게 두 방향에서 크게 보면 마을 안의 요소들이 마을 밖 요소들과 어떻게 관련을 맺는지 알게 된다.

밖에서 마을공간을 전체적으로 살펴보려면 마을 앞산이나 뒷산같이 높은 곳으로 올라가야 한다. '답사(踏査)'라는 말 그대로 발품을 팔아 밖에서 안을 볼 때, 광역적인 지형의 흐름이나 방위 같은 자연조건에 마을공간이 대응하는 방식을 더 잘 이해할 수 있다.

우리 건축에서는 밖에서 안을 들여다보는 것보다 안에서 밖을 보는 시각을 더 중요시했다. 거주자의 주체적인 시각을 중시했던 것이다. 그리고 같은 곳을 바라본다는 것은 마을공동체에서 심리적인 연대를 의미했다. 주변 경치로 이르는 시선을 마을공동체가 어떻게 공유했는지 이해하고, 그것이 건축물의 배치와 디자인에 어떤 영향을 주었는지 생각해보자.

전통건축을 보러 가서 밖에서만 열심히 보고 오면 반도 못 본 것이다. 그러나 안에서 밖을 보려면 건물 안으로 들어가야 하는데 알려진 마을일수록 집을 잘 개방하지 않는다. 겨우 사랑채 외부까지만 개방하는 집이 많아 방이나 마루 혹은 마당에서 바깥의 먼 곳을 내다보는 경험을 하기는 어렵다. 적어도 국가문화재로 지정된 마을만이라도 거주자가 없는 집들을 개방해 마을 답사가 제대로 이루어지기를 바란다.

주산과 안산

전통마을은 뒤로 믿음직한 주산에 기대고 앞으로는 편안하게 시선을 받아주는 안산을 바라보는 곳에 자리한다. 이때 마을 영역의 폭이 안산의 폭과 비슷하게 조성되는 경우가 많다. 주산과 안산을 잇는 가상의 선이 마을공간에서는 시선의 축이자 공간구성의 축이다. 마을의 집들은 이 축에 맞추어 배치됨으로써 지형의 흐름을 따른다. 마을공간이 자연과 조화를 이루고 편안한 느낌을 주는 것은 이렇게 지형의 흐름을 따른 결과다.

안산이 없거나 분명치 않은 마을도 있다. 이때는 마을 앞쪽의 조경을 살펴보자. 그러면 마을 앞이 허해지는 것을 막으려고 소나무 등을 빼곡히 심어 안산을 대신하는 모습을 발견할 수 있다. 이렇게 동수(洞藪)라는 인위적인 숲을 만들 정도로, 안산은 마을을 조성하는 데 중요한 요소로 작용했다.

안대

오직 남향만을 고집하는 현대의 주택과 달리 전통마을의 집들에서는 동서남북의 절대향이 그다지 중요하지 않았다. 대신 전통한옥은 대개 빼어난 모양의 산봉우리를 바라보고 자리 잡는데, 그 산봉우리를 안대(案帶)라고 한다. 따라서 전통마을에서 집의 배치를 이해하려면 눈을 마을 밖 멀리로 돌려 안대를 찾아야 한다. 특히 북향이나 서향처럼 좋지 않은 향을 택한 집이 있다면 그 집의 안대를 찾아 절대향보다 안대가 배치에 중요하게 작용하지는 않았는지 확인해보자.

마을을 이루는 집들은 흔히 서로 다른 안대를 택한다. 심지어 한 집을 이루는 여러 채들이 제각기 다른 안대를 취하기도 한다. 전통마을에서는 이렇게 개성 있는 한 채 한 채의 집들이 모여 역동적인 공간을 만들어낸다. 전통마을에서 현대의 아파트단지에서는 느낄 수 없는 공간의 역동성을 느껴보자.

세 영역

마을은 사람들이 모여 이루어낸 영역 만들기의 결과다. 마을에는 기본적으로 사람들의 일상적인 접촉이 일어나는 사회적 영역, 개별 가족의 집들이 모여 있는 개인적 영역, 조상에 대한 제례나 정신 수양을 위한 시설들이 배치된 의식 영역 등 세 가지 영역이 존재한다. 이 영역들은 대개 안길을 따라 마을공간의 앞에서 뒤로 차례로 펼쳐진다. 각각의 영역들이 무엇으로 구성되는지, 그리고 서로 다른 영역으로 옮겨갈 때 느낌이 어떻게 달라지는지 관찰하고 느껴보자.

사회적 영역과 의식 영역은 마을 사람들이 공동으로 이용하는 공동체 공간이다. 따라서 이 두 영역이 잘 발달한 마을일수록 공동체가 잘 형성되고 유지되는 마을이다. 모두 공동체를 위한 공간이지만 두 영역의 분위기는 크게 다르다. 정자를 중심으로 한 사회적 영역에서 활발하고 사교적인 분위기를 느낄 수 있는 반면, 선산과 재실이 있는 의식 영역에서는 차분하고 영적인 분위기가 느껴진다.

안길과 샛길

마을길은 영역들을 이어주고 영역 내부의 공간을 조직한다. 주도로인 안길과 개별 주택 접근로인 샛길로 나누어 마을길을 살펴보면 마을의 공간구조를 훨씬 더 파악하기 쉽다. 안길이 마을공동체의 공간이라면, 샛길은 몇몇 집이 같이 사용하는 좀 더 사적인 외부공간이다.

마을공간의 뼈대인 안길은 대개 일직선에 가깝게 곧은 한두 갈래의 길이다. 안길을 따라 걸으면서 지형의 높낮이가 달라지는 느낌과 함께 영역성의 변화도 느껴보자. 샛길은 개인적 영역에서 막다른 골목이나 고리 모양으로 반복해서 나타난다. 남부지방에서는 '고샅', 제주도에서는 '올레'라는 예쁜 이름으로 불리기도 한다.

연못과 정자

연못과 정자는 짝을 이루어 인상 깊은 마을의 입구를 만들어낸다. 마을의 길들은 정자로, 마을공간을 흐르는 물길들은 연못으로 모인다. 이는 연못과 정자가 있는 곳이 마을공간에서 가장 낮은 곳임을 의미한다. 마을 밖에서 안으로 들어갈 때, 그리고 마을 안에서 밖으로 나갈 때는 언제나 연못과 정자를 거치게 된다. 그래서 그곳은 주민들이 일상적으로 만나 교류하는 사회적 공간이다.

정자에 올라 마을 밖으로 멀리 보이는 경치를 감상해보자. 마을 영역은 닫혀 있지 않고 정자를 통해 주변 자연경관으로 확산된다. 이렇게 한 장소에서 일상적으로 만나고 함께 경치를 감상하는 것은 마을공동체를 유지하는 중요한 활동이었다.

종가

마을로 일족을 거느리고 들어온 입향조가 지은 종가는 대개 마을에서 가장 오래되고 격식을 갖춘 집이다. 종손 가족이 대를 이어 거주하는 살림집이자 문중의 중심공간인 종가는, 사당은 물론 종종 불천위를 모시는 별묘와 재실까지 갖춤으로써 커다란 영역을 이룬다. 시간이 흐르면서 종가 앞쪽으로 자손들이 분가해 나가 집을 지음으로써 마을이 성장한다. 마을의 집들은 종가를 모델로 하지만 현실 조건에 따라 종가를 축소하거나 변형한 형태를 띤다.

그럼, 마을에서 어떻게 종가를 찾을 수 있을까? 사실 그것은 그리 어렵지 않다. 전통마을에서는 지형에 사회적·정신적 의미를 부여하기 때문에 주거지의 맨 뒤, 가장 높은 곳에 있는 집이 당연히 위계가 가장 높다. 바로 그 집이 종가다. 종가의 위치는 대개 마을 주산의 맥이 내려와 맺어진 힘 있는 지점에 해당한다.

사람

마을 답사에서 주민들의 이야기를 겸손하게 듣는 것은 매우 중요하다. 그분들이 자신들의 거주공간과 주변 환경을 어떻게 이해하고 해석하는지, 또 어떤 요소에 어떤 상징적 의미를 부여하는지 귀 기울여보자. 마을 입구 부근에 있는 정자나 마을회관으로 가면 그런 흥미로운 이야기를 들려줄 수 있는 마을 어른들을 만나기 쉽다.

마을에는 교과서에 나올 정도로 유명한 역사적 인물들도 있고 이름 없이 기구한 삶을 살아간 민중들도 있다. 마을 분들과 여유롭게 대화함으로써 마을 생활과 공간의 관계를 이해하고, 그곳에서 살다간 이들의 체취를 느껴보자.

시간

많은 전통마을에는 수백 년의 시간이 축적되어 있다. 따라서 그곳에는 현대 도시와 달리 시간을 느낄 수 있는 단서들이 풍부하다. 그 단서들이란 오래 전부터 그 자리에 있었던 자연적·인공적 요소들이다. 그것들이 어떻게 그토록 오랜 시간 자신의 자리를 지킬 수 있었는지, 그 시간의 의미를 사색해보자.

눈에 보이는 흔적이 없을 때는 그 장소에 담긴 이야기를 더듬어보자. 그러기 위해서는 답사에 앞서 마을공간에 얽힌 역사와 이야기에 관한 자료를 조사하는 것이 좋다. 이야기를 아는 장소에서 잠시 눈을 감으면 보이지 않는 시간의 의미가 온몸으로 전해진다.

전통마을 답사는 나보다 훨씬 오랫동안 이 세상에 존재해온 말 없는 대상과 대화하고 교감하는 과정이다. 답사는 혼자 해도 좋고 여럿이 해도 좋다. 그러나 마을에서는 잠시 일행과 대화를 멈추고 마을의 집들, 나무들, 그리고 그곳에 거주하는 사람들이 들려주는 이야기에 귀 기울여보자. 그러한 순간의 경험이 이미 우리 내부에 있는 무엇과 감응할 때 감동이 일어난다. 그리고 그런 감동이 있을 때 이제 전통마을은 내 삶과 무관하지 않은 존재가 된다.

결국 답사도 여행이다. 여행에서는 현지의 자연, 건축공간, 그리고 사람들을 만나지만 그 낯선 만남들을 통해 나를 새롭게 마주하게 된다. 이제까지 당연하게 생각해온 자신의 삶의 방식과 공간을 새로운 눈으로 바라보는 것 또한 전통마을 답사의 커다란 보람이다.

본문의 주

전통마을을 보는 네 가지 시선
1. Said, Edward W., *Orientalism*, Vintage Books, 1978, 25주년 기념판 서문.
2. Kroeber, A. & Kluckholn, C., *Culture: A Critical Review of Concepts and Definitions*, Peabody Museum, 1952.
3. Altman, Irwin & Chemers, Martin, *Culture and Environment*, Brooks/Cole Publishing Company, 1980, p. 1.
4. Franck, K. A. & Schneekloth, L. H. ed., *Ordering Space: Types in Architecture and Design*, VNR, 1994, p. 55.
5. 이광규, 《한국의 가족과 종족》, 민음사, 1990, 199쪽.
6. Norberg-Schulz, Christian, *Intentions in Architecture*, Allen and Unwin, 1963, p. 43.
7. 이중환 지음, 이익성 옮김, 《택리지》, 한길사, 1992, 216쪽.
8. 최창조, 《한국의 풍수사상》, 민음사, 1984, 46쪽.

1. 옻골마을
1. 善生永助, 《朝鮮の聚落 後篇》, 조선총독부, 524~526쪽.
2. 박명덕, 〈영남지방 동족마을의 분파형태와 건축특성에 관한 연구〉, 홍익대학교 건축학과 박사학위논문, 1991, 96쪽.
3. 대구광역시, 《옻골 — 거대도시 속의 씨족마을》, 1996, 42쪽.
4. 한국생활사박물관 편찬위원회, 《한국생활사박물관 09 — 조선생활관 1》, 사계절, 2003, 31쪽.
5. 박명덕, 〈영남지방 동족마을의 분파형태와 건축특성에 관한 연구〉, 홍익대학교 건축학과 박사학위논문, 1991, 93쪽.

2. 한개마을
1. 연세대학교 건축역사·이론연구실, 《성주 한개마을》, 연세대학교 출판부, 1991, 31쪽.
2. 이명식, 《경북 성주의 한개마을문화》, 태학사, 1997, 20·21쪽.
3. 정순우, 〈19세기 서당 설립과 향촌사회의 동향〉, 《한국의 사회와 문화》 제16집, 한국정신문화연구원, 1991.
4. 김동욱, 《한국건축의 역사》, 기문당, 1997, 235~236쪽.
5. 김동욱, 《조선시대 건축의 이해》, 서울대학교 출판부, 1999, 219쪽.
6. 주남철, 《비원》, 대원사, 1990, 61쪽.
7. 연세대학교 건축역사·이론연구실, 《성주 한개마을》, 연세대학교 출판부, 1991, 293쪽.

3. 낙안읍성
1. 손정목, 〈조선사회의 도시의 구조와 발전〉, 《한국의 사회와 문화》 제16집, 1991, 313쪽.

2 김광언,《풍수지리》, 대원사, 1993, 84쪽.
3 이복규,《임경업전》, 시인사, 1998, 20쪽.
4 허경진,《한국의 읍성》, 대원사, 2001, 69쪽.
5 김홍식,《한국의 민가》, 한길사, 1992, 724쪽.
6 윤정섭,《도시계획사개론》, 문운당, 1987, 89쪽.
7 박상진,《궁궐의 우리 나무》, 눌와, 2001, 151·156쪽.
8 이훈상,〈전근대 한국과 중국의 지방 통치와 이서집단의 종족문제〉,《중국사연구》제27집, 2003. 12, 117쪽.
9 이중환 지음, 이익성 옮김,《택리지》, 한길사, 1992, 195쪽.
10 Mumford, Lewis, *The City in History*, Harcourt, Brace & World, 1961, p. 569.

4. 성읍마을

1 남제주군,《성읍민속마을 종합정비계획》, 2002, 28쪽.
2 남제주군,《성읍민속마을 종합정비계획》, 2002, 83쪽.
3 김홍식,《한국의 민가》, 한길사, 1992, 327쪽.
4 김홍식,《한국의 민가》, 한길사, 1992, 127쪽.
5 김홍식,《한국의 민가》, 한길사, 1992, 282쪽.
6 김홍식,《한국의 민가》, 한길사, 1992, 19·707쪽.
7 이산하,《한라산》, 시학사, 2003, 149~150쪽.
8 김영돈,《제주 성읍마을》, 대원사, 1989, 98쪽.
9 김영돈,《제주 성읍마을》, 대원사, 1989, 29~30쪽.
10 김영돈,《제주 성읍마을》, 대원사, 1989, 65~66쪽.
11 김정숙,《자청비·가믄장아기·백주또》, 도서출판 각, 2002, 41쪽.
12 김영돈,《제주 성읍마을》, 대원사, 1989, 106~107쪽.
13 김영돈,〈제주 성읍마을〉,《꾸밈》제83호, 1990. 4, 75쪽.
14 '99 건축문화의 해 조직위원회,《전국건축문화자산 — 제주》, 1999, 11쪽.

5. 하회마을

1 장순용,〈민속마을의 보존현황연구 — 안동 하회마을〉,《월간 꾸밈》, 1990. 4, 78쪽.
2 박상진,《궁궐의 우리 나무》, 눌와, 2001, 399쪽.
3 이중환 지음, 이익성 옮김,《택리지》, 한길사, 1992, 194쪽.
4 이수건,〈영남사림파의 형성〉,《민족문화총서》제7집, 1986.
5 임재해,《안동 하회마을》, 대원사, 1992, 50~51쪽.
6 김수근,〈최순우 선생의 두 눈〉,《샘이 깊은 물》, 1985. 2.
7 Ashihara, Yoshinobu, *Exterior Design in Architecture*, VNR, 1970 ; Lynch, Kevin, *Site Planning*, The MIT Press, 1984 등 참조.

6. 강골마을

1 〈조선일보〉, 1930년 1월 14일자.

2 전봉희, 〈근대, 그 자유와 향수 — 보성기행〉, 《건축》 제42권 4호, 1998. 4, 20쪽.
3 전봉희, 〈근대, 그 자유와 향수 — 보성기행〉, 《건축》 제42권 4호, 1998. 4, 20·143쪽.
4 전봉희, 〈보성 강골마을의 정주형태에 대한 조사연구〉, 《대한건축학회논문집》 제14권 4호 1998. 4, 172쪽.
5 주남철, 《비원》, 대원사, 1990, 61쪽.
6 전봉희, 〈전남 보성지역의 요자형 주거에 관한 연구〉, 《대한건축학회논문집》 제14권 8호, 1998. 8, 167쪽.
7 전봉희, 〈전남 보성지역의 요자형 주거에 관한 연구〉, 《대한건축학회논문집》 제14권 8호, 1998. 8.
8 대한주택공사 주택연구소·한국예술종합학교, 《전통주거의 계획개념 및 설계요소에 관한 연구 Ⅱ: 사례연구》, 1997, 149쪽.
9 김동욱, 《한국건축의 역사》, 기문당, 1997, 281~282쪽.

7. 양동마을

1 강동진, 〈경주 양동마을의 해석과 보전방법론 연구〉, 서울대학교 박사학위논문, 1997, 135쪽.
2 이정근, 〈민속마을의 보존현황연구 4 — 월성 양동마을〉, 《꾸밈》 제83호, 1990. 4, 89쪽.
3 전봉희, 〈조선시대 씨족마을의 내재적 질서와 건축적 특성에 관한 연구〉, 서울대학교 건축학과 박사학위논문, 1992, 128쪽.
4 김봉렬, 《앎과 삶의 공간 — 은둔을 위한 미로들》, 이상건축, 1999, 262쪽.
5 김봉렬, 《앎과 삶의 공간 — 은둔을 위한 미로들》, 이상건축, 1999, 113쪽.

8. 도래마을

1 김성배, 《한국의 민속》, 집문당, 1995, 183·188쪽.
2 대한주택공사, 《전통 조경요소를 도입한 단지경관 구성 연구; 마을 경관요소의 도입을 중심으로》, 1988, 30~33쪽.
3 중앙일보사, 《성씨의 고향》, 1989, 2206~2211쪽.
4 임봉진, 〈동족부락의 공간구성에 관한 연구〉, 전남대학교 석사학위논문, 1982, 16쪽.
5 전봉희, 〈전남지역의 모정 건축에 관한 연구〉, 《대한건축학회논문집》 제10권 5호, 1994. 5, 79쪽.
6 조송식, 〈조선초기 사대부의 이중적 자연관과 '와유'적 산수화의 변화〉, 《미학》 제33집, 2002, 41~74쪽.

9. 닭실마을

1 〈내외경제〉, 2004. 4. 14일자.
2 김광호·김병선, 〈아파트 조망 평가를 위한 뷰포인트 연구〉, 《대한건축학회논문집》 제20권 1호, 2004. 1.
3 Lendvai, Ernö, *Béla Bartók: An analysis of his music*, Kahn & Averill, 1979.
4 Livio, Mario, *The Golden Ratio*, Broadway Books, 2002, p. 111~113.
5 Benjafield, John et al., *The Golden Section and the Structure of Connotation*, Journal of Aesthetics and Art Criticism, 1978 여름호.
6 村山智順, 《朝鮮の風水》, 조선총독부, 1931, 832쪽.

7 강선중·김홍식, 〈마을공간 구성방법에 대한 한국전통사상 연구〉, 《대한건축학회 학술발표논문집》 제6권 1호, 1986. 4, 57쪽.
8 권응도 찬(撰), 《국역 석천지(石泉志)》, 안동권씨 유곡종중, 1994, 73~76쪽.
9 이중환 지음, 이익성 옮김, 《택리지》, 한길사, 1992, 199쪽.
10 Livio, Mario, *The Golden Ratio*, Broadway Books, 2002, p. 1.
11 Livio, Mario, *The Golden Ratio*, Broadway Books, 2002, p. 118.
12 Antokoletz, E., *The Music of Béla Bartók*, Univ. of California Press, 1984, p. 312~313.

10. 원터마을

1 (財團法人)土地總合硏究所·環境都市硏究會, 《環境都市のデザイン》, ぎょうせい, 1994, 13~14쪽.
2 환경청, 《'88 자연생태계 전국조사(II-3)》, 1988, 240쪽.
3 박상진, 《궁궐의 우리 나무》, 눌와, 2001, 26쪽.
4 Chisholm, Michael, *Rural Settlement and Land Use*, Aldine Publishing Company, 1970, p. 103.
5 한국문화역사지리학회 편, 《한국의 전통지리사상》, 민음사, 1991, 202쪽.
6 오홍석, 《취락지리학》, 교학연구사, 1989, 135쪽.
7 한필원, 〈한국 남부 씨족마을과 중국 麗江지역 納西族마을의 수체계 비교연구-원터마을과 束河村을 사례로-〉, 《대한건축학회논문집》 제19권 1호, 2003. 1.
8 최의소·조광명, 《환경공학》, 청문각, 1998.

11. 외암마을

1 아산시, 《아산 외암민속마을 종합정비계획》, 2002. 2, 40·62쪽.
2 아산시, 《이산 외암민속마을 종합정비계획》, 2002. 2, 43쪽.
3 아산시, 《아산 외암민속마을 종합정비계획》, 2002. 2, 37~39쪽.
4 아산시, 《아산 외암민속마을 종합정비계획》, 2002. 2, 52쪽.
5 아산시, 《아산 외암민속마을 종합정비계획》, 2002. 2, 55쪽.
6 이왕기 외, 《외암 민속마을》, 충청남도 아산시, 2002, 53쪽.
7 이왕기 외, 《외암 민속마을》, 충청남도 아산시, 2002, 53쪽.

12. 왕곡마을

1 강원도 고성군, 《고성 왕곡마을 보존방안 학술조사연구 보고서》, 2001, 31쪽.
2 이중환 지음, 이익성 옮김, 《택리지》, 한길사, 1992, 126쪽.
3 김동욱, 《한국건축의 역사》, 기문당, 1997, 268쪽.
4 강원도 고성군, 《고성 왕곡마을 보존방안 학술조사연구 보고서》, 2001, 49쪽.

찾아보기

ㄱ

가구 방식 · 115
가랍집 · 52, 59, 62, 222, 227, 241, 271, 292, 297, 307~309
《가례증해》· 412
가례증해 판목(家禮增解 版木) · 412
《가례집람(家禮輯覽)》· 412
가루뱅이마을 · 56, 57
가리시암들 · 330
가묘(家廟) · 61, 71, 74, 76, 77, 79, 105, 125
가묘제(家廟制) · 105
가른장아기 · 201
가변성 · 429
가일수곡종택 · 249
갈곡 · 301, 305, 311
《감시와 처벌》· 160
감응사(感應寺) · 11, 87~89
감천(甘川) · 405, 413, 414, 420
감태봉 · 330, 331, 336, 339, 341, 342, 347
갑오경장 · 159, 258
갑자사화(甲子士禍) · 373
강당골 · 439, 440
강우진 불망비(康祐鎭不忘碑) · 186
강학공간 · 158, 186
강학당 · 301

강화도조약 · 258
개념 · 19~25, 40, 42~44, 50, 68, 116, 160, 183, 187, 219, 222, 244, 245, 259, 285, 397, 436, 439
개당 · 184, 191, 205
개인공간 · 247, 447
개인(적) 영역 · 62, 63, 80, 410, 411, 498, 499
객사(客舍) · 11, 143, 144, 146~154, 160, 183~185, 194, 197
객주 · 194
객줏집 · 194~196
갯가산 → 호근산
갱장각(羹墻閣) · 365, 366
거리 · 188
거림 · 301, 310, 313
건재(建齋) → 이상익
건재고택(建齋古宅) · 300, 441, 442, 445, 446
검덕봉 · 48, 49, 57, 66, 76, 80
격자형 · 29, 197
결절점(node) · 342, 449
겸암(謙唵) → 류운용
겸암정사(謙唵精舍) · 217, 219, 230, 231, 233~235, 242, 243
겹집 · 14, 199, 225, 357, 426, 475~479, 494
겹처마 · 62, 148, 233, 481
《경국대전(經國大典)》· 25, 153, 158
경사 녹지 · 415
경산서당(慶山書堂) · 296, 301, 306
경전선 · 171, 255, 263

경호(鏡湖) → 이의조
계은정(溪隱亭) · 13, 284, 330, 345, 348, 350~353
계자난간(鷄子欄干) · 236, 395
계정(溪亭) · 321, 322, 395
고리형 길 · 12, 155, 192, 193
고방 · 80, 108, 191, 270
고부간의 갈등 · 12, 209
고상은가옥 · 179, 184, 196
고살 · 166, 167, 192, 298, 499
고성(古城) · 181
고팡 · 191, 207
고평오가옥 · 178, 184, 191, 195, 197, 198
골목 · 71, 101, 123, 155, 158, 167, 188, 192, 203, 226, 244~248, 298, 334, 343, 451, 499
골목길 · 155, 156, 161, 162, 167, 246
골무산 → 공모산
공공시설 · 154, 155, 159, 160, 176, 183
공동 영역 · 63, 70, 80, 443
공동공간 · 155, 220, 221, 244, 247, 267, 314, 335, 346, 347, 449, 497
공동성 · 13, 266, 284, 285, 311, 312, 491
공동시설 · 36, 161, 298, 304, 349, 350, 414
공동우물 · 69, 70, 267, 314, 421
공동체 · 6, 11, 13, 30, 31, 45, 60, 97, 161, 251, 259, 379, 482, 499

공모산 · 457, 460, 461, 465, 467, 491
공양왕 · 457, 458
공자 · 158
곽금석가옥 · 143, 166, 167
곽박(郭璞) · 468
곽종석(郭鍾錫) · 95, 116
관가정(觀稼亭) · 292, 299~301, 304, 307, 308, 312, 315, 317~319, 323
관물루(觀物樓) · 373
관아 · 154, 155, 157, 158, 163, 181, 438
관행당(觀行堂) → 권석대가옥
광덕산 · 437
광장 · 147, 153, 248
광주부인 · 204
광주부인당 · 184, 204
괴고정 · 345
교리댁(校理宅) · 90~93, 97~101, 103~110, 120, 121, 128
교수댁 · 93, 441, 445, 446
구곡(九曲) · 56
구들 · 165, 191, 206, 207
구인당(求仁堂) · 324
국(局) · 41, 267, 437
국사당(國師堂) · 245
군수댁 · 93
굴묵 · 191, 207
권각가옥 · 366
권경가옥 · 366, 378, 388
권규가옥 · 366, 378
권기정가옥 · 366

권동미(權東美) · 395
권동보(權東輔) · 386, 391, 395
권두경(權斗經) · 393, 395
권두인(權斗寅) · 395
권래(權來) · 386, 395
권벌(權橃) · 365, 372, 373, 386, 390, 391, 393, 395
권석대가옥 · 366, 377~379
권석수가옥 · 366, 376~378
권석오가옥 · 366, 375, 377
권석주가옥 · 366, 375
권석휴가옥 · 366
권성기가옥 · 366, 378, 388
권성호가옥 · 366
권세기가옥 · 366, 377, 379, 380
권수기가옥 · 366, 384, 385, 387
권승호가옥 · 366, 379
권승환가옥 · 366, 387, 388
권양호가옥 · 366
권영석가옥 · 366, 377, 378, 387
권영섭가옥 · 365, 366
권영창가옥 · 366, 378
권원가옥 · 366, 377, 378, 380, 383 ~385, 387
권진수가옥 · 366, 377, 378, 387
권현섭가옥 · 366, 387
궐패 · 183, 185
〈귀거래사(歸去來辭)〉 · 287
귀락정(歸洛亭) → 여동서당
귀래당 · 330, 335
귀부(龜趺) · 145, 146
극와(極窩) → 이주회

극와고택(極窩古宅) · 90, 92, 93
근대주택 · 280
근대건축 · 190, 196, 259, 283, 284, 370, 491
근대 한옥 · 12, 254, 263, 269, 282
근대화 · 19, 50, 225, 255, 257, 259, 267, 288, 410, 411, 462
근린주구(近隣住區, Neighborhood) 이론 · 436
근재(謹齋) → 안축
《근재집(謹齋集)》 · 419
금계포란형(金鷄抱卵形) · 368, 374
금성마을 · 464
금전산 · 134, 135, 138, 150, 152, 157, 162, 167
기묘사화(己卯士禍) · 373
기정진(奇正鎭) · 95
기하학 · 35, 36, 68, 71, 113, 181, 369, 481
기호학파 · 120
기후결정론 · 477
김관희가옥(쉐당) · 184
김대렴(金大廉) · 261
김빈길 · 142
김수근 · 246
김안로(金安老) · 320, 323
김자점(金自點) · 146
김장생(金長生) · 295, 412
김정희(金正喜) · 323
김창숙(金昌淑) · 95
김함도 · 458
김홍도 · 151

찾아보기 **507**

까치구멍집 · 225

ㄴ

나철(羅喆) · 171
낙민루(樂民樓) · 143, 150, 153, 154
낙산 · 312
낙선당 · 301
《낙안읍지》 · 158
낙안향교 · 135, 146, 153, 158
낙풍루(樂豊樓) · 153
난간(툇마루) · 144, 190, 207, 236, 396
남명(南冥) → 조식
남문 · 142~144, 151~153, 176, 182 ~185, 195, 197, 205
남방애 · 191
남북로 · 152, 153, 159, 171, 183, 195
남북축 · 151~153, 157, 176, 185, 187
남산(닭실마을) · 362, 372, 374, 375, 377, 378, 392, 395
남여(藍輿) · 151, 152
남인 · 65, 120, 241
남촌 · 223, 225, 313
남촌댁 · 218, 222, 224~226
내곡정 · 301
내득수(內得水) · 439
내성천 · 375
내수구(內水口) · 41
내아(內衙) · 143, 147, 183

내앞마을 · 372
내촌(內村) · 330, 331, 336, 337, 339, 340, 342, 343, 345, 350
노다리방죽 · 178
노단(露壇) · 276, 332, 348
노단경(路端景, terminal vista) · 185
노사(蘆沙) → 기정진
농연서당(聾淵書堂) · 56, 65
농연정(聾淵亭) · 51
농협창고(왕곡마을) · 470, 487, 491, 492
누각 · 154, 234, 236, 242
누마루 · 75, 122, 273, 282
능천산 · 66
〈남장군전〉 · 145

ㄷ

다리팡돌 · 197, 198
단지주혈(斷指注血) · 60, 480
단청 · 62, 137, 148, 481
담와(澹窩) → 이운상
당목 · 68, 245~248, 462, 482, 483
당산제(堂山祭) · 144, 146, 153
당호(堂號) · 99, 232
대계(大溪) → 이승희
대성전(大成殿) · 125, 158, 186
대성헌 · 301
대암(臺巖) → 최동집
대장간 · 196
대종가 · 34, 232, 310, 312, 315, 318
《대지》 · 208

《대학장구보유(大學章句補遺)》 · 323
데이(出居) · 190
데카르트(René Descartes) · 382
도강마을 · 255
도리 · 75, 115, 208
도산서당 · 56, 231, 234, 323, 393
도산서원 · 116, 249, 314
도선(道詵) · 40
도시화 · 165, 171, 267
도연명(陶淵明) · 287
도장 · 166, 474
도천정(道川亭) · 340, 342, 345, 346
독락당(獨樂堂) · 320, 322, 323
독뱅이들 · 330, 331
돈재(遯齋) → 이석문
돈재 이공 신도비(遯齋李公神道碑) · 92, 95, 120
돌각담 · 110, 450, 451
돌담 · 109, 110, 155, 156, 159, 185, 193, 197, 199, 205, 363, 440, 442, 450~452
돌하르방 · 182, 204, 205
돗통(돼지우리) · 191
동각(洞閣) · 348
동계(洞契) · 349
동계정(東溪亭) · 49, 52, 61~66, 80, 98
동국18현 · 295
동녁(東歷) · 330, 331, 336, 338, 339, 341~343, 346, 350, 352, 356
동문 · 24, 137, 143, 144, 153, 169, 184, 206, 241

동바리 · 197
동방5현 · 295, 322, 323
동서로 · 153, 154, 157, 159
동서축 · 151, 153, 157, 183, 185, 187
동수(洞藪) · 42, 53, 54, 67, 220, 447, 448, 498
동제(洞祭) · 245, 314, 482
동천서원(東川書院) · 62, 63, 74
동학 · 458
동학군 · 458
동학기념비 · 470
동헌(東軒) · 11, 143, 146, 147, 149~151, 154, 183, 185, 186
동호정(東湖亭) · 301, 313
두백산 · 456, 457, 464~466, 468, 482
뒤뜰 · 64, 67, 76~78, 144, 276, 279, 281, 316, 375, 472
뒤란 · 270, 274, 276, 279, 282
뒷마당 · 14, 280, 281, 469, 472~474, 477, 478, 491
득량만 방조제 · 256, 258, 264, 268
들어열개문 → 분합문
등각나선 · 13, 381~390, 399
디딜방아 · 441, 446, 489
디딤돌 · 102, 197, 242, 476
띠살문 · 166

ㄹ

라이트, 프랭크 로이드(Frank Lloyd Wright) · 191
랜드마크(landmark) · 139, 183, 201, 202, 448, 449
레비스트로스(Claude Levi-Strauss) · 293, 309
레오나르도 다빈치 · 248, 367, 370
로스, 아돌프(Adolf Loos) · 283, 284
뤼니테 다비타시옹(l'Unité d'habitation) · 370
류성룡(柳成龍) · 215, 220, 221, 234
류세하가옥 · 224, 249
류영(柳泳) · 232
류운룡(柳雲龍) · 215
류종혜(柳從惠) · 215, 232, 246
류중영(柳仲郢) · 231, 233
류진(柳袗) · 239
류후장(柳後章) · 226
르코르뷔지에(Le Corbusier) · 370

ㅁ

마구 · 14, 471, 474, 476, 478~480, 487, 494
마을마당 · 13, 340~344
마을회관 · 185, 304, 305, 348, 406, 411, 412, 424, 436, 470, 491, 492, 500
막다른 골목 · 71, 101, 343, 407, 499
만대루(晚對樓) · 239, 240, 324
만송정(萬松亭) · 217, 220, 224, 229, 230, 233, 234, 237
만휴정(晚休亭) · 285

물ㄱ레 · 191
물방에 · 191
물방엣집 · 191
말팡돌 · 193
망델브로, 브누아(Benoit B. Mandelbrot) · 82
망와(望瓦) · 69, 107
맞배지붕 · 76, 116, 124, 125, 236, 479
맹사성(孟思誠) · 437
맹씨행단(孟氏杏壇) · 315, 437, 438
머름 · 122, 125, 235
먼문 · 188
먼적산 → 면잠산
멈퍼드, 루이스(Lewis Mumford) · 173
면잠산 · 437~439
명당(明堂) · 33, 41, 42
명륜당(明倫堂) · 158, 186
명성재(明誠齋) · 406, 411, 412, 424
명재고택(明齋古宅) · 273, 489
모듈러(Modular) · 370
모정(茅亭) · 264~266, 272, 347, 436
모커리 · 188, 190, 194, 195
무등산 · 134
무라야마 지준(村山智順) · 372
무릉산 · 312
무변루(無邊樓) · 323, 324
무오사화(戊午士禍) · 373
무이구곡(武夷九曲) · 56
무첨당(無忝堂) · 300, 301, 305, 310~313, 315, 318
무흘구곡(武屹九曲) · 56

찾아보기 **509**

문루 · 151, 182, 373

문묘(文廟) · 295

문수산 · 372, 375

문전옥답 · 307, 362, 375

《문종실록》· 161

문중(門中) · 13, 32, 34~36, 52, 54
~56, 58, 59, 63, 79, 82, 87, 96~
98, 113, 125, 155, 161, 215, 216,
231, 238, 241, 250, 277, 282, 287,
293, 296, 306~309, 312~315,
328, 339, 341, 345, 347, 350, 353,
403, 412, 436, 482, 500

물구덩 · 192

물레방아 · 441, 446

물봉 · 13, 292, 298, 300, 301, 303,
305, 309~311

물안골(무랑골) · 464, 465, 468, 469

물통 · 178

물팡돌 · 192

물허벅 · 192

미기후(微氣候) · 40, 413, 417, 427

미나리꽝 · 11, 146, 161, 162

미수(眉叟) → 허목

민속마을 · 87, 143, 170, 171, 179,
227, 433, 441, 446, 435, 486, 492
~495

민중헌(閔重憲) · 154

밀도 · 59, 137, 139, 167, 169, 192,
267, 269, 487

ㅂ

바깥마당 · 58, 169, 211, 223, 268,
343, 344, 442, 443

박공 · 230, 268, 319

박두현가옥 · 470, 488, 489

박유전(朴裕全) · 255

박의준가옥 · 143, 167

박준균가옥 · 265, 267, 268, 283

밖거리 · 188, 190, 194, 195, 197,
206~209, 211

반가(班家) · 22, 163, 206

반촌(班村) · 22

밤람동산 · 437, 438

방앗간 · 272, 470, 487, 492

방초정(芳草亭) · 284, 404, 406, 408
~413, 419, 421, 422, 424

방축(방죽간) · 331, 333, 348

방풍림 · 139, 220, 255, 334, 338~
340, 417

배산임수(背山臨水) · 33, 216, 296,
330, 331, 336, 413

배향공간 · 158, 186

백마산성 · 145

백불고택(百弗古宅) · 11, 52, 55, 61,
66, 70, 71, 74, 75, 77~80, 83

백불암(百弗庵) → 최흥원

백설령 · 362, 374, 375, 387

백이산 · 134, 135, 138, 157

백주도 · 201

뱃놀이 · 217, 250

버르토크, 벨러(Béla Bartók) · 369,
398

벅, 펄(Pearl S. Buck) · 208

벅수머리 · 205

벽초(碧初) → 홍명희

변정식가옥(서낭당) · 184, 204

별당채 · 225, 237, 269

별묘(別廟) · 55, 61, 66, 74, 76, 77,
79, 80, 233, 435, 500

별서(別墅) · 218, 219, 221, 231,
235, 237, 239, 241~243

별업(別業) · 320

병산서원(屛山書院) · 219, 220, 237
~240, 249, 323, 324

병인양요 · 287

병자호란 · 144, 269, 299, 304

병화불입지(兵禍不入地) · 460

보본당(報本堂) · 55, 61, 62, 66, 74~
76, 79, 80

보전(保全, conservation) · 14, 462,
493, 494

보존(保存, preservation) · 14, 32, 403,
404, 493~495

복화반(覆花盤) · 319

봉당 · 189, 225

봉덥 · 190

봉수산 · 434, 437, 438

봉정사 · 196, 249

부농 · 12, 254, 269~273, 288

부농의 집 · 12, 254, 269~273

부농주택 · 269, 270

부섶 · 189, 190

부용대 · 217~219, 221, 225, 229,
230, 233~235, 237~239, 242,

244

부인동 · 55~58

부인동 구곡 · 56

부인동강사(夫仁洞講舍) · 56

북계정사(北溪精舍) · 56, 66

북비고택(北扉故宅) · 90~93, 96~
99, 103~107, 112, 117, 121~123,
128

북비댁 · 99, 117, 120, 121

북촌 · 5, 223, 225, 226, 268

북촌댁 · 116, 218, 222~224, 226

분합문(分閤門) · 110, 276, 429

불천위(不遷位) · 55, 66, 79, 97, 233,
435

불천위 제사 · 79, 97, 365

비각(碑閣) · 60, 94, 144, 146, 299,
304, 481

비보(裨補) · 40, 42, 54

비보 풍수 · 42

⟨비트루비우스 인체도(Vitruvian Man)⟩
· 248, 370

빈연정사(賓淵精舍) · 219, 222, 224,
230, 231, 234, 235, 237, 242

빙침이 · 374, 397

빙허루(憑虛樓) · 143, 154

빨래터 · 161, 162, 217, 314, 446,
447, 469

ㅅ

사계(沙溪) → 김장생

사괴석 · 332

사단칠정(四端七情) · 116

4대 봉사 · 435

사대부 · 44, 219, 244, 272, 350

사도세자 · 94, 117, 120

사랑마당 · 74~76, 102, 115, 116,
122, 280, 295, 471, 472, 474, 491

사령청(使令廳) · 143, 154

사림 · 22, 35, 120, 373

4·3항쟁 · 200

사직단(社稷壇) · 147, 154

사창(社倉) · 143, 154

사합원(四合院) · 211

사회적 공간 · 161, 162, 217, 284,
421, 499

사회적 영역 · 63, 410~412, 498,
499

《산림경제(山林經濟)》· 70

삼계서원(三溪書院) · 372~375, 393

삼량구조 · 74, 115

삼방산 · 177

삼신당(三神堂) · 12, 30, 224, 226,
243~248

《삼천리》· 256

상당 · 146, 245, 246

상방 · 190, 191, 206, 207

상분(嘗糞) · 60

상사마을 · 433

상징목 · 448~450

상징축 · 183

새갓 · 58, 59, 66, 69

새마을사업 · 342, 357

새마을 양식 · 462, 491

새말 · 269

새촘 · 179

샛길 · 64, 67, 70, 71, 100~103,
122, 123, 192, 225, 298, 334, 338,
343, 357, 375~377, 383, 407,
408, 429, 440, 442, 443, 449, 451,
497, 499

샛문 · 76, 190, 358, 359

생깃문 · 190

생화학적 산소요구량(BOD) · 425

생활의 축 · 153, 183

서낭당 · 184, 204, 245, 482

서낭제 · 482, 483

서당 · 35, 63, 97~100, 107, 125,
231, 287, 306, 320, 348, 365, 463,
483

서륜재(敍倫齋) · 92, 97, 98

서문 · 143, 151, 153, 182, 184

서백당(書百堂) · 34, 97, 274, 295~
298, 300, 301, 306, 307, 310, 312,
315~317, 320

서식지(비오톱, biotope) · 220, 416,
417

서애(西厓) → 류성룡

《서애집(西厓集)》· 239

서원철폐령 · 57, 234, 239

서유구(徐有榘) · 25, 127, 159

서쪽거랑 · 374, 375

서편제 · 255

석봉(石峯) → 한호

석성 · 142

석천(石泉) → 권래

석천계곡 · 372
석천정사(石泉精舍) · 366, 372, 374, 387, 390, 391, 395~397
《석천지(石泉志)》· 386
선교장(船橋莊) · 287
선달산 · 372
선비정신 · 11, 87, 94~96, 103, 127, 128
선산(先山) · 31, 32, 35, 59, 96, 406, 411, 424, 433, 499
설라리들 · 433, 437
설리번, 루이스(Louis H. Sulivan) · 196
설창산 · 296, 305
설천정(雪川亭) · 301, 313
설화산 · 432, 434, 437~440, 444
섬박골 · 420
성곽도시 · 136, 137, 142, 165
성리학 · 22~24, 33, 97, 115, 116, 128, 227, 284, 295, 323, 410, 411, 435
성리학자 · 21, 35, 231, 295, 309, 320, 395, 489
성문 · 137, 142, 151, 161, 181, 182, 197, 204, 205
성벽 · 11, 100, 134~137, 142, 144~146, 162, 163, 165, 169, 181, 182
성산(星山) · 88~91, 98, 125
성의 분리 · 208
성주봉 · 296, 297, 301, 303, 312~314
성황사(城隍祠) · 154

세대의 분리 · 208
《세종실록》· 142
소로 · 116
소백산 · 372
《속대학혹문(續大學或問)》· 323
손사성(孫士晟) · 294
손소(孫昭) · 294, 295, 297
〈손소영정(孫昭影幀)〉· 315
손종로 정충비각(孫宗老旌忠碑閣) · 299, 301, 304
손중돈(孫仲暾) · 295, 309, 313
솟을대문 · 114, 115, 117, 122, 150, 152, 223, 272, 273, 283, 439
송계(松溪) → 정응민
송성준(宋星駿) · 433
송시열(宋時烈) · 120, 295
송악산 · 434, 440
송지호 · 457, 465~469, 483, 484, 487
송화댁 · 441, 446
쇠막 · 191, 195, 206, 207
수계(水系) · 420, 437, 439
수구(水口) · 88, 440, 448
수구막이 · 448
수리학적 체류시간(HRT) · 425, 426
수명루(水明樓) · 395
수암(修嚴) → 류진
수운정(水雲亭) · 301, 312
수졸당 · 301, 310, 313
순방산 · 457, 461, 464~468
《순조실록》· 460
순천만(여자만) · 134, 142

순환기능 · 38
숭정처사 유허비(崇禎處士遺墟碑) · 56
시제(時祭) · 32, 96, 97, 333, 335
시집살이 · 161, 209
시회(詩會) · 239
시흥역(時興驛) · 434
식산(食山) · 347
신당(神堂) · 30, 144, 146, 202
신목(神木) · 203
신분제 · 22, 98, 115, 258, 272, 307, 308
신성한 공간 · 79, 245, 247
신작로 · 180, 185, 192
신진사류(新進士類) · 241
신촌 · 264, 269
신축년항쟁 · 200
신헌조(申獻朝) · 460
심수정(心水亭) · 301, 312, 313
쑥절 · 200
씨족마을 · 13, 31~36, 50, 52, 59, 90, 91, 113, 155, 161, 163, 178, 205, 215, 262, 264, 282, 287, 295, 298, 299, 306, 313, 314, 332, 335, 336, 358, 373, 403, 435, 436, 438

ㅇ

아편전쟁 · 261
안강평야 · 303, 306, 307, 309, 320
안거리 · 188, 190, 193~197, 206~209, 211

안골 · 13, 298, 300, 301, 303, 305, 306, 309~311, 315
안길 · 13, 21, 23, 49, 60~62, 64, 67, 68, 70, 71, 73, 86, 90, 91, 95, 100~103, 111, 113, 120, 128, 192, 203, 221~223, 225~227, 232, 245, 246, 262, 288, 298~300, 303, 334, 336, 338, 339, 341~343, 346, 348, 363, 365, 374, 375, 387, 388, 390, 406~408, 411, 412, 415, 429, 434, 436, 440, 442~445, 451, 453, 463, 464, 468, 469, 478, 479, 491, 496~499
안대(案帶) · 13, 24, 311, 312, 498
안락정(安樂亭) · 301, 312
안락천 · 296
〈안릉신영도(安陵新迎圖)〉· 151
안산(案山) · 41, 42, 54, 89, 110, 135, 152, 262, 263, 285, 296, 375, 377, 437~439, 497, 498
안영전가옥 · 265, 268
안축(安軸) · 418
안할망 · 204
안할망당 · 30, 184, 202, 203, 205
앞거랑 · 374, 375, 387
애니미즘 · 22, 201, 450
앵무조개 · 382, 383, 385
양근 함씨 4세 효자각(楊根咸氏四世孝子閣) · 464, 470, 480, 481
양동천 · 296, 298, 300
양벽정(洋碧亭) · 13, 330, 333, 335, 340, 341, 345~350, 352, 353

양성 평등 · 201
양성(兩姓) 마을 · 295, 309, 313, 314, 480, 482
양재역(良才驛) 벽서사건(壁書事件) · 323, 373
양졸정(養拙亭) · 301, 313
양진당(養眞堂) · 219, 221~224, 226, 231~233, 235, 239, 241
양택론(陽宅論) · 40
어귓돌 · 193
억새오름길 · 197
SS(Suspended Solid) · 425
여동서당(餘洞書堂) · 97, 98, 125
여장(女墻) · 144
여제단(厲祭壇) · 154
《역사 속의 도시(The City in History)》· 173
《역중일기(曆中日記)》· 49, 50, 55, 64
역천(驛川) · 438, 440
역촌(驛村) · 89
연경당(演慶堂) · 246
연자방아 · 191, 441, 446
연좌루(燕坐樓) · 236~238, 242
연화부수형(蓮花浮水形) · 216
열녀비각 · 402, 406, 410~412, 424, 453
열화정(悅話亭) · 12, 255, 265, 267, 284~288
영귀정(詠歸亭) · 301, 313
영남학파 · 120
영당 · 301

영모각(永慕閣) · 221, 224, 236
영모재(永慕齋) · 406, 411, 412, 424
영선암 · 196
영역 · 14, 23, 25~27, 41, 52, 54, 55, 59, 62, 63, 69, 70, 74, 76, 77, 79, 80, 100, 101, 104~108, 110~112, 115, 117, 122~124, 139, 156, 182, 183, 218, 219, 232, 239, 250, 287, 293, 297, 298, 300, 305, 309, 310, 316, 322, 336~339, 348, 350, 358, 369, 377, 407, 408, 410~412, 417, 418, 421, 438, 439, 442, 443, 445, 447, 448, 451, 461, 463~467, 471, 484, 489, 496~500
영역성 · 41, 408, 412, 499
영주산 · 176, 177, 183, 187
영취산(靈鷲山) · 86, 87, 89
영호정(永護亭) · 340, 345, 348
오공재 · 133, 135, 138
오량집 · 115, 124
오름 · 177
오리엔탈리즘(orientalism) · 260
오메기술 · 200
오봉산 · 134, 135, 138, 140, 262, 263, 273
오양골 · 434
오원(吾園) → 장승업
오음산 · 464~466, 468
옥(獄) · 154
옥산서원(玉山書院) · 314, 323, 324
옥연정사(玉淵精舍) · 219, 230, 235,

찾아보기 513

237, 238, 242, 243
옥적봉 · 374
올레 · 12, 188, 191~194, 198, 203, 298, 499
올레목 · 188, 193
올레코시 · 193
올뱅이도랑 · 416, 420, 423, 425, 429
옹성(甕城) · 142, 151, 152, 182
외삼문 · 158
외수구(外水口) · 440
외암(巍巖) → 이간
외암사당 · 434, 440
요(凹)자형 주택 · 280, 281
용수동 · 51, 55~57, 65
용존성 화학적 산소요구량(SCOD) · 425
우곡서원(愚谷書院) · 234
우백호(右白虎) · 41, 135, 157, 433, 437, 438
우복(愚伏) → 정경세
우산각 · 340, 342, 345, 347
우암(尤庵) → 송시열
우영(텃밭) · 191, 196
우재(愚齋) → 손중돈
우진각지붕 · 159, 198, 270, 479, 484
원님물통 · 178, 184, 195
원락재(遠樂齋) · 237
원지정사(遠志精舍) · 219, 222, 224, 230, 235~237, 242
원형 · 11, 125, 144, 222, 249, 285, 378, 382, 404, 458, 462, 493, 494
월곡댁(月谷宅) · 90, 92, 93, 97, 100,

103~106, 113, 115, 122~128
월대(月臺) · 148~150
월봉(月峯) → 이정현
월봉정(月峯亭) · 92, 97, 98
월비산 · 459
위상기하학 · 35
유곡(酉谷) · 372
유기성 쓰레기 · 38, 426
유기성 폐기물 · 426
유네스코 세계유산 · 7, 19, 221, 315
유일(遺逸) · 95, 435
유클리드(Euclid) · 35
유형(類型) · 12, 21, 33, 128, 210, 231, 241, 277, 280~282, 284, 309, 336, 389, 407, 476, 477
육위정(六韡亭) · 301, 313
6 · 25전쟁 · 59, 90, 106, 154, 258, 293, 307, 372, 405, 459, 461, 462, 482
윤원형(尹元衡) · 323
윤종덕가옥 · 470, 485
율곡(栗谷) → 이이
은거 · 35, 51, 55, 56, 110, 117, 219, 237, 243, 320, 322, 323, 460, 462
은거지 · 14, 457, 459, 482
은사마을 · 330, 331, 333, 335, 348
을사사화(乙巳士禍) · 373
음양오행론(陰陽五行論) · 40
음택론(陰宅論) · 40
읍성 · 11, 134, 135, 137~139, 144, 146, 147, 151, 153~155, 157, 158, 160, 161, 163~165, 167,

169, 176, 180, 181, 183, 185, 186, 192
읍치(邑治) · 135, 181, 203
응와(凝窩) → 이원조
의두정(倚斗亭) · 179, 183
의례의 축 · 151, 153, 183, 185
의식(儀式) 영역 · 79, 410~412, 498, 499
의주성 · 145
이간(李柬) · 434, 440
이건창(李建昌) · 287, 288
이경산가옥 · 297, 298
이금재가옥 · 255, 265, 267, 270, 280~282
이기(李芑) · 323
이능일(李能一) · 90
이달운(李達雲) · 98
이동기가옥 · 301
이로리(いろり) · 192
이매탈 · 220
이문 · 188
이문간 · 188, 189, 193~196, 206, 207
이방(吏房) · 167
이복래가옥 · 256, 265, 267, 272, 277
이봉환(李鳳煥) · 37
이사종(李嗣宗) · 434
이상(理想) 영역 · 218, 219
이상익(李相翼) · 300
이석문(李碩文) · 94, 117, 120, 121
이성계 · 457, 458
이수(螭首) · 146

이수성(李壽星) · 91
이순신 · 234
이승희(李承熙) · 95, 116
이시원(李是遠) · 287
이식래가옥 · 255, 265, 270, 271, 276, 277, 279
이앙법 · 33, 269
이언괄 · 318
이언적(李彦迪) · 58, 295, 309, 310, 313, 314, 318, 320~323
이연옥가옥 · 224, 225
이영숙가옥 · 184, 189, 195, 196
이용욱가옥 · 255, 265, 267, 270, 272 ~275, 283
이용주가옥 · 265, 274~277
이우(李友) · 90
이운상(李雲相) · 125
이원봉가옥 · 301
이원용가옥 · 301
이원조(李源祚) · 93, 95, 96, 97, 121, 122
이의조(李宜朝) · 412
이이(李珥) · 120, 295
이익공집 · 79
이재(怡齋) → 이진만
이정현(李廷賢) · 21, 90, 91, 98
이주희(李澍熙) · 95
이준(李埈) · 239
이중환(李重煥) · 25, 37, 43, 44, 135, 220, 390, 448, 458, 467, 468
이진만(李鎭晩) · 284, 287
이진상(李震相) · 95, 98, 113, 115,
116, 122, 124, 125, 127
2차 예송논쟁(禮訟論爭) · 120
이채원가옥 · 265, 267
이청(吏廳) · 143, 154
이항로(李恒老) · 95
이항복(李恒福) · 234, 235
이향정(二香亭) · 301
이황(李滉) · 51, 56, 57, 91, 95, 116, 119, 120, 220, 231, 234, 241~ 243, 295, 314, 323, 393
이희태가옥 · 301
익공(翼工) · 79, 148, 236, 319
익사(翼舍) · 147, 148, 185
인간적 척도(human scale) · 100
인거형(隣居型) 주거 · 210
인지 쉐마(cognitive schema) · 21, 335
일각대문 · 102, 124, 125, 185, 232, 472
일관정(一貫亭) · 97, 98
일관헌(日觀軒) · 179, 183~186, 202, 203
일휫당 · 204, 205
일산 단독주택단지 · 81, 82, 114
일상 영역 · 218, 219
일제강점기 · 97, 153, 179, 186, 192, 205, 262, 269, 277, 288, 299, 309, 332, 333, 343, 364, 372, 374, 458, 459, 462, 487
일조 · 38, 364, 365, 376~381, 385 ~388, 398, 415
임경업(林慶業) · 142, 145, 146, 151, 152

임경업 장군 선정비 · 143, 145, 146, 153
《임꺽정(林巨正)》· 332
《임원경제지(林園經濟志)》· 25, 127
임진왜란 · 32, 33, 51, 221, 232, 234, 239, 241, 243, 269, 295
입교당(立教堂) · 240
입암(立巖) → 류중영
입향 · 51, 66, 386, 482
입향조(入鄉祖) · 21, 34, 51~54, 56, 58, 65, 66, 79, 215, 232, 246, 281, 295, 297, 365, 373, 414, 433, 434, 500
잎차례 · 367, 371

ㅈ

자기유사성(self-similarity) · 82, 382
자연생태계 · 38
자연정화 · 162, 381, 422, 423, 425, 426
자옥산 · 312
자청비 · 201
《장경(葬經)》· 468
장대석 · 116, 332
장승 · 205, 433, 453
장승업(張承業) · 300
장시(場市) · 157, 158
《장식과 죄악》· 284
장청(將廳) · 143, 154
장터 · 144, 157, 162, 170
장터골 · 301, 310

장판각(藏板閣) · 99, 121
장풍득수(藏風得水) · 468
재사(齋舍) · 96, 98
재실(齋室) · 55, 66, 79, 96~99, 121, 161, 299, 335, 411, 412, 419, 499, 500
적대(敵臺) · 142, 144, 182
적동마을 · 464~466, 469, 492
전서(篆書) · 65, 235, 393
전씨 할아버지댁 · 470, 484
전윤덕가옥 · 470, 483
전체(篆體) · 65, 66
전패(殿牌) · 147, 152, 183, 185
전학후묘(前學後廟) · 158, 186
전후(前後) 개념 · 23, 74
정경세(鄭經世) · 239
정구(鄭逑) · 21, 51, 56, 65, 91
정낭 · 188, 189, 193, 196
정려(旌閭) · 60
정려각(旌閭閣) · 11, 49, 60~62, 68~70, 82, 299, 304
정려비 · 60
정면성 · 106, 149, 150
정묘호란 · 144
정문(旌門) · 60
정사(精舍) · 31, 218, 219, 234, 236~238, 306, 395
정유재란 · 33
정응민(鄭應珉) · 255
정의고을 · 181, 195
정의향교 · 184, 186, 195
정자(亭子) · 11, 13, 24, 28, 51, 63~

66, 116, 161, 166, 179, 219, 222, 225, 231, 234, 235~237, 239, 241~243, 284~287, 293, 299, 300, 307, 310~313, 319~321, 335, 341~343, 345~348, 350, 351, 353, 389~393, 395, 402, 404, 408, 412, 421, 436, 441, 446, 471, 499, 500
정주목 · 188
정지(부엌) · 188~191, 206, 207, 225, 425, 471, 474, 476, 477, 480, 494
정지방 · 189, 355
정짓간 · 190
정치적 공간 · 185
제공산 · 457, 465, 467
제석산 · 157
《제주도 민속자료》 · 188
조릿대 · 468
조망-은신 이론(Prospect-Refuge Theory) · 351
조산(朝山) · 41, 57, 58, 262, 263, 437, 438
조순희가옥 · 224, 227
조식(曺植) · 51
조실댁 · 441, 446, 452
조일훈가옥 · 178, 184, 185, 194
존덕사(尊德祠) · 239
종가 · 13, 23, 34, 49, 52, 54~59, 61, 62, 66, 68, 70, 73, 74, 76, 80, 113, 233, 264, 296, 298, 299, 306, 310, 312, 330, 336, 340~342,

353, 356, 358, 359, 365, 405~407, 411, 413, 415, 418, 419, 424, 496, 500
종도리 · 115
종묘(宗廟) · 147
종법(宗法)질서 · 36, 126, 205
종부 · 232
종산(宗山) · 41, 57, 58, 66
좌청룡(左靑龍) · 41, 135, 138, 157, 437
좌향(坐向) · 49, 341, 413
주기론(主氣論) · 120
주련(柱聯) · 350, 408
주리론(主理論) · 24, 95, 120
주산(主山) · 13, 41, 66, 87, 150, 177, 222, 235, 245, 262, 263, 330, 341, 356, 375, 432, 437~440, 444, 466, 497, 500
주산봉 · 330, 331, 336, 339, 342, 348
주일재(主一齋) → 류후장
주일재(건물) · 222, 224, 226, 249
주자(朱子) · 25, 56, 105, 116, 119, 120, 320
《주자가례(朱子家禮)》· 25, 105, 106, 128, 412
줄당기기 · 153, 310, 311, 314, 317
줄불놀이 · 217, 244
중구대 · 365, 374, 375
중당 · 146, 245, 246
중산간마을 · 12, 178, 180, 200
중심축 · 11, 68, 151, 152, 176, 183,

221, 342, 347
중앙부엌형 · 277
중정형 · 83
지관(地官) · 20, 139
지속가능성 · 14, 43～45, 462, 463, 480, 482, 483, 486, 492
지주(地主) · 58, 163, 269, 287, 459
진사댁(進士宅) · 90～93
진산(鎭山) · 134, 135, 138, 152, 157
진한평(陳漢平) · 434
질청(質廳) · 183, 184
《징비록(懲毖錄)》· 221, 236, 243

ㅊ

차경(借景) · 110
참봉 이기선 휼궁비(參奉李奇善恤窮碑) · 185
참판댁 큰집 · 439, 441, 446, 450, 451
창덕궁 후원 · 246
채수강 청덕비(蔡洙康淸德碑) · 186
처마도리 · 115
천마산성 · 145
천미천 · 177, 187
천미포 · 181
천원지방(天圓地方) · 285, 287
첨경재(瞻敬齋) · 92, 97, 98
청암(靑巖) → 권동보
청암정(靑巖亭) · 65, 66, 365, 366, 372, 374, 376, 377, 388, 390～395
초가삼간 · 165～167, 296, 473

초원 양식(Prairie Style) · 191
초익공집 · 79
초헌(軺軒) · 272
최동집(崔東集) · 21, 51～54, 56, 58, 59, 65～69, 71, 73, 74, 79, 80, 83
최병용가옥 · 58, 61
최선준가옥 · 143, 144
최시형(崔時亨) · 458
최영(崔瑩) 장군 · 315, 437
최창손가옥 · 470, 473, 474, 480
최현철가옥 · 470, 477
최흥원(崔興遠) · 11, 49, 54～60, 62, 63, 66～68, 79, 80
추녀 · 80, 357
추사(秋史) → 김정희
추송마을 · 335
축(軸) · 11, 13, 41, 57, 67, 68, 135, 151～153, 158, 167, 183, 185, 187, 298～300, 307, 317, 341, 342, 437, 439, 498
축선 · 67, 69, 160, 185
출처관(出處觀) · 242, 243
충량(衝樑) · 357
충민사(忠愍祠) · 146
충재(沖齋) → 권벌
충재(건물) · 366, 391, 394
충재종택(沖齋宗宅) · 363, 366, 373, 377, 378, 384～385
충효당(忠孝堂) · 219, 222, 224, 226, 235～237, 239, 241
〈취화선〉· 300
치(雉) → 적대

치성(雉城) → 적대
치솜, 마이클(Michael Chisholm) · 421

ㅋ · ㅌ · ㅍ

칸살이 · 144, 196, 206, 208, 211
《캐스터브리지의 읍장(The Mayor of Casterbridge)》· 342
켈빈 경(Lord Kelvin) · 397
큰줄당기기 놀이 · 153
탈놀이 · 215, 216
《탐라지(耽羅誌)》· 181
태극형 · 216
태백산 · 372
《택리지(擇里志)》· 25, 37, 43, 44, 135, 164, 220, 234, 372, 390, 448, 458, 467, 468, 487
택호(宅號) · 93, 113, 226, 379
텃밭 · 169, 191, 196, 336, 338, 434, 414, 426, 442, 456, 487
토담 · 110, 127, 246, 250, 281, 489
토루 · 211
토석담 · 110, 246, 250, 262, 442, 472
토성 · 142
토속신앙 · 12, 199, 201
톰슨, 다시(D'arcy W. Thompson) · 371
《통감속편(通鑑續編)》· 315
통시 · 191, 207, 209
퇴 · 100
퇴계(退溪) → 이황
《퇴계선생언행록》· 393

《퇴계집(退溪集)》· 238, 241
파르테논(Parthenon) · 369, 370
팔공산 · 51, 55, 57, 58, 66
팔작지붕 · 64, 76, 80, 90, 116, 124, 125, 149, 150, 159, 230, 236, 242, 276, 344, 350, 479~481, 483, 484, 488, 489, 491
팔진미(八珍味) · 157, 158, 162
평대문 · 114, 115, 272
평등성 · 211
평석교(平石橋) · 137
평촌들 · 433, 437
포사(庖舍) · 61, 62, 74, 76, 79
포제(酺祭) · 205
포제동산 · 205
푸코, 미셸(Michel Foucault) · 160
풍수 · 22, 23, 33, 40~43, 53, 137, 157, 216, 314, 372, 374, 433, 439, 468
풍수지리 · 22, 37, 40~44, 135, 161, 186
풍악산 · 330, 331, 336, 339, 342, 344, 346
풍악서당(豊岳書堂) · 238
풍채 · 190
풍판 · 62
프랙탈(fractal) · 82
피보나치(Fibonacci) · 367, 368
피보나치수 · 367, 382
피보나치수열 · 36, 367, 368, 370, 381, 382
피타고라스(Pythagoras) · 369

ㅎ

하당 · 146, 245, 246
하동고택(河東古宅) · 222, 224, 225, 249
하디, 토머스(Thomas Hardy) · 342
하회교회 · 224, 227
하회댁(河回宅) · 90~93, 101~104, 106~109, 126, 128
하회별신굿 · 215, 245
하회탈 · 215, 220, 221
하회탈춤 · 215
한강(寒岡) → 정구
한라산 · 177, 181, 186, 187, 200
한봉일가옥 · 179, 184, 206, 207
한식재 · 330, 331
한주(寒洲) → 이진상
한주정사(寒洲精舍) · 114, 116
한주종택(寒洲宗宅) · 11, 24, 87, 90~94, 97, 102~106, 110, 112~117, 120, 122, 124~128
한주학파 · 95
한천(寒泉) → 송성준
한천서당(寒川書堂) → 월봉정
한호(韓濩) · 233, 323, 324
할망당 · 202
함대균가옥 · 470, 480
함문식가옥 · 470
함부림(咸傅霖) · 458
함부열(咸傅烈) · 457, 458, 460
함석영가옥 · 470, 479
함성식가옥 · 459, 470
함세균가옥 · 470, 489, 490

함실 · 471, 476
함용균가옥 · 470
함일순가옥 · 458
함전평가옥 · 470, 473, 483
함정균가옥 · 468, 470~472, 489
함탁영가옥 · 470, 478, 479
함형찬가옥 · 470, 472, 491
함호근가옥 · 460, 470
함희석 효자비 · 464, 470, 480
합각 · 76, 116, 276
해안평야 · 57
해월(海月) → 최시형
해자(垓子) · 134, 137, 142
행랑마당 · 116, 316, 356
행정(杏亭) · 331, 333~335, 340, 348, 390
행주형(行舟形) · 42, 138, 139, 216, 461, 466
향교(鄕校) · 11, 105, 125, 139, 156, 158, 185, 186, 196
향단(香壇) · 292, 300, 310, 313, 315, 317~319, 323
향사당(鄕射堂) · 143, 154
향약(鄕約) · 56, 57
허목(許穆) · 65, 66, 235, 393
허삼둘가옥 · 277, 280
허시(墟市) · 157
혈(穴) · 41, 439
형국 · 138, 186, 216, 267, 330, 368, 374, 437, 461, 466
형산강 · 312
형제봉 · 54, 57~59

호근산 · 457, 460, 465, 467, 487
호령창(號令窓) · 190
호명산 · 312
호미씻기 · 314
호방청(戶房廳) · 143, 154
호지집 · 270, 271
홍기응가옥 · 340, 344, 355~358
홍기창가옥 · 340, 356
홍기헌가옥 · 340, 356, 357
홍만선(洪萬選) · 70
홍명희(洪命熹) · 332, 333
홍살대 · 283
홍살문 · 60, 144, 150, 152, 481
홍정석가옥 · 340, 343, 344

홍태옥가옥(광주부인당) · 184, 204
홍호돈가옥 · 340, 356
홑집 · 341, 476, 477
화반(花盤) · 62, 79
화산(花山) · 217, 219, 235, 243, 245
화서(華西) → 이항로
화수정(花樹亭) · 412
화천(花川) · 216, 217, 219, 229, 234, 243
화천서당 · 234
화천서원(花川書院) · 219, 234, 239
화학적 산소요구량(CODcr) · 425
환경생태학 · 415, 433
환경심리학 · 41, 42, 297, 335

환경친화성 · 11, 37, 38, 40, 43, 404, 413
활성산 · 260
황금각(golden angle) · 371
황금비 · 13, 36, 367~372, 381, 382, 385, 388, 398
회룡고조(回龍顧祖) · 437
회재(晦齋) → 이언적
효막골 · 331, 333, 348
효제당(孝悌堂) · 56
후곡(後谷) · 330, 331, 336, 338~340, 342, 343, 345, 347, 350
후문 · 237, 238, 266
훈련청(訓鍊廳) · 143, 154

한국의 전통마을을 찾아서
오래된 지혜의 공간에서 새로운 건축 패러다임을 읽다

지은이 | 한필원

1판 1쇄 발행일 2011년 6월 27일
1판 2쇄 발행일 2012년 12월 10일

발행인 | 김학원
경영인 | 이상용
편집주간 | 위원석
편집장 | 정미영 최세정 황서현
기획 | 문성환 나희영 임은선 박민영 박상경 최윤영 전두현 조은화 최인영 정다이 이보람
디자인 | 김태형 임동렬 유주현 구현석
마케팅 | 이한주 하석진 김창규 이선희
저자·독자 서비스 | 조다영 함주미(humanist@humanistbooks.com)
스캔·출력 | 이희수 com.
용지 | 화인페이퍼
인쇄 | 청아문화사
제본 | 정민문화사

발행처 | (주)휴머니스트 출판그룹
출판등록 | 제313-2007-000007호(2007년 1월 5일)
주소 | (121-869) 서울시 마포구 연남동 564-40
전화 | 02-335-4422 팩스 | 02-334-3427
홈페이지 | www.humanistbooks.com

ⓒ 한필원, 2011

ISBN 978-89-5862-403-5　03800

만든 사람들

기획 | 최세정(se2001@humanistbooks.com)
편집 | 김수영
사진 | 한필원 권태균
디자인 | 민진기디자인